Religion, Theologie und Naturwissenschaft/ Religion, Theology, and Natural Science

Herausgegeben von
Antje Jackelén, Gebhard Löhr, Ted Peters
und Nicolaas A. Rupke

Band 5

Vandenhoeck & Ruprecht

Brücken bauen: Naturwissenschaft und Religion

Herausgegeben von
Ted Peters, Gaymon Bennet
und Kang Phee Seng

Mit Vorworten von
Wolfhart Pannenberg
und Robert John Russell

Aus dem Amerikanischen von
Tina Bruns

Vandenhoeck & Ruprecht

Übersetzung von *Bridging Science and Religion*, London 2002.

Es liegen weitere Übersetzungen ins Chinesische (bei Chung Hwa Book Company, Ltd., Hong Kong und der China Social Sciences Press, Peking), ins Portugiesische (bei Edicoes Loyola, São Paulo) und ins indonesische Bahasa (bei BPK, Jakarta) vor.

Bibliografische Information Der Deutschen Bibliothek

Die Deutsche Bibliothek verzeichnet diese Publikation in der Deutschen Nationalbibliografie; detaillierte bibliografische Daten sind im Internet über <http://dnb.ddb.de> abrufbar.

ISBN 10: 3-525-56975-0
ISBN 13: 978-3-525-56975-7

Umschlagabbildung
Millenium Bridge, London © www.thedissidentfrogman.com/london/

Printed in Germany.
Satz: OLD-Media OHG, Neckarsteinach.
Druck und Bindung: Hubert & Co., Göttingen.

Gedruckt auf alterungsbeständigem Papier.

Inhalt

III. Religiöse Bögen

Danksagung

Sir John Templeton und der *Sir John Templeton Foundation* sei herzlich für die langjährige und großzügige Unterstützung unseres *Science and Religion Course Program* (SRCP, 1998–2002) gedankt. Das vom *Center for Theology and the Natural Sciences* (CTNS) am *Graduate Theological Union* (GTU) ins Leben gerufene Programm hat in Colleges, Universitäten und theologischen Seminaren weltweit Lehrstühle zum Dialog zwischen Naturwissenschaft und Religion eingerichtet. Dieses Buch soll eine Grundlage für den Unterricht in Asien, Australien, Europa, Afrika, und Nord- und Südamerika schaffen. Wir danken Sir John Templeton und hoffen, dass dieser Band einen Beitrag zu seiner Vision vom künftigen intensiveren Dialog zwischen Naturwissenschaft und Religion leisten kann.

Auch möchten wir unseren Kollegen Kang Pee Seng in Hong Kong nicht unerwähnt lassen, der mit uns im Januar 2001 die erste Fassung dieses Buches redigiert hat – eine gekürzte Auflage auf chinesisch, die von der Chinesischen Akademie der Gesellschaftswissenschaften in Peking veröffentlicht wurde. Durch akribische Planung und Unterstützung verdanken wir Kang Phee Seng, Liang Yuanyuan und Carla Jimenez die Realisierung unserer Lesereise durch die Volksrepublik China, Taiwan und Hong Kong im Mai 2002. Ein herzlicher Dank geht auch an alle Teilnehmer und das Veranstaltungsteam, namentlich Francisco Ayala, Mary Anne Cooney, David Karoly, Christin Quissell, Charlotte Russell und Robert John Russell. Die Veranstaltungsreihe rief zusammen mit der chinesischen Veröffentlichung eine lebendige Auseinandersetzung mit dem Thema hervor und trug entscheidend zur Gestaltung des endgültigen Entwurfs von *Bridging Science and Religion* bei.

Zutiefst dankbar sind wir auch unserer SRCP Workshop Leiterin in Australien Hilary Regan und ihrer kosmopoliten Vision der Verzahnung von Naturwissenschaft und Religion, die als CTNS Botschafterin stets frohen Gemüts die Vertragsverhandlungen auf englisch, portugiesisch und bahasa geführt hat. An dieser Stelle sei auch Kristin Johnston für ihre akkurate Arbeit am englischen Manuskript für SCM Press gedankt.

Unentbehrlich sind letztendlich unsere Freunde und Kollegen am CTNS. Ein besonderer Dank geht an das SRCP Kollegium in Berkeley, das täglich Intelligenz, Humor und ihre Pausenbrote mit uns teilt: Anne Bade, Ceciley Bauman, Whitney Bauman, Nathan Hallanger, Peter Hess, Carla Jimenez, Stan Lanier, Melissa Moritz, Christin Quissell und Kathryn Smith.

Abschließend möchten wir die wertvolle Arbeit des CTNS Gründers und Direktors Robert John Russell in Erinnerung rufen. Bobs ursprüngliche Idee einer kreativen bilateralen Interaktion von Naturwissenschaft und Theologie hat 1981 den intellektuellen Grundstein für das Zentrum gelegt; die aktuelle Debatte am CTNS wird auf den Pfaden der intellektuellen Wegbereitung durch Bob geführt. Allen unseren Kollegen am CTNS sei herzlich gedankt.

Berkeley, Kalifornien,
August 2002

Ted Peters
Gaymon Bennett
Kang Phee Seng

Vorwort von Wolfhart Pannenberg

In den letzten Jahrzehnten haben nicht nur in den USA, aber vor allem dort, lebhafte Diskussionen zum Verhältnis von Naturwissenschaft und Religion stattgefunden. Es sind eine ganze Reihe von wissenschaftlichen Instituten entstanden, die sich mit diesem Verhältnis befassen, besonders in Chicago und Berkeley. Die weltweit führende Zeitschrift zu dieser Thematik erscheint in den USA und blickt in diesem Jahr auf vier Jahrzehnte ihres Bestehens zurück: *Zygon. Journal of Religion and Science*, gegenwärtig herausgegeben von Professor Philip Hefner aus Chicago. Der vorliegende Band dokumentiert mit seinen unterschiedlichen Beiträgen den gegenwärtigen Stand der Diskussionen in den USA für ein breiteres Publikum. In der deutschen Ausgabe des Bandes ist ein Kapitel von Dirk Evers hinzugefügt worden, das über die Entwicklung des Verhältnisses zwischen Naturwissenschaft und Theologie in Deutschland berichtet und damit eine Lücke des amerikanischen Bandes ausfüllt. Dabei wird mit Recht auf die in den fünfziger Jahren veranstalteten Göttinger Gespräche zwischen Physikern und Theologen hingewiesen, an denen von naturwissenschaftlicher Seite neben C. F. v. Weizsäcker auch W. Heisenberg und P. Jordan u. a. beteiligt waren und deren organisatorische Betreuung in den Händen von Dr. Günter Howe lag. Er organisierte auch die Fortsetzung dieser Arbeit im Rahmen der Evangelischen Forschungsakademie in Heidelberg (FEST) in den sechziger Jahren. Später ist diese deutsche Diskussion an Bedeutung zurückgetreten hinter der Entwicklung in den USA. Daneben sind auch Beiträge aus Großbritannien zu würdigen, nicht nur die Diskussion um Stephen Hawking, der Kang Phee Seng einen ebenfalls in der deutschen Ausgabe neu hinzugekommenen Beitrag gewidmet hat, sondern besonders auch die Arbeiten des schottischen Theologen Thomas F. Torrance, der seit seinem Buch *Space, Time and Incarnation* (1969), wichtige Beiträge zum Verhältnis der Theologie zu Grundfragen der Naturwissenschaften veröffentlicht hat (besonders *Divine and Contingent Order*, 1982).

Die besonders substantiellen Kapitel des vorliegenden Bandes finden sich in seinem zweiten Teil, mit den Ausführungen von Robert John Russell und Kirk Wegter-McNelly über Naturgesetz und göttliches Handeln, von Martinez J. Hewlett über den gegenwärtigen Stand der Debatte zur Evolutionslehre und von Ted Peters zu der Diskussion über die theologische und ethische Relevanz der Genetik, ein in den letzten beiden Jahrzehnten zunehmend aktuell gewordenes Thema. Ähnlich aktuell ist die neuere Diskussion über die Erforschung der Zusammenhänge von Gehirntätigkeit und Bewusstsein, deren Probleme Philip Clayton erörtert.

Zu den besonderen Akzenten des Bandes gehört, dass er in seinem dritten Teil auf das Verhältnis anderer Religionen wie Islam, Buddhismus, Hinduismus und Judentum zur Naturwissenschaft eingeht. Die bisherigen Diskussionen waren ganz auf das Verhältnis der christlichen Theologie und besonders ihrer Schöpfungslehre zur Naturwissenschaft konzentriert.

Wolfhart Pannenberg

Vorwort zur englischen Ausgabe

Die Besonderheit dieses Buch liegt darin, dass es neuen Stimmen Gehör verleiht, die die Diskussion der letzten vierzig Jahre bereichert haben. Ziel ist eine fruchtbare Synthese der bahnbrechenden Entdeckungen aus den Naturwissenschaften und den traditionellen, aber wertvollen Weisheiten der Weltreligionen. Dass als Umschlagbild ein so imposantes der Golden Gate Bridge in San Francisco gewählt wurde, erfüllt mich mit Freude, da mir dieses Bild sehr ans Herz gewachsen ist und ich es seit Gründung des CTNS 1981 des öfteren bemüht habe. Das Bild einer Brücke sagt viel aus über den Charakter des interdisziplinären Feldes von Naturwissenschaft und Religion. Wenn sich eine Brücke noch im Bau befindet, konzentriert sich unser aller Aufmerksamkeit auf den Bauplan, die Architektur und die Verantwortlichen, die sich der enormen Herausforderung der Konstruktion stellen. Ganz ähnlich verhielt es sich in den ersten Jahrzehnten des Dialogs zwischen Naturwissenschaft und Religion, die mit der Pionierarbeit Ian Barbours in den frühen 60er Jahren begann, als die Forschung ihren Blick fast ausschließlich auf die Methodologie richtete: Wie sollten solche eindeutig entfernten, gar widersprüchlichen, Disziplinen wie Naturwissenschaft und Religion in einen fruchtbaren Dialog eintreten? Im Sinne einer systematischen Entsprechung einer vernünftigen Theorie-Entwicklung – dem Reduktionismus entgegenwirkend – und ihrer Verifikation sowohl durch die Naturwissenschaften als auch in Religion und Theologie (sog. Innenperspektive) wurde überlegt, die säkularen Quellen der Naturwissenschaftsphilosophie und der Religionsphilosophie entsprechend zu koordinieren; ebenso wie die Auswirkungen auf eine derartige Logik, mit der die Forschungsgemeinschaft des jeweiligen Feldes operiert (sog. Außenperspektive).

Aus diesen Überlegungen ging der von Barbour vertretene sog. *kritische Realismus* hervor, der in verschiedenen Varianten weitestgehend akzeptiert wurde. Der kritische Realismus ist ein Instrument zur sorgfältigen und kritischen Verknüpfung der naturwissenschaftlichen Entdeckungen, ihrer philosophischen Interpretationen und der Theologie. Grundsätzlich können Erkenntnisse aus Theologie und Philosophie auch die Naturwissenschaftler in ihrer theoretischen Arbeit bereichern. So ist der kritische Realismus wie eine beidseitig befahrbare Brücke zwischen Naturwissenschaft und Glaube.

Dadurch ferner, dass die Brücke gebaut wird, ohne explizit die Theorien (und Grundmuster) der jeweiligen Disziplinen zu bemühen („Brücke nicht gleich Territorium") ist sie weder konfessionell gebunden noch voreingenommen durch spezifische Punkte, die z.B. der christlichen Theologie oder der Evolutionsbiologie eigen sind. Dies bedeutet, dass die Brücke von jedem begehbar ist, der an der Interaktion zwischen einer Religionsgemeinschaft X (z.B. Buddhismus, Taoismus) und einer Forschungsgemeinschaft Y („westlich" oder nicht) interessiert ist.

Wenn dann die Brücke steht, wendet sich alle Aufmerksamkeit von der Brücke selber ab und dem die beiden Gemeinschaften nun verbindenden Verkehr und seinen Auswirkungen zu. In den letzten 20–30 Jahren habe ich eine konstant zunehmende Beeinflussung meines Forschungsbereichs – die christliche Theologie – durch die Erkenntnisse und Methoden der Naturwissenschaft und ihrer philosophischen Erklärungen beobachtet. Das Modell des inflationären Universums und die Urknall-Theorie, die Relativitäts- und Quantenphysik, die irreversible Thermodynamik, die Chaostheorie, die Molekularbiologie und Evolutionstheorie, die Humangenetik, die Kognitionswissenschaften, Neurologie, Informatik und viele andere Wissenschaften sind über die Brücke gegangen und haben sich eingeklinkt in die Diskussion über Gott den Schöpfer, den in Geschichte und Natur Handelnden, der nicht gegen die Naturgesetze verstößt, sondern durch sie und mit ihnen agiert; auch in die Diskussion über die Theodizee der Natur, die Ebenbildlichkeit Gottes (*imago dei*), die Sündhaftigkeit des Menschen und die Bedeutung und Reichweite der Erlösung. Ebenso haben sich Theologen aus der Judaistik und den Islamwissenschaften, jüngst auch buddhistische und konfuzianische Akademiker, im Dialog mit den Naturwissenschaften engagiert, u.a. weil die Naturwissenschaft sich als gutes Forum des interreligiösen Gesprächs herausgestellt hat. Im Gegenzug sind so auch die philosophischen und theologischen Dimensionen der aktuellen naturwissenschaftlichen Forschung freigelegt worden. In letzter Zeit haben christliche Forscher z.B. damit begonnen, die möglichen Implikationen der Rede von der Auferstehung Jesu und seiner göttlichen Transformation im globalen Zusammenhang zu untersuchen. Trotz Unebenheiten und noch zu schließender Löcher fließt der Verkehr in beide Richtungen über diese erstaunlich widerstandsfähige Brücke.

Interessanterweise ist das Brücken-Bild oft dahingehend kritisiert worden, dass es suggeriere, die *Gemeinschaften* seien statisch und unflexibel. In der Realität sind Naturwissenschaft und Glaube aber doch stets in Bewegung. Die strukturellen Stützen der Brücke – die Stahlpfeiler, die Taue und damit das Gewicht der Brücke tragen – sind fest verankert im Grund einer jeden Gemeinschaft. Dadurch bleibt die Brückenstruktur verlässlich und belastbar, während die Gemeinschaften, deren Bindeglied sie ist, einem dynamischen Wandel unterworfen sind.

Ohne Fundament würden die Gemeinschaften anfällig für jede neue Welle der Entdeckung und Offenbarung der Geschichte. Nur aufgrund ihrer Wurzeln bewahren sie sich bei gleichzeitiger Flexibilität und Entwicklungsdynamik ihre Identität. Zu den Grundfesten der Naturwissenschaften gehören auch ideologische Aspekte, auf der die Methodik basiert und die Empirie ihren Ausgangspunkt nimmt. Eingeschlossen sind auch die Logik der Kontingenz und die Intelligibilität der Natur, der Wert der Integrität bei der Aufzeichnung und Evaluation von Daten, der Wissensdurst, die Welt zu erforschen und die Freude an der mathematischen Schönheit physikalischer Gesetzmäßigkeiten.

Das religiöse Grundgefüge hängt von der jeweiligen Tradition ab. In der Tradition des westlichen Monotheismus beispielsweise wäre die Realität Gottes zentral, seine Liebe und Weisheit; das Verständnis von der Welt als Gottes freier und geliebter Schöpfung, die sich erschließende Offenbarung Gottes in der heiligen Schrift, besonderer historischer Ereignisse und Gott als Grund, Erlösung und Vollendung aller Dinge. Diese fundamentalen Grundlagen einer jeden Gemeinschaft werden sich natürlich nicht je nach Forschungslage in Naturwissenschaft und Theologie verändern, aber die Art und Weise ihrer Darstellung und Bezugnahme in den jeweiligen Forschungskontexten wird variieren, besonders im Gesprächszusammenhang.

Die Interaktion von westlichem Monotheismus und Naturwissenschaft illustriert das Brücken-Bild noch durch einen dritten Aspekt: Pumpte man, rein hypothetisch, das Wasser unter der Brücke ab, fände sich darunter ein gemeinsamer Grund, von dem aus die Naturwissenschaften auf der einen und der westliche Monotheismus auf der anderen Seite emporsprössen und das Fundament der besagten Forschungsgemeinschaften bildeten. Dieses Fundament drückt sich am klarsten in der philosophischen Kategorie der Kontingenz aus, die ihren Platz sowohl in der Naturwissenschaft als auch in der Theologie hat. Da die Natur aus dem göttlichen Schöpfungsakt hervorgegangen ist, wird sie stets kontingent sein, und aufgrund dieser Kontingenz wird die Naturwissenschaft ihrem Geheimnis stets auf der Spur sein. „Setze Gott nicht als Platzhalter in die Gleichung ein!“ lautet deshalb das wissenschaftliche Pendant zum theologischen Verbot der Abgötterei.

Da sich dieses Buch an Wissenschaftler und Studenten verschiedenster kulturell-religiöser wie auch wissenschaftlicher Couleur richtet, wird auch der Frage näher nachgegangen, ob eine ähnliche Brücke zwischen Kosmologie, Physik, Biologie und Genetik einerseits und den religiösen Traditionen der verschiedenen Kulturen dieser Welt andererseits geschlagen werden kann. Bevor sich hier die Konturen einer einsturzsicheren Brücke abzeichnen, muss möglicherweise weiteres Material herangezogen werden. Erst dann werden wir erfahren, ob die Betrachtung von Natur und menschlicher Spiritualität durch verschiedene philosophische und theologische Lupengläser den viel zitierten Brückenschlag begünstigt oder diese zu einer Rekonstruktion entlang neuer Paradigmen führt. Aber bauen müssen wir, denn wir sind nicht nur verpflichtet, eine Antwort auf die grundlegenden menschlichen Fragen zu finden, mit denen sich sowohl die Naturwissenschaften als auch die Religionen auseinandersetzen, sondern auch gegenüber den zunehmenden internationalen und interkulturellen Bevölkerungskrisen, Problemen im Ernährungsbereich, in Medizin, Technologie und Umwelt. Alle diese Felder verlangen Lösungen und Pläne für eine nachhaltige Entwicklung. Die damit verbundenen Fragen sind äußerst komplex und stellen uns vor große Herausforderungen, von denen nur die Zukunft zeigen wird, ob sie zu lösen sind. Heute aber eröffnet uns dieses schöne Buch den Blick für Dialog und Interaktion. Ich hoffe, dass sein eleganter und aufrichtiger Stil all die Brücken-Reisenden beschenkt, sodass sie sich an den neuen Feldern erfreuen.

Berkeley, Kalifornien 2002 — Robert John Russell

Einleitung

Gaymon Bennett

Im Radio hörte ich heute die Stimme einer verzweifelten Mutter. Telefonkabel, Drähte und Leitungen unserer medialen Infrastruktur und mein Autoradio hatten unsere Welten plötzlich vernetzt. Die Welt der Frau, ihr religiöser, sozialer, politischer und wirtschaftlicher Kontext waren mir gänzlich fremd. Zur Zeit des Interviews befand sie sich in ihrer Wohnung in Bethlehem. Der Schusswechsel um die Geburtskirche Jesu direkt vor ihrem Haus hatte sie eingesperrt, zusammen mit ihren verängstigten Kindern, die gar nicht begriffen, was da um sie herum geschah. Täglich betete sie in diesen Tagen: Dass der Konflikt ohne Massaker beendet würde; dass sie wohlbehalten nach etwas Essbarem für ihre Familie suchen könne, ohne von einem Scharfschützen zur Strecke gebracht zu werden; dass der religiöse Konflikt zwischen Israelis und Palästinensern endlich ein Ende haben würde. Währenddessen saß ich in meinem Auto im kalifornischen Berkeley auf dem Weg zur Arbeit, mitten in der Rush-hour. Ich machte mir keine Sorgen um Waffen und sterbende Kinder, sondern war ganz mit dem eigentlich unwichtigen Faktum befasst, dass einige Kapitel des vorliegenden Buches noch immer nicht bearbeitet waren – der Kontrast unserer beiden Welten hätte kaum größer sein können!

Drei Minuten lang waren unsere entfernten Welten aber miteinander verbunden. Vielleicht aufgrund meiner damaligen Überlegungen zu dem Thema dieses Buches fielen mir zwei Punkte dieser Kontrastkontexte besonders auf, denen ich in der allgemeinen Alltagsblindheit möglicherweise keine Beachtung geschenkt hätte. Zunächst fiel mir diese zwar bekannte, aber doch ungeheuerliche Verknüpfung der Welten auf. Wir pflegen mittlerweile einen so vertrauten Umgang mit dem globalen Mediengeschäft und der weltweiten Telekommunikation, dass uns die Möglichkeiten eines direkten und persönlichen Kontakts mit sonst fremden und entfernten Welten kaum noch beeindrucken, wenn überhaupt. Zu einem anderen Zeitpunkt hätte mich diese eigentlich anonyme Stimme vom anderen Ende der Welt mit ihren Sorgen und Kämpfen bestimmt nicht so angesprochen und berührt.

Das Erlebnis bewegte mich noch auf eine andere Weise: Meine Reaktion auf die Sorgen dieser Frau fiel auf den thematischen Nährboden von Naturwissenschaft und Glaube. Geprägt von meinem theologischen und humanitären Engagement, begann ich plötzlich über die biologischen Wurzeln von Gewalt nachzudenken, und ich fragte mich, ob dieses aktuelle Beispiel menschlichen Übels bloß ein Rudiment des animalischen Instinkts und im Laufe der menschlichen Evolution noch nicht herausselektiert worden sei. Wenn dem tatsächlich so wäre, müsste man sich fragen, ob moralische Verurteilungen, auch auf einem religiösen Hintergrund, überhaupt etwas bewirken und zum Frieden beitragen können. Kurz, da mich die Vorbereitung dieses Buches (in dem ja Beiträge zusammengetragen werden, die die globale Reichweite und kontextuelle Relevanz des Brückenschlages zwischen Naturwissenschaft und Glaube betonen) so beschäftigte, fiel mir etwas sonst eher Unbemerktes auf: In unserer Welt und dem Alltag gibt es kaum noch Rückzugsorte vor der Globalisierung. Ferner ist auch die naturwissenschaftliche und religiöse Prägung unserer globalen Welt nicht mehr rückgängig zu machen.

Die folgenden Überlegungen sind so etwas wie mein persönlicher roter Faden durch das Buch: Im Angesicht der Notwendigkeit, sich mit der Realität einer globalisierten Welt auseinander zu setzen, engagieren sich Akademiker aus unterschiedlichsten religiösen, kulturellen und naturwissenschaftlichen Bereichen für das gemeinsame Unternehmen, „zweispurige“, wechselseitige Dialogbrücken zwischen Naturwissenschaft und Religion zu bauen. Der gemeinsame Einsatz rechtfertigt nicht nur, sondern erfordert auch einen gegenseitigen Austausch der Baumaterialien – Baupläne, Prozesse, Material und Handwerkszeug. Die vorliegenden Artikel sind zusammengetragen worden, um den Austausch zu erleichtern und Forscher wie Studenten auf diese neue Brücke zu schicken. Es gilt nun, die Implikationen der aufgestellten These zu bedenken. Sie geht ja erstens davon aus, dass sich Akademiker unterschiedlichster Disziplinen weltweit schon jetzt, aber auch zukünftig, um den Dialog bemühen (und dies auch sollen). Zweitens wird angenommen, dass trotz der vielfältigen Kontexte, durch die der Dialog nicht selten vor neue Herausforderungen gestellt wird, einzigartige, oft überkontextuelle Lösungen erarbeitet werden. Die Disziplinen können und sollen einander bereichern. Deshalb tritt die Rechtfertigung des Brückenbaus an sich oder die Idee des interdisziplinären Austauschs tendenziell in den Hintergrund der Kapitel, die sich mit den religiösen Aspekten einer spezifischen Tradition im Dialog mit wiederum spezifischen Forschungsbereichen der Wissenschaft auseinandersetzen. Dieses Buch will Konstruktives leisten, mit dem Ergebnis eines tatsächlichen Brückenschlags. Als Forum für Brückenbauexperten gedacht, soll es uns einblicken lassen in deren Bauprojekte und der globalen Forschungsgemeinschaft nützliche Instrumentarien an die Hand geben.

Globaler Dialog und kontextuelle Bezüge

Das Hauptargument dieses Buchs wurde ursprünglich als Lehrdesiderat formuliert. Ted Peters und ich, beide Mitherausgeber dieses Bandes, arbeiten seit Jahren zusammen am Science and Religion Course Program am Center for Theology and the Natural Sciences des Graduate Theological Union in Berkeley, Kalifornien. Das Zentrum steht im Dienste der Förderung der kreativen, gegenseitigen Interaktion zwischen der zeitgenössischen Theologie und den Naturwissenschaften. Theologen, Philosophen, Historiker, Religionswissenschaftler, Ethiker und andere Geistes- und Gesellschaftswissenschaftler sollen angeregt werden, sich zu Themen allgemeiner Relevanz mit Naturwissenschaftlern zu Fragen allgemeinen Interesses an einen Tisch zu setzen.

Seit Eröffnung des CTNS 1981 haben wir uns mit der Frage beschäftigt, wie diesem Ziel näher zu kommen ist. Die Vorschläge fallen in die Segmente Forschung, Lehre und Öffentlichkeitsarbeit. Im Zuge der Beschäftigung mit letzterem hat das CTNS 1998 schließlich das Science and Religion Course Program übernommen und erweitert. Es war als Unterstützung für Lehrkräfte konzipiert, die an Universitäten und anderen Institutionen des tertiären Bildungsbereichs naturwissenschaftlich-religiösen Fragen nachgehen. Im Gespräch mit Kollegen aus verschiedenen Ländern haben wir eruiert, auf welche Weise und wie gut schon bestehende Materialien in Wissenschaft und Religion den Bedürfnissen von Forschern und Studenten der verschiedenen kulturellen und religiösen Kontexte Rechnung tragen. Die Dialektik von globaler Kooperation und kontextueller Kreativität und Produktivität hat schließlich zur Formulierung unserer Hauptthese geführt.

Der Inhalt des Buchs ist durch die Unterscheidung zwischen dem globalen Dialogcharakter und der Bedeutung kontextueller Bezüge geprägt. Die verschiedenen Richtungen, die die Autoren einschlagen, treffen sich am Knotenpunkt dieser Unterscheidung. Sehr unterschiedlich sind die Gründe, warum sich Naturwissenschaftler, Theologen, Philosophen und Ethiker am Gespräch beteiligen. Deshalb ergeben sich Dialog-Brücken unterschiedlicher Ausrichtung und Formate, die auch unterschiedliche Methoden, Planungen und Ressourcen erfordern. Die Autoren engagieren sich im weltweiten Dialog, der Brücken von einer gemeinsamen intellektuellen Basis aus baut und dabei auch lokale Kluften zu schließen versucht.

Globaler Dialog. Was heißt es eigentlich, vom globalen Charakter des wissenschaftlich-religiösen Dialogs zu sprechen? Ist es bloß ein Anerkennen der eigentlich selbstverständlichen internationalen Prägung von Wissenschaft und Religion oder steckt mehr dahinter?

Das Schlagwort „wissenschaftlich-religiöser Dialog" steht für eine Reihe komplexer, sich stets erweiternder Fragen, Diskussionspunkte und Erkenntnisse, die jeder einfachen Kategorisierung entbehrt (oder sich entzieht). Deshalb muss der Dialog zwischen Naturwissenschaft und Religion von Natur aus interdisziplinär sein; er ist zuweilen interreligiös und schließt eine Vielfalt an religiösen Traditionen ein. Von Überlegungen zur Natur über Bewusstseinsfragen bis hin zur Embryonenethik erfordert die enorme Bandbreite an Aufgaben auch eine entsprechende Bandbreite an Ressourcen, auf die zurückgegriffen werden kann. Aber steht diese Vielschichtigkeit der Aufgaben nicht im Widerspruch zu der Behauptung, der naturwissenschaftlich-religiöse Dialog sei per definitionem global? Oder schlimmer noch, ist der globale Dialogcharakter das Resultat intellektueller Kolonialisierung, durch Verbreitung der westlich-akademischen Mentalität, die nun auch der nicht-westlichen aufgedrängt wird?

Trotz der Komplexität der intellektuellen Bemühungen, Fragen und Kontroversen, die von dem Thema „Naturwissenschaft und Glaube" ausgehen, gibt es gemeinsame Knotenpunkte. Diese zeugen tatsächlich von der Globalität des Dialogs in Zielsetzung, Ausrichtung und Charakter. Wie der muslimische Chemiker Muzaffar Iqbal und auch der Buddhist Richard Payne in ihren Beiträgen betonen, fand ein Großteil der Pionierarbeit zu Wissenschaft und Glaube im eindeutig christlichen, englisch-sprachigen Raum statt. Die Quellen dieser frühen Arbeiten sind aber offengelegt und methodisch aufbereitet worden. Die Autoren zeigen, dass diese Pionierarbeit kritisch revidiert und erweitert worden ist. Forscher weltweit haben die Ergebnisse so überarbeitet, dass sie in lokale Projekte integrierbar sind. Umgekehrt können die Erkenntnisse lokaler Studien wiederum für neue Gemeinschaftsprojekte nutzbar gemacht werden. Auf diese Weise verbindet globales Brückenbauen nicht nur die verschiedenen Disziplinen, sondern auch die Interessen globaler und lokaler Bemühungen.

Der Begriff „global" hat mittlerweile fast kulturellen Ikonenstatus. Neben der Beschreibung spezifischer Fälle globalen Austauschs, führt er uns ein Spektrum von Phänomenen vor Augen, die für die grundlegende Vernetzung weltweiter Angelegenheiten, politischer, kultureller, militärischer und besonders wirtschaftlicher Natur, typisch sind. Die Charakterisierung des Dialogs als global bedeutet, dass die Beziehung zwischen Naturwissenschaft und Glaube Leben und Wohl aller Individuen und Institutionen weltweit betrifft. Es ist vollkommen naiv, die

Wissenschaft vor der angeblichen Korruption durch die Religion abschotten zu wollen, wie auch umgekehrt, Religion vor der Wissenschaft als potentiellem Säkularisierungsfaktor zu bewahren.

In unserer Gesellschaft kann man fast von einer Allgegenwart von Naturwissenschaft und Glaube sprechen, da sie zu menschlicher Existenz dazugehören und einander ständig beeinflussen. Ihre historische und bedeutend dynamische Beziehung dient dazu, dem Leben einen Rahmen zu geben und es mit einer Art intellektuellem Rohmaterial für unsere Perspektive auszustatten. Im Interesse weltweiter Vernetzungsvorgänge ist es ein globales Anliegen, Wissenschaft und Religion im Zusammenhang zu sehen. Trotz der intellektuellen Reichweite von Religion dürfen wir nicht vertuschen, dass der Globalcharakter von Naturwissenschaft und Religion größtenteils auf die Globalität der Wissenschaft zurückgeht, deren kulturelle Mobilität sich aus drei Momenten speist: Die Naturwissenschaft spielt allgemein eine immer größere Rolle bei der Globalisierung, besonders bei der Erweiterung der globalen Märkte und der internationalen Telekommunikation. Laut Pulitzer Preisträger Thomas Friedmann ist die erste Hälfte des 21. Jahrhunderts schon längst im zweiten großen Globalisierungsschub begriffen. Ende des 19., Anfang des 20. Jahrhunderts schrumpfte die Größe der Welt von L(arge) auf M(edium), primär durch militärische, politische und industrielle Expansion, aber auch durch Fortschritte in der Technik. Obwohl das erste Globalisierungskapitel die Welt zunehmend zum Dorf werden ließ und Lappländer und Kreolen sich plötzlich duzten, war es im Vergleich zum aktuellen zweiten Kapitel doch eher unspektakulär. Mit dem Fall der Berliner Mauer wurde Globalisierung zum ideologischen Motto des Weltgeschehens. Im Laufe kürzester Zeit, und diesmal weniger aus militärischen als aus ökonomischen Gründen, schrumpfte die Welt von M(edium) auf S(mall). Die technologischen Kinderschuhe des ersten Kapitels sind aber keineswegs abgelegt, sondern dienen dem zweiten als Grundlage. Das raue Geschäft expandierender globaler Märkte wird durch die komplexe, sich stets weiterentwickelnde und an der Wirtschaft orientierte Technologie noch verschärft.

Was aber springt bei all diesen Globalisierungstrends für den Dialog von Naturwissenschaft und Glaube heraus? Die wirtschaftliche Globalisierung bindet Individuen und Institutionen enger aneinander, wodurch sich privates und öffentliches Leben überall umstrukturiert. Wo der politische Status eines Landes einst durch seine militärische Macht bestimmt war, hat heute die Einbindung in multinationale Strukturen Vorrang. Wie aber bereiten sich die Länder auf so etwas vor? Eine Möglichkeit ist der technische Fortschritt, der wissenschaftlich verankert ist und so wiederum über Forschung und Lehre geht.

Globalisierungsgegner sehen die Autonomie lokaler Instanzen durch die harte Wissenschaft scheinbar unkontrollierbarer Technologien gefährdet. Aber diese haben in der Regel ihre eigene Wissenschaftsausrichtung und Technologie, die sie vor einer etwaigen „feindlichen Übernahme" durch die Globalisierung schützte.

Forschung und Lehre bilden integrale Bestandteile der Globalisierung sowie des Widerstandes ihr gegenüber. Im Zuge der wissenschaftlichen Weiterentwicklung erleben viele Länder oft eine zeitgleiche Renaissance und Revision ihrer kulturellen und religiösen Werte. Unsere globale Kultur ist ideologisch am stärksten vom Westen geprägt. Ob dies gut ist oder eher nicht, sei dahingestellt.

Der Biologe Martinez Hewlett erinnert in seinem Beitrag an die Art und Weise wie das darwinistische Modell zur Naturgeschichte Kulturbereiche beeinflusst hat, die mit der wissenschaftlichen Ausgangssituation gar nichts zu tun hatten. Auch der vom Hinduismus geprägte Physiker V.V. Raman bemerkt provokant, dass der Hinduismus davon ausgehe, dass Spiritualität in gewisser Hinsicht realer sei als die Phänomenologie, während sich die Naturwissenschaft (die Ramans intellektuellen Horizont erweitert habe) gänzlich letzterer verschrieben habe. Die Wissenschaft ist kein kulturelles Artefakt neben vielen anderen. Ihre kulturelle Mobilität richtet sich ja nicht nur nach dem letzten Schrei der Globalisierungsmode, sondern vermag es, eine ganze Reihe religiöser und kultureller Traditionen konstant zu prägen, weil sie sich übergeordneten Methoden, Instrumenten und Hypothesen bedient. Obwohl die Wissenschaftsphilosophie beharrlich darauf verweist, dass die Geschwindigkeit und das Risiko, mit denen viele wissenschaftliche Projekte durchgeführt werden, jedes Idealbild von Wissenschaft in den Schatten stellen, ist der Fortschritt durchaus von bestimmten Konstanten begleitet. Experimente und ihre Ergebnisse müssen z.B. in Großbritannien genauso wie in Bangladesh nachvollziehbar und wiederholbar sein. Die Methoden der Quantifizierung und die Sprache der Mathematik bilden stete Konstanten zwischen den Distanzen der verschiedenen kulturellen Annahmen. Vielleicht ist aber die wichtigste Voraussetzung, dass sich die Natur stets unter die Lupe der Wissenschaft nehmen lässt und die daraus resultierenden Theorien und Prinzipien regelgemäß und zuverlässig sind. Diese Konstanz erlaubt es Wissenschaftlern überhaupt erst, allgemeingültige Aussagen zu treffen. Der brasilianische Theologe Eduardo Cruz weist in seinem Beitrag darauf hin, dass die Naturwissenschaften in ihrer universellen Ausrichtung Hypothesen aufstellen und Aussagen machen, die alle Menschen betreffen; ganz im Gegensatz zu manch theologischen und philosophischen Höhenflügen hinsichtlich des Charakters von Wahrheitsaussagen, die oft an Relativismus angrenzen. Entweder stimmt $e = mc^2$ sowohl für dich als auch für mich, oder es stimmt gar nicht.

Schließlich, und das ist vielleicht der wichtigste Punkt, ist die Wissenschaft kulturell wenig gebunden, da sie faszinierende Erkenntnisse über unser aller Natur macht und über den sich daraus ergebenden technischen Fortschritt. So erforschen die Physiker und Theologen Robert Russell und Kirk Wegter-McNelly im zweiten Kapitel die Implikationen zeitgenössischer Kosmologie für theologische Überlegungen zur fernen Zukunft des Weltalls. Hat es in einem Universum, das laut neuesten naturwissenschaftlichen Erkenntnissen im Eistod verpuffter Energie untergehen wird, überhaupt einen Sinn, christlich-theologisch von einer Verwandlung des Kosmos in eine neue Schöpfung zu reden? Der Theologe Ted Peters stellt in seinem Überblick zur Genetik dar, vor welche Herausforderungen die Genforschung, einschließlich der Überlegungen zu genetischem Reduktionismus, genetischer Determination und der neo-darwinistischen Evolution, die theologische Anthropologie stellt. Und doch verspreche uns die Genetik, so Peters, eine medizinische Revolution, die helfen könnte, auch auf religiösem Hintergrund Themen wie Krankheit und Leiden anzugehen.

Warum sind Anerkennung und Betonung des globalen dialogischen Charakters von Naturwissenschaft und Glaube so wichtig? Ganz einfach, weil der Dialog nicht kulturabhängig geführt wird. Wäre er kulturabhängig, würden Forschungsarbeiten aus jeweils fremden Kontexten möglicherweise vernachlässigt. Nein, religiöse und kulturelle Traditionen kommen nicht umhin, sich der Realität der Globalisierung zu stellen. Sie müssen sich bewusst machen, dass Wissenschaft und Technik zwangsläufig Teil dieser Realität sind. Naturwissenschaft und Religion sind so etwas wie Mitbewohner in dieser einen, globalen Welt. Weil das Zusammenleben des globalen Netzes von Privatmenschen und Institutionen überhaupt erst ermöglicht, wenn nicht gar forciert wird, muss die Betrachtung der naturwissenschaftlich-religiösen Beziehung den Rahmen der Regionalität sprengen. Ein globales Engagement verlangt nach einer konzertierten Aktion von Forschern weltweit. Das Bewusstsein für die Relevanz übergeordneter und interdisziplinärer Fragen vereint viele internationale Akademiker und lässt sie Brücken bauen zwischen Naturwissenschaft und Religion und auch zwischen ihren jeweiligen Kontexten. Die Aussage, der Dialog zwischen Naturwissenschaft und Religion sei global, hat auch wichtige soziologische, wirtschaftliche und politische Implikationen. Viele dieser können wir nicht berücksichtigen; v.a. die Analyse von Ursachen und Erfolgen der Globalisierung würde wohl den Rahmen dieses Buches sprengen. Inwiefern der globale Charakter der Wissenschaft und mit ihm der des naturwissenschaftlich-religiösen Dialogs seine Quasi-Vormachtstellung behauptet oder nicht, soll ebenso unbeachtet bleiben wie die Frage nach der tatsächlichen Universalität der in Europa und den Vereinigten Staaten entstandenen Naturwissenschaft. Kurz, wir wollen nicht der, eher philosophischen, Grundsatzfrage nachgehen, ob es eine oder mehrere Wissenschaften gibt.

Generell halten die Autoren des vorliegenden Bandes das Phänomen des globalen Dialogs für bedeutend und arbeiten ihre Hypothesen auf diesem Hintergrund heraus. Wir wollten in diesem Kontext lediglich sensibilisieren für die Art wie Naturwissenschaft und Religion in der heutigen Realität betrieben werden (und werden sollen). Diese Realität bestätigt unser Vorhaben, in einem Band Quellen aus eher christlichen, anglophonen Kontexten und solche nicht-christlicher, nicht-anglophoner Provenienz zusammenzutragen. In der Organisation dieses Buches haben wir versucht, dem ins Auge zu sehen, was wir in der Zusammenarbeit mit Forschern und Studenten erlebt haben: Naturwissenschaft und Religion ist eine globale Angelegenheit! Obwohl Forschung in unterschiedlichsten kulturellen, religiösen und wissenschaftlichen Kontexten betrieben wird, müssen sich beim Brückenbau alle vergleichbaren Herausforderungen stellen.

Kontextuelle Bezüge. Die Globalisierung verändert zwar kulturelle und religiöse Anliegen, Interessen und Zusammenhänge, löst diese aber mitnichten auf. Deshalb werden Naturwissenschaft und Religion trotz ihrer Globalität nicht weniger von kontextuellen Anliegen geprägt. Auch wenn Einigkeit über die Sinnhaftigkeit des Dialogs herrscht, hängen doch Bedeutung und Reichweite desselben oft von kontextspezifischen Bezügen ab.

Im August 1999 traf ich zusammen mit einem meiner CTNS-Kollegen Peter Hess Promovierende vom INAOE, dem mexikanischen Institut für Astrophysik, Optik und Elektrotechnik in Tonantzintla, um das Verhältnis von Naturwissenschaft und Religion in Südamerika zu diskutieren. Lehrangebote in Theologie sind an öffentlichen mexikanischen Universitäten zwar grundsätzlich untersagt, die Studenten zeigten aber großes Interesse an der Diskussion. Warum dies, mag man sich fragen. Die Studenten betrachten Wissenschaft und Technik primär unter der Perspektive der sozialen Gerechtigkeit. Das ist verständlich, zumal in Mexiko mehr als 30 % der Bevölkerung unter die Armutsgrenze fallen. Die Diskussionsteilnehmer sahen ein großes Potential in Wissenschaft und Technik, sofern weitläufiger zugänglich, für die Bekämpfung der politischen Ungerechtigkeit im eigenen Land. Auch für uns hier am CTNS hat die Forschung stets diesen sozialpolitisch-ethischen Auftrag. Im Laufe der Diskussion stellte sich heraus, dass die Gerechtigkeitsvision der Studenten nicht unbedingt mit der Wissenschaft an sich zu tun hatte, sondern mit religiösen und philosophischen Überlegungen zusammenhing. Sicherlich hatte die Naturwissenschaft zu dieser Vision beigetragen. Es klangen aber so viele religiöse und philosophische Untertöne in der Beschreibung von Gerechtigkeit an, dass sich diese wohl kaum von der kulturellen Bedeutung, die die Wissenschaft für sie hat, trennen lassen. Folglich fesselte die Studenten unsere Debatte besonders im Blick auf soziale Gerechtigkeit und allen damit verbundenen Fragen, von der Eschatologie bis hin zur theologischen Anthropologie.

Ein gutes Jahr später, im März 2001, trafen Ted Peters und ich eine Gruppe von Wissenschaftlern, Philosophen und buddhistischen Mönchen aus Thailand. Für viele der Anwesenden war dieses Treffen eine Art kreativer Neubeginn, da zum ersten Mal formal über die Bedeutung eines naturwissenschaftlich-religiösen Diskurses für die Wissenschaft, den Buddhismus und Thailand gesprochen wurde. Den thailändischen Kollegen wurde die Relevanz dieses Diskurses immer bewusster, je mehr er sich mit direkten Belangen des Buddhismus und sozialpolitisch drängenden Fragen in Thailand verband. Natürlich herrschte Einigkeit über die Schlüsselfunktion von Hermeneutik und Methodenlehre für die Erleichterung des Dialogs, aber wirklich interessant wurde es z.B. bei Fragen der Genetik. Unterernährung stellt in Thailand ein großes Problem dar. Buddhistische Mönche und Laien fühlen sich in der Pflicht, dieses Problem in den Griff zu bekommen. In der Genetik sehen sie deshalb die einzigartige Chance, z.B. Reispflanzen so zu züchten, dass sie selbst in nährarmem Boden gediehen. Vielen wird bewusst, dass die Religion allein die sozialen Probleme nicht zu lösen vermag. Es bedarf wissenschaftlicher Bemühungen. Einer der anwesenden buddhistischen Mönche sagte, Mitgefühl und Sympathie seien nicht genug, um die Armen zu ernähren, es seien Wissen und Verstehen nötig. Im Frühjahr 2002 trafen wir uns mit einer erlesenen Gruppe römisch-katholischer Bioethiker, Philosophen und Theologen, um die Frage zu erörtern, was Embryologie und Entwicklungsbiologie zum theologischen Verständnis vom Lebensanfang beitragen können. Die in der römisch-katholischen Tradition verwurzelte Annahme eines Naturrechts, das die „Schrift Gottes" und die „Schrift der Natur" auf eine Ebene stellt, ist für solche Fragestellungen wohl besonders gut geeignet. Methodisch spitzfindig, wohl aus Tradition, drängten die Gesprächsteilnehmer auf eine systematische Herangehensweise. Wie sollten sich Theologie und Naturwissenschaft zueinander verhalten? Welche theologischen Aussagen – etwa aus der Schöpfungstheologie, der theologischen Anthropologie oder der Eschatologie – lieferten Orientierungshilfen für die Steuerung dieses Verhältnisses? Wie sollte sich die Theologie gegenüber der

Philosophie, der Wissenschaftsphilosophie, der Wissenschaftsethik und der theologischen Ethik verhalten? Eine vorsichtige Rückbesinnung auf die philosophischen Wurzeln könnte eine solide Grundlage für ein dynamisches Verhältnis zwischen Embryologie und Theologie schaffen. Neue Erkenntnisse aus der Embryonenforschung und der Genetik zeigen, dass es wissenschaftlich naiv wäre anzunehmen, dass ein Embryo nur aus der Verschmelzung von Ei- und Samenzelle entsteht. Techniken wie das Klonen oder die Parthenogenese[1] verändern traditionelle Vorstellungen vom Beginn des Lebens. Die katholischen Diskussionsteilnehmer fragten sich, wie das Naturrecht diesem neuen Naturverständnis begegnen soll. Es zeigt sich, dass die kontextuelle Abhängigkeit der jeweiligen Anliegen ganz praktische Implikationen hat, da Forscher und Studenten, je nach Interesse und akademischer Ausrichtung, unterschiedliche Akzente setzen. Die jüdische Theologin und Bioethikerin Laurie Zoloth bedenkt in ihrem Beitrag, dass jüdische Akademiker besonders an der Verknüpfung mit der Biomedizin interessiert seien, da die Krankenheilung zu den Grundpflichten eines Juden gehöre. Und christliche Akademiker, wie George Murphy, mögen im Rückbezug auf die Art und Möglichkeit göttlichen Leidens das Leiden in der Natur, wie von der Evolutionsbiologie untersucht, anders beleuchten. Ein muslimischer Forscher wiederum, wie Iqbal anmerkt, mag besonders an der Frage interessiert sein, wie die naturwissenschaftlichen Entdeckungen in den erkenntnistheoretischen Rahmen des Koran passen. Es wird wohl deutlich – der Kontext bestimmt die Dialogstruktur. Bestimmte Fragen würden ohne den entsprechenden Kontext gar nicht gestellt, und gerade die religiösen Traditionen fordern eine gründliche Untersuchung bestimmter Aspekte, was für die größere Forschungsgemeinschaft äußerst wertvoll ist.

Die Art und Weise des individuellen Brückenbaus zwischen Naturwissenschaft und Religion hängt weitgehend davon ab, wie die Frage, warum Brücken überhaupt gebaut werden sollen, beantwortet wird. So unterschiedlich die Antworten der einzelnen Naturwissenschaftler, Theologen, Historiker, Ethiker und Philosophen ausfallen mögen, so verschieden sind die Gründe und Methoden des Brückenbaus. Die Überbrückung diverser kultureller, intellektueller und politischer Täler zwingt die Forscher, sich mit zuweilen äußerst fremdem gedanklichen Terrain auseinander zu setzen. Wir sehen, die Techniken und Materialien *eines* Brückenbauprojekts sind nicht unbedingt auf ein anderes übertragbar. Die ausführliche Behandlung dieser komplexen Zusammenhänge würde den Rahmen dieses Buches aber sprengen. Obwohl kontextuelle Bezüge in den meisten Kapiteln beachtet werden, kon-

[1] Fortpflanzung ohne befruchtete Eizellen, z. B. bei Insekten.

zentriert sich kein einzelnes exklusiv auf diese Thematik. So wird z.B. der Frage nicht explizit nachgegangen, ob und inwiefern nicht-christliche und nicht anglophone Forscher von der Methodenentwicklung eher christlicher und anglophoner Provenienz profitieren können. Obwohl Fragen des kulturellen Relativismus hier nicht direkt behandelt werden, sind uns die besonderen Bedürfnisse einzelner Traditionen stets präsent. Auf dem Hintergrund der unterschiedlichen Bedürfnisse haben wir versucht, Aufsätze zu sammeln, die die verschiedenen Religionen, Kulturkreise und akademischen Disziplinen repräsentieren. Obgleich diese Zusammenstellung sich mitnichten erschöpft und wir uns thematisch beschränken mussten, tragen die einzelnen Kapitel den kontextuell bedingten Anliegen der Akademiker Rechnung. Diese fließen wiederum in die Entwicklung bestimmter Herangehensweisen an den naturwissenschaftlich-religiösen Dialog ein.

Brückenkonstruktion und hypothetische Konsonanz

Unser Buch verfolgt ein konstruktives Ziel – seinen Erfolg wollen wir daran messen, ob es tatsächlich dazu beiträgt, Brücken zwischen Naturwissenschaft und Religion zu schlagen. Die Einführung eines Brückenforums impliziert die Frage nach dem Beitrag, den die beiden Disziplinen – durch sorgfältige Analyse, gegenseitige Kritik und kreativen Ideenaustausch – nicht nur zu den internen Belangen, sondern auch den globalen, gemeinsamen Interessengebieten leisten können. Die Bedeutung dieses Buches bemisst sich letztendlich an dem Wert der Beantwortung dieser Frage. Die vorläufigen Antworten sollen insofern Bildungswert haben, als Professoren und Studenten der Naturwissenschaft und der Religion die hier vorgestellten Modelle zum Brückenbau auf ihre eigenen Projekte übertragen können sollen.

Die vorliegende Fragestellung setzt eine bestimmte Art der Zusammenarbeit von Naturwissenschaft und Religion voraus, die Ted Peters einmal als *hypothetische Konsonanz* bezeichnet hat. Wie auch der Historiker Peter Hess in seinem Aufsatz bemerkt, stellt das gern bemühte Bild eines angeblich hehren Konflikts die Situation des regen Austauschs zwischen Naturwissenschaft und Religion falsch dar, da sich eine zunehmende Anzahl von Naturwissenschaftlern und Theologen an Punkten gemeinsamen Interesses und gemeinsamer Anliegen treffen. Hypothetische Konsonanz ist eine konstruktive Form dieses beiderseitigen Interesses. Der Begriff *Konsonanz* suggeriert bereits, dass es hinsichtlich des Verständnisses von Natur seitens der Wissenschaft und durch den geschärften Blick vieler religiöser Traditionen Überschneidungs-, Verbindungs- und Bedeutungsebenen gibt. Laut Peters manifestiere sich Konsonanz in vielerlei Gestalt. In ihrer *fixen* Form kommt sie dem Zustand vollständiger Übereinstimmung und Harmonie nahe. Das Verhältnis von Naturwissenschaft und Religion in diese Form einpassen zu wollen, wäre aber eher irreführend, denn an vielen Punkten rufen naturwissenschaftliche oder auch religiöse Einsichten eher Dis- denn Konsonanz hervor. Konsonanz kann aber auch in einer *vorläufigen* Form begriffen werden, welche das Verhältnis von Naturwissenschaft und Religion wohl besser treffen dürfte. Da die vorläufige Form der Konsonanz erst mal hypothetisch ist, sprechen wir von hypothetischer Konsonanz.

Hypothetische Konsonanz setzt voraus, dass Naturwissenschaft und Religion die eine – wenn auch komplexe und vielschichtige – Wirklichkeit zu begreifen suchen. Davon ausgehend fragt sie, ob es sinnvoll ist anzunehmen, dass sich die von Naturwissenschaft und Religion aufgestellten Behauptungen über dieselbe Realität punktuell bestärken, einander erhellen und kritikfähig machen. Mit anderen Worten: Naturwissenschaft und Religion steuern beide einen Wahrheitsfindungskurs durch dieselbe, eine Realität; sollten wir, trotz potentiell unterschiedlicher Routen und Methoden, nicht erwarten, dass beide schließlich gute Reisepartner würden?

Die Verpflichtung zu hypothetischer Konsonanz birgt natürlich auch Risiken. Die Religion gibt ihre Vorannahmen zur wissenschaftlichen Begutachtung frei und öffnet sich damit auch der wissenschaftlichen Beschreibung, die sich potentiell positiv auf die Religion auswirken mag. Die Wissenschaft gibt im Gegenzug ihre Vorannahmen frei für die religiöse Begutachtung und öffnet sich religiösen Einsichten über die Realität, was immer diese sei, als potentiell auch wissenschaftlich wertvoll. Die Risiken kommen jedoch nicht ohne „intellektuelles Sicherheitsnetz" aus. Dadurch, dass Annahmen auf die Ebene einer Hypothese gehoben werden, können Naturwissenschaft und Religion in Forschungsprogrammen kooperieren und Behauptungen gemeinsam bestätigen oder entkräften. Hypothetische Konsonanz signalisiert Dialogbereitschaft, oder genauer gesagt, verpflichtet sie zu dialogimmanenter Fruchtbarkeit. Hypothetische Konsonanz wird nur über diese Bereitschaft und Verpflichtung attraktiv.

Da sie auf Effizienz des Dialogs ausgerichtet ist, sei zu beachten, was sie zu umgehen sucht:

1. Hypothetische Konsonanz ist nicht der Versuch der einen oder anderen Seite, die Feststellungen der jeweils anderen zu bestätigen oder zu entkräften. Der Dialog mit der Wissenschaft mag die eigene Vorstellung von Transzendenz auf die Probe stellen. Die Existenz Gottes zu beweisen oder zu falsifizieren wäre aber mitnichten ihr Ziel.

2. Durch die Annahme hypothetischer Konsonanz wird weder die naturwissenschaftliche noch die religiöse intellektuelle Leistung in Abrede gestellt. Kein Naturwissenschaftler wird dazu gedrängt, die Idee des Brahman in seinen mathematischen Formeln unterzubringen; genauso wenig wie der Theologe seine Wahrheitskriterien gegen die der Naturwissenschaft eintauschen muss.
3. Hypothetische Konsonanz vermeidet, dass sich nur ein Bereich, Wissenschaft oder Religion, rühmen könnte, den Geist der Wahrheit für sich gepachtet zu haben. Dieser von manchen Reduktionisten oder Fundamentalisten gestellte exklusive Besitzanspruch der Wahrheit birgt natürlich großes Konfliktpotential.
4. Hypothetische Konsonanz verhindert, dass das Verhältnis von Naturwissenschaft und Religion zu einem der Konkurrenz wird. Während Wissenschaft und Religion sicher zuweilen einander ausschließende Behauptungen über das Wesen der Natur aufstellen, sollten diese nicht zu einem Abbruch des Gesprächs führen.

Schließlich sei zu bedenken, dass hypothetische Konsonanz den Konflikt nicht scheut. Naturwissenschaft und Religion werden immer Streitpunkte haben. Hypothetische Konsonanz sieht im Konflikt aber das Potential zu noch effizienterem Engagement. Sie unterstützt die konstruktive Seite des Brückenbauens; und hier v. a. den Verkehr vom wissenschaftlichen zum religiösen Ende, der zuerst zum Fluss gebracht werden soll.

Trotzdem, wie auch vielfach betont in diesem Buch, sollen Brücken, die sich die Materialien der hypothetischen Konsonanz zueigen machen, auch den intellektuellen Verkehrsfluss vom religiösen zum wissenschaftlichen Ende begünstigen. Wie uns unsere Kollegen am CTNS stets erinnern, ist die Kluft zwischen Naturwissenschaft und Religion in der globalen Gesellschaft von heute real. Im Sinne ihrer Überbrückung muss konstruktive Arbeit geleistet werden; nicht jedoch ohne einer gewissen, der hypothetischen Konsonanz eigenen intellektuellen Bescheidenheit.

Brücken

In unserer Zusammenarbeit mit Akademikern aus den verschiedensten Ländern und Kulturkreisen, mit vielfältigen wissenschaftlichen, politischen und religiösen Hintergründen, haben wir festgestellt, dass versucht wird, unterschiedliche Arten von Brücken, oft auch aus unterschiedlicher Veranlassung, zwischen Naturwissenschaft und Religion zu bauen. Doch das Gespräch zwischen den „Bauherren“ bricht wegen der gemeinsamen Aufgabe und des Interesses am Ideenaustausch nicht ab. Sie möchten Einblick nehmen in die Baupläne der anderen, die Geräte und Materialien der anderen ausprobieren und Techniken evaluieren. Während sie sich vorwiegend für bereits erprobtes und bewährtes Material interessieren, sind sie auch offen für Kritik und Überarbeitung dieser Materialien und Quellen und der Entwicklung neuer, projektspezifischer Mittel.

Am wichtigsten ist vielleicht das Interesse der Professoren und Studenten an einer Zusammenarbeit. Über den lokalen fachinternen Brückenbau hinaus widmen sie sich der Entwicklung globaler, fächerübergreifender Strukturen, die den Verkehrsfluss in beide Richtungen ermöglichen. Religion muss von Wissenschaft und Wissenschaft von Religion genährt werden. Diese zweispurigen Bahnen verlaufen nicht nur zwischen Naturwissenschaft und Religion, sondern durchziehen auch kulturelle und religiöse Kontexte. Die Bahnen und Linien lassen sich aber nur zeichnen, wenn Forscher ihre Abhängigkeit voneinander anerkennen.

Dieses Buch soll zu einem Quellen- und Materialaustausch beitragen. Als Herausgeber aus einem englisch-sprachigen Kontext, akademisch der christlichen Theologie und Philosophie verpflichtet, haben wir im Inhaltsverzeichnis und den einzelnen Kapiteln merklich unsere intellektuellen Spuren hinterlassen. Letztendlich haben wir unser Ziel jedoch erreicht – eine Aufsatzsammlung vorzulegen, die Basismaterial und -techniken für den Brückenbau zwischen Naturwissenschaft und Religion liefert. Bei der Auswahl der Beiträge haben wir stets den globalen Charakter des naturwissenschaftlich-religiösen Gesprächs berücksichtigt; aufgrund dessen haben wir Autoren und Material ausgesucht, welche sich in der heutigen akademischen Forschung in Naturwissenschaft und Religion schon profiliert haben. Gleichzeitig haben wir nicht versäumt, kontextuelle Bezüge zu beachten, die den Dialog erst relevant und bedeutsam machen. Deshalb haben wir Beiträge von bekannteren Autoren mit solchen vermischt, die in kritischer, revidierender und richtungsändernder Weise neue Wege einschlagen.

Die ausgesuchten Kapitel sind in vielerlei Hinsicht lehrreich. Sie bestätigen den einzigartigen Charakter von Fragen, die in verschiedenen Traditionen gestellt werden und statuieren ein Exempel der interdisziplinären Bedeutung aller Arbeit in Naturwissenschaft und Religion.

Literatur

Friedman, Thomas L., *The Lexus and the Olive Tree*, New York 2000.

Peters, Ted (Hg.), *Science and Theology: The New Consonance*, Boulder, CO 1998.

I. Die Methodik des Brückenbaus (oder: Wie man eine Brücke baut)

Vom Gegeneinander zum Miteinander: Brücken und Gräben im Dialog zwischen Naturwissenschaft und Theologie in Deutschland[1]

Dirk Evers

Historischer Rückblick

Ich möchte in meinen Ausführungen zunächst zurückblicken auf den Dialog zwischen Naturwissenschaften und Theologie, wobei ich mich nach ein paar einleitenden Bemerkungen zum Verhältnis von Religion und Naturwissenschaft vom 16. bis zum 18. Jahrhundert auf die Situation in Deutschland im 19. und 20. Jahrhundert aus der Perspektive eines evangelischen Theologen konzentriere.

Vom Miteinander zum Gegeneinander. Eigentlich müsste mein Beitrag mit „Vom Miteinander zum Gegeneinander zum Miteinander" überschrieben sein. Denn entgegen dem im 19. Jahrhundert entstandenen und oft kolportierten Gründungsmythos der neuzeitlichen Wissenschaft hat sich diese, vertreten durch Forscher wie Nikolaus Kopernikus, Johannes Kepler, Galileo Galilei und Isaac Newton, nicht erst heroisch gegen ein dunkles, von religiösem Aberglauben, Fanatismus und Obskurantismus beherrschtes Mittelalter durchsetzen müssen, sondern ist als in vieler Hinsicht konsequente Fortführung von Ansätzen zu verstehen, die mit dem christlichen Weltbild des Abendlandes durchaus in Einklang standen. Und so ist auch das Verhältnis von Naturwissenschaften und Religion in den Anfängen vor allem bei der intellektuellen Elite durchaus freundlich gewesen. Kopernikus, selbst geweihter Priester und Domherr in Frauenburg, hat seine berühmte Schrift *De Revolutionibus* Papst Paul III. gewidmet mit dem Hinweis, dass nun durch seine Sicht des Alls die „Bewegungen der Weltmaschine, die um unseretwillen vom besten und genauesten aller Werkmeister gebaut ist,"[2] klarer zu verstehen und besser zu berechnen sind. Und Kepler verstand seine Astronomie gar als eine höhere Form

[1] Der Beitrag ist angelehnt an einen Eröffnungsvortrag zum Planungskongress des „Religion and Science Network Germany", Stuttgart-Hohenheim, 14.–16. Januar 2005.

[2] Kopernikus 1990: 59–153, 173.

von Gottesdienst und nannte sich selbst „Priester Gottes am Buche der Natur“[3]. Newton wiederum verherrlichte im *Scholium generale* zu seinen *Principia mathematica* den großen Weltenherrscher[4]:

> Dieses höchst elegante Gefüge der Sonne, Planenten und Kometen konnte nicht anders entstehen als durch den Ratschluss und die Herrschaft eines intelligenten und mächtigen Wesens ... Er regiert dies alles nicht als Weltseele, sondern als Herr des Universums. Und wegen seiner Herrschaft wird er gewöhnlich Herr Gott Pantokrator [Allherrscher] genannt.

Im 17. und 18. Jahrhundert kann die sogenannte *Physikotheologie*, die aus den Werken der Natur auf den Schöpfer schloss, überhaupt als die vorherrschende theologische Schule gelten, wie umgekehrt eine Verbindung von naturwissenschaftlichem Denken und religiös gefärbtem Weltbild für fast alle Naturwissenschaftler dieser Zeit kennzeichnend war. Gott als der große Werkmeister schien sich aus der Zweckmäßigkeit und Vollkommenheit der Natur erweisen zu lassen, wie umgekehrt im Mittelpunkt der aufgeklärten christlichen Religion der Neuzeit das natürliche und vernünftige Sittengesetz stand, dessen Geltung sich in der teleologisch interpretierten Weltsicht der Naturwissenschaften zu erweisen schien.

Doch um die Mitte des 18. Jahrhunderts wurden sowohl der physikotheologische Gottesbeweis aus den Werken der Natur als auch der Gottesbeweis aus der universalen Geltung des Sittengesetzes brüchig. Aus der Wiederentdeckung des antiken Atomismus entstand zunächst in England und Frankreich der neuzeitliche *Materialismus*. Während in England diese Weltsicht oft mit einer deistischen Theologie oder einem skeptischen Agnostizismus verbunden wurde, erwuchs in Frankreich ein radikaler und expliziter Atheismus auf materialistischer Grundlage (Julien O. de La Mettrie, Paul H.Th. d'Holbach). Der göttliche Ursprung der Lebensentstehung und der Beseelung des Menschen wurde geleugnet, und die göttliche Weltregierung in der besten aller möglichen Welten, wie Gottfried W. Leibniz sie in seinen beim europäischen gebildeten Publikum weit verbreiteten *Essais de Theodicée* behauptet hatte, mit bitterem Hohn verspottet. In Deutschland allerdings kam es erst mit dem schwindenden Einfluss der idealistischen Systeme Immanuel Kants und Georg W.F. Hegels zu Beginn des 19. Jahrhunderts zu den ersten Versuchen, unter Berufung auf die

[3] Brief an Herwart vom 26. März 1598, in Kepler 1945: 188–197, hier 193: „Ego verò censeo, cum Astronomj, sacerdotes dej altissimj ex parte librj Natruae simus.“

[4] „Elegantissima hæcce solis, planetarum & cometarum compages non nisi consilio & dominio entis intelligentis & potentis oriri potuit ... Hic omnia regit non ut anima mundi, sed ut universorum dominus. Et propter dominium suum, dominus deus παντοκράτωρ dici solet“ (Newton 1964: 172).

Naturwissenschaften eine ausdrücklich materialistische Weltsicht in religionskritischer Absicht zu etablieren.

Die Situation in Deutschland im 19. Jahrhundert. Zwischen 1790 und 1830 jedoch hatte zunächst noch die von Johann W. von Goethe und Friedrich W. J. Schelling beeinflusste sogenannte romantische Naturphilosophie ihre Blütezeit, eine spezifisch deutsche Erscheinung. Sie plädierte gegen die blinde und seelenlose Mechanik Newtonscher Prägung für eine organische und dynamische Weltsicht, die das Naturganze als einen lebendigen Wirkungszusammenhang beschrieb. Im Anschluss an Schellings Auffassung der Naturgeschichte als eines Prozesses der Selbstentfaltung des Geistes in der Natur sollte auch der Cartesische Dualismus von Materie und Geist (zum Teil unter Berufung auf Spinoza) überwunden werden. Und wie Schelling bei der Entwicklung seiner frühen Naturphilosophie unter anderem von dem Experimentalphysiker Johann Wilhelm Ritter beeinflusst wurde, wirkte er umgekehrt auch zurück auf die Naturwissenschaften, besonders auf Medizin und Biologie (z.B. Karl Ernst Ritter von Baer, Lorenz Oken, Johannes Müller). Namentlich in der Embryologie, der Morphologie, der Lehre von Bau und Funktion der Lebewesen und in der Zellenlehre entwickelte die deutsche Naturphilosophie auch die Forschung positiv anregenden Einfluss. In anderen Bereichen der anorganischen Naturwissenschaften interessierten sich naturphilosophisch geprägte Forscher vor allem für die Phänomene von Elektrizität und Magnetismus, deren Polaritäten ein gutes Beispiel für die auf produktive Weise antagonistischen Kräfte der Natur zu bilden schienen. So entdeckte der Kopenhagener Physiker und Schüler Schellings, Hans Christian Ørsted, z.B. die magnetischen Wirkungen des elektrischen Stroms. Das spekulative Vorgehen der romantischen Naturphilosophie stieß jedoch in vielen Bereichen einer streng empirisch orientierten Naturwissenschaft auf starke Ablehnung, und nach dem Tode Hegels (1831) und Goethes (1832) verlor diese Form der Naturforschung schnell an Bedeutung, auch wenn sie als nun eher untergründige Strömung in Deutschland erhalten blieb (vgl. etwa den Physiker, Psychologen und Philosophen Gustav Theodor Fechner oder den Begründer der physikalischen Chemie Friedrich Wilhelm Ostwald (Nobelpreis 1909)) und in der ein oder anderen Form bis ins 20. Jahrhundert, ja bis in die heutige Zeit ihre Wirkungen entfaltete.

Doch noch vor dem Erscheinen von Darwins Evolutionstheorie (*On the Origin of Species* 1859) brach dann in Deutschland 1854/55 der sogenannte *Materialismus-Streit* aus. Der konservative Physiologe Rudolf Wagner hatte auf der 31. Versammlung Deutscher Naturforscher und Ärzte in Göttingen einen Vortrag zum Thema „Menschenschöpfung und Seelensubstanz“ gehalten, in dem er für die Vereinbarkeit christlicher Glaubensinhalte mit naturwissenschaftlichen Erkenntnissen eintrat. Er suchte darin nicht nur die Annahme einer besonderen unwägbaren und unsichtbaren Seelensubstanz und damit die Unsterblichkeit der Seele zu verteidigen, sondern bemühte sich auch, die Abstammung des Menschengeschlechts aus einem anfänglichen Menschenpaar nachzuweisen.[5] Sein alter Gegner, der Zoologe und Demokrat Carl Vogt setzte sich mit diesen Behauptungen vom Standpunkt eines materialistisch gesinnten Naturwissenschaftlers auseinander und fasste seine Ansicht zur Frage nach der Existenz einer menschlichen „Seele“ in den oft zitierten Sätzen zusammen,

> daß alle jene Fähigkeiten, die wir unter dem Namen der Seelenthätigkeiten begreifen, nur Funktionen der Gehirnsubstanz sind; oder, um mich einigermaßen grob hier auszudrücken: daß die Gedanken in demselben Verhältnis etwa zu dem Gehirne stehen, wie die Galle zu der Leber oder der Urin zu den Nieren. Eine Seele anzunehmen, die sich des Gehirnes bedient, mit dem sie arbeiten kann, wie es ihr gefällt, ist reiner Unsinn.[6]

Der Materialismusstreit endete mit einem deutlichen publizistischen Sieg des materialistischen Bestreiters der Seelensubstanz. Zu ihm nahm dann etwa auch der Linkshegelianer Ludwig Feuerbach Stellung[7], der schon 1841 mit seiner berühmt-berüchtigten Schrift *Das Wesen des Christentums* die Bibelkritik zu einer allgemeinen Religionskritik erweitert und damit eine atheistische Bewegung in Deutschland angestoßen hatte. Zusätzlich verbreiteten sich kämpferisch-materialistische Schriften in den Kreisen des gebildeten Bürgertums, wie z.B. Ludwig Büchners *Kraft und Stoff* von 1855, das bis 1904 21 Auflagen erlebte und in alle Weltsprachen übersetzt war. Naturwissenschaftliche Weltanschauung, Materialismus und Atheismus schienen eine Art natürlicher Koalition einzugehen.

Auf den Materialismusstreit der 50er Jahre folgte in den 60er Jahren ein *Streit um den Darwinismus*, der nach Meinung einiger Wissenschaftshistoriker in keinem anderen europäischen Land auf so breiter Basis und mit derselben Heftigkeit ausgetragen wurde wie in Deutschland[8]. Als Vorkämpfer und Ideologe des Darwinismus in Deutschland machte sich Ernst Haeckel einen Namen, der 1868 mit einer populärwissenschaftlichen Darstellung unter dem programmatischen Titel *Natürliche Schöpfungsgeschichte* Darwins Evolutionstheorie einer breiten gebildeten Öffentlichkeit zugänglich machte.

---

[5] Wagner 1854a, b.
[6] Vogt ^{2}1854: 323; vgl. auch ders. ^{4}1856: 32.
[7] Feuerbach 1866.
[8] Vgl. Bayertz/Jaeschke 2005.

Haeckel verstand sein Eintreten für den Darwinismus von Anfang an auch als Kampf gegen den überkommenen Gottes- und Unsterblichkeitsglauben. „Natürliche Schöpfungsgeschichte" – in diesem Titel schon zeigte sich der Anspruch, durch das wissenschaftliche Weltbild das überlieferte religiös fundierte Weltbild kulturell äquivalent abzulösen. 1872 fasste dann der aus Zürich von empörten Bürgern vertriebene ehemalige Theologe und Tübinger Stiftler David Friedrich Strauß genau dieses Programm zu einem Glaubensbekenntnis auf materialistisch-darwinistischer Grundlage unter dem Titel *Der alte und der neue Glaube* zusammen und machte auf diese Weise eine Art wissenschaftlicher Ersatzreligion in liberalen Kreisen bestsellerfähig[9], die Nietzsche als triviales Philistertum verspottet[10].

Haeckel selbst gründete nach einer ganzen Reihe von überaus erfolgreichen Schriften, unter denen besonders die weit verbreiteten *Welträtsel* von 1899 hervorzuheben sind, 1906 den „Monistenbund" als Verein zur Verbreitung einer „wissenschaftlichen" Weltanschauung, und er stellte auch ernsthaft Überlegungen dazu an, was denn mit den über kurz oder lang wegen des Verschwindens des Christentums nicht mehr benötigten Kirchenbauten anzufangen sei. So lautete einer seiner Vorschläge, in den Seitenschiffen seien Herbarien und Aquarien anzulegen und wallfahrtsähnliche Exkursionen zu den Saurierfunden in der Schwäbischen Alb zu organisieren, um dem aufgeklärten Publikum Gelegenheit zur Betrachtung dessen zu verschaffen, was evolutionär aus uns geworden ist.

Angesichts der Erklärungskraft der im 19. Jahrhundert explosionsartig gewachsenen Naturwissenschaften (Vollendung der Newtonschen Mechanik durch Hamilton, Evolutionsbiologie, Chemie und Atomismus, Faradays und Maxwells Physik des elektromagnetischen Feldes, Thermodynamik, Geologie und Paläontologie u. v. a. m.) war die Auseinandersetzung der *Theologie* mit der Methodik und den Erkenntnissen der Naturwissenschaften im Grunde nicht existent. Auf theologischer Seite war mitunter eine oft überaus hilflos anmutende Apologetik vorherrschend, die sich mit der vergeblichen „Widerlegung" von wissenschaftlichen Erkenntnissen plagte, um von den biblischen Vorstellungen zu retten, was noch zu retten sein mochte. Die akademische Theologie aber war eher durch eine Auffassung geprägt, die Viggo Mortensen als theologisch begründete „Restriktion"[11] bezeichnet hat, also ein sich Zurückziehen auf Kategorien und Bereiche,

[9] Strauß 1872. Straußens Bekenntnis erregte zu seiner Zeit ebenso viel Aufmerksamkeit wie einst sein *Leben Jesu*, erlebte bis 1895 14 Auflagen und erschien dann 1904 noch einmal als Volksausgabe.

[10] Nietzsche 1873.

[11] Mortensen 1995: 28 u. ö.

die dem naturwissenschaftlichen experimentellen Zugang prinzipiell entzogen schienen. Für die deutsche protestantische Theologie des 19. Jahrhunderts sei hier beispielhaft auf Albrecht Ritschl und seine Schule verwiesen, dessen Lehre von den „selbständigen Werthurteilen"[12] als einer spezifischen, nicht auf Tatsachenerkenntnis zurückführbaren Grundhaltung des religiösen Glaubens jegliche Apologetik gegenüber den Naturwissenschaften als unsinnig ablehnte. Deren Erkenntnisvermögen sei allein auf die „sinnenfälligen Dinge" begrenzt, die Erklärung organisierter und erst recht intentional handelnder Wesen aber sei „auf die Anwendung des Zweckbegriffs angewiesen". Naturwissenschaftliches Denken könne deshalb nie „bis zu dem obersten Gesetze der Dinge" vordringen[13]. Hier habe die Religion ihre selbständige Domäne, und hier zeige sich, dass „die christliche Weltanschauung durch die Enthüllung des geistigen und sittlichen Gesammtzweckes [sic!] der Welt, welche der eigentliche Zweck Gottes selbst ist, sich als die vollkommene Religion bewährt"[14].

Doch die Lehre von den „Werturteilen" als einer exklusiven Domäne theologisch-philosophischer Erkenntnis im Unterschied zur den „Seinsurteilen" der Naturwissenschaften[15] krankte vor allen Dingen daran, dass sie die ontologische Einbindung der (religiösen) Überzeugungsurteile in den Gesamtzusammenhang der wissenschaftlich

---

[12] Vgl. z.B. Ritschl (1874) ^{4}1895: 195 (§ 28).

[13] AaO.: 199.

[14] AaO.: 201.

[15] Es ist ein Spezifikum der deutschen Philosophie- und Geistesgeschichte, dass gerade an dieser Stelle die Unterscheidung zwischen Natur- und Geisteswissenschaften Platz greift, die so etwa im angelsächsischen Bereich nicht vorhanden ist. Es war gerade die Differenz zwischen den *wertenden*, nach Sinn und Zweck fragenden Urteilen, wie sie etwa in den Geschichtswissenschaften für das Verstehen von menschlichem Handeln unverzichtbar sind, und den *beschreibenden*, die sinnliche Erscheinungswelt nach Ursache und Wirkung analysierenden Urteilen der Naturwissenschaften, die nach Dilthey für die elementare Unterscheidung von *Verstehen* und *Erklären* gut steht: „Die Natur erklären wir, das Seelenleben verstehen wir" (Dilthey ^{3}1961: 144). An diese Einsicht in eine Grunddifferenz menschlicher Erkenntnis knüpft die große Tradition der hermeneutisch geprägten Philosophie im Sinne Heideggers und Gadamers an, die dann auch seit ihren Anfängen die Entwicklung der protestantischen Theologie in Deutschland stark beeinflusste. Wir können diese aus dem Ende 19. Jahrhunderts bis in unsere Zeit reichende Entwicklung hier nicht weiter verfolgen, halten aber fest, dass durch sie im deutschsprachigen Raum eine ganz andere wissenschaftskulturelle Gesprächssituation gegeben ist als im angelsächsischen, weil für eine hermeneutisch aufgeklärte Philosophie die angedeutete Differenzierung der Erkenntnishinsichten unverzichtbar ist und sich die Auflösung ihrer Fragestellungen in einen monistischen Naturalismus von vornherein verbietet, wie sich andererseits auch an den Naturwissenschaften deutlicher die Differenz und das Ineinander von Erklären und Verstehen zeigen lässt. Als eine immer noch aktuelle Einführung in den gegenwärtigen Stand der Debatte vgl.: Kanitscheider/Wetz 1998.

erschlossenen Natur nicht leisten konnte. Erst recht nach der Etablierung der Evolutionstheorie, die die teleologische Ausrichtung der Natur und ihrer organisierten Gestalten fragwürdig werden ließ, drohten die im Zentrum der Theologie stehenden Fragen nach Sinn und Bedeutung menschlicher Existenz von aller empirisch begründeten wissenschaftlichen Erkenntnis isoliert und selbst sinnlos zu werden. So blieb der kirchlichen Polemik oft nur der Hinweis auf die angeblich alle höheren Werte zersetzende materialistische Moral einer naturwissenschaftlichen Weltanschauung, die sich auf „die bedingungslose Anhäufung und Vermehrung von Reichtümern und die Befriedigung sinnlicher Genüsse" beschränke, so Papst Pius IX. in seinem Syllabus von 1864 (DH 2958).

Beginnender Dialog im 20. Jahrhundert. Insgesamt also schien sich zu Beginn des 20. Jahrhunderts genau das zu bewahrheiten, was Schleiermacher zwei Generationen zuvor befürchtet hatte: der Knoten der Geschichte schien so auseinander zu gehen, dass die Wissenschaft mit dem Unglauben paktierte, das Christentum aber mit der Barbarei, d.h. mit hoffnungsloser Rückständigkeit verbunden wurde[16]. Und die wissenschaftliche Theologie hatte sich zurückgezogen auf das Reich der Werturteile und des Geistes und schien sich allzu leicht mit einer Art doppelter Buchführung abzufinden.

Es gab nur wenige Stimmen auf theologischer Seite, die dazu aufriefen, neu aufeinander zuzugehen. Dazu gehörte für die deutsche Theologie an erster Stelle Karl Heim, der in einem Brief von 1906 die Situation so beschrieb:

> Wir müssen jetzt ganz neue Wege suchen ..., wenn nicht der ungeheure Riß zwischen der nur unter sich verkehrenden Theologie und der Welt der Mediziner und Naturwissenschaftler über kurz oder lang zu einer Katastrophe führen soll. Eine Riesenarbeit ist zu tun, um den schon seit hundert Jahren verlorenen Anschluß wieder einzuholen, ehe es zu spät ist.[17]

Doch es sollte noch einige Zeit vergehen, bevor erste Brücken über diesen tiefen Graben geschlagen werden konnten und die Perspektive eines möglichen Dialogs von Theologie und Naturwissenschaften in den Blick kam. Zunächst musste die deutsche wissenschaftliche Theologie tiefgreifende Klärungsprozesse in eigener Sache durchlaufen. Denn neben einer rückwärts gewandten restaurativ-konfessionalistischen Theologie war im universitären Bereich vor allem die sogenannte liberale Theologie vorherrschend, die in der Aufklärung ihre

---

[16] Schleiermacher 1990: 347: „Soll der Knoten der Geschichte so auseinandergehen? das [sic!] Christentum mit der Barbarei, und die Wissenschaft mit dem Unglauben?"

[17] Nach Timm 1968: 25.

Wurzeln hatte und ein tragfähiges Bündnis zwischen einem christlich fundierten Kulturideal und der bürgerlich-liberalen Gesellschaftsordnung als Ziel und Grundlage eines modernen Christentums vor Augen hatte und das von aller Empirie unerreichbare Reich des Geistes und der Werturteile als ihre Domäne betrachtete, die Forschungen der Naturwissenschaften jedoch allenfalls selektiv zur Kenntnis nahm. Dieses Bündnis zwischen Kultur, Politik und Christentum begann spätestens mit der Katastrophe des 1. Weltkriegs brüchig zu werden und provozierte die Neubegründung eines *kritisch* auf die Moderne bezogenen und sich neu den biblischen Texten zuwendenden theologischen Denkens in der dialektischen Theologie Karl Barths wie später in der kerygmatischen Theologie Rudolf Bultmanns und ihrer Schüler. Aber auch Einzelfiguren wie Paul Tillich, Werner Elert und Dietrich Bonhoeffer sind hier zu nennen, die nach einer Neubegründung von Theologie überhaupt fragten. Durch das Aufkommen des Nationalsozialismus standen dann innerhalb der systematischen protestantischen Theologie ohnehin die Auseinandersetzungen mit dessen Ideologie im Vordergrund und damit vor allem fundamentaltheologische, kirchenpolitische, aber auch historische Fragen.

Obwohl der schon erwähnte Karl Heim auf protestantischer Seite bereits in den 40er Jahren erste bedeutende Schriften zum Dialog zwischen Naturwissenschaften und Theologie veröffentlichte[18] und der Jesuit Teilhard De Chardin auf katholischer Seite durch seine theologische Interpretation der Evolutionstheorie von sich reden machte[19], begann die deutschsprachige Theologie erst seit den 50er Jahren des 20. Jahrhunderts ernsthaft damit, das Verhältnis von Theologie und Naturwissenschaft neu zu bestimmen und die neuen Wege zu suchen, von denen Karl Heim zu Beginn des Jahrhunderts schon gesprochen hatte. Doch musste dies nun in einer Situation geschehen, die dem zu führenden Dialog alles andere als günstig war. Da war zum einen die Tatsache, dass die seit dem 19. Jahrhundert verschärften Fronten zwischen Naturwissenschaft und Religion sich inzwischen nicht nur in Deutschland, sondern in der abendländischen Kultur überhaupt zu einem tiefen Riss in deren geistigen Grundlagen ausgeweitet hatten, den der ausgebildete Naturwissenschaftler und Romancier Sir Charles Percy Snow 1959 in seiner berühmten *Rede Lecture* mit der These der zwei Kulturen auf den Begriff brachte[20]. Snow stellte fest, dass die literarisch-geisteswissenschaftliche und die naturwissenschaftlich-tech-

[18] Z.B. Heim 1949.

[19] Teilhard De Chardin schrieb sein Hauptwerk *Der Mensch im Kosmos* in den 40er Jahren, die Veröffentlichung folgte allerdings erst 1955: P. Teilhard De Chardin, Le phénomène humain (dt.: Der Mensch im Kosmos, 1959), Paris 1955.

[20] Kreuzer 1987.

nische Intelligenz innerhalb der westlichen Industriegesellschaften zwei grundverschiedene „Kulturen" verkörpern, die einander fremd geworden sind, nicht mehr miteinander kommunizieren können und sich bestenfalls mit Gleichgültigkeit, zumeist aber mit Unverständnis und Ablehnung gegenübertreten. Damit traf Snow den Nerv der Zeit, und eine bis heute nicht abreißende Diskussion darüber, ob und inwiefern seine Analyse zutrifft und wie diese Spaltung überwunden werden kann, setzte ein.

Zum anderen aber waren durch die nun errungene Vorherrschaft der dialektischen und hermeneutischen Theologie, die allein die innere Kraft besessen hatten, einigermaßen konsequent der Gleichschaltung durch die Nazis zu widerstehen, die inner-theologischen Voraussetzungen für einen Dialog nicht besser geworden. Ich kann das an dieser Stelle nicht im einzelnen entfalten, sondern illustriere dies durch das Beispiel der beiden führenden Figuren der damaligen deutschen protestantischen Theologie, Karl Barth und Rudolf Bultmann. Da sind zum einen die bekannten Sätze von *Karl Barth* aus dem Vorwort seines die Schöpfungslehre entfaltenden Bandes der Kirchlichen Dogmatik:

> Man wird mir vermutlich vorhalten, warum ich mich mit den in diesem Zusammenhang naheliegenden Fragen der Naturwissenschaft nicht auseinandergesetzt habe. Ich meinte es ursprünglich tun zu müssen, bis mir klar wurde, daß es hinsichtlich dessen, was die heilige Schrift und die christliche Kirche unter Gottes Schöpfungswerk versteht, schlechterdings keine naturwissenschaftlichen Fragen, Einwände oder auch Hilfestellungen geben kann. ... Die Naturwissenschaft hat freien Raum jenseits dessen, was die Theologie als das Werk des Schöpfers zu beschreiben hat. Und die Theologie darf und muß sich da frei bewegen, wo eine Naturwissenschaft, die nur das und nicht heimlich eine heidnische Gnosis und Religionslehre ist, ihre gegebene Grenze hat.

Allenfalls „in der Bestimmung des Wo und Wie dieser beiderseitigen Grenze", so Barth, nicht aber in einem materialen Dialog, werden sich zukünftig „noch dankbare Probleme finden" lassen.[21]

Doch auch die hermeneutische Theologie *Rudolf Bultmanns* und seiner Schüler verhandelte zwar die Probleme einer Bestimmung des Wo und Wie der Grenze von Naturwissenschaft und Theologie, erwies sich jedoch ebenfalls als unfähig, wirkliche Brücken hinüber und herüber zu schlagen. Deutlich wird das an Bultmanns Programm der „Entmythologisierung". Für ihn als Exegeten war es offensichtlich, dass die Botschaft des Neuen Testaments mit den Worten und Vorstellungen eines mythischen Weltbilds verkündet wird. Dieses Weltbild aber ist durch die Naturwissenschaft erledigt:

---

[21] Barth, KD III/1: Vorwort.

> Man kann nicht elektrisches Licht und Radioapparat benutzen, in Krankheitsfällen moderne medizinische und klinische Mittel in Anspruch nehmen und gleichzeitig an die Geister- und Wunderwelt des Neuen Testaments glauben. Und wer meint, es für seine Person tun zu können, muß sich klar machen, daß er, wenn er das für die Haltung des christlichen Glaubens erklärt, damit die christliche Verkündigung in der Gegenwart unverständlich und unmöglich macht.[22]

Es stellte sich für Bultmann deshalb die Aufgabe, den Mythos so zu interpretieren, dass er den heutigen Menschen in seinem existentialen Selbstverständnis anzusprechen vermag, zugleich aber in keinerlei Konflikt, damit aber auch in keinen Kontakt mehr tritt zu den Erkenntnissen der Naturwissenschaften – also ähnlich wie bei Barth eine neue Art von Restriktionsmodell.

So sind es nach dem 2. Weltkrieg vor allem einzelne Initiativen und Personen, die den Dialog zwischen Naturwissenschaft und Theologie in Richtung auf einen für beide Seiten fruchtbaren Dialog voranbringen wollen. Zu nennen sind hier etwa die *Göttinger Gespräche* zwischen Physikern und Theologen, die 1948 von dem Mathematiker und Physiker Günter Howe angeregt wurden und über zehn Jahre in wechselnden Besetzungen stattfanden. Howe selbst versuchte, an die Barthsche Theologie anzuknüpfen, indem er etwa auf Parallelen zwischen Barths Trinitätslehre und dem Prinzip der Komplementarität in der Quantentheorie aufmerksam machte. Es gelang ihm zu seiner großen Enttäuschung aber nicht, Barth selbst zur Teilnahme an diesen Gesprächen zu bewegen[23].

Die Entstehung dieser Gespräche macht ein Doppeltes deutlich. Zum einen ist charakteristisch, dass die Initiative dazu von dem Physiker ausging. In der Tat waren die starren Fronten des 19. Jahrhunderts *von naturwissenschaftlicher Seite* her längst aufgeweicht. Dazu hatten auch viele besonnene und eindrucksvolle Stimmen deutscher Physiker beigetragen, die die Verbundenheit gerade der modernen Physik mit kulturellen, geisteswissenschaftlichen und dann durchaus auch religiösen Vorstellungen sahen und ihrerseits zu interpretieren versuchten. Genannt seien in diesem Zusammenhang nur die Arbeiten von Max Planck und Werner Heisenberg[24], Wolfgang Paulis Überlegungen zum Verhältnis von Tiefenpsychologie und Physik[25], Albert Einsteins Be-

---

[22] Bultmann 1985: 16.

[23] Dass unter bestimmten Voraussetzungen und Modifikationen die Barthsche Theologie sich durchaus für eine intensive Auseinandersetzung mit den Naturwissenschaften eignet, hat im angelsächsischen Raum T.F. Torrance bewiesen, vgl. z.B. Torrance 1969; ders. 1976.

[24] Vgl. z.B. Planck 1990; Heisenberg 1969; ders. 1971.

[25] Vgl. Pauli/Jung 1992; Jung 1952; Atmanspacher 1995.

merkungen zur Religion als Triebkraft wissenschaftlicher Forschung[26] oder Carl Friedrich von Weizsäckers zahlreiche Arbeiten zum Thema[27].

Zum anderen drehte sich ein wichtiger Teil dieser Gespräche um die öffentliche und ethische *Verantwortung des Naturwissenschaftlers.* Der Abwurf der Atombombe 1945 und der darauf folgende Kalte Krieg hatte allen deutlich werden lassen, dass die Folgen der naturwissenschaftlichen Forschung die Möglichkeit mit einschließen, dass die Menschheit sich selbst und alles Leben auf diesem Planeten vernichten kann. Es stellte sich die Frage, ob das Eindringen der Kernphysik in die kleinsten Elemente der physikalischen Natur nicht eine Art „faustischen Pakt" darstellte, mit dem die Menschheit Mächte und Kräfte heraufbeschwor, die zu beherrschen ihr zumindest ganz neue ethische Verbindlichkeiten abverlangen würde. Andere sahen sogar in der Atombombe die Machtförmigkeit des naturwissenschaftlichen Erkenntnisideals selbst entlarvt, so dass von Weizsäcker später formulierte: „Von Galilei führt ein schnurgerader Weg zur Atombombe ..."[28].

Naturwissenschaftler begannen deshalb zu politischen Entscheidungen öffentlich Stellung zu nehmen. 1957 etwa erregten die sogenannten „Göttinger 18", zu denen die Nobelpreisträger Max Born, Otto Hahn und Werner Heisenberg, aber auch Carl Friedrich von Weizsäcker, Max von der Laue und andere gehörten, Aufsehen, weil sie sich in einer öffentlichen Erklärung gegen die atomare Bewaffnung der Bundeswehr aussprachen. Und das unterschrieben vom Entdecker der Kernspaltung! Dieser Affront gegen die Obrigkeit vertreten durch den empörten Bundeskanzler Konrad Adenauer und seinen Verteidigungsminister Franz-Josef Strauß ließ die noch junge Bundesrepublik erzittern. Der Naturwissenschaftler sollte sich um die Richtigkeit seiner Formeln und Messungen kümmern, nicht aber – jedenfalls nicht mit seiner Autorität als Wissenschaftler – um gesellschaftliche Belange. Seitdem aber hat die Frage nach den technischen Auswirkungen und Folgeerscheinungen der Naturwissenschaften und den damit verbundenen ethischen Herausforderungen vor allem in Bezug auf die Friedensfrage und die Erhaltung der Schöpfung den Dialog zwischen Naturwissenschaft und Theologie begleitet und entscheidend mitgeprägt.

Im Verlauf der 50er Jahre fand dieser Dialog eine institutionelle Heimat weniger an den Universitäten als an den neu gegründeten evangelischen und katholischen *Akademien*, und er hat seine primäre Heimat

---

[26] Vgl. dazu Jammer 1995.
[27] Z. B. von Weizsäcker 1964.
[28] von Weizsäcker 1983: 355.

dort bis heute. Von besonderer Bedeutung war die 1958 auf Anregung von Günter Howe u. a. zu diesem Zweck ausgebaute „Forschungsstätte der Evangelischen Studiengemeinschaft" (FEST) in Heidelberg als ein von allen Akademien der evangelischen Landeskirchen getragenes Institut für interdisziplinäre Forschung. Sein erster Leiter wurde der Philosoph Georg Picht, und er blieb es für die ersten 24 Jahre. Einen ersten Anstoß zur Eröffnung einer öffentlichen akademischen Debatte gaben dann erste Dissertationen von auch naturwissenschaftlich ausgebildeten Theologen (Günter Altner, Jürgen Hübner), die sich zunächst mit der biologischen Entwicklungslehre theologisch auseinander setzten[29].

In der universitären *akademischen Theologie* kam es dann zu einem wirklichen neuen Aufbruch in diesen Fragen, als aus inner-theologischen Gründen nach Alternativen zur Barthschen Theologie gesucht wurde. Hier ist etwa Wolfhart Pannenberg zu nennen, der sich über den Begriff der Kontingenz und des Naturgesetzes dem Dialog näherte und 1970 zusammen mit dem Physiker A. M. Klaus Müller *Erwägungen zu einer Theologie der Natur* herausgab. In seinen wissenschaftstheoretischen Erwägungen Anfang der 70er Jahre suchte Pannenberg eine neue, dialogfähigere Form von theologischer Wissenschaft zu begründen, die auch eine theologische Wahrnehmung der Natur und der Erkenntnisse der Naturwissenschaften einschließen sollte. Vor allem aber seine von 1988 bis 1993 erschienene dreibändige *Systematische Theologie* ging in größerer Breite auf die Erkenntnisse und Entwicklungen der Kosmologie, Evolutionstheorie, Wissenschaftstheorie und Anthropologie ein, um sich dann theologisch darauf zu beziehen.

Stärker politisch und ethisch orientiert war ein anderer systematischer Entwurf der protestantischen Theologie in den 80er Jahren, die ökologische Schöpfungslehre von Jürgen Moltmann. Er versuchte vor allen Dingen, das Gegenüber von einem die Welt und die geschöpflichen Individuen herstellenden und machenden Gott und einer fertigen Schöpfung in Richtung auf eine pan-entheistische Sicht zu überwinden, in der Gott durch seinen Geist in der ganzen Schöpfung anwesend ist und in ihr wirkt, in und an ihr aber auch leidet. Ihm war es ein besonderes Anliegen, das Lehrstück der Erhaltung der Schöpfung und ihrer Fortsetzung, der *conservatio mundi* und *creatio continua* auf dem Hintergrund der Naturwissenschaften neu zu verstehen. Und auf katholisch-theologischer Seite darf sicherlich Karl Rahner als großer und eigenständiger Förderer eines Dialogs zwischen Theologie und Naturwissenschaften gelten, auch wenn sich seine Bemerkungen

[29] Altner 1965; Hübner 1966.

zur Sache eher verstreut finden[30]. Für sein Denken spielte vor allen Dingen die Menschwerdung, die Hominisation aus der Sicht der Theologie und der Naturwissenschaften eine große Rolle.

Insgesamt aber gilt: In der zweiten Hälfte des 20. Jahrhunderts hat es zwischen Theologie und Naturwissenschaften einen regen Austausch und manchen Brückenschlag hinüber und herüber gegeben[31]. Es gibt heute viele einzelne Initiativen sowie immer mehr wissenschaftliche Einzelarbeiten zum Thema und auch vielfältige Bezugnahmen innerhalb systematisch-theologischer Entwürfe. Es gibt jedoch – soweit ich sehe – keine Aufnahme des Dialogs zwischen Theologie und Naturwissenschaften in Studien- und Prüfungsordnungen. Zugleich herrscht ein ungebrochenes, heute vielleicht eher vermehrtes Interesse daran, einen Diskurs über die kulturelle und weltbildhafte Relevanz naturwissenschaftlicher Forschung unter Einbeziehung der Theologie zu führen. Die gegenseitige Ablehnung und Diffamierung ist vielfach einem neugierigen Interesse gewichen. Damit ist aber auch die Chance gegeben, die Dialogbemühungen einen entscheidenden Schritt weiterzuführen. Um jedoch einen Ausblick auf künftige Forschungsfelder gewinnen zu können, sollen zunächst einmal erste Resultate der bislang geführten Debatte genannt werden. Vier von ihnen führt der folgende Abschnitt auf.

Erste Resultate

1. Da ist zum einen die gewachsene Einsicht, dass auch die Naturwissenschaften als eine *Kulturleistung* zu verstehen sind. Auch die Naturwissenschaften stellen mit ihrer speziellen Methodik nicht einfach neutrale Tatsachen fest, sondern sind mit geprägt durch die historischen Umstände, in denen sie entstanden sind und in denen sie sich vollziehen, durch die Fragen, zu deren Beantwortung sie in Gang gesetzt wurden, und durch den Dienst, den die Menschen von ihren Erkenntnissen erwarten können und dürfen. Auch die Rationalitätskriterien der Naturwissenschaften unterliegen einer metawissenschaftlichen Begründungsrationalität, und sie sind in ihren Forschungsthemen und Verfahren gegenüber einer breiteren Öffentlichkeit und der universitas der Wissenschaften rechenschaftsfähig, aber auch rechenschaftspflichtig.

---

[30] Vgl. jetzt Rahner 2002, sowie die Untersuchung von Peitz 1998.

[31] Ein bibliographischer Bericht, der den Stand von 1986 dokumentiert, ist von der FEST herausgegeben worden: Hübner 1987.

2. Deshalb ist auch eine strikte und sozusagen klinisch reine *Trennung zwischen Geistes- und Naturwissenschaften* unangemessen. Richtig an dem Restriktionsreflex der Theologie und anderer Geisteswissenschaften gegenüber allzu forschen Hegemonieansprüchen der Naturwissenschaften ist allerdings dies, dass Theologie und Naturwissenschaften sich nicht gegenseitig verdrängen oder ersetzen können. Sie können auch nicht jeweils in der anderen oder in einer Superwissenschaft aufgehen, weil sie sich in Fragestellung und Methodik fundamental unterscheiden. Sie sind aber auch nicht autark, insofern die Naturwissenschaften eingebunden sind in die Suche des Menschen nach dem Verstehen seiner Welt und seiner Stellung in ihr, wie andererseits die Theologie die Gewissheit des Glaubens vor dem Wissen und dem Wahrheitsbewusstsein ihrer Zeit zu verantworten hat, so dass sie sich auch mit der Bedeutung und Tragfähigkeit empirisch arbeitender Wissenschaften zu befassen hat. Theologie und Naturwissenschaften können deshalb nur im Dialog unter Abgrenzung und Bezugnahme bleiben, was sie aus sich selbst heraus sind.

3. Die Theologie hat in diesem Dialog unter anderem gelernt, dass *Gott, der Schöpfer*, nicht als Macher oder Hersteller einer fertigen Schöpfung und ihrer Gestalten zu verstehen ist, sondern viel stärker in den Prozesscharakter und in die kreative Offenheit der Schöpfung verwickelt gedacht werden muss. Die Wiederentdeckung der creatio continua, der fortgesetzten Schöpfung hat deutlich gemacht, dass der Schöpfer mit seiner Schöpfung nicht fertig ist und sein schöpferisches Handeln sich nicht im Vergangenen erschöpft. Dem entspricht die Eigenart seiner Geschöpfe. Die Gestalten der Schöpfung sind nicht Ausdruck eines ihnen übergeordneten Projekts oder auf einen ihnen äußeren Zweck hin konstruiert, sondern um ihrer selbst willen vor ihrem Schöpfer da. Wir verstehen heute sehr viel besser, dass und wie auch der Mensch eingebunden ist in das Netz der Schöpfung, in die Welt als ein Oikos, ein Haus, in dem der Mensch nicht einfach Hausherr ist, sondern sich als Teilhaber einer Hausgemeinschaft vorfindet, deren Glieder aufeinander angewiesen sind.

4. Die Naturwissenschaften haben in den Auseinandersetzungen um ihren Erkenntnisanspruch gelernt, dass die *Methode des naturalistischen Reduktionismus*, alle realen Systeme – seien es Sterne, Planeten, Steine, Pflanzen, Tiere oder Menschen – auf das durch eine kleine Zahl deterministischer Wechselwirkungen vollständig beschreibbare Zusammenspiel kleinster Einheiten zu reduzieren, zumindest problematisch ist. Die nicht-deterministischen Wechselwirkungen der Quantenmechanik, aber auch die Grenzen der Berechenbarkeit von komplexen, nicht-linear gekoppelten Systemen haben die Einsicht gefördert, dass der reduktionistische Naturalismus des 19. Jahrhunderts

jedenfalls, um eine Wendung Einsteins aus anderem Zusammenhang zu gebrauchen, „noch nicht der wahre Jakob ist"[32].

Künftige Forschungsfelder

Damit komme ich zu meinem letzten Punkt, der Frage nach der Zukunft des Dialogs zwischen Theologie und Naturwissenschaften. Zwei Teilfragen stellen sich: Welches sind die Themen der Zukunft? Und welche Relevanz kann dieser Dialog bei all der Spezialisierung und Differenzierung unserer Wissenschaften gesellschaftlich haben?

Themen der Zukunft. Lassen Sie mich zur Beantwortung der ersten Frage einfach einige Themenbereiche auflisten, die mir als zentral erscheinen. Als erstes ist und bleibt die Kosmologie ein spannendes Feld, beträgt doch die Halbwertszeit der gängigen Modelle, wie mir ein Astrophysiker einmal mitteilte, höchstens zehn Jahre. Dabei scheint mir die Debatte um das Anthropische Prinzip, um die Frage nach dem Verhältnis von Kosmos und Lebensentstehung und nach außerterrestrischen Lebensformen immer noch relevant zu sein und damit die Frage, ob dieser Kosmos durch eine höhere Intelligenz zu einem bestimmten Zweck, etwa der Lebensentstehung entworfen wurde und wie wir je nach Beantwortung dieser Frage unsere eigene Bestimmung und die unserer Mitgeschöpfe verstehen.[33]

Ein zweiter großer Themenbereich ist die Frage nach der *Anthropologie* im Rahmen der evolutionären Biologie. Welches sind die Variablen und Konstanten menschlichen Lebens mit Blick auf seine natürliche Ausstattung? In welchem Verhältnis steht seine evolutionär gewordene biologische Natur zur sozialen und kulturellen Evolution, die das eigene Werk des Menschen ist? Welche Rolle spielen Rationalität und Emotionalität? Wie ist der Mensch geprägt durch seine Geschlechtlichkeit? Ist der Mensch von Natur aus gut oder böse? Liegen die Wurzeln seines aggressiven wie seines altruistischen Verhaltens schon in seiner evolutionär bestimmten Natur und inwieweit lassen sie sich kulturell überformen[34]? Und ist die „Religiosität" des Menschen ein natürlich angeborener Gottesinstinkt oder das Epiphänomen einer einstmals für den gesellschaftlichen Zusammenhalt nützlichen Illusion[35]? Sind religiöse Menschen „gesünder" als nicht-religiöse? Doch selbst wenn das so ist, ist Nützlichkeit ein zureichender Grund für re-

[32] Vgl. Einstein/Born/Born 1969: 97f.
[33] Vgl. dazu vom Vf.: Evers 2000; ders. 2004: 43–57.
[34] Vgl. dazu Meisinger 1996.
[35] Vgl. dazu: Sommer 1993: 229–248; Söling 2002.

ligiöse Überzeugungen? Oder steigert die Irritation durch echte Gotteserfahrung eher das Lebensrisiko?

Auch der große Problembereich der *Bioethik* lagert sich hier an. Durch die Entschlüsselung des menschlichen Genoms liegen ganz neue Möglichkeiten vor uns, die allerdings auch nur fortsetzen, was durch Geburtenplanung, eugenische Medizin u.a. schon längst geschieht. Die nun aufgeschlüsselte genetische Natur des Menschen ist selbst keine normative Größe und stellt sich uns naturwissenschaftlich als der zufällige evolutionäre Status quo dar, der den Ausgangspunkt für unsere technischen Eingriffsmöglichkeiten bildet. Ist die Gentechnik nur die Fortsetzung der Evolution mit anderen Mitteln? Woher beziehen wir unsere Normen und Werte, so dass wir weder unserer medizinischen Verantwortung ausweichen noch uns selbst nach zweifelhaften Idealbildern entwerfen?

Immer wichtiger wird aber auch die Debatte um die *Hirnforschung*, zumal diese schon von Hause aus interdisziplinär angelegt ist[36]. Hier kommen physiologische Forschung, philosophische Bewusstseinstheorien, kybernetische Modelle der Informationsbearbeitung und andere Forschungsbereiche zusammen, und die Interpretation der Ergebnisse betrifft selbst juristische Fragen nach der Verantwortlichkeit und Zurechnungsfähigkeit von straffällig Gewordenen. Was geschieht mit uns, wenn uns eine künstliche Netzhaut, künstliche Nerven, Hirnschrittmacher oder fremdes Hirngewebe eingesetzt werden? Wie stark dürfen wir unser Gehirn manipulieren mit operativen Eingriffen oder durch immer gezielter einsetzbare Psychopharmaka, ohne dass wir uns uns selbst entfremden? Was ist das überhaupt, Bewusstsein? Kann man es auch künstlich erzeugen? Was unterscheidet die graue Masse in unserem Kopf von algorithmisch arbeitenden elektronischen Maschinen[37]? Wieweit sind wir durch menschenähnliche Roboter ersetzbar, etwa bei der Pflege der zunehmenden Zahl alter Menschen? Wieweit vertrauen wir diagnostische Entscheidungen in der Medizin, aber auch in Wirtschaft und Politik Expertensystemen künstlicher Intelligenz an?

Und durch alle Themenbereichen zieht sich die Frage nach der *Hermeneutik* unseres Welt- und Lebensverständnisses. Wie setzen wir Faktenwissen, Lebensgewissheit und Glaubensüberzeugungen ins rechte Verhältnis? Worin unterscheiden sich Glauben und Wissen, Vernunft und Weisheit, Erklären und Verstehen und wie gehören sie zusammen? Und wie können wir so Wissenschaft betreiben, dass sie jeweils ins richtige Verhältnis zueinander gesetzt werden?

---

[36] Vgl. dazu vom Vf.: Evers 2003: 327–347.

[37] Vgl. dazu vom Vf.: Evers 2005: 101–118.

Noch viele andere Brennpunkte der Forschung ließen sich nennen, wie sie sich etwa in der theoretischen Wissenschaft in der Interpretation der Quantentheorie, der Theorie der chaotischen Systeme oder in der noch jungen Nanotechnologie finden. Doch soll dieser kleine Katalog an dieser Stelle genügen, um die Weite des Feldes zu beschreiben, auf dem sich der Dialog zwischen Theologie und Naturwissenschaften heute vollzieht.

Die gesellschaftliche Relevanz des Dialogs von Naturwissenschaften und Theologie. Zum Abschluss sollen nun noch einige Bemerkungen zur Beantwortung der zweiten Frage folgen, der Frage, welche gesellschaftliche Relevanz denn der Dialog zwischen Naturwissenschaften und Theologie in unserer sogenannten postmodernen Gesellschaft überhaupt haben kann. 1979 veröffentlichte der französische Philosoph Jean-François Lyotard seine Studie *Das postmoderne Wissen*[38] und prägte damit die philosophische Diskussion um den Begriff der Postmoderne. Lyotards These war, dass unser Zeitalter durch das Ende der großen Erzählungen charakterisiert sei. Für Jahrhunderte war die große Erzählung, die die abendländische Kultur zusammenhielt, das aus den biblischen Schriften konstruierte Drama von Schöpfung, Fall, Erlösung und Vollendung. Die neuzeitliche Kosmologie und Evolutionstheorie nun haben die Plausibilität dieser Rahmenerzählung aufgelöst, und die Begegnung mit den großen Weltreligionen, die ganz eigene und mit der christlichen inkompatible „große Erzählungen" pflegen, hat sie nachhaltig relativiert. Doch nicht nur dies, auch innerhalb der christlichen Theologie hat die rationalistische Bibelkritik deutlich gemacht, dass die „grande narration" des Christentums ein Konstrukt ist, das den Texten nicht gerecht wird. Hatte die Aufklärung es noch verstanden, wichtige Momente der christlichen Tradition in eine alternative Erzählung zu integrieren, nämlich die der universalen Vernunft und des unaufhaltsamen Fortschritts der Menschheit aus ihrer selbstverschuldeten Unmündigkeit mit Hilfe von Wissenschaft und Aufklärung und unter Einschließung einer allgemeinen Vernunftreligion, so ist auch diese einst von den Erfolgen und dem Pathos der Naturwissenschaften gespeiste Rahmenerzählung der Moderne brüchig geworden.

Lyotard diagnostiziert deshalb, dass die Moderne gescheitert ist: die großen Erzählungen müssen aufgegeben und durch neue, mit „kleinen Erzählungen" operierende Sprachspiele ersetzt werden. Die Autorität der großen Erzählungen, der Religionen, Ideologien und rationalen Systeme ist nach seiner Auffassung am Ausgang des 20. Jahrhunderts zugunsten

[38] Lyotard 1979.

kleinerer Sinnfragmente zersplittert. Und diese sind beliebig kombinierbar, ohne in ihrer Gesamtheit auf ein Sinnganzes zu verweisen.

Nun ließe sich vieles, auch viel Kritisches, zu Lyotards Analyse sagen. Mit seiner These vom Ende der großen Erzählungen scheint er mir jedoch in der Tat einen wesentlichen Zug unserer derzeitigen Kultur erfasst zu haben. Wir leben heute in einer pluralistischen und weitgehend fragmentierten Gesellschaft mit großen kulturellen, religiösen und weltanschaulichen Differenzen und zugleich einer relativistischen Grundhaltung. Dabei kann diese Pluralität und Heterogenität schnell umschlagen in Beliebigkeit oder Hilflosigkeit, weil ökonomische Zweckrationalität oder künstliche mediale Welten an die Stelle von Gemeinschaft und Verbindlichkeit treten, oder gar in Terror, wenn einzelne Gruppen als Gegenreaktion in fundamentalistische Weltbilder ausweichen.

Wir sollten in dieser Situation erkennen, dass wir uns austauschen müssen *auch* über unsere Überzeugungen und verbindlichen Lebensentwürfe, weil eine bloß ökonomische, technische und gesellschaftspolitische Koordination der Menschen in dieser Situation des relativistischen Pluralismus nicht genügen kann. Und der Raum der öffentlichen Wissenschaft ist der richtige Raum, um solchen Austausch einzuüben. Doch durch die Spaltung der Wissenschaftskulturen liegen unsere Hintergrundüberzeugungen, die Ausgangspunkte, von denen wir in unseren Begegnungen herkommen, weiter auseinander und sind die Anmarschwege länger als je zuvor. Das akkumulierte Wissen ist ins Unüberschaubare gewachsen, die zentrifugalen Kräfte unserer unterschiedlichen Prägungen und Lebenswelten scheinen stärker als die Tendenzen zu Integration, Kommunikation und Einverständnis. Die zunehmende Ausdifferenzierung und Isolierung verschiedener Wissens- und Lebensbereiche, selbst innerhalb eines Subjekts und einer Biographie, lassen integrierende Momente, die zudem retardierend gegenüber der heute geforderten Schnelligkeit und Entschlossenheit wirken, nur schwer wirksam werden.

Diese Herausforderung greift der Dialog zwischen Theologie und Naturwissenschaften an einer wichtigen und grundlegenden Stelle auf. Doch kann er dies nun gerade nicht tun, indem er etwa in apologetischer Absicht versucht, eine neue große Erzählung zu erfinden, eine neue soziokulturelle Einheit zu stiften, in der alle Elemente des Alltagslebens, der religiösen Traditionen der Menschheit und die neuesten Erkenntnisse der Wissenschaft in einem organischen Ganzen Platz finden. Lyotard hat nach meiner Überzeugung auch darin Recht, dass wir die großen Erzählungen aufbrechen müssen in kleine Fragen. Weder die Theologie noch die Naturwissenschaften können letzte zwingende, unhintergehbare Begründungen liefern.

Und doch ist es in unserer intellektuellen, wissenschaftlichen und religiösen Situation notwendig, dass wir in unserem uns gegenseitig distanzierenden Pluralismus uns aufeinander zu bewegen, dass wir aneinander merken, wie über die Fachgrenzen und die in einem Fach geltenden Selbstverständlichkeiten *hinaus* gefragt wird, wie durch alle Partikularität hindurch nach dem *ganzen* Menschen und der *ganzen* Wirklichkeit gefragt wird, auch wenn wir durch unsere Denkbemühungen dieses Ganze nie werden einholen können. Doch gemeinsam in dieselbe Richtung zu gehen, auf die Förderung und Ganzheit unseres Menschseins zu, in dessen Dienst sich die Naturwissenschaften stellen wollen und das der christliche Glaube in gelebter Hoffnung meint antizipieren zu können, also gemeinsam zu erfahren, dass es eine Attraktionskraft gibt hin auf ein humanum und durch dieses humanum möglicherweise auf eine geheimnisvolle Mitte unserer Existenz, die der Glaube als den ihn ansprechenden Gott identifiziert, das wäre etwas, was uns in Wissenschaft und Gesellschaft gut täte.

Literatur

Altner, Günter, *Schöpfungsglaube und Entwicklungsgedanke in der protestantischen Theologie zwischen Ernst Haeckel und Teilhard de Chardin*, 1965,

Atmanspacher, Harald (Hg.), Der Pauli-Jung-Dialog und seine Bedeutung für die moderne Wissenschaft, 1995.

Barth, Karl, Kirchliche Dogmatik III/1

Bultmann, Rudolf, *Neues Testament und Mythologie* (BevTh 96), ND der 1941 erschienenen Fassung, hg. v. E. Jüngel, 1985.

Bayertz, Kurt/Jaeschke, Walter (Hg.), *Der Darwinismus-Streit. Naturwissenschaften, Philosophie und Weltanschauung im 19. Jahrhundert*, 2005.

Copernicus, Nikolaus, De revolutionibus, in ders., *Das neue Weltbild. 3 Texte: Commentariolus, Brief gegen Werner, De revolutionibus I* (lateinisch–deutsch) (PhB 300) (hg. v. H. Zekl) 1990: 59–153, 73.

De Chardin, Teilhard, *Le phénomène humain*, Paris 1955.

Dilthey, Wilhelm, *Gesammelte Schriften Bd. 5: Die geistige Welt 1: Abhandlungen zur Grundlegung der Geisteswissenschaften*, [3]1961.

Einstein, Albert/Born, Hedwig/Born, Max, *Briefwechsel 1916–1955*, 1969.

Evers, Dirk, Raum – Materie – Zeit. Schöpfungstheologie im Dialog mit naturwissenschaftlicher Kosmologie (HUTh 41), 2000.

– , Das Verhältnis von physikalischer und theologischer Kosmologie als Thema des Dialogs zwischen Theologie und Naturwissenschaft, in Hübner, Jürgen/Stamatescu, Ion Olimpiu/Weber, Dieter (Hg.), *Theologie und Kosmologie. Geschichte und Erwartungen für das gegenwärtige Gespräch* (Religion und Aufklärung 11), 2004.

– , Der menschliche Mensch. Hirnforschung und christliches Menschenbild, in Schmidt, Jan C./Schuster, Lars (Hg.), *Der entthronte Mensch? Anfragen der Neurowissenschaft an unser Menschenbild*, 2003.

–, Der Mensch als Turing-Maschine? Die Frage nach der künstlichen Intelligenz in philosophischer und theologischer Perspektive, NZSTh 47 (2005): 101–118.

Feuerbach, Ludwig, *Über Spiritualismus und Materialismus*, in: Ludwig Feuerbach's Sämmtliche Werke Bd. X, Leipzig 1866.

Heim, Karl, *Der christliche Gottesglaube und die Naturwissenschaft. Grundlegung des Gesprächs zwischen dem Christentum und den Naturwissenschaften*, 1949.

Heisenberg, Werner, *Der Teil und das Ganze. Gespräche im Umkreis der Astrophysik*, 1969.

–, *Schritte über Grenzen. Gesammelte Reden und Aufsätze*, 1971.

Hübner, Jürgen, *Theologie und biologische Entwicklungslehre. Ein Beitrag zum Gespräch zwischen Theologie und Naturwissenschaft*, 1966.

– (Hg.), *Der Dialog zwischen Theologie und Naturwissenschaft. Ein bibliographischer Bericht* (Forschungen und Berichte der Evangelischen Studiengemeinschaft 41), 1987.

Jammer, Max, *Einstein und die Religion*, 1995.

Jung, Carl Gustav, *Naturerklärung und Psyche* (Studien aus dem C.-G.-Jung-Institut Zürich 4), Zürich 1952.

Kanitscheider, Bernulf/Wetz, Franz Josef (Hg.), *Hermeneutik und Naturalismus*, 1998.

Kepler, Johannes, *Gesammelte Werke*, Bd. XIII (hg. im Auftrag der Deutschen Forschungsgemeinschaft und der Bayerischen Akademie der Wissenschaften von M. Caspar) 1945: 188–197.

Kreutzer, Helmut (Hg.), *Die zwei Kulturen: Literarische und naturwissenschaftliche Intelligenz. C.P. Snows These in der Diskussion*, 1987.

Lyotard, Jean-Francois, *La condition postmoderne. Rapport sur le savoir* (Collection Critique), Paris 1979.

Meisinger, Hubert, *Liebesgebot und Altruismusforschung. Ein exegetischer Beitrag zum Dialog zwischen Theologie und Naturwissenschaft* (Novum testamentum et orbis antiquus 33), 1996.

Mortensen, Viggo, *Theologie und Naturwissenschaft*, 1995.

Newton, Isaac, Philosophiae Naturalis Principia mathematica III, in: *Opera quae exstant omnia*, Bd. III London 1872 (Stuttgart-Bad Cannstatt 1964).

Nietzsche, Friedrich, *Unzeitgemäße Betrachtungen, Erstes Stück: David Strauß der Bekenner und der Schriftsteller*, 1873.

Pauli, Wolfgang/Jung, Carl Gustav, *Ein Briefwechsel 1932–1958* (hg. v. C.A. Meier), 1992.

Planck, Max, Vom Wesen der Willensfreiheit und andere Vorträge, 1990.

Peitz, Hans-Hermann, *Kriterien des Dialogs zwischen Naturwissenschaft und Theologie. Anregungen aus dem Werk Karl Rahners* (Innsbrucker Theologische Studien 53), Innsbruch/Wien 1998.

Rahner, Karl, *Verantwortung der Theologie. Im Dialog mit Naturwissenschaften und Gesellschaftstheorie*, SW Bd. 5 (hg. v. der Karl-Rahner-Gesellschaft, bearb. v. Hans-Dieter Mutschler), 2002.

Ritschl, Albrecht, *Die christliche Lehre von der Rechtfertigung und Versöhnung* Bd. III, [4]1895.

Schleiermacher, Friedrich Daniel Ernst, *Über die Glaubenslehre. Zwei Sendschreiben an Lücke* (1829), KGA Abt. I/10 (hg. v. Hans-Friedrich Traulsen) 1990.
Söling, Caspar, *Der Gottesinstinkt*, Dissertation Universität Gießen, 2002.
Sommer, Volker, Die Vergangenheit einer Illusion. Religion aus evolutionsbiologischer Sicht, in Voland, Eckart (Hg.), *Evolution und Anpassung*, 1993: 229–248.
Strauß, David Friedrich, *Der alte und der neue Glaube. Ein Bekenntniß*, 1872.
Timm, Hermann, *Glaube und Naturwissenschaft in der Theologie Karl Heims*, 1968.
Torrance, Thomas F., *Space, Time and Incarnation*, London 1969.
–, *Space, Time and Resurrection*, Edinburgh 1976.
Vogt, Carl, *Physiologische Briefe für Gebildete aller Stände*, ²1854.
–, *Köhlerglaube und Wissenschaft*, ⁴1856.
Von Weizsächer, Carl F., *Die Tragweite der Wissenschaft* Bd. 1: *Schöpfung und Weltentstehung, die Geschichte zweier Begriffe*, 1964.
–, *Wahrnehmung der Neuzeit*, 1983.
Wagner, Rudolph, *Menschenschöpfung und Seelensubstanz. Ein anthropologischer Vortrag, gehalten in der ersten öffentlichen Sitzung der 31. Versammlung deutscher Naturforscher und Aerzte zu Göttingen am 18. September 1854*, 1854.
–, *Ueber Wissen und Glauben mit besonderer Beziehung zur Zukunft der Seelen. Fortsetzung der Betrachtungen über ‚Menschenschöpfung und Seelensubstanz'*, 1854.

Die Verzahnung von Naturwissenschaft und Theologie

Robert John Russell/Kirk Wegter-McNelly

Als Elizabeth A. Johnson 1996, damals noch im Amt der Präsidentin der amerikanischen Katholisch-Theologischen Gesellschaft, forderte, Theologie und Philosophie mögen sich wieder einmischen in die Naturwissenschaften, war zunächst an eine „Rückkehr zur Kosmologie" gedacht, im Sinne einer Wiederherstellung des Weitblicks und einer Rückeroberung jenes Platzes, den die Theologie vor einigen Jahrhunderten noch besetzte.[1] Im vorliegenden Beitrag soll es darum gehen, das geforderte Einmischen über eine Betrachtung der methodischen Grundlagen des sich rasant erweiternden interdisziplinären Feldes von *Theologie und Naturwissenschaft* zu analysieren. Historisch gesehen, liegen die Wurzeln in den 60er Jahren. Es kam damals zu beachtlichen Bewegungen in den weltlichen Disziplinen der Wissenschafts- und Religionsphilosophie. Die Naturwissenschaften stellten neue Theorien auf und machten Entdeckungen, und auch in der christlich-theologischen Landschaft wurde viel umgegraben und verändert. All dies ermöglichte erst die konstruktive Interaktion der zwei vormals getrennten und sogar feindlichen intellektuellen Lager. Während die Bewegungen das Feld für konstruktives Engagement frei räumten, lieferten methodologische Arbeiten die strukturelle Plattform für den Verkehr gemeinsamer Interaktion.

Der folgende Überblick teilt sich auf in Abschnitte zu methodischen Typologien und Entwicklungen, zum kritischen Realismus, Anti-Reduktionismus und der Rolle der Philosophie im Gespräch. Das Kapitel schließt mit einer Untersuchung der brisantesten Herausforderungen und einer kurzen Prognose zukünftiger Richtungen, die das Feld Naturwissenschaft und Theologie einschlagen sollte und möglicherweise auch wird. Wie in diesem Feld üblich, konzentriert sich das vorliegende Kapitel bei weitgehender Ausblendung ethischer und spiritueller Fragen auf theoretische, philosophische und grundlegende Aspekte. Unter *Theologie* verstehen wir hier die intellektuelle Reflexion der religiösen Tradition; mit *Wissenschaft* beziehen wir uns auf die Naturwissenschaften, im Besonderen die Physik, Kosmologie, Biologie (speziell Evolutionsbiologie und Genetik) und Neurowissenschaften.

[1] Johnson 1996: 1–14.

Wir möchten darauf verweisen, dass sich dieses Kapitel vorwiegend auf die Interaktion zwischen den Naturwissenschaften und der Vielfalt christlicher Theologien, aus deren Mitte bis heute die meisten Quellen hervorgegangen sind, konzentriert.[2]

Methodenlehre in Theologie und Naturwissenschaft

Der Dialog zwischen Naturwissenschaft und Theologie beginnt meistens mit der methodischen Frage, *wie* sich Theologie und Naturwissenschaft zueinander verhalten. Während der letzten vierzig Jahre sind eine Reihe von methodischen Ansätzen entwickelt worden, die zwar hinsichtlich der Schlüsselfragen divergieren, aber einen klaren, durchgängigen Pfad erkennen lassen. Dieser führt von frühen Erkenntnissen zu einer Bandbreite an aktuellen Forschungshypothesen.[3] Bevor wir den Pfad, der gern als *kritischer Realismus* bezeichnet wird, genauer erkunden, sollen die wichtigsten methodischen Herangehensweisen an Theologie und Naturwissenschaft vorgestellt werden.

Methodentypologie. Eine ganze Reihe an Typologien ist entwickelt worden, um das Verhältnis von Naturwissenschaft und Religion abzubilden. Sie bringen unterschwellige Annahmen ans Licht, die den allgemein-öffentlichen wie auch den akademischen Diskurs prägen.

Die meist angewandte Typologie stammt von dem Physiker Ian Barbour. Barbour teilt das Verhältnis von Naturwissenschaft und Religion in vier Kategorien und weitere Unterkategorien auf:

1. *Konflikt* umfasst die Extrempositionen des wissenschaftlichen Materialismus (Scientizismus) und des Biblizismus. Wissenschaftliche Materialisten (Scientisten) behaupten, dass die Welt allein aus Materie bestehe, in der Verstand, Geist oder Gott keinen Platz haben. Ferner behaupten sie, dass Wahrheitsfindung nur auf dem Weg der Wissenschaft möglich sei und Religion nichts von Belang über Welt oder Menschheit beisteuern könne. Biblizisten verfechten ein wörtliches Verständnis der Bibel, das keiner Auslegung bedürfe. Die Bibel allein liefere wahres Wissen über Welt, Menschheit und Gott. Biblizisten nehmen die Wissenschaft oft als gefährliche Herausforderung des biblischen Glaubens wahr.
2. *Unabhängigkeit* nimmt an, dass Naturwissenschaft und Religion gegensätzliche Methoden verwenden und unterschiedliche Spra-

[2] Einführende Literatur zu dem Thema u.a. Barbour 1990 und 2003; Peters in Ford ²1997; Peters 1998; Richardson/Wildman 1996; und Southgate et al. 1999.

[3] Zu einer Übersicht der grundlegenden Kursbücher u.a. Barbour 2003; Haught 1995: Kap. 1; Richardson/Wildman 1996; und Southgate et al. 1999: Kap. 1, 2.

chen sprechen, aufgrund dessen die beiden Felder isoliert bleiben. Dadurch entsteht kein Konflikt, aber auch weder Interaktion noch Dialog. Manche argumentieren, dass Naturwissenschaft und Religion mit völlig unterschiedlichen analytischen Methoden und Hypothesen arbeiteten (z.B. Vernunft respektive Glaube), und dass die Naturwissenschaft auf Fakten basiere, während sich die Religion auf Werte konzentriere. Naturwissenschaft sei objektiv, Religion subjektiv. Naturwissenschaft lasse sich falsifizieren, Religion nicht. Wissenschaftssprache beziehe sich auf die Dinge und ihre Art des Seins in dieser Welt, Religion verbalisiere unsere Gefühle, Hoffnungen und Glaubenssätze.

3. *Dialog* als Modell, Naturwissenschaft und Religion aufeinander zu beziehen, berücksichtigt grenzüberschreitende Fragen und methodische Parallelen. Obwohl uns die Naturwissenschaft unsere Welt teilweise entschlüsseln kann, bleiben stets Fragen unbeantwortet, da sie an die Grenzen der Naturwissenschaft stoßen – Fragen, die die Naturwissenschaft zwar aufwirft, aber nie beantwortet. Wenn das Universum einen Anfang hatte, was war davor? Warum empfinden wir so etwas wie Mitleid oder Altruismus? Warum existiert das Weltall? Andere behaupten jedoch, dass die naturwissenschaftlichen Methoden des Theorientestens nicht unbedingt von denen der Theologie abweichen: Beide benutzten Datenmaterial (empirische Daten in der Wissenschaft; heilige Schriften, religiöse Erlebnisse und Liturgie in der Religion); beide arbeiteten in Forschungsgemeinschaften, die zusammenarbeiten, um herauszufinden, was überhaupt wahr ist; beide bedienten sich des Verstandes sowie ästhetischer Werte, um unter konkurrierenden Theorien (sog. *Doktrin* in der Theologie) auszusuchen, etc.
4. *Integration* bezeichnet eine Synthese von Naturtheologie, Theologie der Natur und Systematik. Die Naturtheologie versucht, von der Weltperspektive aus, etwas über Gott herauszufinden: Gottes Existenz, Gottesprädikate, Gottes Wille und Sinn, etc. Eine Theologie der Natur setzt bei der Theologie an und versucht, die Erkenntnisse aus der Wissenschaft einzuflechten, was zu einer Umformulierung von Theologie im Lichte dieser Erkenntnisse führt. Ziel der systematischen Synthese ist das Einpassen von Theologie und Naturwissenschaft in einen neuen Rahmen. Die Zusammenführung orientiert sich meist an dem metaphysischen System der Prozess-Metaphysik (angelehnt an Alfred North Whiteheads Philosophie oder thomistische Metaphysik). So werden in der theologischen und naturwissenschaftlichen Forschung Konzepte wie Raum, Zeit, Materie, Kausalität, Verstand, Geist und sogar Gott auf vergleichbare Weise verwendet.

In den 80er und 90er Jahren sind weitere Typologien entstanden, meist in direkter Anlehnung oder Erweiterung des Barbour'schen Modells. Der Theologe und Biochemiker Arthur Peacocke hat beispielsweise eine Typologie veröffentlicht, die Unterschiede und Gemeinsamkeiten in den jeweiligen Fachbereichen, Ansätzen, Sprachen und Dispositionen von Theologie und Naturwissenschaft aufdeckt. Der Georgetowner Theologe John Haught reichert diese mit Begriffen wie Konflikt, Kontrast, Kontakt und Bestätigung an. Die ersten drei ähneln Barbours drei ersten Klassen. Mit *Bestätigung*, die Haught begrifflich der Wissenschaftsphilosophie entlehnt, wird allerdings ein anderer Typus von Verhältnis zwischen Wissenschaft und Religion identifiziert als dies bei Barbour geschehen ist. Haught betont die Verwurzelung vieler wichtiger, der Wissenschaft zugrundeliegender philosophischer Grundsätze in der Theologie. Einer dieser Grundsätze lautet, dass das Universum kontingent ist: seine Eigenschaften und Gesetze hätten andere gewesen sein können als sie es nun sind. Auf dem Weg des allmählichen Verstehens des Weltalls müssen wir also Beobachtungen einholen und Daten sammeln. So baut die in der Wissenschaft bemühte empirische Methode auf der Grundannahme von der Kontingenz der Natur auf. Diese wiederum gründet in der Schöpfungslehre der christlichen Theologie: Aus Freiheit heraus hat Gott das Universum geschaffen und hätte dies vermutlich auch abweichend von dem tun können, was uns heute als Weltall umgibt. Im Rahmen dieser *zweiten Ordnung* begründet die christliche Theologie die Wissenschaftsphilosophie und so auch die der Wissenschaft zugrunde liegende Sicht der Natur.

Auch Ted Peters hat eine erweiterte Typologie entworfen, die Barbours vierteilige Typologie zusätzlich nuanciert. Seine Behandlung von *Konflikt* unterscheidet beispielsweise zwischen ästhetischen Scientisten, die die Vorstellung von Gott ablehnen, und Wissenschaftsimperialisten, für die echtes Wissen, sogar Wissen über Gott, allein der Wissenschaft entspringt. Peters befasst sich auch mit ethischen, die Naturwissenschaft und Religion verbindenden Aspekten. Diese manifestieren sich z. B. in der New Age Spiritualität, die auf die Wissenschaft zurückgreift, um neue integrative Modelle zu konstruieren. Ein anderer Fall wäre die *hypothetische Konsonanz*, in der die Aufdeckung gemeinsamer Themen in Theologie und Naturwissenschaft uns ermutigen, diese weiter zu erforschen.

Mark Richardson beleuchtet die allgemeinen Unterschiede in der Literatur zwischen Naturwissenschaft und Religion und identifiziert drei Arten von Literatur: 1. eng intellektuell und rational orientierte Texte, 2. Texte, die die romantische, ästhetische und mystische Funktion von Texten betonen und 3. eine literarische Gruppe, die in der Tradition der Religion steht und sich die Wissenschaft zueigen macht.[4]

Der Kritische Realismus

In seiner bahnbrechenden Veröffentlichung *Issues in Science and Religion* entwickelt Barbour ein Grundgerüst für eine Sichtweise der Wissenschaft, die er den *kritischen Realismus* nennt. Dieses Grundgerüst umfasst eine ganze Reihe von Argumenten, u. a. erkenntnistheoretische (um was für eine Art Wissen geht es hier?), linguistische (wie äußert sich Wissen?) und methodische (wie erlangen wir Wissen und warum?). Die erste *Brücke* zwischen Naturwissenschaft und Religion entstand aus einer Zusammenfügung dieser Argumente. Barbour versteht den kritischen Realismus als Alternative zu den drei Hauptsichtweisen der Philosophie auf die Wissenschaft: 1. Dem klassischen oder *naiven* Realismus gemäß bilden wissenschaftliche Theorien die Welt *photographisch* ab. 2. Instrumentalisten begreifen wissenschaftliche Theorien lediglich als kalkulatorische Mittel. 3. dealisten sehen in wissenschaftlichen Theorien die mentale bzw. ideelle Abbildung der Wirklichkeit. Für Barbour hingegen liefern wissenschaftliche Theorien partielles, revidierbares und abstraktes Wissen über die Welt. Im kritischen Realismus werden wissenschaftliche Theorien als *Metaphern* begriffen, offene Analogien, deren Bedeutung nicht auf die Ebene wortwörtlicher Feststellungen reduziert werden kann. Aus den Metaphern entwickeln sich wiederum Wissenschaftsmodelle.

Methodologisch wendet sich Barbour zeitgenössischen Wissenschaftsphilosophen wie Carl Hempel zu. Laut Hempel ziehen Theorien und Daten eine *hypothetisch-deduktive* Schleife, in der Theorien über geistreiche Analogien und Modelle entstehen, die auf empirischen Daten beruhen. Diese Theorien führen wiederum zu einer Erweiterung der Vorhersagbarkeit von Theorien, die zum Testen dieser erneut herangezogen werden können. Philosophen wie Thomas Kuhn weisen auf den sog. historischen und sozialen/kontextuellen Charakter von Wissenschaft hin, da sich die Wissenschaft in einem bestimmten historischen Kontext entwickele und die an Forschungsprojekten Beteiligten sowohl durch persönliche als auch soziale Faktoren beeinflusst seien. Daten seien für den Betrachter nie gänzlich neutral und ursprünglich, sondern theoriegeladen. Die Bedeutung der Daten, die Art ihrer Einfügung und ihres Testens in Theorien

[4] Zu den Typologien vgl. Southgate et al. 1999.

sind Schlüsselfaktoren, aufgrund derer man von der *Theoriegeladenheit der Daten* spreche. Wissenschaftliches Wissen ist das gemeinsame Wissen einer Gemeinschaft und deshalb eher intersubjektiv als streng objektiv. Wissenschaftliche Theorien operieren im Rahmen weit gefasster Systeme von Vorannahmen, sog. Paradigmen. Idealisierte Experimente und Erkenntnisse beeinflussen die Art wie ein Forscher neue Daten sammelt und nach einer breiteren Anwendung seiner Theorien sucht.

Der wissenschaftliche Fortschritt umfasst sowohl die normale Entwicklung vorhandener Paradigmen, z.B. der Newton'schen Mechanik als auch ihren radikalen Austausch während eines *Paradigmenwechsels*, z.B. als die Quantenmechanik entstand. Paradigmen schließen metaphysische Vorannahmen über die Natur ein: ob sich die Natur kontinuierlich oder in gesonderten Phasen entwickelt, ob sie statisch oder dynamisch, rein physisch oder sowohl physisch als auch mental ist, etc. Ferner beeinflussen Ästhetik und allgemeine Werte den Prozess der Theoriewahl. Wenn zwei oder mehr Theorien für die Erklärung desselben Datenmaterials zur Disposition stehen, tendieren die Wissenschaftler dazu, die schönere oder einfachere Theorie zu bevorzugen. Außerdem schätzen Wissenschaftler die Wahrheit: Falsche Auswertungen werden geächtet.

Insgesamt hat Barbour vier Kriterien vorgestellt, gemäß derer Theorien ausgesucht werden: 1. Übereinstimmung mit den bekannten Daten, 2. Kompatibilität mit anderen, bereits etablierten Theorien, 3. Gewährleistung einer breiten Anwendung, 4. Effizienz, d.h. Führen zu neuen Erkenntnissen und Applikationen. Gleichzeitig liefert er eine kritisch realistische Theorie von Wahrheit. Erstens sprechen wir von einer wahren Behauptung, wenn sie sich auf Prozesse und Dinge dieser Welt bezieht. Zweitens entscheiden wir, ob eine Aussage wahr ist, wenn sie mit diesen Prozessen einhergeht. Wenn wir aber keine Übereinstimmung feststellen können, befinden wir die Aussage für wahr, wenn sie sich mit anderen wahren Behauptungen deckt und sich pragmatisch nutzen lässt. Unser Vertrauen, dass sich eine Theorie tatsächlich auf die Welt bezieht und sie beschreibt, ist, so Barbour, auf mehr Grund denn lediglich die Stimmigkeit ihrer Voraussagen gebaut. Unser Vertrauen wächst je klarer und verständlicher eine Theorie uns die Welt sehen und uns Prozesse der Natur erklären lässt.

Barbours zentrale „brückenschlagende" Erkenntnis zu Naturwissenschaft und Religion ist, dass die Argumentationsstränge der Wissenschaftsphilosophie der der Religionsphilosophie ähneln. Sowohl die Naturwissenschaft als auch die Religion stellen, unter Bezugnahme hypothetisch-deduktiver Methoden innerhalb eines kontextuellen und historischen Rahmens, kognitive Behauptungen über die Welt auf.[5] Beide Forschungsgemeinschaften strukturieren Beobachtungen und Erfahrungen über analoge, erweiterbare, kohärente, symbolische und metaphorisch erfassbare Modelle. Natürlich lassen sich auch bedeutsame Unterschiede feststellen. Die Art der „Daten" in der Religion divergiert von denen der Naturwissenschaft. Religion beinhaltet nicht-kognitive Komponenten, die der Naturwissenschaft fehlen. Elemente wie Narration, Ritual und Offenbarung in der Geschichte sind der Wissenschaft fremd. Im Gegenzug kennt die Wissenschaft hochgradig komplexe Gesetzmäßigkeiten, wie die Relativität oder die Quantenmechanik, und Gesetzmäßigkeiten wie Keplers astronomische Gesetze und Boyles thermodynamische Grundsätze, die der Religion fremd sind. Noch wichtiger – Konsens findet sich in der Religion ganz anders als in den Naturwissenschaften. Letztendlich ist es die lebhafte Spannung zwischen diesen Unterschieden und Gemeinsamkeiten, die Barbours Ansatz so bereichernd macht.

Als Barbour seine Position formulierte, stand der wissenschaftliche Realismus vor einer Reihe von Herausforderungen. Wissenschaftsphilosophen wie Thomas Kuhn hatten sich primär auf *interne* Wirkfaktoren der Forschungsgemeinschaft konzentriert, aber die Soziologie untersuchte in den 70er Jahren soziale Komponenten der Wissenschaft. Diese *externen* Forschungsarbeiten betonten die sozialen, politischen und ökonomischen Einflüsse auf die Wissenschaft.[6] Barbour betrachtet den externen Blick auf die Disziplin als wertvolles Korrektiv für die interne Sichtweise, besonders in Bezug auf die sich auf persönliches Interesse beziehenden Faktoren, die in der Entdeckung neuer Theorien eine große Rolle spielen (sog. *Entdeckungskontext*). Der Verweis auf Interessen unterschätzt jedoch wie radikal diese sozialen Faktoren oder „Entstellungen" gelöscht oder herausgesiebt werden, wenn die Theorien getestet und von einer Forschergemeinschaft eingesetzt werden.

Viele Forscher haben Barbours Argumente zum kritischen Realismus weiterentwickelt. Trotz der Perspektivenvielfalt, die alle Manifestationen des wissenschaftlichen Realismus behaupten zu sein,[7] meint Arthur Peacocke einen gemeinsamen Kern der diversen Perspektiven gefunden zu haben. Dieser formuliert folgende zwei Grundthesen: dass wissenschaftliche Entwicklung progressiv und das Ziel von Wissenschaft die Abbildung der Realität ist. Peacocke argumentiert

[5] Ian Barbour zufolge zeichnen sich in Wissenschaft und Glaube sowohl „subjektive" als auch „objektive" Merkmale ab. Die „subjektiven" Merkmale manifestierten sich jedoch eher im Glauben, die „objektiven" in der Wissenschaft. Vgl. Barbour 1974 und 1990.

[6] Vgl. Hesse in McMullin 1988.

[7] Vgl. McMullin 1988.

ähnlich, wenn es um den kritischen Realismus in der Theologie geht. Wie die Wissenschaft ist die Theologie im Kern realistisch, da sie Behauptungen über die Wirklichkeit aufstellt. Wie die Wissenschaft können theologische *Theorien* aber auch nur partielles, revidierbares und abstraktes Wissen über die Welt und ihre Beziehung zum Göttlichen oder Heiligen bereitstellen. Religiöse Glaubenssätze werden, ähnlich wie wissenschaftliche Theorien, über *Metaphern* verbalisiert, die im Grunde offene Analogien sind, deren Bedeutung nicht auf eine Reihe wörtlicher Aussagen reduziert werden kann.

Die Konzentration auf Modelle und Metaphern im kritischen Realismus durchzieht das theologische Werk Sallie McFagues, die die mal vergleichbare, mal unterschiedliche Rolle von Modellen in Theologie und Wissenschaft beschreibt. Während Modelle der Theologie eine Struktur geben, so McFague, geben sie der Wissenschaft Impulse für neue Entdeckungen. Ähnlich unterscheidet Janet Soskice in ihrer Studie zu Metaphern in religiöser und naturwissenschaftlicher Sprache dezidiert zwischen Metaphern und Modellen. Bei eifriger Verfechtung des theologischen Realismus betont sie auch die soziale und kontextuelle Prägung des wissenschaftlichen Realismus.

Barbours Arbeit zum kritischen Realismus landete im Zentrum des Geschehens einer breit angelegten Revision der Standortbestimmung von Naturwissenschaft und Religion. 1981 führte Ernan McMullin den Begriff der *Konsonanz* zwischen Theologie und Wissenschaft ein. Laut McMullin sollten Naturwissenschaft und Theologie eine zusammenhängende, aber sich bewegende Weltanschauung bilden, zu der alle Arten menschlichen Wissens vorläufige und revidierbare Beiträge leisten könne. Später kombinierte Robert John Russell McMullins Idee der Konsonanz mit McFagues epistemischer Behauptung der Seinsstruktur (*Sein-und-Nicht-Sein*-Struktur) von Metaphern, um zu diskutieren, inwiefern sich naturwissenschaftliche und theologische Theorien sowohl konsonant als auch dissonant zueinander verhalten. Wie wir gesehen haben, propagiert Ted Peters eine „hypothetische" Sicht von Konsonanz: Da sich die Theologie Gott dem Schöpfer dieses Universums verpflichtet, sollten Theologen einen gewissen Grad an Konsonanz zwischen naturwissenschaftlichen und theologischen Behauptungen erwarten.

Methodische Entwicklungen

Für den deutschen Theologen Wolfhart Pannenberg hängt der Wahrheitsanspruch des Christentums eng mit der Behauptung zusammen, dass Theologie eine Wissenschaft sei. Mit dem Wissenschaftsphilosophen Karl Popper führt Pannenberg an, dass wissenschaftliche Theorien stets zur Revision offene Hypothesen seien. Er verneint jedoch Poppers These, dass eine Theorie, um „wissenschaftlich" zu sein, empirisch widerlegbar sein muss. Stattdessen seien Theorien in den Natur- und Humanwissenschaften an den Kriterien Kohärenz, Prägnanz und Akkuratheit zu messen. Für Pannenberg ist die adäquateste Theorie nicht nur eine, die sich falsifizieren ließe, sondern eine, die konkurrierende Theorien rezipiert und integriert.

Die Philosophin Nancey Murphy kritisiert Pannenbergs Methodik. Die Unvereinbarkeit mit David Humes Theorie der Vernunft verankert sie in dem diametralen Gegensatz, in dem die konkurrierenden Theorien zueinander stünden. Pannenbergs Theorie scheitere an ihren eigenen Kriterien. Alternativ empfiehlt Nancey Murphy Imre Lakatos' Methodik wissenschaftlicher Forschungsprogramme als genauere und letztendlich fruchtbarere Illustration wie wissenschaftliche Theorien funktionieren sollten. Lakatos zufolge bestehen Theorien aus einer zentralen Kernidee, wie z.B. Isaac Newtons berühmte Gleichung „f = ma" oder seine Theorie der Schwerkraft. Der Kern ist von einer Art „Gürtel" an Hilfshypothesen umgeben, der die Anwendung der Theorie auf bestimmte Situationen erklärt, z.B. wie Newtons Gesetz auf die Bewegung der Planeten appliziert werden kann. Laut Lakatos sollten wir die relative Pro- oder Regression von Forschungsprogrammen an deren Fähigkeit messen, ob sie neue Fakten vorherzusagen und zu bestätigen wissen. Murphy modifiziert Lakatos' Konzept so, dass seine Methode auch Anwendung in der Theologie findet, insofern mit ihrer Hilfe entschieden werden kann, welche theologischen Programme empirisch fortschrittlich sind. Auf diesen Ansatz greift Murphy in ihrer Diskussion zur Verfeinerung der Kosmologie zurück, und andere Theologen setzen ebenfalls dort an, wenn es um theologische Anthropologie, Begutachtung von Religion und kosmologischen Erklärungen geht.[8]

Auch der Philosoph Philip Clayton rät Theologen zur Anwendung der Lakatos'schen Methode. *Erklärung* ist für Clayton das die Natur-, die Sozialwissenschaften und die Theologie umspannende Schlüsselkonzept. Bei der Auswertung der physikalischen Daten in den Naturwissenschaften ist die Validität einer Erklärung entscheidend. In den Sozialwissenschaften jedoch, in denen Handlungen von Subjekten untersucht werden, die auch ihrerseits daran beteiligt sind, die Welt zu interpretieren (sog. *doppelte Hermeneutik*), bezeichnet Erklärung vielmehr „Verstehen". Theologische Erklärungen werden

[8] Zur weiterführenden Diskussion s. Clayton/Knapps Beiträge in Richardson/Wildman 1996; Peterson 1998.

nicht nur geprüft, indem sie direkt an Beweisen verifiziert werden, sondern auch durch Abwägung auf dem Hintergrund der Erfahrungen und Erkenntnisse einer Gemeinschaft. Derartige Theorien sind weder „absolut objektiv“ noch „rein subjektiv“, sondern „intersubjektiv“. Clayton zufolge sind so auch wissenschaftliche Theorien intersubjektiv.

Anti-Reduktionismus

Die reduktionistische Kritik am wissenschaftlichen Materialismus ebnete den Weg für eine konstruktive Interaktion zwischen Naturwissenschaft und Theologie.

Francisco Ayala unterscheidet drei Typen von Reduktionismus in der Wissenschaft: 1. Der methodische Reduktionismus ist eine Forschungsstrategie, um ganze Entitäten über deren Einzelteile zu untersuchen, und ein Verfahren, die in einem Bereich erfolgreichen Theorien auf einen anderen Bereich anzuwenden. 2. Der erkenntnistheoretische Reduktionismus behauptet, dass Prozesse, Eigenschaften, Gesetzmäßigkeiten oder Theorien höherer Komplexitätsstufen vollständig von denen tieferer Stufen abgeleitet werden können. 3. Der ontologische Reduktionismus betrachtet höherstufige Entitäten als komplexe Strukturen einfacherer Entitäten. Nancey Murphy hat in einem erst kürzlich erschienenen Aufsatz die Liste um zwei weitere Kategorien erweitert. 4. Der kausale Reduktionismus vertritt die These, dass alle Ursachen bottom-up sind, d.h. die Eigenschaften und Prozesse der einzelnen Bestandteile bestimmen gänzlich die des Ganzen. 5. Der reduktive Materialismus insistiert darauf, dass nur die Entitäten auf der untersten Stufe wirklich real sind. Letzteren lehnt Murphy ab, da höherstufige Entitäten „genauso wirklich seien wie“ die Entitäten, aus denen sie zusammengesetzt sind. Die Zurückweisung von Vitalismus und anderen ontologischen Dualismen durch den ontologischen Reduktionismus akzeptiert sie allerdings.

Eine nicht-reduzierbare Hierarchie der Naturwissenschaften. Die meisten Forscher in den Naturwissenschaften und der Theologie akzeptieren den methodischen Reduktionismus. Andere reduktionistische Formen könnten die Glaubwürdigkeit höherer Disziplinen jedoch gefährden. Um dem entgegenzuwirken, wird üblicherweise argumentiert, dass die akademischen Disziplinen einen nicht-reduzierbare Hierarchie formen, die mit der Physik beginnt und sich an Chemie, Biologie, Physiologie und den Neurowissenschaften vorbei zu Verhaltensforschung, Psychologie und den Sozialwissenschaften hoch bewegt.[9] Untere Stufen stellen eine *Beschränkung* höherer Stufen dar, öffnen sich aber gleichzeitig für die genuine Emergenz höherstufiger Gesetzmäßigkeiten, Prozesse und Eigenschaften. Arthur Peacocke hat diese Hierarchie zweidimensional – vertikal und horizontal – weiterentwickelt. Vertikal enthält sie Stufen der Komplexitätssteigerung (in Bezug auf die physikalische Welt, lebende Organismen, ihr Verhalten und menschliche Kultur). Horizontal strukturiert sie Systeme über Teil/Ganzes-Hierarchien (part-to-whole hierarchies), z. B. in der Biologie: Makromoleküle, Organstrukturen, Zellen, Organe, individuelle Organismen, Populationen, Ökosysteme.

Peacockes Analyse spiegelt den allgemeinen Konsens der scientific community hinsichtlich der Art wider, wie sich verschiedene wissenschaftliche Disziplinen zueinander verhalten und gegenseitig unterstützen. Peacockes Arbeit erfährt durch die Standortbestimmung der Theologie in der Hierarchie der Wissenschaftshierarchie eine wichtige Ergänzung. Sie platziert die Theologie an der Spitze, da die Theologie das gesamte Wissen zu integrieren sucht, aber auch von allen Wissenschaften eingeschränkt wird. Dadurch kommt der Theologie eine Schlüsselrolle in dem System zu: Sie vervollständigt alle niedrigeren Stufen, indem sie die von ihnen aufgeworfenen Fragen beantwortet.[10]

Ontologische Implikationen. Nun müssen wir uns der schwierigsten Frage stellen: Welche Ontologie wäre für diese epistemischen Schemata angemessen? Was bedeutete es für die Wirklichkeit, wenn diese epistemische Hierarchie stimmte? In Theologie und Wissenschaft werden zwei Extrempositionen gemieden: zum einen der Monismus, der die Realität auf physikalische Materie reduziert (oder andersherum physische Phänomene als Ausdrucksweisen des Spirituellen betrachtet); zum anderen der Dualismus, der Materie und Geist als separate Entitäten behandelt.

Eine beliebte Mittelposition zwischen diesen Extremen ist der *Emergenz-Monismus*. Dieser steht für die These, dass in der natürlichen Welt tatsächlich neue Eigenschaften und Prozesse auf den höheren Organisationsstufen entstehen. Komplexe oder spirituelle Phänomene setzen sich nicht aus separaten Substanzen zusammen, sondern aus dem Materiellen, aus dem sie hervorgehen. Diese Ontologie trägt der Komplexität der Wirklichkeit Rechnung, wobei sie den ontologischen

[9] Es sei bemerkt, dass es sich hier nicht um eine wertende oder axiologische Hierarchie handelt, die Dominanz oder Patriarchat etwa unterstützt. Hier geht es vielmehr um eine streng epistemologische Hierarchie zur Untermauerung des Arguments der Nicht-Reduzibilität.

[10] Zu einer jüngst veröffentlichten Kritik dieser Positionen s. Wegter-McNelly 1998.

Reduktionismus überwältigt und ohne Annahme der Existenz einer separaten spirituellen „Substanz“ auskommt.

Die Rolle der Philosophie im Dialog

Die Philosophie hat im theologisch-naturwissenschaftlichen Gespräch zweierlei Funktion:

1. Sie kann allen Wissensbereichen ein übergreifendes metaphysisches Rahmengerüst geben, wie z. B. dem Neo-Thomismus und der Prozess-Philosophie nach Whitehead. Der Vorteil ist, dass Begriffe wie Kausalität und Zweck normalerweise unterschiedliche Bedeutung in unterschiedlichen Disziplinen haben. Wenn diese Disziplinen aber von einem metaphysischen Gerüst gerahmt werden, werden die Bedeutungsunterschiede nivelliert, sodass sich die Begriffe in ein gemeinsames Konzept einpassen lassen. Selbst allgemeinste Punkte im Zusammenhang von Theologie und Wissenschaft, wie z. B. das Verhältnis Gottes zu Menschheit und Natur, können in einem übergreifenden metaphysischen System besser diskutiert werden als ohne. Problematisch wird es allerdings, wenn Veränderungen in der Wissenschaft eine Adjustierung des philosophischen Systems erfordern; solche Anpassungen sind sehr schwer umzusetzen. Eine weitere Schwierigkeit entsteht, wenn ein bestimmtes philosophisches System nicht zu einer bestimmten theologischen Richtung passt. Die Prozess-Philosophie tut sich beispielsweise schwer mit der jüdisch-christlichen Doktrin von der sog. *creatio ex nihilo*, Gottes Schöpfung aus dem Nichts.

2. Die Philosophie kann aber auch niedriger gesteckten Zielen dienen, indem sie Definitionen der den verschiedenen Disziplinen gemeinsamen Begriffe und Konzepte liefert, ohne sie in einen größeren, metaphysischen Rahmen zu zwängen. Es handelt sich z. B. um Begriffe wie *Gesetz* und *Zufall*, die in der Evolutionsbiologie und der Schöpfungstheologie vorkommen, oder die Rede von *offenen* Systemen, die in der Quantenmechanik und auch in der Diskussion um göttliches Handeln auftaucht. Ohne einen einzelnen metaphysischen Rahmen zur Vereinigung der Disziplinen ist es schwierig, andere, weitergehende Fragen anzusprechen, die dem Verhältnis zwischen Theologie und Naturwissenschaft zugrunde liegen. Wie verstehen wir z. B. Gottes Handeln innerhalb des menschlichen Erfahrungshorizontes und in der natürlichen Welt?

Zusammenfassung

Die letzten vierzig Jahre wurden, hinsichtlich der Methodologie in Theologie und Naturwissenschaft vom kritischen Realismus beherrscht, da er eine wichtige Brücke zwischen Theologie und Naturwissenschaft schlug, die echten Dialog und eine zunehmende Integration der beiden Disziplinen ermöglichte. Weiterhin wird der Dialog von den Wissenschaftlern in der Forschung und vielen Theologen vorausgesetzt und im öffentlichen Diskurs zu Wissenschaft und Religion gerne bemüht.

Einzelaspekte dieses Ansatzes sind jedoch scharf kritisiert worden. Viele wissenschaftliche Theorien sind schwer realistisch zu interpretieren, besonders die der Quantenmechanik. Noch schwieriger ist die Verfechtung realistischer Interpretationen theologischer Konzepte wie z. B. *Gott*. Der Realismus selbst ist einer ständig zunehmenden Vielfalt an Deutungen unterworfen; welche ist zu wählen und zu verteidigen? Soziologen stellen den Realismus vor weitere Herausforderungen, die Wissen eher als menschliches Konstrukt als eine tatsächliche Entdeckung der Welt sehen. Wie wir nun den relativen Realismus von Wissenschaft beziehungsweise Religion deuten, beeinflusst die Art der Verhältnisbestimmung zwischen ihnen.

Während der kritische Realismus weiterhin kontrovers diskutiert wird, wächst die Vielfalt an methodischen Modellen zur Unterstützung der gegenseitigen Interaktion von Naturwissenschaft und Religion. Diese Vielfalt entspringt dem drängenden Anliegen zu bestimmen, wie sich Rationalität überhaupt zusammensetzt und welche Rolle das Verständnis von Rationalität in Theologie und Naturwissenschaft spielt. Anderen geht es um die Einführung von Modellen, die dem erkenntnistheoretischen Fundamentalismus nicht verpflichtet sind. Seit der Aufklärung vertreten die Fundamentalisten die These, dass unser gesamtes Wissen in feststehenden Grundlagen wurzelt. Diese Grundlagen können Sinneserfahrungen und wissenschaftliches Datenmaterial sein oder selbsterklärliche Konzepte, aus der Mathematik beispielsweise. Die Existenz und Notwendigkeit derartiger Grundlagen wird heute vielfach bestritten. Wir können auch ohne absolut sichere Grundlagen an der Gültigkeit und Vernünftigkeit unseres Denkens festhalten. Gegner des erkenntnistheoretischen Fundamentalismus verweisen auf die übergeordnete Kohärenz eines Gedankensystems, seine Fruchtbarkeit, sein bestechendes Potential etc., um seine Akzeptanz sicherzustellen.

Letztlich distanzieren sich Forscher zunehmend vom kritischen Realismus. Manche berufen sich dabei auf feministische Kritik an den Naturwissenschaften und der Theologie und argumentieren, dass naturwissenschaftliche Annahmen aufgrund der männlichen Dominanz innerhalb der Forschung gefärbt seien und diese Geschlechter-Färbung auch ihre Spuren im naturwissenschaftlich-theologischen Gespräch hinterlasse. Andere beziehen sich auf europäische und postmoderne Philosophen, häufig um die Konstruktion einer metanarrativen oder einzigartigen Weltanschauung zurückzuweisen, wie es in der Naturwissenschaft, oft auch in der Theologie geschieht.

Unter dem Strich bleibt der kritische Realismus weiterhin wichtig in Naturwissenschaft und Theologie, sowohl aufgrund seiner zentralen Rolle bei den historischen Entwicklungen der letzten Jahrzehnte als auch als unterstützender Grundpfeiler, auf dem ein Gros der aktuellen Forschung aufbaut. Welche Richtung auch immer in der Zukunft eingeschlagen werden wird. Der kritische Realismus ist der Schlüsselbeitrag der „ersten Generation“ zur aktuellen Diskussion.

Herausforderungen und zukünftige Wege

Nach dem Überblick über die methodischen Grundlagen des sich erweiternden Feldes von Naturwissenschaft und Theologie möchten wir uns nun der Untersuchung von Herausforderungen und zukünftigen Wegen zuwenden.

Feministische Kritik an Naturwissenschaft und Theologie und Wissenschaft. In der Einleitung zu ihrer Anthologie *Feminismus und Naturwissenschaft* stellen Evelyn Fox Keller und Helen E. Longino eine bahnbrechende Frage: Verhalten sich die Naturwissenschaften neutral gegenüber sozialen Werten und entstehen negative Effekte nur im Missbrauch, oder liegt hier ein fundamentalerer Zusammenhang vor? Ihrer Analyse zufolge lassen sich die Wurzeln dieser Frage in die 60er Revolution der Wissenschaftsphilosophie zurückverfolgen. Seitdem hat die feministische Theorie einen außerordentlichen Einfluss auf unsere Sicht der Naturwissenschaft genommen, besonders aufgrund des neuen Konzepts von *Gender* als der sozialisationsbedingten Prägung von Männlichkeit und Weiblichkeit. Indem sie den verstärkten Einzug von Frauen in Lehre und Forschung forderten und auf Biographien herausragender Forscherinnen schauten, verfolgten frühe Feministinnen das Ziel einer geschlechtsneutralen Naturwissenschaft. In jüngster Zeit haben Feministen die Geschlechterforschung für naturwissenschaftliche Inhalte und Praxis nutzbar gemacht. Viele befürworten ein Ausmerzen sexistisch verzerrter Darstellungen in Erkenntnislehre, Metaphysik, Methodik und Wissenschaftsphilosophie.[11]

---

[11] Weiterführende Literatur zu diesem Thema s. Harding/Hintikka 1983; Longino/Doell 1996.

Die feministische Theologie entstand ungefähr zur gleichen Zeit wie die feministische Kritik an der Naturwissenschaft und spielt heute eine wichtige Rolle unter den religiösen Wissenschaftlern. Trotz feministischer Kritik an der Naturwissenschaft und der Prominenz feministischer Theologen in Theologenkreisen gehen feministische Fragen im diskursiven Bereich von Theologie und Naturwissenschaft oft unter. Wie Ann Pederson und Mary Solberg herausstellen, sind wenige Frauen in Theologie und Naturwissenschaft involviert, die Anzahl feministischer Frauen (oder Männer) ist noch geringer, und Geschlechterfragen bestimmen das Feld weiterhin. Da die am Dialog Beteiligten tendenziell weiß, männlich und sozial privilegiert sind, so das Argument anderer, sind sie im naturwissenschaftlich-religiösen Gespräch genauso voreingenommen wie von den Feministen schon für den rein naturwissenschaftlichen Rahmen beanstandet. Stattdessen sollen „Randstimmen" aktiv einbezogen werden. Die Forschungsgemeinschaft soll sich postmodernen Sichtweisen von Wissen zuwenden, die Bedeutsamkeit von Vielfalt in einer intellektuellen Gemeinschaft schätzen lernen und partizipatorische Werten verfolgen.

Historische Studien zu geschlechtsbedingter Voreingenommenheit in den Wissenschaften führt auch in Naturwissenschaft und Theologie diesbezüglich zu einem klareren Verständnis. Wie David Noble bemerkt, war die asketische Kultur des Klerus, die sich zuerst im Hochmittelalter durchsetzte, exklusiv männlich. Als Frauen im 19. Jahrhundert zu den Universitäten zugelassen wurden, wurden sie mit „einem männlich wissenschaftlichen Professionalismus" konfrontiert, „der denselben frauenfeindlichen Habitus gehabt habe wie die überholte klerikale Kultur." In ihrer Analyse zum Verhältnis zwischen der Marginalisierung von Frauen in der Religion und in der Physik betont Margaret Wertheim: „Der Kampf, dem sich die Frauen stellen mussten, um in der Wissenschaft anerkannt zu werden, ist parallel zu dem Kampf um die Zulassung zum Klerus."[12]

Wir glauben, dass die nachhaltige Betonung auf Gender-Fragen eine Neuentwicklung in Wissenschaft und Theologie entfachen kann. Die Berücksichtigung feministischer und anderer Stimmen von Frauen in diesem Dialog ist entscheidend. Das ist darum besonders wichtig, weil öko-feministische Anliegen zu Technologie und Umwelt helfen, Fragen der Theorie auch auf die Praxis zu beziehen.[13]

Postmoderne Herausforderungen für die Naturwissenschaft und das Feld von Theologie und Naturwissenschaft. Laut Wentzel van Huyssteen, Theologe aus Princeton, gefährden gewisse Neigungen post-

[12] Wertheim 1995: 9.

[13] Als Lehrmaterial eignet sich hier besonders gut: Howell 1997.

modernen Denkens[14] manchen Fortschritt in Theologie und Naturwissenschaft. Pluralismus und Relativismus schwächen das Vertrauen auf die vorausgesetzte Allgegenwart der Vernunft in den Naturwissenschaften. Darauf antwortet Van Huyssteen: Erstens sollten wir die Postmoderne eher als Bewegung innerhalb der Moderne denn als modernes Denken, das seinen Endpunkt erreicht hat, begreifen; und zweitens sollten wir anerkennen, dass Kosmologie und Evolutionsbiologie Ressourcen für interdisziplinäres Wissen bereitstellen, ohne eine ideologisch metanarrative oder allumfassende Erklärung aufzudrängen. Auch der dänische Theologe Niels Gregersen unterstützt die Verfolgung eines fruchtbaren interdisziplinären Dialogs im Kontext des postmodernen Pluralismus. Die sog. *kontextuelle Kohärenz-Theorie* sei die ganze Christentumsgeschichte hindurch operativ gewesen, so Gregersen, und könne nun einen Mittelweg zwischen dem kritischen Realismus und einem radikalen Pluralismus bereiten.

Interreligiöser Dialog, Welt-Spiritualität und Naturwissenschaft. Das Gros der erschienenen Literatur zu Naturwissenschaft und Theologie beschäftigt sich mit der christlichen Theologie. Am Gespräch beteiligt sich aber nun auch eine rapide anwachsende Vielfalt an religiösen Stimmen. Religiöse Akademiker, wie Norbert Samuelson und Daniel Matt, und Wissenschaftler wie Joel Primack in der Kosmologie, Carl Feit in der Biologie, und Ken Kendler in Genetik und Psychiatrie haben begonnen, das Verhältnis von Judentum und Naturwissenschaft zu erkunden. Der muslimische Dialog mit der Naturwissenschaft wird durch die Arbeiten religiöser Forscher wie S.H. Nasr, Noman Haq, und Z. Sardar aufgenommen, wie auch von Muzaffar Iqbal in der Chemie, Mehdi Golshani in der Physik und Bruno Guiderdoni in der Astronomie.[15] Im Bereich des Buddhismus bemühen sich religiöse Forscher wie Rusei Tanaka, Mark Unno und Jensine Andresen um das Gespräch mit den Naturwissenschaften. Beiträge kommen auch von Forschern indianischer Abstammung wie dem Theologen George Tink Tinker und dem Biologen Dawn Adams, gleich wie von ihren Kollegen in der Amerikanisch-Indianischen Forschung und der Ingenieurwissenschaftlichen Gesellschaft.[16] Hinduistisch geprägte Akademiker haben ebenfalls Neues zu dem Feld beigetragen.

---

[14] Lehrmaterial zu diesem Thema: Grassie 1997.

[15] Vgl. Southgate et al. 1999: Kap. 9.

[16] Vgl. Deloria 1992; Cajete 2000 sowie die im Internet zugängliche Zeitschrift Winds of Change (www.aises.org).

Die Geschichte von Wissenschaft und Religion. Obwohl allgemeinhin angenommen wird, dass sich Naturwissenschaft und Religion bekriegen, zeigt sich, dass dies weniger der Fall ist. Ergebnisse aus der historischen Forschung räumen mit dem Mythos ein für allemal auf, dass die Beziehung von Wissenschaft und Religion im 19. und 20. Jahrhundert einzig eine verfeindete war.[17] Der Historiker und Theologe Claude Welch zeigt, dass es mindestens drei Arten von Reaktion auf die Naturwissenschaft im 19. Jahrhundert gab: zur „Opposition" kam die „vorsichtige Vermittlung" oder *Akkomodation* und die „Preisung der Evolution" oder *Assimilation*. John Brooke, Geschichtsprofessor in Oxford, hat detailliert dargelegt, dass die historische Forschung über die religiösen Ursprünge der modernen Naturwissenschaft ein komplexes Zusammenspiel von Faktoren offengelegt hat, die in die historischen Beziehungen zwischen Wissenschaft und Religion hineinwirken. Eine ganze Reihe von Forschern, besonders David Lindberg, Ron Numbers und Peter Hess haben diese weite Beschreibung der positiven Bedeutung von Religion auch auf Fortentwicklung und Verbreitung der Wissenschaft appliziert.

Ein Interaktionsmodell für Theologie und Naturwissenschaft. Eine große Herausforderung stellt weiterhin die Frage dar, ob Naturwissenschaft und Theologie tatsächlich in einer Weise *inter*agieren können, bei der beide Seiten konstruktiv miteinander umgehen und etwas von ihrer jeweiligen intellektuellen Stärke teilen.[18] Robert Russell hat acht individuelle Wege identifiziert, wie tatsächliche Interaktion stattfinden kann; davon sind fünf dem naturwissenschaftlichen Einfluss auf die Theologie und drei dem Einfluss der Theologie auf die Naturwissenschaft gewidmet. Er unterlegt seine Feststellungen mit einer Bestimmung des Verhältnisses zwischen Physik und Kosmologie und Theologie. 1. Theorien der Physik können Daten liefern, die die Theologie restringieren (z.B. sollte eine Theologie göttlichen Handelns nicht die Theorie spezieller Relativität verletzen). 2. Physikalische Theorien können als Daten in die Theologie integriert werden (z.B. könnte der Beginn der Zeit, oder t = o in der Urknall-Kosmologie, über die Schöpfung *ex nihilo* erklärt werden; die Erklärung ist aller-

[17] Welch bemerkt, dass John Drapers bedeutende Veröffentlichungen (1874) sowie die Überlegungen Andrew Dicksons Whites (1896) die Rede vom „Konflikt" stark, wenn auch nur partiell geprägt haben. Drapers und Whites Schriften wandten sich an die verfasste Kirche, speziell bezogen sie sich auf das 1894 von Papst Pius IX veröffentlichte Papier *Syllabus Errorum*.

[18] Zu der Abhängigkeit der Wissenschaft von „externen" Faktoren hinsichtlich der Entwicklung und Auswahl wissenschaftlicher Theorien: Clouser 1991; Clayton 1997: 130; Jammer 1974.

dings ursprünglich eine theologische, keine naturwissenschaftliche). 3. Theorien der Physik können, nach philosophischer Begutachtung, indirekt als Daten für die Theologie fungieren (z. B. kann die Gleichung $t = 0$ philosophisch als Beweis für die Kontingenz im Urknall-Universum gelten, das die Existenz Gottes nahe legt). 4. Theorien der Physik können indirekt auch theologisches Datenmaterial sein, wenn sie integriert werden in eine Gesamtphilosophie der Natur. Schließlich können 5. Theorien der Physik heuristisch im theologischen Kontext der Entdeckung dienen, indem sie einen konzeptuellen, erfahrungsbezogenen, moralischen und ästhetischen Impetus geben. Weiter diskutiert Russel die drei Arten, wie die Theologie Einfluss auf die Physik nehmen kann: 6. Historisch zentrale Voranahmen, die der Entwicklung der Naturwissenschaft zugrunde liegen, z. B. Kontingenz und Rationalität der Natur,[19] entspringen der Theologie. Diese verdienen erneute Wertschätzung. 7. Theologische Theorien können Quellen der Inspiration sein im wissenschaftlichen „Entdeckungskontext". Exemplarisch ist hier der Einfluss religiöser Ideen auf die Pioniere der Quantentheorie, einschließlich Planck, Einstein, Bohr und Schrödinger.[20] Schließlich können 8. theologische Theorien Kriterien zur Theoriewahl in der Physik liefern, die neben empirischer Angemessenheit, Kohärenz, Reichweite und Produktivität angelegt werden.

Fazit

In den letzten Jahrzehnten haben methodologische Langzeitprojekte die Strukturpfeiler der Brücke aufgestellt, die Naturwissenschaftler und Theologen zwischen ihren jeweiligen Disziplinen bauen wollen. Obwohl diese Arbeiten sehr solide sind und das Gewicht regelmäßigen Verkehrs zwischen den beiden Kommunitäten gut tragen, sind längst nicht alle Schwachstellen beseitigt. Der Umgang mit Kritik an Naturwissenschaft und Theologie ist konstruktiv, da die beteiligten Forscher um verantwortungsbewusste Bewältigung etwaiger feministischer, postmoderner, multi-religiöser und anderer Herausforderungen bemüht sind.

Das Ideal der Naturwissenschaft deckt sich mit dem der Theologie; beide suchen nach der Wahrheit. Beide üben auch Selbstkritik, wenn die

[19] Die Position beispielsweise, dass die Schöpfung der Natur ex nihilo impliziere, dass das Universum kontingent und rational sei. Diese Implikationen spiegeln zwei grundlegende philosophische Vorannahmen wider, auf denen die heutige moderne Wissenschaft beruht. Vgl. Lindberg/Numbers 1986; Klaaren 1977.

[20] Vgl. Heilbron 1986; Schrödinger 1945; Jammer 1999.

Wahrheit zu kurz kommt. Im Angesicht des Mysteriösen zeigen beide Demut und Geduld. Wenn es wahr ist, wie die Theologen behaupten, dass der Gott Israels der Schöpfer dieses wunderbaren Universums ist, dann kann jede Wahrheit darüber, die die Naturwissenschaft offenbart, nur die Wertschätzung des göttlichen Handwerks erhöhen.

Literatur

Andresen, Jensine, „Review Article: Science and Technology in Non-Western Cultures", *Zygon: Journal of Religion and Science* 34/2 (Juni 1999).
Arbib, Michael A./Hesse, Mary B., *The Construction of Reality*, Gifford Lectures 1983, Cambridge 1986.
Ayala, Francisco J./Dobzhansky, Theodosius (Hg.), *Studies in the Philosophy of Biology: Reduction and Related Problems*, Berkeley 1974.
Barbour, Ian G., *Myths, Models, and Paradigms: A Comparative Study in Science and Religion*, New York 1974.
–, *Religion in an Age of Science*, Gifford Lectures 1989–1990, San Francisco 1990.
–, *Ethics in an Age of Technology*, Gifford Lectures 1989–1991, San Francisco 1993.
–, *When Science Meets Religion*, San Francisco 2000.
–, *Wissenschaft und Glaube. Historische und zeitgenössische Aspekte*, Göttingen 2003.
Barrow, John D./Tipler, Frank J., *The Anthropic Cosmological Principle*, Oxford 1986.
Birch, Charles, *A Purpose for Everything: Religion in a Postmodern Worldview*, Mystic, CT 1990.
Birch, Charles/Cobb, John B. Jr., *The Liberation of Life*, Cambridge 1981.
Bloor, David, *Knowledge and Social Imagery*, London 1976.
Brooke, John H., *Science and Religion: Some Historical Perspectives*, Cambridge 1991.
–, *Reconstructing Nature: The Engagement of Science and Religion*, Edinburgh 1998.
Cajete, Gregory, *Indigenous Science*, Santa Fe 2000.
Clayton, Philip, *Explanation from Physics to Theology: An Essay in Rationality and Religion*, New Haven, CT 1989 (dt. Rationalität und Religion: Erklärungen in Naturwissenschaft und Theologie, Paderborn 1992).
–, *Das Gottesproblem*, Paderborn 1991.
–, *God and Contemporary Science*, Grand Rapids 1997.
Clifford, Anne M., „Creation", in Schüssler Fiorenza, Francis/Galvin, John P. (Hg.), *Systematic Theology: Roman Catholic Perspectives* I, Minneapolis 1991.
Clouser, Roy A., *The Myth of Religious Neutrality: An Essay on the Hidden Role of Religious Belief in Theories*, Notre Dame 1991.
Cobb, John B. Jr./Griffin, David R., *Process Theology: An Introductory Exposition*, Philadelphia 1976.

Cole-Turner, Ronald, *The New Genesis: Theology and Genetic Revolution*, Louisville 1993.
Cushing, James T./McMullin, Ernan (Hg.), *Philosophical Consequences of Quantum Theory: Reflections on Bell's Theorem*, Notre Dame 1989.
Dawkins, Richard, *The Selfish Gene*, Oxford 1976 (dt. Das egoistische Gen, Berlin u. a. 1978).
Deloria, Vine, *God is Red: A Native View of Religion*, Golden, CO [2]1992.
Draper, John W., *History of the Conflict Between Religion and Science*, London/New York 1874.
Drees, Willem B., *Religion, Science and Naturalism*, Cambridge 1996.
Dyson, Freeman, „Time Without End: Physics and Biology in an Open Universe", *Review of Modern Physics* 51 (1979): 447–460.
Ellis, George F. R., *Before the Beginning: Cosmology Explained*, New York 1993.
Foerst, Anne, „Artificial Intelligence: Walking the Boundary", *Zygon: Journal of Religion and Science* 31/4 (Dezember 1996).
Gleick, James, *Chaos: Making a New Science*, New York 1987 (dt. Chaos – die Ordnung des Universums: Vorstoß in Grenzbereiche der modernen Physik, München 1990).
Golshani, Medhi, „How I Understand the Study of Science as a Muslim", *CTNS Bulletin* 17/4 (Herbst 1997).
– (Hg.), *Can Science Dispense With Religion?*, Teheran 1998.
Grassie, William, „Postmodernism: What One Needs to Know", *Zygon: Journal of Religion and Science* 32/1 (März 1997).
Gregersen, Niels H./van Huyssteen, J. Wentzel (Hg.), *Rethinking Theology and Science: Six Models for the Current Dialogue*, Grand Rapids 1998.
Harding, Sandra/Hintikka, Merrill B. (Hg.), *Discovering Reality: Feminist Perspectives on Epistemology, Metaphysics, Methodology, and Philosophy of Science*, Dordrecht 1983.
Harthshorne, Charles, *A Natural Theology of Our Time*, La Salle, IL 1967.
Haught, John F., *Science and Religion: From Conflict to Conversion*, New York 1995.
Hefner, Philip, *The Human Factor: Evolution, Culture, and Religion*, Minneapolis 1993.
Howell, Nancy R., „Ecofeminism: What One Needs to Know", *Zygon: Journal of Religion and Science* 32/2 (September 1992).
Iqbal, Muzzafar, „Five Eminent Early Muslim Scientists and their Contributions to Islamic Scientific Thought", *Islamic Thought and Scientific Creativity* 3/3 (September 1992).
Johnson, Elizabeth A., „Presidential Address: Turn to the Heavens and the Earth" *Catholic Theological Society of America Proceedings* 51 (1996): 1–14.
Keller, Evelyn Fox/Longino, Helen E. (Hg.), *Feminism and Science*, Oxford 1996.
Lebacqz, Karen, „Fair Shares: Is the Genome Project Just?" *CTNS Bulletin* 13/4 (Herbst 1993).
Lindberg, David C./Numbers, Ronald L. (Hg.), *God and Nature: Historical Essays on the Encounter between Christianity and Science*, Berkeley 1986.

Loder, James E./Neidhardt, Jim W., *The Knight's Move: The Rational Logic of the Spirit in Theology and Science*, Colorado Springs 1992.

Matt, Daniel C., *God and the Big Bang: Discovering Harmony Between Science and Spirituality*, Woodstock, VT 1996.

McFague, Sallie, *The Body of God: An Ecological Theology*, Minneapolis 1993.

McGrath, Alister E., *Science and Religion. An Introduction*, Oxford 1999.

McMullin, Ernan (Hg.), *Construction and Constraint: The Shaping of Scientific Rationality*, Notre Dame 1988.

Merchant, Carolyn, *The Death of Nature: Women, Ecology, and the Scientific Revolution*, New York 1980.

Moltmann, Jürgen, „God in Creation: A New Theology of Creation and the Spirit of God", in *Gifford Lectures* 1984–1985, San Francisco 1985.

Murphy, George L., „Time, Thermodynamics, and Theology", *Zygon: Journal of Religion and Science* 26/3 (September 1991).

Murphy, Nancey, *Theology in an Age of Scientific Reasoning*, Ithaca 1990.

– , *Beyond Liberalism and Fundamentalism: How Modern and Postmodern Philosophy Set the Theological Agenda*, Valley Forge, PA 1996.

Murhpy, Nancey/Ellis, George F. R., *On the Moral Nature of the Universe: Theology, Cosmology, and Ethics*, Minneapolis 1996.

Pannenberg, Wolfhart, *Wissenschaftstheorie und Theologie*, Frankfurt a. M. 1987.

Peacocke, Arthur, *God and the New Biology*, San Francisco 1986.

– , *Theology for a Scientific Age: Being and Becoming – Natural, Divine and Human*, Minneapolis 1993.

Peters, Ted (Hg.), *Cosmos as Creation: Theology and Science in Consonance*, Nashville 1989.

– , *God – The World's Future: Systematic Theology for a New Era*, [2]2001.

– (Hg.), *Genetics: Issues of Social Justice*, Cleveland, OH 1998.

– /Welker, Michael/Russell, Robert John (Hg.), *Resurrection: Theological and Scientific Assessments*, Grand Rapids 2002.

– (Hg.), *Science and Theology: The New Consonance*, Boulder, CO 1998.

Polkinghorne, John D., *The Faith of a Physicist: Reflections of a Bottom-up Thinker*, Minneapolis 1994.

– , *Science and Theology: An Introduction*, London/Minneapolis 1998.

Primack, Joel R./Abrams, Nancy, „In a beginning ...: Quantum Cosmology and Kabbalah" *Tikkun* 10 (Jan–Feb 1995): 66–73.

Richardson, W. Mark/Wildman, Wesley J. (Hg.), *Religion and Science: History, Method, Dialogue*, New York 1996.

Rolston, Holmes III, „Does nature need to be redeemed?" *Zygon: Journal of Religion and Science* 29/2 (1994).

Ruehter, Rosemary Radford, *Gaia and God: An Ecofeminist Theology of Earth Healing*, San Francisco 1992.

– , *Sexismus und die Rede von Gott*, Gütersloh 1990.

Ruse, Michael, *Taking Darwin Seriously: A Naturalistic Approach*, Oxford 1986.

Russell, Robert John, „The Theological Consequences of the Thermodynamics of a Moral Universe: An Appreciative Critique and Extension of the Murphy/Ellis Project", *CTNS Bulletin* 19/4 (Herbst 1998).
–, „Time in Eternity", *Dialog* 39/1 (März 2000).
– /Murphy, Nancey C./Peacocke, Arthur R. (Hg.), *Chaos and Complexity: Scientific Perspectives on Divine Action*, Vatikan/Berkeley 1995.
– /Stoeger, William R. SJ/Ayala, Francisco J. (Hg.), *Evolutionary and Molecular Biology: Scientific Perspectives on Divine Action*, Vatikan/Berkeley 1998.
– /Murphy, Nancey C./Meyering, Theo C./Arbib, Michael A. (Hg.), *Neuroscience and the Person: Scientific Perspectives on Divine Action*, Vatikan/Berkeley 1999.
– /Clayton, Philip/Wegter-McNelly, Kirk/Polkinghorne, John (Hg.), *Quantum Physics: Scientific Perspectives on Divine Action*, Vatikan/Berkeley 2001.
– /Stoeger, William R. SJ/Coyne, George V. SJ (Hg.), *Physics, Philosophy, and Theology: A Common Quest for Understanding*, Vatikan 1988.
Samuelson, Norbert M., *Judaism and the Doctrine of Creation*, Cambridge 1994.
Schrödinger, Erwin, *What is Life? Mind and Matter*, Cambridge 1967.
Segundo, Juan Luis, *An Evolutionary Approach to Jesus of Nazareth*, New York 1988.
Soskice, Janet Martin, *Metaphor and Religious Language*, Oxford 1985.
Southgate, Christopher et al. (Hg.), *God, Humanity and the Cosmos: A Textbook in Science and Religion*, Harrisburg 1999.
Stenmark, Mikael, *Rationality in Science, Religion, and Everyday Life: A Critical Evaluation of Four Models of Rationality*, Notre Dame 1995.
Theißen, Gerd, *Biblical Faith: An Evolutionary Approach*, Minneapolis 1985.
Tipler, Frank J., *The Physics of Immortality: Modern Cosmology, God, and the Resurrection of the Dead*, New York 1994.
Torrance, Thomas F., *Theological Science*, London 1969.
Trefil, James S./Hazen, Robert M., *The Sciences: An Integrated Approach*, New York [2]2000.
Van Huyssteen, J. Wentzel, *Theology and the Justification of Faith: Constructing Theories in Systematic Theology*, Grand Rapids 1989.
–, *Essays in Postfoundationalist Theology*, Grand Rapids 1997.
Watts, Fraser N. (Hg.), *Science Meets Faith: Theology and Science in Conversation*, London 1998.
Wegter-McNelly, Kirk, „He Descended into Hell: A Liberation Response to the Kenosis in *On the Moral Nature of the Universe*", *CTNS Bulletin* 19/4 (Herbst 1998).
Welch, Claude, *Protestant Thought in the Nineteenth Century* Bd. 2, New Haven 1985.
Wertheim, Margaret, *Pythagoras' trousers: God, Physics, and the Gender Wars*, New York 1995.
White, Andrew Dickson, *A History of the Warfare of Science with Theology in Christendom*, London/New York 1896.

Whitehead, Alfred North, *Process and Reality*, hg. v. Griffin, David R. / Sherburne, Donald W., New York 1978.
Wilson, Edward O., *Sociobiology – The New Synthesis*, Cambridge, MA 1975.
–, *Biologie als Schicksal*, Frankfurt a.M. 1980.
Worthing, Mark W., *God, Creation, and Contemporary Physics*. Theology and the Sciences Series, Minneapolis 1996.

Theologie und Naturwissenschaft in der Postmoderne

Nancey Murphy[1]

Immer mehr Wissenschaftler sind darum bemüht, die Kluft zwischen Naturwissenschaft und Theologie zu schließen. Arthur Peacocke, Biochemiker und anglikanischer Priester, Robert Russell, Physiker und Pastor der Unierten Kirche[2] und Ian Barbour, Physiker und Professor der Religionswissenschaften, sind nur drei Repräsentanten eines zunehmend wachsenden Kreises eminenter Akademiker, deren Arbeit sich auf diese Art Brückenschlag konzentriert. Auch immer mehr Institutionen und Veranstaltungen haben sich dieses Ziel auf die Fahnen geschrieben. Ebenso verschaffen sich Theologen Gehör, die behaupten, eine Art *postmodernen* Weg des Umgang mit den Naturwissenschaften gefunden zu haben, der sich wie ein frischer Wind um die theologische Aufgabe legt. Auch diese Richtung wird immer populärer. Sind die beiden Bewegungen miteinander vereinbar, oder unterminiert postmodernes Denken das Projekt Naturwissenschaft und Theologie? Ist der Versuch, die beiden Disziplinen zu verbinden, eine *moderne* Angelegenheit, deren Tage seit der Veröffentlichung von George Lindbecks *Nature of Doctrine*[3] und anderen postmodernen theologischen Schriften gezählt sind?

Die Untersuchung zweier Vorschläge zur Verbindung von Naturwissenschaft und Theologie soll im Zentrum dieses Kapitels stehen – der von Peacocke und Barbour vertretene *kritische Realismus*[4] auf der einen und ein Vergleich naturwissenschaftlicher und theologischer Methoden auf der anderen Seite. Meines Erachtens verträgt sich der kritische Realismus ausschließlich mit einem modernen Weltbild. Zugunsten einer offenen Analyse der methodischen Gemeinsamkeiten zwischen Naturwissenschaft und Theologie stelle ich diese These jedoch gerne zur Diskussion. Als unumstößliche Brücke der beiden Disziplinen wird sich wohl die postmoderne Philosophie erweisen.

---

[1] An dieser Stelle möchte ich meinem Mann, James W. McClendon, Jr., Theologieprofessor an der Church Divinity School of the Pacific, für viele intensive Gespräche und Diskussionen zu modernem und postmodernem Denken danken.

[2] Hier: United Church of Christ.

[3] Lindbeck 1984.

[4] Peacocke 1984; Barbour 1974.

Bevor wir uns allerdings dem kritischen Realismus zuwenden, mag eine Untersuchung des modernen Denkens sowie seine Abgrenzung zum genuin Postmodernen zunächst notwendig sein.

Modernes Denken

Ich wäre nicht die Erste, die sich an einer kurzen Charakterisierung modernen westeuropäischen Denkens übte. Mein Hauptaugenmerk lege ich auf philosophische Thesen, da ich voraussetze, dass die Philosophie selber versucht, die Denkstrukturen eines jeden Zeitalters zu verstehen, die sich in anderen Disziplinen wie der Theologie und den Naturwissenschaften exemplifizieren lassen.

Der Beginn der Moderne ist oft als „Hinwendung zum Subjekt“ beschrieben worden. Die Epistemologie rückte ins Zentrum der Philosophie und löste die Kosmologie und die Metaphysik in dieser Position ab; so lange zumindest, bis sich die Philosophie ganz der Sprache zuwandte – im *linguistic turn*, einem immer noch modernen Phänomen. Die Moderne war das Zeitalter des Skeptizismus, des Reduktionismus, des Individualismus und der „Autoritätenflucht“ – welche auf die drei zentralen, das moderne Denken beherrschenden Pfeiler der Philosophie weisen. Der erste Pfeiler war der erkenntnistheoretische Fundamentalismus (*foundationalism*), gemäß dem Erkenntnis und Wissen in klaren und grundlegenden Überzeugungssätzen wurzelt und als Basis für weiteres Wissens dient. Der zweite philosophische Pfeiler fußte auf der Abbildtheorien von Sprache, in der die Primärbedeutung von Sprache stets bei der Bedeutung eines Objektes oder Faktum ansetzt, auf das sie sich bezieht; andernfalls drückte sie lediglich die Meinung des Sprechers aus. Der dritte Pfeiler modernen Denkens war der Individualismus, der im Kontext der Ethik und der politischen Philosophie das Individuum der Gemeinschaft vorzog und die Gemeinschaft lediglich als Kollektion ähnlicher Individuen verstanden.

Erkenntnistheoretischer Fundamentalismus[5]

Der fundamentalistische Lehrsatz, ein Erbe René Descartes’, geht davon aus, dass es die Aufgabe des Philosophen sei, die Wissensaussagen anderer Disziplinen durch den Nachweis eindeutiger Überzeugungen, von denen sie abhängen, zu stützen. Grundlagen werden gesucht, weil

[5] Fundamentalismus und Grundlagentheorie werden im Folgenden synonym zur Übersetzung des englischen *epistemological foundationalism* verwendet.

bei dem Versuch, bestimmte Überzeugungen zu untermauern, die Kette der unterstützenden Überzeugungen weder einen Kreis schließen noch sich in unendlichem Regress befinden darf. Deshalb muss die Kette irgendwann einen Punkt erreichen, an dem eine Überzeugung keiner weiteren Bestätigung bedarf und folglich geglaubt werden muss.

Warum sich moderne Erkenntnistheorie verstärkt mit dem Skeptizismus befasst, ist eigentlich klar. Bei Wegfallen der Basis oder Zusammenbruch der Konstruktion entfällt auch der Grund der Erkenntnis. So korrelieren Grundlagentheorie und Skeptizismus. Moderne Skeptiker und Grundlagentheoretiker trafen sich in dem Punkt, wie sie Wissen verstanden; einer jedoch wurde Skeptiker, da er sich der Schwächen des Fundamentalismusprogramms bewusst wurde.[6] So liegt modernes epistemologisches Denken quasi auf einer Achse, auf der sich die optimistische Grundlagentheorie auf der einen Seite und der Pessimismus (Skeptizismus) auf der anderen befindet.

Für Descartes waren Intuitionen (klare, deutlich abgegrenzte Ideen) sowohl Grundlage der Erkenntnis als auch Mittel für die Entwicklung eines demonstrativen Arguments. Descartes ließe sich wohl am optimistischen Ende der Achse ansiedeln, da ihm Gott Garant dafür ist, dass Ideen die reale Welt repräsentieren. David Hume setzte Descartes' Grundlagentheorie fort, wandte sich aber für die Bestimmung der Fundamente der Sinneserkenntnis zu (Impressionen) und entdeckte, dass Deduktion als Konstruktionsmittel nicht länger adäquat war.

Die Beschäftigung mit den Fundamenten von Erkenntnis und Wissen hielt bis ins 20. Jahrhundert an, was sich etwa in der positivistischen Philosophie der Naturwissenschaften und ihrer Suche nach eindeutigen Fakten als Basis wissenschaftlicher Erkenntnis niederschlug.

Die Abbildtheorie von Sprache

Die moderne Philosophie sucht die Bedeutung von Sprache vorwiegend in der Welt der Objekte, auf die sie sich bezieht. Sprache funktioniere so, dass sie Objekte benenne und Fakten über diese Objekte reflektiere und darstelle. Leider scheint sich aber eine Reihe von Sätzen nicht auf Objekte zu beziehen, z. B. bei der Ethik. Üblicherweise ergänzte man deshalb die Theorie von der (inneren) Vorstellung durch eine zweite Theorie, die sog. *expressivistische* oder *emotivistische Theorie der Bedeutung*, die den ethischen Diskurs nur als Ausdrucksforum für Ansichten oder Emotionen des Sprechers sieht. Wie Fundamentalisms

[6] Vgl. Rorty 1979.

und Skeptizismus konvergieren die beiden Theorien der Bedeutung, da die der expressivistischen Theorie zukommende Signifikanz davon abhängt wie optimistisch man einschätzt, ob die Theorie der (inneren) Vorstellung bedeutenden Diskursen adäquat Rechnung trägt (oder nicht). Deshalb könnte man sich den modernen Sprachphilosophen auf einer zweiten Achse vorstellen, dessen Pole die der Betonung auf Abbildung bzw. Ausdruck sind.

Der Aspekt der Darstellung verbindet die moderne Erkenntnistheorie mit der modernen Sprachphilosophie. Laut Aristoteles besteht Wissen darin, dass der Intellekt wesentliche Formen begreift; die Formen selber erschließen sich auf dieselbe Weise, wie sie Teil der Objekte selber bilden. Descartes zufolge entwickelt sich Wissen aus *Ideen*, die die Objekte lediglich abbilden. Dieser Neuansatz prägte die gesamte folgende moderne Erkenntnislehre, die sich u. a. damit beschäftigte, ob Ideen (Eindrücke, Sinnesdaten etc.) abbilden und wie genau sie dies tun. Zum Ende der Moderne wandte sich auch die Sprachphilosophie dem Problem akkurater Abbildungen zu. Das Hauptinteresse galt nun aber nicht mehr den Ideen (mentalen Entitäten), die die Welt mehr oder weniger genau abbildeten, sondern konzentrierte sich auf Propositionen (logische Sätze).

Ludwig Wittgensteins *Tractatus Logico-philosophicus*[7] ist vielleicht die eleganteste Version der Theorie von der (inneren) Vorstellung von Sprache. Propositionen, so Wittgenstein, seien „Bilder" von Fakten. Wörter benennen Objekte und Relationen. Die Reihenfolge der Wörter in einem Satz stehe für die Reihenfolge der Objekte in der Welt. Wegen der wesentlichen Verbindung zwischen Sprachtheorien und Wissen, mag die folgende Abbildung der linguistischen und erkenntnistheoretischen Achsen dazu dienen, den zweidimensionalen „Raum" der modernen Philosophie zu definieren.

Theorie der (inneren) Vorstellung von Sprache (Abbildtheorie)

Skeptizismus ——————|—————— Fundamentalismus

Expressivismus

Oben rechts ließen sich die optimistischen Befürworter des modernen Programms, wie Descartes und Wittgenstein, ansiedeln. Hume, der die Theorie der (inneren) Vorstellung von Sprache (oder auch Abbildtheorie) zwar vertrat, sich aber der Schwierigkeiten bezüglich der Grundlagenlehre bewusst war, würde ins obere linke Feld passen. Die

[7] Wittgenstein 1922.

Theoretiker, die sich der Entwicklung einer expressivistischen Theorie widmeten, ohne die erkenntnistheoretischen Grundlagen zu bezweifeln, fänden sich im unteren rechten Viertel.[8] Unten links sollten wir die Existentialisten ansiedeln, diese vielleicht wichtigste Gruppe aus dem äußerst heterogenen Feld der modernen Reaktionen auf das positive Programm der modernen Denker.

Individualismus und der Begriff von Gemeinschaft als Gattung

Die Betonung des Individuums im modernen europäischen Denken war durchaus mit dem von Descartes angestoßenen erkenntnistheoretischen Wandel verbunden. Im Mittelalter war *Autorität* die zentrale erkenntnistheoretische Kategorie. Das Denken in der Moderne ließe sich als Flucht vor der traditionellen Autorität (der Bibel, der Kirche, dem Philosophen) und (Wieder-)Verortung der Autorität im Individuum beschreiben.[9] Erkenntnistheoretische Autorität kam so dem Individuum und seinen Grundüberzeugungen zu, seien diese Descartes' klare und abgegrenzte Ideen oder die Sinnesdaten der Empiristen. Auf ähnliche Weise gründete politische Autorität auf dem Konsens von Individuen; moralische Autorität musste jeder mit seiner eigenen Vernunft und seinem eigenen Gewissen ausmachen.

Im politischen Denken der Moderne nahm der Individualismus eine Form an, die sich an der Sozialvertragstheorie einer Regierung orientierte, die Individuen, unabhängig von ihrer Zustimmung zum Beitritt in die jeweilige Gesellschaft, Gleichheit und Integrität gewährte. Gesellschaft wird hier als (Ver-)Sammlung von Individuen verstanden, die sich zu ihrem eigenen Wohl zusammenschließen. Diese Sichtweise von Gesellschaft möchten wir als Gemeinschaftsgattung bezeichnen. Der Marxismus, in dem die ökonomische Klasse den Platz des Individuums als Zentrum sozialer Interaktion einnimmt, ist die wohl bekannteste Manifestation einer Gegenbewegung zum Individualismus der Aufklärung. Während für Marx die (soziale) Klasse Priorität vor dem Individuum hat, hält er auch die moderne (generic) Sicht des Verhältnisses zwischen Individuum und Gesellschaft für selbstverständlich. So gesehen ist sein Kollektivismus eine Form des Individualismus; und es lassen sich tatsächlich Schnittstellen mit den Individualisten finden (eine Art dritte Achse der Moderne).

Auf diesem Hintergrund wird klar, dass sich die drei philosophischen Schlüsselpositionen modernen Denkens zu Achsen entwickeln können

[8] Z.B. Stevenson 1944.

[9] Vgl. Stout 1981.

und dass sich die drei Achsen sinnvoll aufeinander beziehen lassen. So entsteht ein dreidimensionaler Raum modernen Denkens.

Die Entstehung des postmodernen Denkens

Als postmodern definieren wir jede gedankliche Richtung, die sich von zwei oder mehr der drei (oben beschriebenen) modernen Achsen ableiten lässt. Manche Philosophen und Theologen mögen sich partiell vom Gebiet des modernen Denkens entfernt haben, bleiben aber wesentlich im modernen Feld. Zwischen den Positionen, die über die modernen Annahmen hinausgehen, lassen sich jedoch, genau wie zwischen den Achsen selbst, Verbindungslinien ziehen. Im Folgenden werden wir zwei wichtige postmoderne philosophische Standpunkte betrachten: den Holismus in der Erkenntnistheorie und die Theorie von der Bedeutung im Gebrauch (meaning as use) in der Sprachphilosophie.

Willard V.O. Quine gilt als *postmoderner Erkenntnistheoretiker* – ein wohl verdienter Titel, da er die Grundlagentheorie explizit ablehnt und sich einem holistischen Entwurf verschreibt. In seinem Aufsatz zu den beiden *Dogmen des Empirismus* geht er dem Schicksal des „reduktionistischen Dogmas" nach, demzufolge sich jeder sinnvolle Diskurs in die Sprache der direkten Erfahrungen übersetzen lasse. Während für Hume einzelne Begriffe auf diese Weise zerlegbar sein sollten, versuchte sich Wittgenstein an der Übersetzung ganzer Aussagen. Quine zufolge sind aber Aussagen zu kleine Einheiten, als dass sie in Erfahrung zerlegbar wären; es sei vielmehr die ganze Struktur unseres Wissens, das „mit dem Gericht der Erfahrung konfrontiert würde."

Die Gesamtheit unseres sogenannten Wissens bzw. unserer Überzeugungen, von den Anliegen der Geographie und Geschichte zu den Gesetzen der Atomphysik oder sogar der reinen Mathematik oder Logik, ist eine vom Menschen geschaffene Struktur, die die Erfahrung nur am Rande berührt. Oder, anders ausgedrückt, die ganze Wissenschaft ist wie ein Kraftfeld, dessen Randbedingungen Erfahrungen sind. Konflikte mit der Erfahrung an der Peripherie bedingen gewisse Umstrukturierungen im Inneren des Feldes. Das Gesamtfeld wird jedoch so wenig von seiner peripheren Bedingung, der Erfahrung, beeinflusst, dass der Spielraum groß ist hinsichtlich der Möglichkeiten, welche Aussage auf dem Hintergrund einer einzelnen widersprüchlichen Erfahrung erneut evaluiert werden muss. Im Inneren des Feldes gibt es keine Verknüpfungen zwischen bestimmten Erfahrungen und bestimmten Aussagen, außer indirekt durch Betrachtung des das Feld als Ganzes betreffenden Gleichgewichts.[10] Es sind eher pragmatische Überlegungen (z.B. Konservatismus und Einfachheit), die die spezifischen Veränderungen, die aufgrund „widerspenstiger Erfahrung" notwendig werden, steuern.

In der Wissenschaftsphilosophie war der Übergang von der Grundlagentheorie zum Holismus sanfter. Die Positivisten und ihre Grundlagen erlebten ihren ersten Einbruch durch Karl Poppers *Logik der Forschung*, in der er behauptete, dass die Fakten, auf denen die Naturwissenschaft basiere, nicht unumstößlich seien, sondern in Frage gestellt werden dürften, sollten sie sich mit den etablierten Theorien nicht decken. Faktische Aussagen würden provisorisch akzeptiert, müssten sich im Zweifel aber dem Test unterziehen. Die Forschungsgemeinschaft entscheide, welche Fakten als solide zu betrachten sind – so schwingt sogar, auch wenn lediglich auf der grundlegendsten Ebene, ein konservatives Moment in der Naturwissenschaft mit.

Thomas Kuhn ist der heute wohl meist gelesene Wissenschaftsphilosoph. Er sprach sich viel radikaler für die Theorie- und Gemeinschaftsabhängigkeit von Fakten aus und argumentierte, dass die Bedeutung von Begriffen in einer sachlichen Aussage eine Funktion der theoretischen Annahmen sei. Kuhns Sicht ist insofern holistisch, als er Paradigmen entweder vollständig akzeptiert oder vollständig verwirft. Die Forschungsgemeinschaft fällt Entscheidungen aufgrund von *Maximen*, wie z.B. der Anordnung, nach Einfachheit und empirischer Eignung zu suchen.[11] Hier hätten wir also eine wissenschaftsphilosophische Version von Quines Verständnis von Wissen als Struktur, in der Änderungen aufgrund pragmatischer Überlegungen vorgenommen werden. Ein beachtlicher Unterschied zwischen Kuhn und Quine liegt in Kuhns Interesse an Revolutionen – diejenigen Episoden, in denen große Strukturmuster auf einmal herausgerissen und durch neue Wissenschaftsparadigmen ersetzt werden.

Postmoderne Sprachphilosophie

Eine große Revolution löste Ludwig Wittgenstein mit seinen Schriften im Cambridge der späten 30er und 40er Jahre aus. Die frühen bzw. späten Schriften sind gute Beispiele der modernen bzw. postmodernen Sprachphilosophie. In seinen späteren *Philosophical Investigations*[12] stellte er keine neue Sprachtheorie auf, sondern versuchte zu zeigen,

[10] S. Quine 1951: 20–43.

[11] Vgl. Popper 1994.

[12] Kuhn ^{2}1970.

was Sprache ist und wie sie funktioniert. Er konzentrierte sich auf den Gebrauch von Sprache und darauf, wie Sprache zum Ganzen des Lebens beiträgt. *Sprache ist Lebensform.* Sprache zu studieren bedeutet *Sprachspiele* der Sprecher zu untersuchen. Es gibt nicht die eine Art, wie sich Sprache auf die Welt bezieht; genauso wenig wie es eine einzige Erklärung zum Bedingungsfeld der Bedeutung einer Äußerung gibt, außer zu sagen, dass sich Bedeutung im Gebrauch der Sprache finden lässt. Deshalb bezweifelte Wittgenstein die Annahme, dass Propositionen, Behauptungen eines Sachverhalts, das Paradigma aller Sprache und damit der gesamten Vorstellungstheorie seien.

Wittgenstein trug auf weitere Weise zur postmodernen Philosophie bei, indem er zeigte, dass es keine Sprache gebe, die lediglich private Wahrnehmungen ausdrücke. Frühere Theoretiker dachten, dass individuelle Sprecher „in sich hineinschauen", um eine Wahrnehmung zu erkennen (Trübsinn oder Schmerz) und es dann „Trübsinn" oder „Schmerz" nannten, um es anderen mitzuteilen. Wittgenstein hielt dagegen, dass auf diesem Modell basierende Sprache unmöglich sei, da die Benennung einer Sache bedinge, dass man sie wiedererkenne, sobald sie wieder auftauchte. Wenn das Objekt aber vollkommen privat sei, gäbe es kein Kriterium für Gleichheit – so auch keine Möglichkeit, es von etwas anderem zu unterscheiden, das nur gleich scheint. Deshalb müsse Sprache von Anfang an öffentlich sein, sonst sei sie nicht *Sprache.* Dank Wittgensteins Argument verwarf man den modernen Ansatz zu Sprache als Benennen oder Verbalisieren von Ideen.

Einheitlichkeit des postmodernen Denkens

Der Weltraum lässt keine entdeckerischen Schlüsse auf die postmoderne Ethik zu.[13] Eine nicht individualistische bzw. korporatistische Sicht auf Gemeinschaft ist jedoch in die holistische Erkenntnislehre und das postmoderne Sprachverständnis integriert. Die modernen Denker nahmen an, dass jedes Individuum (unter Voraussetzung seiner grundlegenden Sinnes- und seiner intellektuellen Fähigkeiten) gleich kompetent sei, angemessene Überzeugungen zu formulieren und eine Sprache zu sprechen. Wissen und Sprache einer Gesellschaft seien lediglich die Sammlung des Wissens und der Sprache der Individuen. Im postmodernen Denken spielt jedoch auch die Gemeinschaft eine unentbehrliche Rolle. So ist es dann auch die Forschungsgemeinschaft, die entscheidet, welche ungewöhnlichen Sachverhalte ernst zu nehmen sind. Sie muss entscheiden, wo Veränderungen in Quines Netz der

[13] Posthum veröffentlicht: Wittgenstein 1953.

Überzeugungen vorgenommen werden sollen. Die Konventionen, die Sprachspiele, in denen man partizipiert, gehen der individuellen Rede voran und bestimmen, was gesagt werden kann und was nicht. Kurz gesagt, Sprache und die Suche nach Wissen sind *Praktiken*, die von *Tradition* abhängen – sie sind gemeinschaftliche Errungenschaften. So gesehen bedingte die Distanzierung von einer der modernen epistemologischen oder linguistischen Achsen auch eine entsprechende Abnabelung von der individualistischen.[14]

Der kritisch-realistische Ansatz zur Verbindung von Theologie und Naturwissenschaft

Der kritische Realismus ist eine philosophische Theorie zum ontologischen Status der Referenzpunkte theoretischer Begrifflichkeiten in der Naturwissenschaft – jüngst als Instrumentarium von Arthur Peacocke und Ian Barbour eingesetzt, um die Vergleichbarkeit und Vereinbarkeit religiöser und naturwissenschaftlicher Sichten der Realität zu zeigen. Sie behaupten, dass sowohl die Theologie als auch die Naturwissenschaft *partielle, vorläufige* Blicke auf das bieten, was ist – anders gesagt, der theoretischen Sprache der Theologie sowie der Naturwissenschaft entsprechen Entitäten, die sich *ungefähr* mit den Theorien, die sie beschreiben, decken könnten.

Die kritisch-realistische Hypothese entfacht immer wieder heiße Debatten und stiftet manch Verwirrung. Ich glaube, das hier dargestellte Verständnis von modernem und postmodernem Denken erlaubt uns, die Verwirrung genauer zu diagnostizieren. Wir werden sehen, dass die Opponenten aneinander vorbeireden, weil sich die Befürworter des kritischen Realismus erkenntnistheoretischer und linguistischer Kategorien bedienen, während sich ihre Gegner in postmodernen Kategorien bewegen. Diese Diagnose löst den Konflikt natürlich nicht; es gibt kein Anrufungsgericht, an das wir uns zugunsten des postmodernen Denkens, und zuungunsten des modernen, wenden könnten. Die Verknüpfung des kritischen Realismus mit modernem Denken ruft jedoch zu praktischer Vorsicht auf. Wenn mit der Durchführung konzeptueller Veränderungen einmal begonnen wurde, lässt sich dies selten (wenn überhaupt) rückgängig machen. Deshalb wäre es klug, den naturwissenschaftlich-religiösen Dialog auf einer postmodernen Grundlage zu führen, damit wir unser Haus nicht auf Sand bauen.

---

[14] MacIntyre 1981 mag hier das beste Beispiel sein.

Der Begriff *kritischer Realismus* hat eine längere Geschichte außerhalb der Wissenschaftsphilosophie, wo er allerdings Nachfolger eines Realismus ist, der dem instrumentalistischen Ansatz naturwissenschaftlicher Theorien entgegensteht. Diese frühere Position (sog. *naiver Realismus*) hielt daran fest, dass wissenschaftliche Theorien nicht nur rechnerische Mittel seien, sondern wörtliche Beschreibungen unbeobachtbarer Aspekte der realen Welt. Der naive Realismus gilt heute als nicht haltbar, besonders wenn man, wie Kuhn und andere Wissenschaftsphilosophen betonen, die Vorläufigkeit wissenschaftlichen Theoretisierens in Betracht zieht und die Tatsache, dass stichhaltige Argumente oft für beide der zwei oder mehr konfligierenden wissenschaftliche Ansätze angeführt werden können.

Teilweise auf der (postmodernen) Wissenschaftsposition von Thomas Kuhn fußend, ist das „starke Programm" in der Wissenschaftssoziologie von David Bloor, Barry Barnes und anderen entwickelt worden.[15] Diese stellen heraus, dass die zu schwache Unterfütterung der Theorie durch Erfahrung Raum lässt für kausale (soziologische) Erklärungen wahrer, oder akzeptierter, Wissenschaft sowie falscher Theorien. Für Bloor, Barnes und andere sind alle Ergebnisse der Wissenschaft soziale Konstruktionen. Kritische Realisten wie Peacocke sehen ihre eigene Position als Mittelweg zwischen dem naiven Realismus und einem Ansatz, den sie als rein relativistisch und irrationalistisch soziologisch betrachten.

Oben erwähnte ich bereits die in Debatten immer wiederkehrende Verwirrung über den kritischen Realismus und behauptete, dass sich ihre Ursache dort finden lasse, wo man das Zusammenspiel moderner und postmoderner Vorannahmen betrachtet. Die Wissenschaftssoziologen hängen eindeutig einem postmodernen Konzept von Wissen an. Mit Quine sieht Bloor alles Wissen als durch seine „Randbedingungen" von Erfahrung und (sozial tradierten) Vorab-Annahmen bestimmt. Bloors und Quines Beschreibung von Wissen ließe sich gut kombinieren. Neben den pragmatischen Kriterien, die Quine erwähnt (Konservatismus und Einfachheit), manifestiert sich in Bloors Studien der Einfluss soziologischer Faktoren auf die Entscheidung der Wissenschaftler, wenn sie den strukturellen Rahmen ihrer Überzeugungen neu arrangieren.

Bloor spinnt den Gedanken der wahren und falschen Überzeugungen fort und bemerkt, dass sich unser alltägliches Verständnis von Wahrheit an Übereinstimmung orientiert. Das sei allerdings nur eine vage Idee, gesteht er ein; keiner hat bisher eruieren können, was wirk-

[15] Eine ältere Version der vorangegangen Abschnitte ist bereits in *Phos: Theological Reflections*, 1987 erschienen. Abdruckrechte liegen vor.

lich gemeint ist, wenn wir von „abbilden" oder „entsprechen" oder „passen" oder gar „der Welt" reden. Ohne direkten Zugang zu den verborgenen Aspekten der Wirklichkeit, mit der sich unsere Theorien decken sollen, kann nicht mehr gesagt werden über die Richtigkeit oder Wahrheit einer Theorie, außer dass man die Gründe zur Verteidigung dieser Theorie offen legt. Deshalb schlägt Bloor vor, dass man sich lieber dem Gebrauch des Wortes „wahr" widmen sollte anstatt die alte Übereinstimmungstheorie von Wahrheit auf den Plan zu rufen.

Das Verwirrende an der Debatte um den kritischen Realismus ist die Tatsache, dass das Verhältnis der kritischen Realisten gegenüber der Wissenschaft dem der Soziologen sehr ähnelt. Beide sind sich der Problemfelder bewusst – zu schwache Datenabsicherung von Theorien; Theorielastigkeit von Daten; Auswirkung von Vorab-Annahmen auf die Wahrnehmung; Beeinflussung der Theoriekonstruktion durch Ideale der natürlichen Ordnung, durch unausgesprochene Annahmen, die fester Bestandteil von Paradigmen sind; zeitbedingte Veränderungen der Konzeptrahmen. Die Soziologen demonstrieren weiter anhand von Beispielen aus der Geschichte den Wert soziologischer Faktoren, um die Entscheidungen der Naturwissenschaftler innerhalb der rationalen Banden ihres Wissenschaftsgebiets zu erklären. Diese Art von Vorstoß lehnen die kritischen Realisten ab. Die Soziologen haben den Weg der Wissenschaft zur Realität verbarrikadiert.[16]

Man beachte, dass die kritisch-realistische Position modern ist, nur modern, nicht postmodern. Sie wird bestimmt durch die Metapher vom Wissen als Abbildung in Stellvertretung der Realität. Jedoch schließt sie, im Gegensatz zum naiven Realismus, die extrem fundamentalistische Position auf der erkenntnistheoretischen Achse nicht ein, sondern bewegt sich, in Reaktion auf die Historiker- und Soziologen-Einschätzung, von der zu schwachen Untermauerung und Veränderlichkeit naturwissenschaftlichen Wissens eher in Richtung Skeptizismus. Genauso haben sich die kritischen Realisten von der extremen Abbildungsposition auf der linguistischen Achse zurückgezogen; sie heben den metaphorischen Charakter naturwissenschaftlicher Sprache hervor und betrachten naturwissenschaftliche Modelle nicht als direkte Bilder der Realität, sondern als partielle, vorläufige Darstellungen dessen, was ist.

Vertreter des starken Programms haben sich andererseits dezidiert gegen die moderne Wissenschaftssicht ausgesprochen, deren Sätze die Wirklichkeit abbilden sollen. Verwirrung entsteht, wenn die kritischen Realisten die Soziologen-Begriffe im Sinne ihrer eigenen Achsen interpretieren – da die Soziologen nicht die fundamentalisti-

[16] Vgl. Bloor 1976; Barnes 1977.

sche Abbildtheorie von Wissen und Sprache vertreten, siedeln die kritischen Realisten sie im skeptisch-expressivistischen Quadranten des modernen konzeptuellen Raums an. Bloor bemerkt z.B., dass sich der naturalistische Blick auf wissenschaftliche Theorien auch auf die Theorien in der Soziologie wissenschaftlicher Kenntnis anwenden lassen müsse, andernfalls würden eben diese Theorien ihre eigenen Hypothesen falsifizieren. Dieser Selbstbezug sei doch, so Peacocke, mit einem vergleichbar, der sich den Ast, auf dem er selber sitzt, absäge. Was für Bloor der Beweis für die universale Anwendbarkeit seines Ansatzes ist, ist für Peacocke eine Reduktion zur Absurdität. Die These, dass der kritische Realismus zwischen dem naiven Realismus und der Soziologenposition steht, sorgt für weitere Verwirrung. Es kann jedoch keinen gemeinsamen Nenner zwischen Positionen geben, die sich nicht im gleichen Raum bewegen.

Was ist aber dann mit dem Verhältnis von Theologie und Naturwissenschaft? Wie schon erwähnt, dient der kritische Realismus Peacocke und Barbour als Grundlage ihrer These, dass der naturwissenschaftliche und der religiöse Blick auf die Realität vergleichbar und miteinander vereinbar seien. Gibt es eine andere, zum postmodernen Denken passende Grundlage, auf der Naturwissenschaft und Theologie als gleichwertige Partner miteinander ins Gespräch gebracht werden könnten? Ich glaube ja, und der Keim dieses neuen Ansatzes ist bereits in den Arbeiten der kritischen Realisten angelegt. Peacocke wie Barbour betonen die Vergleichbarkeit wissenschaftlicher und theologischer Methoden. Die methodische Ähnlichkeit mit der Naturwissenschaft ist doch gerade Grundlage der Unterstützung eines kritisch-realistischen Blicks auf religiöses Wissen. Der folgende Abschnitt soll sich nun einer postmodernen Stellung zur Beziehung von Theologie und Naturwissenschaft widmen.

Naturwissenschaft und Religion in Beziehung setzen in der Postmoderne

Die Aussage der Theologie, sie liefere Erkenntnis und Wissen über eine Realität, die außerhalb des religiösen Subjekts liege, hat in der Moderne allgemein Misstrauen ausgelöst. Wie aber der Soziologe Martin Rudwick betont:

> Das starke Programm bedinge durch seine eigenen Axiome, dass wir nicht von „religiösem Glauben“ sprechen mögen, sondern von „religiösem Wissen“, das genauso objektiv sei wie „naturwissenschaftliches Wissen“, sobald bestimmte Behauptungen über die Wirkung Gottes oder der Götter

kollektiv von einer sozialen Gruppe geteilt werden, wie es natürlich in jeder religiösen Tradition der Fall ist.[17]

In anderen Worten, für jede Kultur, in der einigermaßen Übereinstimmung darüber herrscht, dass Kollektiverfahrungen einer theistischen Beschreibung oder Interpretation bedürfen, umfasst diese Beschreibung oder Interpretation eine Behauptung, die als Wissen gelten darf. Um noch einmal auf Quines Bild zurückzugreifen, eine Region innerhalb eines kulturellen Glaubensnetzes, das einem Konzept von Gott anhängt, sollte den gleichen Begrenzungen unterliegen wie die naturwissenschaftlichen Theorien, die andere Teile des Netzes ausmachen.

Ich habe schon einmal den Standpunkt vertreten, dass Imre Lakatos' Theorie der naturwissenschaftlichen Methode[18] eine wertvolle Verfeinerung der postmodernen Epistemologie darstellt, die sowohl auf die Theologie als auch die Naturwissenschaft anwendbar ist.[19] Er zieht eingegrenzte Regionen in diesem wissenschaftlichen Netz in Betracht – „Forschungsprogramme", die aus einer abstrakten „Kern"-Theorie bestehen, und ein „umlaufender Gürtel" von Hilfshypothesen – Theorien auf niedrigeren Ebenen, die die Kerntheorie mit ihren Daten „an den Rändern" verknüpfen. Ein wichtiges Kriterium für die Beurteilung theoretischer Modifikationen sei das Verbot von Ad-hoc-Theoretisierungen, d.h. theoretischer Änderungen, die lediglich Mittel seien, auch ungewöhnliche Fakten in das System zu integrieren, aber nichts zu unserem Wissen beitrügen. Das Verbot von Ad-hoc-Theoretisierungen drücke sich so aus, dass theoretische Modifikationen bei Auftreten von Anomalien auch Vorhersagen neuer Fakten zulassen. So können konzeptuelle Veränderungen im System auf der Grundlage ihres Beitrags zum Wissenszuwachs beurteilt werden.[20]

Postmoderne Theologen wie Lindbeck und Ronald Thiemann behaupten, dass die Sachverhalte, auf die sich religiöse Sprache bezieht, Praxen der religiösen Gemeinschaft seien – ihrer Gottesdienste, ihrer Moral, Redeformen, etc.[21] Sie sind fest davon überzeugt, dass theologische Glaubenssätze von der Forderung nach innerer Konsistenz gesteuert seien und über diese wiederum die gemeinschaftlichen Praxen.[22] Das Quine'sche Bild vom Wissen suggeriert jedoch, dass theologisches Denken auch von der Forderung nach Konsistenz mit dem Glauben in benachbarten Regionen im Gesamtnetz des Wissens eingeschränkt

[17] Peacocke 1984: 20.

[18] Vgl. Lakatos 1987: 8–101.

[19] Vgl. Rudwick in Peacocke 1981: 253.

[20] Vgl. Murphy 1990.

[21] Thiemann 1985.

[22] Der Lakatos'schen Methodologie folgend, dürften wir noch die Forderung nach empirischem Wachstum hinzufügen.

würde. Auf diese Weise sind die Beziehungen zwischen Theologie und Naturwissenschaft in die postmoderne Epistemologie integriert.

Fazit

Im vorliegenden Kapitel habe ich Unterscheidungsmerkmale modernen und postmodernen Denkens vorgestellt. Ich habe vorgeschlagen, modernes Denken in einem dreidimensionalen Raum zu sehen, der aus dem Schnittpunkt dreier konzeptueller Achsen entspringt, und habe postmodernes Denken abstrakt als Verlassen dieses Raums definiert. Konkret war ich der Meinung, dass die Entwicklung postmodernen Denkens konzeptuell vom Holismus in Erkenntnistheorie und Wissenschaftsphilosophie, Bedeutung im Gebrauch (meaning as use) in der Sprachphilosophie, zusammen mit damit verbundenen Sichtweisen zum Vorrang der Gemeinschaft den konzeptuellen Rahmen zur Entwicklung postmodernen Denkens bildet.

Schließlich habe ich den Aspekt des Verhältnisses von Theologie und Naturwissenschaft behandelt und gezeigt, dass meine Unterscheidung von modernen und postmodernen Rahmen dazu beitragen dürfte, die Probleme in der Debatte zum kritischen Realismus zu diagnostizieren und zu entwirren und habe grob einen alternativen postmodernen Ansatz zu diesem Problem vorgelegt.

Literatur

Barbour, Ian G., *Myths, Models, and Paradigms*, New York 1974.
Barnes, Barry, *Interests and the Growth of Knowledge*, London 1977.
Bloor, David, *Knowledge and Social Imagery*, London 1976.
Kuhn, Thomas, *The Structure of Scientific Revolutions*, Chicago [2]1970.
Lakatos, Imre, „Falsification and the Methodology of Scientific Research Programmes", *Philosophical Papers* 1, Cambridge 1987.
Lindbeck, George, *Nature of Doctrine*, Philadelphia 1984.
MacIntyre, Alasdair, *After Virtue*, Notre Dame 1981.
Murphy, Nancey, *Theology in the Age of Scientific Reasoning*, Ithaca, NY 1990.
Peacocke, Arthur R., *Intimations of Reality*, Notre Dame 1984.
Popper, Karl, *Logik der Forschung*, Tübingen [10]1994.
Quine, Willard V.O., „Two Dogmas of Empiricism", *Philosophical Review* 40 (1951): 20–43.
Rorty, Richard, *Philosophy and the Mirror of Nature*, Princeton 1979.
Rudwick, Martin, „Senses of the Natural World and Senses of God: Another Look at the Historical Relation of Science and Religion", in Peacocke, Ar-

ther R. (Hg.), *The Sciences and Theology in the Twentieth Century*, Notre Dame 1981.

Stevenson, C. L., *Ethics and Language*, New Haven 1944.

Stout, Jeffrey, *The Flight from Authority*, Notre Dame 1981.

Thiemann, Ronald, *Revelation and Theology*, Notre Dame 1985.

Wittgenstein, Ludwig, *Tractatus Logico-Philosophicus*, London 1922 (Logisch-philosophische Abhandlung. Kritische Edition, hg. v. Brian McGuinness, Frankfurt a. M. 1998).

–, *Philosophical Investigations*, Oxford 1953 (Philosophische Untersuchungen, Oxford 1955).

Naturwissenschaft und Glaube – ein Perspektivenwechsel

Kang Phee Seng

Obwohl es nur eine physische Wirklichkeit gibt – das Universum, in dem wir leben – ziehen es die meisten modernen Menschen vor, diese Wirklichkeit wie durch zwei verschiedene Brillengläser, ein naturwissenschaftliches und ein theologisches, zu betrachten.[1] Kann man die beiden nicht verknüpfen? Kann der Dialog zwischen Naturwissenschaft und Religion nicht als eine Art Steg dienen, der uns die physische Welt durch nur eine Brille sehen lässt?

Im vorliegenden Kapitel möchte ich den Ursprung des Weltalls aus naturwissenschaftlicher Perspektive auf dem Hintergrund des christlichen Schöpfungsverständnisses untersuchen. Selbst die Naturwissenschaftler blicken durch Tele- und Mikroskope auf unseren Kosmos. Ich möchte hier Stephen Hawkings Perspektive einnehmen. Hawkings Suche nach einer alles vereinheitlichenden Theorie (TOE)[2], die sich aus einer Quantengravitationskosmologie entwickelte, lässt es so erscheinen als ließen sich die naturwissenschaftliche und die theologische Perspektive nicht vereinen.[3] Ein genauerer Blick auf diesen Sachverhalt soll jedoch verdeutlichen, wo sich Verbindungslinien ziehen lassen.

Mein Interesse an einem Vergleich der naturwissenschaftlichen und der theologischen Perspektive konzentriert sich nicht nur darauf, was wir wahrnehmen, sondern wie wir etwas wahrnehmen. Mir geht es nicht nur darum, was ist, d.h. unser Kosmos, sondern auch, wie wir das wissen, was wir über den Kosmos wissen. Meine kosmologischen Untersuchungen sollen deshalb von epistemologischen ergänzt werden. Ich werde folgende These zugrundelegen: Wir dürfen uns nicht auf ein unversöhnliches Auseinandergehen der naturwissenschaftlichen und der religiösen Perspektive einlassen. Es ist Zeit zum Brückenbauen.

---

[1] Im Kontext dieses Beitrags verwende ich den Begriff Wissenschaft im Sinne der Naturwissenschaft und Religion im Sinne des christlichen Glaubens. Dies sollte nicht als Vernachlässigung des Dialogs zwischen der Naturwissenschaft und anderen Religionen, wie dem Islam oder dem Judentum, gedeutet werden, für den Entsprechendes gesagt werden könnte.

[2] TOE steht für Grand Unified Theory of Everything.

[3] Vgl. Hawking 1988.

Hawkings Quantengravitationskosmologie

Kosmologen gehen heute im Allgemeinen davon aus, dass das Universum mit einem Urknall begann. Viele Jahrhunderte zuvor dachten die Wissenschaftler anders. Sie glaubten, dass das Universum in seiner Gesamtheit statisch sei, dass, trotz Existenz vorbeieilender Objekte wie z.B. Kometen, die Entfernungen zwischen den Galaxien konstant blieben. Mit dem Verständnis von Raum und Zeit als dynamische Qualitäten begann man, die Theorie von einem dynamischen, expandierenden Universum zu vertreten (1922), die später von empirischen Beobachtungen der Rotverschiebung (1929) und der Mikrowellenhintergrundstrahlung (1965) bestätigt wurde.

1970 zeigten Roger Penrose und Stephen Hawking mit Hilfe der allgemeinen Relativitätstheorie, dass unser Universum einen Anfang haben muss, d.h. es musste sich einmalig ein Urknall ereignet haben.[4] Laut der primordialen Singularität des Urknalls nahmen alle Dinge bei t = 0 (Zeit = 0) ihren Anfang. Daraus ergeben sich wichtige theologische Implikationen. Die Urknall-Kosmologie schien ein Bild vom Beginn des Universums zu zeichnen, das dem der biblischen Genesis glich – ein einmaliger Moment des Ursprungs mit einer Folgegeschichte durch die Zeit. Wissenschaftler könnten Augustins verbotene Frage stellen: Was war vor dem Anfang? Könnte es da einen Rand oder eine Grenze geben, die die Reichweite der finiten Temporalität definiert? Und weiter: Was ist jenseits der Grenze? Was ist unendlich oder transzendental? Könnte der Kosmos eine Schöpfung sein, hinter der ein Schöpfer steht? Könnten die Wissenschaftler eine Tür öffnen, durch die die Theologen gingen?

Manchen Wissenschaftler störte diese, wie sie fanden, unbefriedigende Art, das Unendliche aus dem Endlichen heraus zu betrachten. Um sich nicht nur auf das Konzept einer Singularität, die alle Gesetze der Physik breche, verlassen zu müssen, entwarfen Hawking und Jim Hartle 1983 ein anderes kosmologisches Modell, das im frühesten Stadium des Universums starke Einflüsse von Quantenschwerkraft sah[5] – ein Universum ohne Singularität und eine Zeit ohne Anfang. Die Implikationen eines solchen Universumsmodells für die Theologie liegen für Hawking auf der Hand:

> Die Idee, dass Raum und Zeit die Form einer geschlossenen Oberfläche ohne Begrenzung haben könnten … hat tiefgreifende Implikationen für die Rolle Gottes in den Angelegenheiten des Universums … So lang das Universums einen Anfang hatte, konnten wir von der Existenz eines Schöpfers ausgehen. Wenn das Universum allerdings tatsächlich ganz geschlossen ist,

[4] Ibid.: 50. Vgl. auch Hawking/Penrose 1970: 529–548.
[5] Ibid.: 136. Vgl. auch Hartle/Hawking 1983: 2960–2975.

> ohne Begrenzung oder Rand (edge), hätte es weder Anfang noch Ende: Es würde einfach nur sein. Welche Rolle hätte da ein Schöpfer?[6]

Sobald sich ein Spalt zum Transzendentalen zu öffnen schien, versuchten die Wissenschaftler, ihn wieder zu schließen.

Interessanterweise verhedderte sich Hawking in einen Widerspruch. Erst zur Singularität (1970 mit Roger Penrose zusammen), indem er bekräftigte, dass „es einen einmaligen Urknall gegeben haben muss, wenn wir von der Richtigkeit der allgemeinen Relativitätstheorie ausgehen und das Universum so viel Materie hat, wie wir beobachten."[7] Dann konstatierte er zweitens mit Jim Hartle 1983, dass

> ... es keine Singularitäten gibt, die die Gesetze der Physik außer Kraft setzen und keinen Grenzpunkt der Raum-Zeit, an dem man Gott auf den Plan rufen müsste oder irgendein neues Gesetz, um die Grenz-Bedingungen der Raum-Zeit neu festzulegen ... Das Universum wäre komplett geschlossen und durch nichts außerhalb seiner selbst beeinflusst. Es wäre weder geschaffen noch könnte es zerstört werden. Es würde einfach SEIN.[8]

Bemerkenswerterweise wurde das theologische Modell einer *creatio ex nihilo* (Schöpfung aus dem Nichts), das Hawkings frühere Singularitätstheorie gestützt hatte,[9] durch seine spätere Idee der unbegrenzten Zeit verworfen.

Durchaus von Bedeutung ist in diesem Zusammenhang, dass Hartle und Hawking befürchteten, dass Theologie und Naturwissenschaft dieses eine, unser Universum, als gemeinsames Territorium mit gemeinsamer „Lesart" betrachten könnten. Der atheistische Standpunkt schien sie so einzunehmen, dass sie versuchten, die Naturwissenschaft neu von der Theologie abzugrenzen, um sie aus deren Revier zu rücken. Obwohl allgemein davon ausgegangen wird, dass Naturwissenschaft und Religion verschiedene Sprachen sprechen, gibt es doch Momente, in denen die beiden Sprachen ineinander übersetzbar zu sein scheinen.

Epistemologischer Dualismus – die (Ir)Relevanz von Naturwissenschaft und Glaube

Viele glauben, dass Naturwissenschaft und Religion zwei verschiedene Wissensgebiete besetzen und zwei verschiedene Sprachen sprechen.

---

[6] Ibid.: 140ff.

[7] Hawking 1988: 50. Vgl. auch Hawking/Penrose 1970: 529–548.

[8] Vgl. Hawking 1988: 136; ebenso Hartle/Hawking 1983: 2960–2975.

[9] Laut Barrow/Tipler (1986: 442) entstanden zu diesem einmaligen Punkt Raum und Zeit. Davor habe tatsächlich nichts existiert. Wir könnten also wahrhaftig von einer Schöpfung ex nihilo sprechen.

Manche behaupten, dass sich die Naturwissenschaft exklusiv auf die Fakten der physischen Welt konzentriere, während die Religion nach den Werten der spirituellen Welt suche. In der Naturwissenschaft sei Wahrheit universal und absolut, in der Religion individuell und relativ. In der Naturwissenschaft beschreite man Felder kognitiv und rational, in der Religion emotional und spekulativ. Diesen Zwei-Sprachen-Ansatz zu Naturwissenschaft und Religion bezeichne ich im Folgenden als *epistemologischen Dualismus*, und zwar so wie Tertullians sich fragte, was Athen mit Jerusalem zu tun habe. Heutzutage scheinen Laboratorien den Platz Athens einzunehmen – wie könnten die Cavendish Laboratories mit Westminster Abbey konkurrieren, wie die Gesetze der Physik mit spiritueller Erfahrung?

Natürlich lassen sich religiöse Symbole nicht in die Gleichung einer chemischen Reaktion einpassen, und es ist klar, dass die Psalmen keine wissenschaftlichen Abhandlungen sind und die Gesetze der Schwerkraft nichts mit der Lehre von der Rechtfertigung aus Glauben zu tun haben. Dennoch ist zu bezweifeln, dass sich Naturwissenschaft und Religion so ganz voneinander trennen lassen. Der naturwissenschaftliche Blickwinkel hat sich noch nie lediglich aus „harten Fakten" zusammengesetzt. Die sog. „Fakten" sind nie „reine Fakten" noch „Rohdaten". Naturereignisse schreiben die Texte der Naturwissenschaft, die deren Theorien auslegen. Genau wie aber kein Text von seinem Sprachsystem und seinen grammatischen Regeln abstrahiert werden kann, lassen sich Fakten nicht aus ihrem theoretischen, wenn nicht gar metaphysischen Interpretationsrahmen lösen.

Aus erkenntnistheoretischer Perspektive werden die Fakten und Theorien, die diese kohärent machen, zusammen mit sublimen Werten, Bedeutungen und Philosophien nie ganz auf physische Entitäten reduziert, ohne dass etwas übrig bliebe. Wie die Religion hat die Naturwissenschaft ihre eigenen metaphysischen Annahmen, – z.B., dass das Universum rational ist und vom Menschenverstand begriffen werden könne – die nicht wissenschaftlich nachweisbar sind. Naturwissenschaftliche Fakten und Theorien und naturwissenschaftliches Wissen müssen auf bestimmten Konzepten oder metaphysischen Kategorien beruhen. Deshalb dürfen Religion und Naturwissenschaft die Implikationen der metaphysischen Annahmen des anderen nicht ignorieren.

In einer gegensätzlichen, jedoch in gewisser Weise komplementären Art ist die christliche Theologie nicht auf das Existentielle oder die Moral beschränkt, sondern reicht über den Bereich des Individuellen, Inneren und Spirituellen hinaus. Wenn der Gott des christlichen Glaubens wahrhaftig als „der allmächtige Vater, Schöpfer des Himmels und der Erde und aller Dinge, sichtbar und unsichtbar" und „der eingeborene Sohn ... durch den alle Dinge gemacht wurden" geglaubt wird, fallen alle Dinge, einschließlich der kosmologischen, physikalischen und organischen, in den Wissens- und Verständnis-Rahmen der christlichen Theologie. Des weiteren verbinden sich die Grundpfeiler der Offenbarung, der Erlösung und v.a. der Inkarnation mit Ereignissen, die in dieser, unserer realen und physischen Welt stattgefunden haben. Dass die frühen Kirchenväter den Gnostizismus bekämpften, unterstreicht die zentrale Bedeutung der materiellen und historischen Dimensionen für den christlichen Glauben. D.h. „Theologie befasst sich nicht nur mit der Gott-Mensch-Beziehung, sondern hat mit den Gott-Mensch-Welt- oder Gott-Welt-Mensch-Beziehungen zu tun. Die Welt zu verstehen heißt auch, die Koeffizienten theologischer Konzepte und Behauptungen zu kreuzen."[10] Wenn alle Wahrheiten und Wirklichkeiten letztendlich in Gott gründen, sollte es keinen Gegensatz zwischen der naturwissenschaftlichen und der theologischen Wahrheit und ihrer Wirklichkeit geben. Epistemologisch betrachtet, lassen sich auch theologische Wertigkeiten, Überzeugungen und Diskurse nicht von der physikalischen Welt der Gesetzmäßigkeiten und der Geschichte abstrahieren oder von den materiellen und raum-zeitlichen Ingredienzien lösen. Deshalb können Naturwissenschaft und Theologie weder die vom anderen gemachten, auf dieselbe Welt und ihre Geschichte bezogenen Wahrheitsanspruch noch die Konflikte, die aufgrund des vom anderen vertretenen Weltbildes entstehen, ignorieren.

Die eingangs zitierte Aussage von Stephen Hawking räumt beispielhaft mit dem Mythos auf, die eine Disziplin erkläre die andere für nichtig. Hawkings *Eine kurze Geschichte der Zeit* ist natürlich eine kosmologische Abhandlung zu Fragen nach Ursprung, Anfang und Ende des Universums, seinem Sinn und seinen Modalitäten.[11] Doch es ist nach Carl Sagan, einem Atheisten, „auch ein Buch über Gott ... oder vielleicht über die Abwesenheit Gottes. Das Wort *Gott* füllt die Seiten ... Hawking versucht, wie er explizit sagt, den Geist Gottes zu verstehen."[12] Es ist klar, dass Hawkings Verständnis der Zeit eine religiöse Bedeutung hat und gut einer der Hauptgründe für den phänomenalen Erfolg des Buches sein könnte; die Käufer haben Interesse an einer naturwissenschaftlichen Hinwendung zu religiösen Fragen.

Hawking ist nicht der einzige, der von den religiösen Implikationen naturwissenschaftlicher Theorien spricht. In der Tat drängt sich die religiöse Bedeutung neuer kosmologischer Entdeckungen quasi auf, was selbst von nicht-gläubigen oder agnostischen Naturwissenschaftlern bestätigt wird. So kommt es zur Rede von „der Entropie zu Gott"

[10] Torrance 1980: 75.
[11] Hawking 1988: vi.
[12] Sagan in Hawking 1988: x.

(Peter T. Landsberg)[13], „dem Warten der Theologen auf die Naturwissenschaftler“ (Robert Jastrow)[14], „einem sicheren Weg in der Naturwissenschaft zu Gott“ (Paul Davies)[15], der „Erschließung des Geistes Gottes“ (Stephen Hawking)[16] oder der „Naturwissenschaft, die Gott gefunden hat“ (Sharon Begley)[17]. Im Dialog zwischen Naturwissenschaft und Religion wurden in den letzten dreißig Jahren einige der erfolgreichsten interdisziplinären Studien überhaupt durchgeführt. Interdisziplinäre Veröffentlichungen schnellen in die Höhe, viele neue Forschungszentren[18] und Lehrstühle[19] werden eingerichtet. Ferner haben sich 40 % der Preisträger des Templeton Prize for Progress in Religion aktiv in den naturwissenschaftlich-religiösen Dialog eingebracht und sind, außer Thomas Torrance (1978) und James McCord (1986), von Hause aus Naturwissenschaftler.[20] All diese Faktoren sprechen für einen tiefgreifenden gegenseitigen Einfluss und eine gegenseitige Anziehung von Naturwissenschaft und Religion.

[13] „Es ist ein Tabubruch, bei einer wissenschaftlichen Konferenz von den Implikationen der Naturwissenschaft für die Religion zu reden. So zu denken ist jedoch überholt. Im Laufe der letzten 15 Jahre hat sich dieses Tabu aufgelöst, und während ich über die Interaktion von Wissenschaft und Theologie rede, bewege ich mich tatsächlich mit dem Fluss, der uns in einer Welle von Publikationen hinwegzuspülen droht.“ (Landsberg in Martinas/Ropolyi/Szegedi 1991: 380)

[14] „Der Wissenschaftler hat die Berge der Ignoranz erklommen und ist dabei, den höchsten Gipfel zu erreichen; während er sich am letzten Stein hochzieht, wird er von einer Gruppe Theologen in Empfang genommen, die schon seit Jahrhunderten auf dem Berggipfel sitzen.“ (Jastrow 1978: 116)

[15] „Es mag bizarr klingen, aber m.E. bietet die Naturwissenschaft einen sichereren Weg zu Gott als die Religion.“ (Davies 1983: ix)

[16] „Sollten wir tatsächlich eine vollständige Theorie entdecken ... dann befähigte dies uns alle, Philosophen, Wissenschaftler und ganz einfache Leute, an der Diskussion über die Frage, warum es uns und das Universum gibt teilzunehmen. Fänden wir die Antwort auf diese Frage, wäre dies der ultimative Triumph der Menschheit – denn dann kennten wir den Geist Gottes.“ (Hawking 1988: 175)

[17] Begley 1998; Woodward 1998.

[18] Die größten Forschungszentren sind z.B. das Center for Theology and the Natural Sciences (Berkeley), das Center for Theological Inquiry (Chicago), das Chicago Center for Science and Religion (Chicago), das Pascal Center for Advanced Studies in Faith and Science (Ancaster, Ontario), Christians in Science (Perthshire), das Ian Ramsey Centre (Oxford), das Vatican Observatory (Vatikanstaat) und die European Society for the Study of Science and Theology (Schweden).

[19] Besonders nennenswert hier die Lehrstühle für Wissenschaft und Theologie, die in den 90er Jahren in Princeton, Cambridge und Oxford entstanden sind.

[20] Der vollständige Titel lautet: Templeton Prize for Progress Toward Research or Discoveries about Spiritual Realities. Unter den Templeton Preisträgern sind Thomas Torrance (1978), Ralph Wendell Burhoe (1980), Sir Alister Hardy (1985), James I. McCord (1986), Stanley L. Jaki (1987), Carl Friedrich von Weizsäcker (1989), L. Charles Birch (1990), Paul Charles William Davies (1995), Ian Barbour (1999), Freeman Dyson (2000), Arthur R. Peacocke (2001), John Polkinghorne (2002), Holmes Rolston III (2003) und George Ellis (2004).

Das vielleicht beste Argument gegen den Standpunkt von der Irrelevanz sowohl der Naturwissenschaft als auch der Religion rekurriert auf das Faktum, dass die Welten der Wissenschaftler und der Theologen zueinander finden und miteinander ins Gespräch kommen. Es ist heutzutage längst nicht mehr unüblich, dass Naturwissenschaftler und Theologen auf gemeinsamen Kongressen ihre gegenseitige Bedeutung erforschen.[21] Es ist auch längst nicht mehr legitim, sich hinter dem Argument der Unvergleichbarkeit oder verbleibender Kommunikationsunfähigkeit zu verstecken. Ein erkenntnistheoretischer Dualismus, der a priori davon ausgeht, dass Naturwissenschaft und Religion einander unbedeutend sind, ist unbegründet. Steht die Naturwissenschaft im Widerspruch zur Theologie oder falsifiziert sie diese?

Viele glauben, dass, wenn die beiden Disziplinen, wenn sie nicht in getrennten Kategorien bleiben, miteinander konfligieren. Dieses *Konflikt-Modell* lässt sich am besten am folgenden Beispiel illustrieren: Auf die Ankündigung, dass an der Universität Cambridge ein neuer Lehrstuhl für Theologie und Naturwissenschaft eingerichtet würde, verwies der Herausgeber der bekannten naturwissenschaftlichen Zeitschrift *Nature* in einem Vorwort auf den „unvermeidbaren intellektuellen Konflikt" zwischen den beiden Disziplinen und verwarf das Projekt als „leeres" Unternehmen, das „die britischen Universitäten verschmutzte". Zu Dialog oder Interaktion könne es „nur sehr oberflächlich" kommen. Abgesehen von einer Art „Forschungsprojekt zur Psychologie religiösen Glaubens", mit dem er vermutlich psychologische Studien dazu meinte, warum Menschen Religionen anhängen, „was für ein anderes akademisches Ziel könnte es geben?"[22] Auch Richard Dawkins stimmte in den Chor der kritischen Stimmen ein und fragte, was die Theologie überhaupt gesagt habe, das je von Nutzen gewesen wäre, wann die Theologie je etwas gesagt habe, das nicht nachweisbar wahr und nicht sowieso klar gewesen sei und warum man überhaupt davon ausginge, dass die Theologie eine ordentliche Disziplin sei.[23]

---

[21] Obwohl der Dialog v.a. in den letzten dreißig Jahren neue Ufer erreichte, führt er, theologisch gesehen, eine lang etablierte Tradition des Engagements zwischen Naturwissenschaft und Religion spätestens seit dem Aufkommen der modernen Wissenschaft im 17. Jahrhundert fort. Einerseits hat das Gespräch mit den Naturwissenschaften in der christlichen Kultur schon immer einen hohen Stellenwert gehabt. Andererseits ist die christliche Theologiegeschichte seit der Aufklärung natürlich auch eine Geschichte der Theologieentwicklung in Auseinandersetzung mit dem Einfluss und den Herausforderungen durch die moderne Wissenschaft.

[22] „Religious Studies: A (Star)bridge to Nowhere" [Editorial], Nature Bd. 362 (1. April 1993: 380).

[23] Poole 1994: 41.

Der Mythos vom intrinsischen Konflikt und dem beständigen historischen Kampf der Disziplinen wird jedoch von vielen in Frage gestellt. „Es ist nicht so, dass immer Übereinstimmung zwischen christlichen und naturwissenschaftlichen Lehrmeinungen geherrscht hätte", bemerkt der britische Wissenschaftshistoriker Colin Russell, „aber sie als im ständigen Konflikt miteinander zu beschreiben, ist nicht nur historisch falsch, sondern karrikiert die Situation auf so groteske Weise, dass erklärt werden müsste, wie diese Sicht überhaupt zu ihrer Wertschätzung gekommen ist."[24]

Jüngst zeigten auch Larson und Witham in einer Studie, dass das Verhältnis von Naturwissenschaft und Religion unterm Strich keinesfalls gleich Null sei. Ferner konnten fast 40 % der Naturwissenschaftler die sehr enge Definition von religiösem Glauben als Glaube an „Unsterblichkeit" und an „einen personalen Gott, zu dem man beten und von dem man eine Antwort erwarten könne" bejahen.[25]

Wie bereits erwähnt ist Stephen Hawking ein rätselhafter Fall. Hawking zufolge hat die Zeit keinen Anfang. Also ist das Weltall nicht geschaffen worden. Die christliche Tradition geht jedoch davon aus, dass das Universum von Gott *ex nihilo* erschaffen ist und die Zeit deshalb einen Anfang hat. Ob die Zeit nun einen Anfang hat oder nicht – daraus ergibt sich der Konflikt. Wenn Hawking Recht hat, muss sich die christliche Theologie von der Vorstellung einer *creatio ex nihilo* trennen oder zumindest von ihrer traditionellen Interpretation, die Weltall und Zeit einen Anfang zuschreibt. Hat aber die christliche Tradition Recht, wird die Empirie Hawkings Zeitkonzept niemals bestätigen können; und bis heute ist es ja auch noch nicht verifiziert worden.[26] Alle Dialogpartner mögen ja wahrhaftig nach der Wahrheit suchen, aber nicht alle sind in der Wahrheit. Wenn ein Dialog echt sein soll, muss er ein demütiger Lernprozess sein, der echte Umkehr (*metanoia*) einschließt – d. h. eine Abwendung von dem Irrtum, in dem man sich befand. In der Wahrheit sein würde hier bedeuten, dass man einem Brückenbau zwischen Naturwissenschaft und Theologie eher offen gegenüber steht als ihn voreilig zu verwerfen.

---

[24] Russell 1989: 5.

[25] Die Studie wurde übrigens von *Nature* veranlasst.

[26] Diese beiderseitige Inkompatibilität wird nicht von allen Dialogpartnern unterstützt. Robert John Russell glaubt, dass das christliche Schöpfungsverständnis mit Hawkings Ablehnung einer primordialen Singularität vereinbar ist, weil Gott, so Russell, auf der Quantenstufe in der Natur agiert. Vgl. Russells mit herausgegebene Kapitel dieses Buches.

Brücken bauen

Um eine Brücke zwischen Naturwissenschaft und Religion zu bauen, benötigen wir auf der wissenschaftlichen Seite einen soliden Grund. Gibt es diesen? Ja.

So sehr Carl Sagan auch glaubt, dass Hawkings Buch *Eine kurze Geschichte der Zeit* von der Abwesenheit Gottes handelt, möchte ich bezweifeln, dass diese Interpretation haltbar ist. Tatsächlich scheint sich auch Hawking voll bewusst zu sein, dass die Naturwissenschaft, trotz ihres enormen Beitrags zum Verständnis unserer Welt, letzte Fragen nicht beantworten kann.

Hawking erklärt, dass eine Zeit ohne Beginn bedeuten würde, dass das nicht erschaffene Weltall einfach *ist*. Es verdanke seine Existenz keinem Schöpfer. Hawking gibt gegen Ende seines Buches zu, dass das mathematische Modell, das die Singularität falsifiziert, nicht beantwortet, warum die Gesetze des Weltalls so sind, wie sie sind noch „warum es überhaupt ein Universum geben sollte, das von einem Modell beschrieben wird."[27] Religiöse Fragen bleiben auch nach der Entdeckung der Grand Unified Theory of Everything. Im Grunde liefert uns eine derartige Theorie sogar den passenden Kontext für theologische Fragen. Kurz, Religion lässt sich nicht so reduzieren, dass sie von der Naturwissenschaft restlos geschluckt werden könnte, wie manche Scientisten behaupten mögen.

Wiederholt kommt zur Sprache, wie bei Sagan, dass Hawkings kosmologisches Unternehmen den Geist Gottes zu verstehen sucht. Der letzte Abschnitt in Hawkings Buch ist diesbezüglich sehr aufschlussreich. Erst, wenn wir die Antwort auf die teleologische Frage der menschlichen und kosmischen Existenz haben, würden wir den Geist Gottes kennen. Alleine die Wellengleichung des Weltalls oder sogar die TOE zu kennen, genügte nicht. Hawking schreibt:

> Wenn wir jedoch eine vollständige Theorie finden, sollte sie prinzipiell für alle verständlich sein, nicht nur für wenige Naturwissenschaftler. Dann sollten wir alle, Philosophen, Wissenschaftler und ganz einfache Leute, an der Diskussion darüber teilnehmen können, warum wir und das Weltall existieren. Finden wir darauf die Antwort, wäre dies der ultimative Triumph des menschlichen Verstandes – denn dann kennten wir den Geist Gottes.[28]

Vielleicht müssen wir noch nicht einmal auf die große Entdeckung der vollständigen Theorie warten, um mit der Suche nach dem Sinn menschlicher und kosmischer Existenz zu beginnen. Aus der Theologie

[27] Hawking 1988: 174.

[28] Ibid.: 175.

kommen hier wichtige Impulse. Theologen und Naturwissenschaftler müssen nicht in unterschiedlichen Schichten arbeiten. Längst haben sie die Zusammenarbeit an dem Projekt aufgenommen, Ursprung und Ziel der Menschheit und des Universums zu verstehen. Hier liegen Sinn und Bedeutung des Dialogs begründet.

Literatur

Barrow, John D./Tipler, Frank J., *The Anthropic Principle*, Oxford 1986.

Begley, Sharon, „Science Finds God“, *Newsweek* (July 20, 1998).

Davies, Paul, *God and the New Physics*, New York 1983.

Hartle, Jim B./Hawking, Stephen, „Wave Function of the Universe“, Physical Review, D28 (1983): 2960–2975.

Hawking, Stephen, *A Brief History of Time. From the Big Bang to Black Holes*, New York 1988 (dt. Eine kurze Geschichte der Zeit. Die Suche nach der Urkraft des Universums. Mit einer Einleitung von Carl Sagan, Reinbek bei Hamburg 1993).

Hawking, Stephen/Penrose, Roger, „The Singularities of Gravitational Collapse and Cosmology“, *Proceedings of the Royal Society of London*, A314 (1970): 529–548.

Jastrow, Robert, *God and the Astronomers*, New York 1978.

Landsberg, Peter T., „From Entropy to God?“, in Martinas, Katalin et al., *Thermodynamics: History and Philosophy*, Singapore 1999.

Poole, Michael, „A Critique of Aspects of the Philosophy and Theology of Richard Dawkins“, *Science and Christian Belief*, vol. 6 (1994).

Russell, Colin A., „The Conflict Metaphor and its Social Origins“, *Science and Christian Belief*, vol. 1 (1989).

Woodward, Kenneth L., „How the Heavens Go“, *Newsweek* (July 20, 1998).

Torrance, Thomas F., *The Ground and Grammar of Theology*, Belfast 1980.

II. Naturwissenschaftliche Bögen

Natürliches Gesetz und göttliches Handeln

Robert John Russell/Kirk Wegter-McNelly

In den letzten Jahrzehnten sind die Strukturpfeiler der Brücke zwischen Naturwissenschaft und Religion primär von der Methodik aus gebaut worden, deren Arbeit stark durch bedeutende Richtungsveränderungen in den säkularen Disziplinen der Wissenschaftsphilosophie und der Religionsphilosophie geprägt war. Der verstärkt auftretende interaktive Verkehr, den die methodische Brücke beschleunigt hat, ist jedoch von neuen Theorien in den Naturwissenschaften und komplexen Verschiebungen in der Theologie bestimmt. Das aus diesen Theorien und Verschiebungen resultierende Zusammenspiel prägt den substantiellen Inhalt des interdisziplinären Feldes von Naturwissenschaft und Theologie.

Im vorliegenden Kapitel soll ein Überblick über diese Veränderungen in den Naturwissenschaften und den damit zusammenhängenden Veränderungen in der Theologie erfolgen. Die Unterkapitel sind nach folgenden Schwerpunkten gegliedert: Gott und Natur; Schöpfung und Kosmologie; Schöpfung und Evolution; Erlösung, Evolution und Kosmologie; und Eschatologie. Der Fokus dieses Kapitels soll sich primär auf die theoretischen, philosophischen und fundamentalen Aspekte richten. Während Ethik und Spiritualität natürlich auch feste Bestandteile der Diskussion sind, werden sie hier nicht näher erörtert. Wie im ersten Kapitel verwenden wir „Theologie" hier im Sinne der intellektuellen Reflektion religiöser Traditionen. Mit dem Terminus „Wissenschaft" beziehen wir uns auf die Naturwissenschaften, speziell auf die Physik, Kosmologie und Biologie (unter besonderer Aufmerksamkeit auf die Evolutionsbiologie und Genetik) und die Neurowissenschaften. Schließlich soll auch darauf hingewiesen werden, dass sich dieses Kapitel primär dem Zusammenspiel von den neuen naturwissenschaftlichen Theorien und diversen Bewegungen innerhalb der christlichen Theologie widmet, das bisher am meisten Dikussionspotential liefert.[1]

---

[1] Allgemeine Literatur zu dem Thema u. a. Barbour 2003; McGrath 1999; Peters 1998; Polkinghorne 1998; Richardson/Wesley 1996; Southgate et al. 1999.

Gott und Natur

Die vielfältigen Sichtweisen in der zeitgenössischen Theologie zum Verhältnis von Gott und Natur spiegeln die Debatten der letzten vier Jahrzehnte zu Theologie und Naturwissenschaft wider. Diese Vielfalt umfasst die ganze Spanne der Theologie und reicht von jenen, die sich mit klassischen theologischen Kategorien auseinandersetzen, über die, die Gott als die sich selbst entäußernde, kenotische Liebe bezeichnen, bis hin zu solchen, die neben der Zeitlichkeit auch die Ewigkeit Gottes betonen. Wieder andere konzentrieren sich eher auf die Auswirkungen von Naturwissenschaft und Technik auf Gesellschaft und Umwelt. Viele Forscher finden traditionelle philosophische Kategorien, in jeweils kontextbezogener Modifikation hilfreich, um mit der Naturwissenschaft ins Gespräch zu kommen. Theologen, die bei Gottes Trinität ansetzen, rücken die Kategorien Zukunft und Hoffnung ins Zentrum des Gesprächs. Es geht auch um gezielte Provokation von bekennenden Atheisten wie Richard Dawkins oder Steven Weinberg, die Religion mit den vermeintlichen Waffen der Naturwissenschaft schlagen wollen, oder, wie Carl Sagan eine Art „wissenschaftsbasierte“ Religion gründen wollen. Manche flechten spezifisch naturwissenschaftliche Aspekte in die konstruktive Theologie mit ein und bedienen sich der Naturwissenschaft als Quelle neuer Metaphern in der Theologie (wie z.B. von der Welt als Körper Gottes). Sogar Quantenmechanik, Chaostheorie, Evolution und Ökologie erfahren theologische Integration.

Angesichts der enormen Bandbreite an Literatur, die sich mit Gottes Beziehung zur Natur auseinandersetzt, soll im Folgenden ein etwas begrenzterer Blick auf zwei zentrale Punkte die sublime Art erläutern, in der Naturwissenschaft im 20. Jahrhundert unsere Sichtweise von der Beziehung Gottes zur Natur herausfordert und verändert.

Zeit und Ewigkeit

Die meisten Theologen setzen ein Verständnis von Zeit voraus, das unserer allgemeinen menschlichen Erfahrung von der sog. *Fließzeit* entspricht. Diesem Verständnis zufolge ist das Jetzt ungreifbar. Was gerade noch Gegenwart war, ist schon Teil der Vergangenheit, während bereits ein neuer Augenblick aus der Zukunft eintritt. So gesehen ist die Zukunft potentiell, aber nicht tatsächlich real, die Gegenwart ist wirklich und die Vergangenheit zwar real, aber nicht zugänglich. In welchem Verhältnis steht dieses Zeit-Verständnis zu dem Konzept der Ewigkeit Gottes?

Viele zeitgenössische Theologen betrachten die göttliche Ewigkeit als zeitlicher als unsere Erfahrung von Zeit. Die Ewigkeit ist die Zeit in ihrer Gesamtheit, ohne das Empfinden einer verlorenen Vergangenheit oder rein potentiellen Zukunft, das den „Fluss" der Zeit für uns ausmacht. Im Zuge dessen verabschiedet man sich von zwei einfacheren Verständnissen von Ewigkeit: Ewigkeit als zeitloses „Jetzt", in dem alle Momente in einen einzigen Moment überfließen, und Ewigkeit als unendlich fließende Zeit, ähnlich unserer Zeit, nur mehr davon. Stattdessen ist Gott vielmehr der Quell der Zeit, der die Welt in der Zeit erfährt. Die Theologen, die den christlichen Glauben fest im dreieinigen Gott als Referenzpunkt der göttlichen Beziehung zur Zeit verankern, verstehen die Ewigkeit Gottes als *über-temporale* Quelle der weltlichen Zeitlichkeit. Dies zieht eine unendliche Temporalität der göttlichen Ewigkeit mit sich, ohne dass Zeit verloren ginge oder nicht umgesetzt würde. Die Ewigkeit steht vor, über und nach der Zeit des Universums; sie umschließt alle Zeit, auch wenn das Universum unendlich alt ist und fortdauert. Gott wird hier als eschatologische Zukunft des Universums gedacht, in deren Richtung sich das Universum zukünftig bewegt.

Alfred North Whiteheads Jünger, die Anhänger der Prozess-Philosophie, argumentieren, dass Gott die Welt in jedem Augenblick erlebe und auf diese Weise an der Zeitlichkeit der Welt partizipiere. Britische Naturtheologen betonen, Gott sei der Welt ewig transzendent und doch in jedem Augenblick immanent und präsent. Manch anderen Stimmen zufolge impliziert das Konzept der fließenden Zeit, dass sogar für Gott die Zukunft noch nicht existiere, er vielmehr jeden Moment aus physikalischer Zeit kreiere.

Obwohl diese Perspektiven theologisch voneinander abweichen, setzen sie alle die Idee der fließenden Zeit voraus. Diese Idee wurde teilweise schon in naturwissenschaftlichen Kreisen des 16. und 17. Jahrhunderts geäußert. Die klassische Physik geht von der Linearität der Zeit aus und bezieht sich auf Vergangenheit, Gegenwart und Zukunft. Die Fließrichtung (allgemein auch *Zeitpfeil*) wurde vom wissenschaftlichen Bild gänzlich ausgelassen. In dieser Hinsicht wird die Zeit in der klassischen Physik (mit einigen Ausnahmen) zurückgedreht; ihre grundlegenden Gleichungen lassen keinen Rückschluss auf Vergangenheit oder Zukunft zu. Albert Einsteins Relativitätstheorie stellt den Aspekt der fließenden Zeit in Frage, indem er sich von zwei Vorannahmen löst: Erstens, dass der gegenwärtige Moment universell von allen Beobachtern geteilt wird, und zweitens, dass die Geschwindigkeit der Zeit, die von der Zukunft zur Vergangenheit fließt, für alle gleich ist.[2] Anstelle eines universell gegenwärtigen Moments betrachtet

[2] Zur speziellen Relativität vgl. Trefil/Hazen [2]2000: Kap. 13; Worthing 1996: 23–26.

die spezielle Relativität Zukunft und Vergangenheit eines jeden Ereignisses *P* als durch das *elsewhen* (wann anders) separiert, das ein Feld von Ereignissen ist, das einen jeden Moment umgibt und aus anderen, von *P* nicht beeinflussbaren Ereignissen besteht. Auf Grund dessen und anderer Kritik aus den Rängen der speziellen Relativitätsverfechter halten einige den Fluss der Zeit für eine Illusion und schlagen stattdessen eine sog. *Block-Universums*-Interpretation der speziellen Relativität vor. Derzufolge gelten alle Ereignisse in der Zeit als gleich wirklich, gleich „gegenwärtig", unabhängig davon, ob wir sie als Vergangenheit, Gegenwart oder Zukunft wahrnehmen. Diese Interpretation stehe jedoch im Widerspruch zu der Theologie, so der Theologe Charles Hartshorne. Er schreibt, dass die spezielle Relativität das klassische theistische Konzept der universal fließenden Gegenwart „aufs schärfste herausfordere."

Manch andere Theologen leiten die theologischen Implikationen der speziellen Relativität aber weniger von der wissenschaftlichen Theorie selber als von der Art ihrer philosophischen Interpretation ab. Der Theologe und Physiker John Polkinghorne vertritt eine Fließzeit-Interpretation der speziellen Relativität. Er argumentiert, dass die Implikationen der speziellen Relativität Aussagen darüber machen, wie wir unsere Beobachtungen zusammenfügen und unser Bild von der Welt konstruieren. Die Theorie von der speziellen Relativität verpflichte uns weder zu einem Determinismus gegenüber der Zukunft, die für das Unvorhersagbare und Neue keinen Platz lässt, noch dränge sie uns eine zeitlose Sicht der Natur auf. Andere Anhänger der Fließzeit-These beharren auf eben diesem Rahmen der Interpretation für die spezielle Relativität, da sie sonst selbst in Frage gestellt werden müsste. Wieder andere verfechten die Block-Universums-Interpretation als korrekte Auslegung der speziellen Relativität. Der Physiker Ian Barbour unterstreicht ferner, dass die spezielle Relativität nahe lege, dass das Universum „dynamisch und vernetzt" sei. Das *elsewhen* suggeriere „eine neue Form des Abgesondertseins und der Isolation." Robert Russell schlägt vor, das trinitarische Verständnis von Ewigkeit um eine Situations-/Weltbezugsinterpretation der speziellen Relativität zu ergänzen, die wiederum für die Naturwissenschaft empirisch bedeutsam sein könnte. Deshalb liegt die Thematik „Zeit und Ewigkeit" genau an der Schnittstelle der Forschung in Theologie und Naturwissenschaft.

Göttliches Handeln

Das Verhältnis von göttlicher und natürlicher Kausalität bestärkt die von der Naturwissenschaft des 20. Jahrhunderts ausgehende Infragestellung des Verhältnisses von Gott und Natur. Der philosophisch-theologische Topos des „göttlichen Handelns“[3] liegt dem gesamten systematisch-theologischen Horizont zugrunde und taucht in wissenschaftstheologischen Diskussionen immer wieder auf.

Der jüdisch-christlichen Schöpfungslehre zufolge hat Gott die Welt aus dem Nichts geschaffen (*creatio ex nihilo*) und sie rational und nachvollziehbar strukturiert. In der Wissenschaft erkunden wir diese Struktur und beschreiben sie mit Hilfe von Naturgesetzen. Gott setzt seine Schöpfung in der Zeit fort (*creatio continua*). Seine *allgemeine Vorsehung* richtet alle Prozesse und Ereignisse auf deren Erfüllung im Eschaton aus, dem Ende und der Vollendung der Welt. Obwohl Gott jedes Ereignis schafft, geht die Theologie davon aus, dass er seine Ziele zuweilen durch besondere Ereignisse und Prozesse umsetzt, Akte *spezieller Vorsehung*, die auch gerne als Wunder gedacht werden. Wunder sind Ereignisse, die dem allgemeinen theologischen Verständnis des Willens Gottes entsprechen, aber aus dem Rahmen des natürlich Möglichen herausfallen.

Nach Aufklärung und Vorstoß der modernen Wissenschaften schieden sich die theologisch konservativen von den liberalen Geistern bezüglich der Bedeutung von spezieller Vorsehung. Die Newton'sche Physik führte zu einer mechanistischen Naturphilosophie, in dem das Universum als geschlossenes System von Ursache und Wirkung galt. Diesem deterministischen Bild der Natur zufolge war alles Zukünftige, zumindest theoretisch, vorhersagbar. Im Falle genuin kausaler Geschlossenheit der Welt wäre die Annahme göttlichen Handelns eher problematisch: Wenn Gott in besonderen Ereignissen handelte, müsste er in die kausale Ordnung eingreifen, indem er die Naturgesetze bräche oder sie außer Kraft setzte. Konservative Theologen gehen davon aus, dass Gott so handele und auf diese Weise interveniere. Liberale Theologen verwerfen die Idee des Interventionismus jedoch, da sie mit der Naturwissenschaft konfligiere. Sie argumentieren, dass Gott die finale Ursache aller Dinge sei, einschließlich der Ereignisse, die wir mit den Naturgesetzen beschreiben. So gesehen müsste Gott, wenn er die Naturgesetze bräche, effektiv „gegen Gott“ handeln. Diese liberale Antwort steht jedoch im Widerspruch zu der speziellen Vorsehung, da sie sie lediglich als die subjektive Reaktion des Menschen auf ein normales natürliches Ereignis interpretiert.[4] Nur mit Schwierigkeiten ist

[3] Eine Revision der aktuellen theologischen Literatur zu diesem Thema liegt beispielsweise vor bei Thomas 1983; Thomas in Hebblethwaite/Henderson 1990.

[4] Für die konservative Theologie seien hier exemplarisch Hodge 1891 und Bloesch 1994 genannt. Zu den liberalen Theologen gehören u. a. Bultmann ^{2}1985 und ^{7}1977; und Kaufman 1978; Ders. in Thomas 1983.

es der Theologie des 20. Jahrhunderts gelungen, die Nähte dieses tiefen Risses wieder zusammenzunähen.[5]

Bemerkenswerterweise sollte die Naturwissenschaft, die entscheidend zu der Entstehung des Risses beigetragen hatte, nun eine Hauptrolle bei dessen Überwindung spielen. Weit reichende Entwicklungen von der Quantenphysik zur Evolutionsbiologie könnten uns über Newtons Mechanik hinaus bringen und uns einen weniger festgelegten Blick auf die Natur vermitteln. Der Fall einer kausal nicht festgelegten Natur und einer tatsächlich offenen Zukunft schafft Raum für neue Denkansätze zur Freiheit des Menschen und dem Handeln Gottes. Derlei Ansätze verfolgen die erneute Kombination bedeutender Aspekte der liberalen und der konservativen Position, die den Weg für eine nicht-interventionistische, objektive Vorstellung vom speziellen göttlichen Handeln ebnen könnte. Die Ansätze lassen sich in drei Unterkategorien einteilen – *top-down*, *Beschränkung des Ganzen in Relation zu den Einzelteilen* (*whole-part constraint*) und *bottom-up* –, wobei die meisten Forscher einer Kombination dieser Ansätze als adäquate Beschreibung nicht-interventionistischen, objektiven, speziellen göttlichen Handelns anhängen.[6]

Bei den *top-down* Ansätzen beeinflussen die auf höheren Komplexitätsebenen liegenden Prozesse jene auf niedrigeren Ebenen. Modelle der top-down Kausalität werden z. B. von dem Theologen und Biochemiker Arthur Peacocke auf dem Hintergrund der Urknall-Kosmologie untersucht. Peacocke denkt Gott als Agenten in der Welt in ihrer Gesamtheit. Ähnlich diskutieren auch die Philosophen Nancey Murphy und Philip Clayton über das Handeln Gottes auf dem Hintergrund der Neurowissenschaften. Hier wird davon ausgegangen, dass wir auf der Bewusstseinsebene genuine kausale Offenheit erleben, d. h. wir erleben den freien Willen als echt. Die Herausforderung dieses Modells besteht darin, zu demonstrieren, wie Gottes Handeln auf höheren Ebenen tatsächliche Veränderungen auch in niedrigeren Prozessebenen bewirken kann (vorausgesetzt, die Prozesse auf den niedrigeren Ebenen werden noch von den Gesetzen der klassischen, deterministischen Physik bestimmt).

Das *whole-part constraint* Modell befasst sich mit nur einer Komplexitätsebene und konzentriert sich auf die Auswirkung eines Systems als Ganzes auf seine Einzelteile. Unter Berücksichtigung der

[5] Langdon Gilkeys profunde Analyse des Scheiterns der neuen Orthodoxie stellt heraus, wie bedeutend dieses Problem ist; vgl. Gilkey 1961.

[6] Seit 1990 unterstützt das Center for Theology and the Natural Sciences und das Vatican Obervatory eine zweimal jährlich stattfindende Konferenz, die im Sinne eines besseren Verstehens des Verhältnisses von jüngster Wissenschaft und einem nicht-interventionistischen Ansatz zum speziellen, objektiven Handeln Gottes gehalten wird.

Non-Äquilibrium-Thermodynamik[7] geht Peacocke davon aus, dass Gott besondere Ereignisse dadurch herbeiführt, dass er mit den thermodynamischen Systemen, die der Umwelt gegenüber offen sind, interagiert. Die Chaostheorie[8] und ihre inhärente Unberechenbarkeit führt John Polkinghorne zu der These, dass die kausale Offenheit der Natur auch der Möglichkeit göttlichen Handelns Raum gibt, ohne dass die Naturgesetze außer Kraft gesetzt oder gebrochen werden müssten. In diesem Zusammenhang ergibt sich allerdings ein kleines Problem. Sowohl die Thermodynamik als auch die Chaostheorie gehören zur klassischen Physik und sind dadurch vollkommen deterministisch; deshalb dürfte sich die Erklärung spezieller Vorsehung in diesem Ansatz als äußerst schwierig erweisen. Möglich wäre natürlich, dass eines Tages komplexere Theorien die Chaossysteme akkurater beschreiben können, die auf einen ontologischen Unbestimmtheitsgrad stoßen.

Der *bottom-up* Ansatz geht davon aus, dass Gott auf niedrigeren Komplexitätsstufen handelt, um die Prozesse und Eigenschaften höherer Stufen zu beeinflussen. Eine Reihe von Forschern, wie z.B. der Physiker George Ellis und der Theologe Robert Russell, verstehen die Quantenphysik[9] als einen nicht-deterministischen Blick auf die Realität der subatomaren Ebene,[10] welches das Handeln Gottes ohne Durchkreuzung oder Außerkraftsetzung der Naturgesetze ermöglichte. Möglicherweise lassen sich Chaos und Quantenmechanik sinnvoll verknüpfen. Dies legte nahe, dass der Motor des Chaos, die Unbestimmtheit, zumindest partiell Bestandteil des Quantenindeterminismus ist. Die Herausforderung stellt sich hier dadurch, dass die Quantenphysik auch im Sinne des ontologischen Determinismus erklärt werden kann, auf Grund dessen sich extrem komplexe und bislang ungelöste, philosophische und naturwissenschaftliche Probleme ergeben.[11]

Alternative Modelle zum Handeln Gottes ziehen die Analogie der Verkörperung heran – Gott als Welt oder Verstand oder Körper. Auf dem Hintergrund der Evolution verbindet die Theologin Sallie McFague die Handlungsmetapher mit der des Organismus und sieht

[7] Zur Einführung in die Thermodynamik vgl. Trefil/Hazen ²2000: Kap. 3, 4.

[8] Einführende Literatur zur Chaos- und Komplexitätstheorie: Crutchfield et al. 1986. Weiterführende Literatur z.B. Wildman/Russell in Russell/Murphy/Peacocke 1995.

[9] Sehr verständlich führt Nick Herbert in die Quantenmechanik ein (1985); vgl. auch Davies 1984.

[10] Dieser Ansatz ist vielfach kritisiert worden, u.a. von Arthur Peacocke und John Polkinghorne (Peacocke in Russell et al. 1995: 279–281; Polkinghorne in Russell et al. 1995: 152f).

[11] U.a. das Messproblem, Nicht-Lokalität/Trennbarkeit und die Infragestellung der klassischen Ontologie sowie des kritischen Realismus.

die Welt als von Gottes Körper ausgehend. Der Theologin Grace Jantzen zufolge weiß Gott um alle in der Natur (als dem göttlichen Körper) auftretenden Ereignisse und handelt sowohl universal in der Natur als auch punktuell in einmaligen Ereignissen.

Andere Ansätze zur göttlichen Agens stützen sich auf voll ausgereifte metaphysische Denkmodelle. Prozesstheologen wie John Cobb und John Haught weisen jedem Naturereignis (der sog. „wirklichen Ereignis") drei Momente zu: Erstens, Gott „lenkt" das Ereignis in seinen bestmöglichen Augenblick; zweitens, das Ereignis erfährt die Vergangenheit als Ursache durch „Erfassung" (prehension), d.h. es erschließt die Ursache, die in der Vergangenheit liegt; drittens schließt jedes Ereignis einen Moment spontaner und intrinsischer Neuheit ein; dadurch ist jedes Ereignis wirklich neu. In diesem Sinne liefert die Prozesstheologie eine stabile nicht-interventionistische Perspektive, derzufolge Gott intrinsisch an jedem Naturereignis partizipiert, ohne den Ausgang des Ereignisses vollständig zu bestimmen.

Andere wie der Physiker William Stoeger oder die Theologin Elizabeth Johnson bedienen sich der neo-thomistischen Metaphysik, um das Verhältnis Gottes zur Natur zu verstehen. Gott ist in diesen Entwürfen stets Erstursache der Welt. Dadurch folgt natürlich eine Reduktion der Naturwissenschaft auf die reine Erforschung der Folge-Ursachen. Trinitarische Theologen wie Wolfhart Pannenberg und Ted Peters setzen, unter Berücksichtigung von Evolution, Physik und Kosmologie, bei dem Bild der immanenten Trinität (Gott als in Gott selbst) und der ökonomischen Trinität (Gott als in der Geschichte Offenbarter) an, um Gottes Werk in Natur und Geschichte zu diskutieren.

Die Herausforderung, vor die alle diese Ansätze gestellt sind, ist es zu zeigen, wie Gott Neues überhaupt hervorbringt – als Antwort auf den Determinismus der Naturwissenschaft. Ferner müssen alle Befürworter der These vom Handeln Gottes auf die von der speziellen Relativität ausgelöste Infragestellung der Idee einer Universalpräsenz reagieren (d.h. was heißt es, von einem „Universum als Ganzem" zu reden, wenn es universale Gegenwart nicht gibt?) und auch auf die theologische Frage nach der Theodizee (d.h. wenn Gott durch besondere Ereignisse handelt, warum tut er nichts gegen Leid, Krankheiten, Tod und Aussterben?).

Schöpfung und Kosmologie

Das jüdisch-christliche Schöpfungsverständnis ist auf dem Hintergrund der zeitgenössischen Kosmologie in den letzten vierzig Jahren vielfach und umfassend erschlossen worden. Den folgenden Abschnitt möchten wir ausschließlich der Frage widmen, wie die aktuelle Kosmologie zur *creatio ex nihilo* (der Schöpfung aus dem Nichts) steht. Die Überlegungen zur *creatio continua* (der fortwährenden Schöpfung) nehmen wir in der Diskussion um die biologische Evolution auf.

Der Urknall

In der gängigen Urknalltheorie stechen in der Diskussion um die creatio ex nihilo zwei besondere Merkmale hervor:[12] „t = o" (Zeit ist gleich Null), das für den Beginn der Zeit steht, und das anthropische Prinzip, das auf eine auffällige Korrelation zwischen den grundlegenden physikalischen Konstanten, den Naturgesetzen und der Entwicklung von Leben verweist. Bleiben wir aber zunächst einmal bei der Besprechung von t = o.

Unterschiedliche Modelle der sog. *Standard Urknall-Kosmologie* bestimmen den Anfang des Universums als eine Zeit „t = o" (oder schlicht Beginn der Zeit). In allen diesen Modellen expandiert die Welt in jedem Moment und ist ca. 12–15 Milliarden Jahre alt. In manchen sog. *geschlossenen* Ansätzen ist die Größe des Universums finit. Nach dem Punkt seiner maximalen Expansion wird es in einem Feuer-Finale langsam in sich zusammenfallen. Sog. *offene* Ansätze gehen davon aus, dass das Universum unendlich lange und weit expandiert und ewig verkühlt. Ergo schreiben beide, Gefrier- und Erhitzungs-Modelle (*freeze and fry models*) dem Universum eine zeitlich eingegrenzte Vergangenheit, ein bestimmtes Alter und einen Anfang an einem Punkt unbegrenzter Temperatur und Dichte zu, die wir t = o nennen. Ist t = o aber für das Verständnis von Schöpfung ex nihilo überhaupt relevant? An dieser Frage scheiden sich die Geister. Manchen Wissenschaftlern ist die Entdeckung eines absoluten Anfangs aller Dinge, einschließlich der Zeit, empirische Bestätigung oder sogar Beweis genug für eine göttliche Schöpfung. Wenn wir von der Naturwissenschaft lernen, dass das Universum ein finites Alter, eine eingrenzbare Vergangenheit und einen sogar benannten Anfang t = o hat, bekräftigt diese Entdeckung die Lehre von der Schöpfung aus dem Nichts. Diesen Schluss zog auch Papst Pius XII im Jahre 1951; genau wie der Astronom Robert Jastrow. Ausgefeilte Argumente zu Gott und Schöpfung sind auf der Grundlage von t = o entstanden. Andere jedoch lehnen es ab, theologische Implikationen aus der Urknalltheorie von t = o ableiten zu wollen auf der Grundlage, dass creatio ex nihilo ein rein philosophisches Thema hinsichtlich der Kontingenz des Universums sei. Diesem Standpunkt

[12] Zur allgemeinen Einführung vgl. Ellis/Stoeger in Russell/Murphy/Isham 1993.

zufolge soll die Gotteshypothese klären, warum das Universum überhaupt existiert, ungeachtet seines Alters oder Fortbestandes in der Zukunft. Selbst wenn das Universum unendlich alt wäre oder ewig fortbestünde, wären diese Fakten für die Betrachtung göttlichen Handelns irrelevant. Kein noch so großer Pool an empirischen Daten zu den Eigenschaften unseres Universums, inklusive seines finiten Alters, betreffe die Schöpfungslehre direkt.

Ein anderer Forscherkreis spricht sich für die indirekte Bedeutung von t = 0 für die creatio ex nihilo aus. Entdeckungen wie t = 0 bereicherten die Kontingenzphilosophie in der Schöpfungstheologie insofern, als sie konkrete empirische Inhalte unterstützend bereitstellten, ohne aber direkt zu beeinflussen. Wie in der Jurisprudenz könnte man mit Robert Russell davon sprechen, dass t = 0 ein Leumundszeuge, aber kein direkter Augenzeuge bezüglich der Behauptung sei, dass Gott das Universum geschaffen habe. Wichtig ist es aber im Kopf zu behalten, dass das offene Urknallmodell durch die Voraussage einer infiniten Zukunft christliche Eschatologie in Frage stellt, wie wir im Folgenden sehen werden.

Das *anthropische Prinzip* berücksichtigt zuerst die Werte grundlegender Konstanten der Natur (z.B. Lichtgeschwindigkeit, Plancksche Konstante und die spezifische Form grundlegender physikalischer Gesetze, wie der Relativität und Quantenmechanik). Wir wissen, dass diese Gesetze und Konstanten auf das Universum als Ganzes übertragbar sind. Überraschenderweise sind es genau diese Konstanten und Gesetze, die die Entwicklung von Leben im Universum überhaupt erst ermöglichen, auf der Erde oder vielleicht auch auf anderen Planten im Universum. Bei Abweichung dieser Werte um einen Bruchteil der tatsächlichen, hätte sich nirgendwo im Universum Leben entwickeln können, so das anthropische Prinzip. Wie kommt es dann, dass die Konstanten und Gesetze der Natur die Voraussetzungen für das Leben erfüllen?

Für manche legt diese bemerkenswerte Tatsache nahe, dass das Universum auf Leben abgestimmt ist (fine-tuned), Gottes Design folgend. So suggeriere die Kosmologie eine ganz neue Art von Gestaltung, das des Universums als Ganzem – und das über ein Jahrhundert, nachdem Charles Darwin dem „Design-Argument“ (die Idee, die Ordnung der Natur legte genug Zeugnis für ein göttliches Design ab) seine biologische Grundlage genommen hatte. Viele Forscher inspiriert das anthropische Prinzip, den Fall der „natürlichen Theologie“ und das Argument für die Existenz Gottes wieder aufzunehmen. Gegner der Design-Hypothese hingegen berufen sich gewohnheitsgemäß auf David Humes diesbezügliche Kritik, die sich entzündet an Fragen wie: Kriegen wir wirklich „Gott“ heraus bei solchen Argumenten oder nur einen „Super-Designer"? Und warum herrscht so viel Leid in der Natur, wenn Gott die Welt geschaffen hat? Des weiteren wird davon ausgegangen, dass unser Universum nur eins unter vielen ist, deren natürliche Konstanten und vielleicht sogar die physikalischen Gesetze alle unterschiedliche Werte haben.[13] Es gibt natürlich verschiedene Möglichkeiten, die Naturwissenschaft zur Unterstützung eines *Multiple-Welten-Ansatzes* heranzuziehen. Sie wurden für einen adäquaten Umgang mit diversen technischen Problemen der Standard-Urknall-Kosmologie entwickelt, tangieren aber auch das anthropische Prinzip. Ein anderer Ansatz, die sog. *inflationäre Urknall-Kosmologie*, vertritt die These, dass die Expansionsgeschwindigkeit des sehr frühen Universums eine sehr viel höhere war als allgemein von der Urknallkosmologie angenommen. Während dieser frühen Zeit war das Universum konkret in viele verschiedene „Sphären" unterteilt, deren Gesetzmäßigkeiten und Konstanten unterschiedliche Formen und Werte in ihnen annahmen. Ein anderes, spekulatives Modell ist das der *Quantengravitation*, das auf dem Versuch der Wissenschaftler basiert, den Effekt der Schwerkraft im Sinne der Quantenmechanik zu untersuchen. Einige Theoretiker der Quantengravitation sehen im Kosmos eine endlose Reihe von Universen, die weiter voneinander abzweigen, vom Kosmologen Andre Linde auch als „endlose Inflation" bezeichnet. Sind denn aber diese abstrakten mathematischen Argumente Garantie genug für die Existenz der Universen? Während die Multiple-Welten-Hypothese wissenschaftlich bereichernd und mathematisch konsistent ist, mache sie, so einige Wissenschaftler, die Idee von Gott nicht unhaltbar.

Die Debatte zieht weite Kreise. Manche Wissenschaftler zeigen sich besorgt darüber, dass sich solche mathematischen Projekte vieler Welten nicht konkretisieren lassen. Andere zweifeln an der Validität des anthropischen Prinzips zur Erklärung unseres Universums. Theologen wie Mark Worthing mahnen zur Vorsicht, da uns der Beweis eines kosmischen Plans nicht zum Gott der biblischen Tradition führe, sondern zu einem göttlichen Demiurgen – so gesehen wäre das anthropische Prinzip der christlichen Theologie gar nicht zuträglich. Deshalb hat der Physiker George Ellis ein *christliches anthropisches Prinzip* entwickelt, das die Design-Perspektiven mit einer von William Temple abgeleiteten Theologie verbindet. Für Ellis ist die Feinabstimmung (das fine-tuning) Folge, nicht Beweis dessen, was wir unter Gott als Schöpfer des Lebens verstehen. Robert Russell steht irgendwo zwischen diesen Positionen, da er betont, dass Kontingenz und Notwen-

[13] Einen hilfreichen Überblick zu den verschiedenen Perspektiven liefern Barrow/Tipler 1986 und Southgate 1999.

digkeit auf beiden Seiten der Diskussion um Design vs. Multiple Welten auftreten. Wenn ein Multiple-Welten-Argument zur Unterminierung des Designs der Konstantenwerte herangezogen werde, warum seien es eben diese Gesetzmäßigkeiten, die die Grundlage für Leben überhaupt schafften? Wenn alle möglichen Gesetze sowie alle Konstanten real sind, die die vielen Multiple-Welten-Szenarien lenken, warum sind die Regeln der Logik für alle die gleichen? So ließe sich das Argument endlos weiterführen.

Also liefert das anthropische Prinzip bestenfalls ein unscharfes Argument für Gott. Es kann jedoch die tiefere Bedeutung der konstruktiven Theologie erhellen und sonst unbemerkte Beziehungen zwischen theologischen Themen wie der Schöpfung und der theologischen Anthropologie aufdecken.

Inflationärer Urknall und Quantenkosmologien

Wie bereits erwähnt, haben seit den 70er Jahren diverse technische Probleme des Standardentwurfes vom Urknall zur Entwicklung von inflationären Urknallmodellen und darüber hinaus zur Quantenkosmologie geführt.[14] Wegen ihres spekulativen Charakters ist der theologische Fokus jedoch weiterhin eher auf die Urknall-Kosmologie gerichtet. Forscher fragen an, inwiefern Quantenkosmologie ihre Schöpfungstheologie beeinflussen könnte.

Die Theologie hält weiter an der Idee von Gottes Sein in der Zeit fest und hält den Einwürfen der Quantenkosmologie stand. Ted Peters hat im Besonderen auf die „anti-theologischen" Implikationen der Quantenkosmologie nach Stephen Hawking hingewiesen, da sie sich von t = o gänzlich löst. Peters beruft sich dabei auf das Argument des Physikers Christopher Isham, dass selbst ohne anfängliche Singularität Gott in allen Ereignissen des Universums präsent und aktiv sei. Robert Russell argumentiert, dass uns das Hawking/Hartle Modell daran erinnert, dass das Konzept der Endlichkeit keine Begrenzung bedeuten müsse. Selbst eine unbegrenzte Oberfläche, wie die eines Balles, könne finit sein. Diese Einsicht führt zu neuen Formen, das Universum als Gottes Schöpfung zu beschreiben.[15]

Die Idee einer endlosen Infinität der Quantenuniversen wird oft als *kosmischer Darwininismus* bezeichnet. Wenn er sich als gültig herausstellen sollte, könnte er das Argument des anthropischen Prin-

[14] Zur Einführung vgl. Trefil 1983: Kap. 10; als fachspezifischere Einführung gilt Isham in Russell/Stoeger/Coyne 1998.

[15] Ähnlich argumentiert Zycinski 1996.

zips entkräften. Doch legen diejenigen, die von einem Design nach anthropischem Prinzip ausgehen, gerne immer wieder ihre Finger in die Wunde der technischen und philosophischen Probleme, die mit der Inflations- und der Quantenkosmologie einhergehen und berufen sich auf *Ockham's Razor* (das ontologische Sparsamkeitsprinzip) zur Verteidigung des Urknalls und im gleichen Zug auch Gottes als der naheliegendsten Erklärung der Anpassung (fine-tuning).

Vielleicht ist die wichtigste Konsequenz der Veränderung in der Kosmologie der letzten Jahrhunderte aber die Feststellung, dass der Urknall eine „fortwährende“ Beschreibung unseres Universum von der Planck-Zeit ($t = 10^{-43}$ s.) vor einigen 12–15 Miliarden Jahren bis zur Gegenwart ist. Ungeachtet seines Ursprungs – in einem blinden Moment, $t = 0$ oder aus einem vorigen Quantenuniversum heraus –, werden neue Kosmologien nicht unbedingt dazu führen, dass wir das heutige Wissen über unser Universum über Bord werfen. So ist die Zeit wohl reif, den theologischen Blick neu zu schärfen für das Universum, in dem wir uns entwickelt haben, seine 15 Milliarden Jahre alte Geschichte, die Evolution von Leben auf dem Planeten Erde und vielleicht auch auf unzähligen weiteren Planetensystemen.

Schöpfung und Evolution

Charles Darwins Evolutionstheorie hat die Theologie in den letzten 140 Jahren vor beispiellose wissenschaftliche Herausforderungen gestellt. Darwins Theorie der natürlichen Auslese schließt göttliche Verursachung und sogar ein inhärentes Zielgerichtetsein des Designs von ihren Erklärungen aus. Die christliche Theologie reagierte darauf interessanterweise überwiegend positiv.[16] Die Antworten der Theologie nehmen größtenteils an, dass die von der Naturwissenschaft beschriebene Entwicklung des Lebens[17] mit dem theologischen Verständnis von Gottes Handeln in der Welt korreliert. Nach der sog. *theistischen Evolution* schafft Gott über Evolution Leben. Forscher, die diesen Ansatz verfolgen, vertreten typischerweise auch Konzepte wie das der kontinuierlichen Schöpfung (*creatio continua*) und des Panentheismus (d.h. die Welt ist in Gott, aber Gott transzendiert diese).

Seit den 70er Jahren argumentiert Arthur Peacocke, dass der Zufall, von genetischer Variation bis zu Veränderungen in der Umwelt, Gottes kreative Ziele nicht abschwäche. Die Welt sei nicht grundlegend

[16] Zu einem Überblick zu den im 19. Jahrhundert vertretenen Positionen vgl. Welch 1985: Kap. 6; und Barbour 1966: Kap. 4.

[17] Einführend hier Trefil/Hazen [2]2000. Als gutes Unterrichtsmaterial eignet sich Goodenough 1996; und Ayala in Russell/Stoeger/Ayala 1998.

irrational, nur weil der Zufall allseits präsent sei. Stattdessen sei Gott Grund und Quelle von Zufall und Gesetz, die zusammen genommen Gott dienen, ununterbrochen physikalische, chemische und biologische Komplexität in der Welt zu schaffen. Eine derartige Welt zeichnet sich durch ihre Kontinuität und das Entstehen des genuin Neuen durch Temporalität und Offenheit aus. Peacocke vergleicht Gott mit einem Improvisator von unübertroffener Genialität, der die Welt „in ihr selbst" ans Licht bringt.

Die von Ian Barbour und John Haught weiterentwickelte Prozess-Metaphysik (ursprünglich nach Whitehead) sieht in Gott eine immanente Quelle von Ordnung und Neuem in der Natur, in der er in jedem physikalischen und biologischen System als *top-down*, d.h. von oben, Ursache wirkt. Gott handele kontinuierlich und vorbeugend in der Natur, aber er bestimme nicht allmächtig alle Geschehnisse dieser Welt. Auf diese Weise sei Gott auch in der Evolution aktiv, indem er Ereignisse mit überzeugender Liebe beeinflusse, sie aber nicht einseitig kontrolliere. Nach Charles Birch und John Cobb ist Gott als „lebenspendendes Prinzip" und „höchste und perfekte Exemplifizierung des ökologischen Lebensmodells" in der Welt immanent. Des weiteren habe das Leben einen Sinn, es sei nicht stumpfes Dahinplätschern, sondern demonstriere das „kosmische Ziel von Werten".

Evolution und Ökologie bilden den Primärkontext für Sallie McFagues panentheistische und feministische Theologie. Ihre Metaphern von der Welt als Körper Gottes und Gott als Mutter, Geliebter und Freund betonen Reziprozität, gegenseitige Abhängigkeit, Sich-Kümmern und Responsivität im Rahmen einer prokreativ-emanationistischen Schöpfungsperspektive. Andere, in McFagues' Gefolge, schlagen vor, Darwins Metapher der „natürlichen Auslese" mit der von der Natur als der gebärenden Mutter zu ersetzen. Dieses Bild bringt den reproduktiven, evolutionären Charakter der Natur in eine dynamische Spannung zur biblischen Lehre vom Schöpfergott.

Auch trinitarische Theologen haben in Evolutionsbiologie und Ökologie fruchtbare Ansätze gefunden. Ted Peters zufolge gründet die Beziehung und Verknüpfung allen Lebens auf der Erde in Gott, dem Schöpfer, da Gott sich am besten als „göttliche-Personen-in-Beziehung" begreifen lasse. Der deutsche Theologe Jürgen Moltmann platziert Evolution in seinem trinitarischen Entwurf zur kontinierlichen Schöpfung und argumentiert, dass „die ‚Krone der Schöpfung' Gottes noch ausstehender Sabbat sei". Robert Russell setzt bei genetischen Mutationen an, die ein Schlüssel zur Evolutionsbiologie seien, aber Quantenprozesse involvierten. Wie oben gesehen, interpretiert er die Quantenmechanik als unbestimmt. So setzt sich für ihn ein Bild von der Natur zusammen, das offen ist gegenüber Gottes spezieller

Vorsehung. Das hat zur Konsequenz, dass Gott als in der Evolution Agierender gedacht werden kann, ohne seine eigenen Gesetze zu brechen.[18]

Die Evolutionsbiologie bietet auch ein Forum für die oben angesprochene Reduktionismus-Holismus-Diskussion. Wie Ian Barbour und andere betonen, sehen Populationsgenetik und Ökologie Organismen als Ganze. Sie geben zwar zu, dass methodischer Reduktionismus in der Molekularbiologie fruchtbar gewesen sei. Trotzdem gebe es, so Evolutionsbiologe Francisco Ayala, biologische Funktionen und Konzepte, wie „Fitness", „Anpassung" und „Organ", die nicht rein chemisch und physikalisch erklärt werden könnten.

In der Evolutionsbiologie stellt sich auch erneut die Frage nach der Teleologie, der finalen Zielgerichtetheit. Natürlich schließt der Zufallscharakter der Evolution aus, dass alles Leben auf der Erde einem einzigen, vorschöpferlichen Plan oder Design gehorcht. Aber ist deshalb auch jegliche Form von Teleologie ausgeschlossen? Kann die Natur mit einer eingeschränkten teleologischen Erklärung erschlossen werden, die zwar einerseits das Bild von der sinnlosen Natur meidet, aber andererseits die Natur als einem großen, detaillierten und vorgefassten Gesamtkonzept gehorchend begreift? Laut Ayalas funktionalistischer Interpretation sind biologische Strukturen, Organe und Verhalten teleologisch, wenn sie Anpassungen sind, die den Fortpflanzungserfolg erhöhen. Derartige teleologische Erklärungen seien mit validen kausalen Begründungen vollkommen kompatibel; in manchen Fällen seien sogar beide notwendig. Wesley Wildman bemerkt jedoch, dass teleologische Argumente vor gewisse Herausforderungen gestellt seien, wenn sie sich von einem funktionalen oder eindeutigen Ziel in der Natur zu einem metaphysischen System bewegten, das genuin teleologische Prinzipien verkörpere.

Theologische Anthropologie, Evolution und Neurowissenschaft

Wie sind die menschliche Natur und ihre Ursprünge, einschließlich des jüdisch-christlichen Konzepts der Ebenbildlichkeit Gottes (*imago dei*) und der Sünde, auf dem Hintergrund der Evolutionsbiologie, Soziobiologie, Verhaltensgenetik und Neurowissenschaft zu verstehen?[19]

---

[18] Diverse konservative und evangelikale Theologen legen ebenso kreative Interpretationen der Evolution vor, u. a. McGrath 1999 und van Till 1988.

[19] Einführende Literatur zur Soziobiologie: Wilson 1975; Ders. 1978; und Dawkins 1978. Zur Kognitions- und Neurowissenschaft: LeDoux in Russell/Murphy/Meyering 1999; und Arbib in ibid. 1999.

Schon im Jahre 1996 stellte Papst Johannes Paul II den traditionellen Dualismus von Körper und Seele in Frage. Stattdessen berief er sich auf die „spirituellen" Aspekte des Menschseins, einschließlich Selbstbewusstsein, moralischem Gewissen und Freiheit. Dazu Stellung nehmend, schlägt der Astronom George Coyne vor, Gott als durch seine Liebe am Prozess der Evolution partizipierend zu denken. Dies ist ein Ansatz, der das Besondere der Geistentstehung wahrt, ohne auf Gottes Intervention in der Natur zurückzugreifen. Systematisch-theologisch hat der Theologe Karl Rahner das Konzept vom Geist als Selbstbewusstsein und vom Bewusstsein Gottes in der Evolution entworfen. Die Evolution sei eine Entwicklung von Materie zu Geist, die durch Gottes kontinuierliche, immanente und kreative Impulse in der Natur stattfinde. In dieser Entwicklung werde sich die Natur ihrer selbst in der Menschheit bewusst.

Ein weiterer Ansatz zur theologischen Anthropologie setzt beim biblischen Konzept der Person des Menschen an, wie ihn Paulus im Neuen Testament, z.B. im Korinther-Brief, entwickelt und den Menschen als „psychosomatische Einheit" beschreibt.[20] Die christliche Anthropologie geht vielen Theologen zufolge davon aus, dass die psychosomatische Einheit einer Person „in der Körperlichkeit wurzelt"; Charakter und Entwicklungsgeschichte dieser Einheit wird von Naturwissenschaftlern zunehmend erhellt. Arthur Peacockes Denkansatz ordnet das Personale der rein biologischen Komplexitätsebene über und schreibt dem „menschlichen-Gehirn-im-Körper-in-sozialen-Beziehungen" mentale Eigenschaften zu. Wir könnten von der Soziobiologie noch viel lernen, so Peacocke, scharf zu kritisieren sei aber ihr anfänglicher Reduktionismus, besonders in Bezug auf moralische Argumentationsführung. Menschliches Verhalten sei sowohl Produkt der Evolution als auch ein Reaktionssystem, das die menschliche Evolution durch Gestaltung unserer Umwelt geprägt habe.

Der Evolutionsphilosoph Michael Ruse jedoch hält nichts davon, menschlichen Altruismus als objektiv oder rational erklärbar hinzustellen. Altruismus sei doch vielmehr eine in unseren Genen angelegte biologische Anpassung zum Wettbewerb unserer Arten. Moralisches Argumentieren kann doch aber nicht von der Evolution bestimmt sein, selbst wenn es sich in Übereinstimmung mit der Entwicklungsgeschichte entfaltet.

Bedeutende Beiträge zur theologischen Anthropologie stammen aus der Feder des Theologen Philip Hefner, der die Natur des Menschen

[20] Vgl. wie Paulus den Begriff *soma physikón* in 1 Kor 15–44 benutzt. Eine ausführliche Analyse der neutestamentlichen Positionen zur Person legt z.B. Green vor in Brown/Murphy/Malony 1998.

durch die Evolution, aber auch als imago dei erklärt und den Menschen als „geschaffener Mit-Schöpfer" beschreibt. Damit meint Hefner, dass unser Sinn als Mensch darin liegt, die Zukunft so zu gestalten, dass sie für alle am natürlichsten und gesündesten ist. Hefner versteht unter *homo sapiens* eine Symbiose aus Genen und Kultur, ein Geschöpf, das sich aus zwei Organismen zusammensetzt, die sich miteinander entwickeln (co-evolving). Obwohl Kultur (erst) über den genetischen Organismus entsteht, ist Kultur zentral, da Mythos, Ritual und Religion Zukunftsorientierung geben.

Der von Nancey Murphy ausgearbeitete Entwurf zur psychosomatischen Einheit der Person basiert auf einem nicht-reduktiven Physikalismus. In Ablehnung des reduktiven Materialismus greift sie auf Emergenz und top-down-Verursachung zurück, indem sie argumentiert, dass hinzukommende (supervenient) Eigenschaften wie mentale Zustände oft von ihrem Kontext beeinflusst sind.

In anderen Kreisen sind mentale Zustände auch als übergeordneter Einfluss auf die Gehirnaktivität diskutiert worden, die die Integrität (Stimmigkeit) neurobiologischer Kausalität schützen, während sie ihre spezifisch kausale Rolle für mentale Prozesse beibehalten. Anders ausgedrückt bestimmen die Entscheidungen, die wir bewusst fällen, die Physiologie unserer Gehirne, genau wie unsere Gehirne die Bewusstheit unseres Personseins bestimmen. Wieder andere stellen die Behauptung der Neurowissenschaften in Frage, die letzten Dinge seien ein Grundquell religiöser Erfahrung. Damit reagieren sie auf die These, dass Erfahrungen von etwas Göttlichem oder Sakralem lediglich Zustände des Gehirns seien, die außerhalb des Gehirns nichts mit der Realität zu tun haben. Die Reaktionen haben auch differenziertere Interpretationen von Erfahrungen des Ultimativen hervorgebracht, an denen wir uns zur Charakterisierung von authentischen religiösen Erfahrungen gut orientieren können. Es wurde auch betont, dass theologische und neurologische Erklärungen religiöser Erfahrung einander ergänzen, aber sich nicht widersprechen.

Ein weiterer Ansatz zur theologischen Anthropologie kommt aus der Prozesstheologie. Substanzdualismus (die Idee, dass der Mensch aus einem materiellen Körper und einer immateriellen Seele besteht) wie auch reduktiven Materialismus (die Idee, dass der Mensch nichts weiter ist als eine Zusammenstellung grundlegender physikalischer Teile) lehnt Ian Barbour ab und plädiert stattdessen für vielschichtige Theorien vom Menschen. Die Prozesstheologie knüpft an die biblische Tradition an, in der die Wurzeln des Menschseins in der Natur, in Endlichkeit, Kreatürlichkeit und Sterblichkeit liegen, wie auch im evolutionären Kontext, wodurch der universale menschliche Weg von der Unschuld zu Verantwortung und Sünde führt.

Die theologische Anthropologie kann auch von der Genforschung viel lernen.[21] So diskutiert Ted Peters acht Fragen, die Genetik und theologische Annahmen zu Gott, Evolution und der Person des Menschen miteinander in Beziehung setzen: genetische Differenzierung, Intensivierung der Abtreibungsdebatte, Patentierung und Klonen, genetische Determination und menschliche Freiheit, das „Homosexuellengen" (*gay gene*), somatische Eingriffe im Gegensatz zu Keimbahn-Eingriffen, und „Gott spielen". Die Diskussion um genetische Determinierung spaltet sich weiter auf in einen Gegensatz zwischen einem *Marionetten-Determinismus*, in dem die Gene all unser Verhalten bestimmen, und einem *Prometheus-Determinismus*, in dem wir unsere Entwicklungsgeschichte mit dem erblichen Wissen, das wir haben, steuern können. Beide gehören dem von Peters getauften „Gen-Mythos" an; sie sind allerdings gefährlich irreführend, da sie die Terminologie von Genen, Kriminalität, Klasse und Rasse undifferenziert zusammenschmeißen. Bezüglich der Frage, ob wir „Gott spielen", plädiert Peters dafür, die DNA, oder jeden anderen Teil der Schöpfung, als heilig zu sehen. Mit Philip Hefner versteht er den Menschen als *geschaffenen Mitschöpfer*. Wir Menschen können nicht *nicht* kreativ sein. Eine ethische Herausforderung entsteht allerdings, wenn wir unsere kreativen Bemühungen auf einer Linie sehen mit der Zukunft, die Gott schafft.

Schließlich wäre noch die immer heißer geführte Diskussion zwischen Theologen und der Künstlichen-Intelligenz-Forschungsgemeinschaft[22] zu nennen. In diesem Kontext hat Anne Foerst z.B. die Konstruktion von Cog beschrieben, einem Roboter mit menschlichen Zügen, der am MIT (Massachussetts Institute of Technology, Anm. d. Übers.) entwickelt wurde, und seine Implikationen für die Idee der imago dei diskutiert. Als beispielhafte Verkörperung von künstlicher Intelligenz führen uns die Überlegungen zu Cog dazu, eine symbolische imago dei-Interpretation als performativ und relational in Betracht zu ziehen. Dies lässt unsere Wahrnehmung und Wertschätzung der menschlichen Wirklichkeit möglicherweise intensivieren. Noreen Herzfeld fügt hinzu, dass die Geschichte von Misserfolgen in der symbolischen Künstlichen Intelligenz, deren Grundlage ein substantielles Verständnis von Personsein ist, auf Relationalität der imago dei hindeute.

---

[21] Obwohl dieser Beitrag ethische Themen ausklammert, sei bemerkt, dass v.a. im Bereich der Humangenetik Ethik und Theologie in besonderer Weise verknüpft sind. Zum Humangenomprojekt und seinen Implikationen siehe Peters 1998.

[22] Einführende Literatur zur Künstlichen Intelligenz z.B. Foerst 1996.

Erlösung, Evolution und Kosmologie

Die christliche Soteriologie setzt meist bei dem Glauben an unsere Befreiung von den Sünden durch Gott in Leben, Tod und Auferstehung Jesu Christi und unsere Verwandlung durch den Heiligen Geist an. Gottes Macht, uns zu erlösen, schöpfe aus der Kraft der leidenden Liebe am Kreuze Christi. Christi Leid bewirkt die Einfügung unserer gebrochenen Menschlichkeit in das Leben Gottes. Obwohl wir auch einmal sterben werden, schenke uns die Auferstehung Jesu Hoffnung auf Auferstehung und ewiges Leben. Wie aber ist diese Hoffnung zu interpretieren, wenn wir Erlösung über die Menschheit hinaus betrachten und auf die vielen Milliarden Jahre Evolution des Lebens auf der Erde ausweiten? In welchem Verhältnis, wenn überhaupt, stehen Sünde und Tod, wenn Tod ein „natürlicher Bestandteil" der Evolution von Leben ist? Allgemeiner, wie verhält sich menschliche Sünde (*moralisches Übel*) zu *natürlichem Übel*: Naturkatastrophen, Krankheit, Leid, Tod von Organismen und Artensterben? Erlöst Gott alles Leben auf dieser Welt, einschließlich der Menschheit, von natürlichen Übeln, im Besonderen auch die menschliche Familie von moralischem Übel? Wenn wir andernfalls davon ausgehen, wie die meisten Theologen und Naturwissenschaftler, dass Gott durch die Prozesse der Evolution handelt, warum hat Gott dann eine Welt geschaffen, in der natürliches Übel existiert? Dies ist das allgemein bekannte Theodizeeproblem: Wenn Gott in der Natur handeln kann, warum lässt er dann diese natürlichen Übel zu? Und was bedeutete es für unsere Soteriologie, wenn wir unsere Betrachtung auf das ganze Universum und die Möglichkeit extraterrestrischen Lebens ausweiteten? Gäbe es im ganzen Universum Leben, wäre dann unser aller Leben von Gott erlöst, wie es das Konzept vom *kosmischen Christus*[23] suggerierte?

Beginnen wir mit der Frage der menschlichen Sünde. Allgemein gibt es zwei Herangehensweisen an das Verhältnis von Sünde und Evolution. Manche begreifen Sünde als radikal neues Phänomen, das nicht in unserer evolutionären Vergangenheit wurzelt. Andere verorten die Sünde in der menschlichen Evolution und in einer Vielfalt an Voraussetzungen, die unbestimmbar weit in die Vergangenheit zurückreichen.

Im ersten Fall hat Sünde einen rein humanen Kontext: Sie ereignet sich in personalen, sozialen, ökonomischen und politischen Kontexten. Die Evolution von Leben auf der Erde, und so auch der biolo-

[23] Diese Fragen wurden bereits zwischen 1930 und 1950 diskutiert, als Teilhard de Chardin seine elegante Synthese zwischen Wissenschaft, Theologie und Spiritualität vorlegte. Siehe Teilhard de Chardin 1975.

gische Tod und das Artensterben, wird als eindeutig gut gesehen – die Schöpfung eines liebenden Gottes. Diese Position minimiert das Problem des natürlichen Übels jedoch dadurch, dass sie die Infragestellung der unmissverständlichen Gutartigkeit der Natur durch Schmerz, Leid, Tod oder Aussterben leugnet. Sie erklärt auch das Auftreten von Sünde in menschlichen Bezügen nicht, wodurch wir einerseits radikal vom sonst gutartigen Universum separiert werden, andererseits durch die gemeinsame Entwicklungsgeschichte eng mit ihm verbunden sind. Ferner sei der Wirkbereich der Erlösung, einschließlich der Hoffnung auf ewiges Leben, auf die Menschheit beschränkt.

Im zweiten Ansatz liegen die Voraussetzungen zur Sünde in unserer Entwicklungsgeschichte, auch wenn sich die Sündhaftigkeit nur auf den Menschen bezieht. Manche Bedingtheiten lassen sich bis auf den Grund der physikalischen Naturgesetze zurückverfolgen. Das Ächzen der Schöpfung, wie es im Neuen Testament (Römerbrief) heißt, suggeriert, dass Leid und Tod in einer endzeitlichen Verwandlung des Kosmos besiegt werden.

Aber natürlich wirft dieser Ansatz auch Fragen auf. Wenn die Wurzeln menschlicher Sünde tatsächlich in der evolutionären und kosmologischen Vergangenheit liegen, wie können wir dann das Problem der Theodizee umgehen – also die Anklage an Gott als Schöpfer des Universums und der Naturgesetze? Und was genau ist gemeint, wenn wir, die wissenschaftliche Kosmologie im Hinterkopf, von der Verwandlung des Universums in eine *neue Schöpfung* sprechen?

Die Bedeutung der Christologie für die Evolution hängt auch davon ab, ob die Natur der Erlösung bedarf. Dem Philosophen Holmes Rolston zufolge ist alles, was sich auf Erden müht und plagt, erlösungsbedürftig, unabhängig von Sünde. Ian Barbour behauptet, dass die Menschlichkeit wie auch die Göttlichkeit Jesu die vor-menschliche Evolution begleitet haben und doch seien beide Aspekte der Natur gänzlich neuartig. Christus ist aus Gottes immanentem Handeln in der gesamten Entwicklungsgeschichte hervorgegangen und ist doch gleichzeitig eine radikal neue Offenbarung der Natur Gottes. Ähnlich sieht auch Arthur Peacocke Evolution als ein Paradoxon der Entstehung – wahrhaftig Neues tritt auf in der Kontinuität der natürlichen Prozesse.

Forscher wie Juan Luis Segundo greifen auf evolutionäre Kategorien zurück, um die Bedeutung Jesu von Nazareth für die Welt heute zu erschließen. Jesus erhielt sich die höchste evolutionäre Qualität: Flexibilität. In ihm beugt sich die Evolution zurück zu sich selbst, um sich ihrer selbst bewusst und dadurch menschlich zu werden. Die Theologin Rosemary Radford Ruether bemerkt, dass eine weltliche, diesseitige Sicht von Erlösung dem Verständnis der Sterblichkeit als natürlich entspreche. Erlösung sei die Fülle des Lebens im Rahmen finiter Grenzen. Trotzdem bewahrt sie ihren Blick für Christus als die *kosmische* Manifestation Gottes dem Schöpfer und Erlöser.[24]

Daraus ergeben sich drei Schlüsselfragen, wie Gerd Theißen betont: Ist Jesus eine Variante (oder „Mutation") menschlicher Existenz? Ist Jesus die Erfüllung des prophetischen Protests gegen die Selektion? Ist Jesus eine beständig valide „Struktur der Adaptation"? Theißens Antwort macht Jesus zu der zentralen Realität, der sich aller Leben anpassen muss.

Eschatologie

Ein die christliche Theologie bestimmendes Thema ist die Auferstehung Jesu von Nazareth von den Toten. Wie verhält sich dieses, für den christlichen Glauben so grundlegende Wunder zur Naturwissenschaft? Viele Theologen sind sich einig, dass die Auferstehung, soll sie mit der christlichen Hoffnung auf Erlösung der Schöpfung theologisch konsistent sein, mehr als schiere Psychologie sei, d.h. sie muss über den psychologischen Horizont des Gläubigen hinausgehen. Die Auferstehung Jesu ruft die Frage nach einem Leben nach dem Tod und generell nach der Auferstehung aller Geschöpfe hervor. Nach Ted Peters ist die Auferstehung keine Wiedervereinigung des auferstandenen Körpers mit einer „unsterblichen Seele" – ein primär griechisches Konzept – oder einer persönlichen Psyche. Es sei vielmehr die endzeitliche Verwandlung der ganzen Person als psychosomatischer Einheit, eine Transformation aller Dimensionen der Schöpfung. Die mit der Auferstehung verbundenen Fragen stellen uns vor bedeutende Herausforderungen an der Schnittstelle zwischen Naturwissenschaft und theologischer Lehre von den letzten Dingen, der Eschatologie.

Manche Forscher, wie Ruether und Segundo, diskutieren Eschatologie primär auf dem Hintergrund von Ökologie und Befreiung. Nach Ruether ist die biblische Sicht der Eschatologie, die auch den jüdisch-hebräischen Aspekt der gesegneten Erde integrierte, im hellenistischen Christentum von den weltlichen Kräften der frühen Kirche ersetzt worden. So entwickelt sie eine sog. *ökofeministische Theokosmologie*, die „die Vergänglichkeit des Selbst, die lebendige Interdependenz aller Dinge und den Wert des Persönlichen in (der) Kommunion" einschließt. Für Segundo bedeutet die „neue Erde" eine neue Existenz, in der alle Dinge, die unsere Werte und Bemühungen zu negieren schie-

[24] Ebenso zu diesen und ähnlichen Themen haben sich z.B. Cole-Turner 1993 und Murphy 1990 geäußert.

nen, eliminiert sind. Die neue Erde ist der neue Himmel, in dem Gott die Kulmination des menschlichen Ringens um Sinn ist.

Je mehr uns aber die gewaltige Größe und Komplexität des Kosmos bewusst wird, desto weniger scheint gerechtfertigt, das Ausmaß unserer eschatologischen Reflexionen und Hoffnung für unsere eigene Spezies, oder sogar unseren eigenen Planeten, zu begrenzen. Sollte sich unsere Hoffnung auf Erlösung also auf den Kosmos als Ganzes ausweiten? Wenn das Universum tatsächlich Gottes Schöpfung ist, sollten nicht alle an der neuen Schöpfung partizipieren? Solchen Überlegungen, die Reichweite der Eschatologie auf das gesamte Universum zu beziehen, treten unmittelbar Einwände aus der Naturwissenschaft entgegen. Nach der Urknall-Kosmologie ist die Zukunft des Universums alles andere als eine neue Schöpfung. Stattdessen geht es um Kälte- oder Hitzetod, endlose Expansion und gewaltsamen Zusammenbruch. Außerdem wird alles Leben im Universum ausgelöscht sein, lange bevor eines der fernzukünftigen Szenarien konkrete Form annehmen könnte. Lässt sich die christliche Eschatologie überhaupt mit einem dieser Szenarien vereinen? Und dies sogar mit beiden hinsichtlich der universalen Auslöschung von Leben? Auf den ersten Blick wäre die Antwort wohl ein alarmierendes „Nein!“ Einige Theologen haben angemerkt, dass ein Beweis, dass das Universum sich tatsächlich in Richtung eines alles vernichtenden Todes bewegt, zur Falsifikation des christlichen Glaubens führte und jegliche christliche Hoffnung enttäuschte. Ist diese Schlussfolgerung aber vermeidbar?

Wenn wir uns weiter an die methodischen Regeln halten, die wir bisher angesetzt haben, ist das nicht einfach. Wir rufen noch einmal in Erinnerung, dass wir eine zweifache Strategie verfolgen, die sowohl Reduktionismus als auch Zwei-Welten- Isolationismus vermeiden will: Niedrige epistemische Stufen (z.B. Physik, Biologie) schränken die Aussagen höherer (z.B. der Psychologie, Theologie) ein, obwohl die höheren Stufen sich nicht auf die niedrigeren reduzieren lassen. Das Problem ist klar: Die Urknallkosmologie ist ein Teil der Physik, der niedrigsten Stufe. Deshalb muss die Kälte- oder Hitzetod-Vorhersage der Urknallkosmologie eine Beschränkung dessen darstellen, was die Theologie eschatologisch behaupten kann – genau wie die Rolle des Todes in der Evolutionsbiologie die traditionelle Verbindung zwischen Sünde und Tod aushöhlt. Da lässt es sich nicht so leicht auf Kontingenz, Neuheit, Unberechenbarkeit, Entstehung oder philosophische Kosmologie berufen, um das Problem von Eschatologie und Naturwissenschaft zu lösen.

Andere Forscher gehen jedoch davon aus, dass die Zukunft des Lebens im Universum nicht ganz so schlimm ausfallen mag wie es scheint. Freeman Dunyon zeigt, wie ewiges (Über)Leben im offenen/freeze and fry-Szenario aussehen könnte. In ähnlicher Weise applizieren die Physiker Frank Tipler und John Barrow Dysons Modell auf das Hitze-Szenario eines geschlossenen Universums. In beiden Fällen reduzieren die Wissenschaftler Leben jedoch auf reine „Informationsverarbeitung“ und „ewiges Leben“ auf endlose Verarbeitung neuer Information. In seinen jüngsten Veröffentlichungen behauptet Tipler, eine Vielzahl theologischer Themen, einschließlich Gott, Auferstehung, und Unsterblichkeit, auf dem Hintergrund seiner *Omega Punkttheorie* zu behandeln. Aggressive Stimmen von Fachkollegen fechten Tiplers wissenschaftliche Positionen jedoch an. Ähnliche Kritik, aber in Bezug auf Dysons und Tiplers theologische Vorschläge und reduktionistische Philosophien ertönt in Theologen- und Philosophen-Reihen.

Was kann die Theologie dann aber zu Eschatologie und Kosmologie sagen? Der Theologe Mark Worthing schlägt vor, sich an Wolfhart Pannenbergs Unterscheidung zwischen theologischen und naturwissenschaftlichen Visionen von der Apokalypse zu halten. Er bedient sich auch Pannenbergs Konzept der *Prolepsis*: In Christus ereignet sich uns die eschatologische Endzeit in der Jetztzeit. Worthing rät, die Parusie aber nicht mit dem fernzukünftigen Ende des Universums gleichzusetzen, sondern als fortlaufende Transformation des Universums zu verstehen.

In diesem Verwandlungsprozess fügt sich nach Ted Peters die Zeit in Gottes Ewigkeit ein. Das impliziere der von Peters bemühte sog. *temporale Holismus*, der den Kosmos als Einheit von Zeit und Raum begreift. Der Kosmos werde proleptisch von der Zukunft her geschaffen und eschatologisch von Gottes zukünftiger Initiative erlöst, die in Jesus Christus Gestalt angenommen habe. Seine unnachgiebige Ehrlichkeit, mit der er die Einwände der Naturwissenschaft angeht, ist Peters hoch anzurechnen: „Sollte die letzte Zukunft sich so ereignen wie von der wissenschaftlichen Kosmologie vorhergesehen … dann haben wir den Beweis, dass unser Glaube umsonst gewesen ist. Es würde sich herausstellen, dass es keinen Gott gibt, zumindest nicht den Gott, in den die Jünger Jesu ihr Vertrauen gesetzt haben.“

Fazit

Neuentwicklungen in der Naturwissenschaft sowie Veränderungen in der Theologie haben neue Wege zur Interaktion zwischen den beiden Disziplinen eröffnet. Die Zeit des Brückenbauens ist trotz aller Schwierigkeiten gut investiert. Die Naturwissenschaft wie auch die Theologie suchen idealerweise nach der Wahrheit. Beide Disziplinen sind zu Selbstkritik und Instandsetzung ihrer selbst fähig. Die Interaktion verbessert die jeweilige Selbstrevision. Beide geben sich neuer Wahrheiten hin; und der Theologe ist sich sicher, dass das Aufdecken neuer Wahrheiten im Universum der Glorifizierung Gottes diene, der es geschaffen hat.

Literatur

S. unter Die Verzahnung von Naturwissenschaft und Theologie (Russell/ Wegter-McNelly).

Biologische Evolution in Naturwissenschaft und Theologie

Martinez J. Hewlett

Eine der bahnbrechendsten, provokantesten und bedeutendsten naturwissenschaftlichen Ideen des 19. Jahrhunderts kam wohl von Charles Darwin, als er die Theorie formulierte, dass durch das Überleben von Varianten nach einem Prozess der sog. natürlichen Auslese alles Leben auf der Erde von gemeinsamen Vorfahren abstammt. Dieses neue biologische Paradigma zog weite Kreise innerhalb Europas und Amerikas. Die Langzeitwirkung, die das darwinistische Modell für das globale Denken haben mag, steht noch aus. Was anfangs zur Erklärung botanischer und zoologischer Beobachtungen diente, wird nun auf menschliches Verhalten, Wirtschaft, Kosmologie, Geschichte und sogar die Künste angewandt. Kein Bereich des kulturellen Lebens hat die Auswirkungen dieses Modells wohl stärker gespürt als das Verhältnis von Naturwissenschaft und Religion. Obwohl die Debatten schon über ein Jahrhundert lang kontrovers geführt werden – fortgesetzt größtenteils durch fundamentalistisches und reduktionistisches Denken in bestimmten religiösen und philosophischen Kreisen –, wird die Evolution nach Darwin auch in ihrem Verhältnis zur Religion gern missverstanden.

Um sich der umfassenden Bedeutung des darwinistischen Modells bewusst zu werden, stellen wir uns drei zentrale Fragen: 1. Was genau verbirgt sich hinter dieser Theorie, die Darwin in seinem Werk *Vom Ursprung der Arten* darlegte? 2. Wie hat sich dieses Modell selbst über die Zeit weiterentwickelt, dass es zum Grundstein der modernen biologischen Organisation geworden ist? Und 3. wie reagieren Philosophie und Theologie intellektuell auf Darwins Hypothesen? Allen diesen Fragen soll sich das folgende Kapitel widmen.

Die Evolution nach Darwin

Mit der Veröffentlichung *Vom Ursprung der Arten durch natürliche Auslese* im November 1859 beendete Charles Darwin ein dreißig Jahre zuvor gestartetes Projekt. Seine berühmte Expedition auf der HMS Beagle brachte ihn auf neues biologisches Terrain, auf dem er frischen

Geistes und fern seiner europäischen Spekulationen die Natur und ihre Merkmale beobachtete.

Wie bei jeder anderen Art von wissenschaftlicher Theoriebildung mussten Daten gesammelt und Hypothesen formuliert werden. Darwins Daten ergaben u.a., dass bestimmte Merkmale von Tieren, die er beobachtete (wie z.B. die Galapagos-Finken), mit bestimmten Aspekten ihrer Umwelt (wie z.B. die Art der dort verfügbaren Nahrung) im Zusammenhang standen. Seine Hypothesen entwickelte er auf der Basis dieser Daten und unter dem geistigen Einfluss seines Großvaters, dem berühmten Naturalisten Erasmus Darwin. In gewisser Weise antizipierte Erasmus' Werk *Zoonomia* (1794–1796) die Thesen seines Enkels.

Der moderne Evolutionsbiologe John Maynard Smith hat Darwins Hypothesen kurz und knapp zusammengefasst:

1. Es gibt eine Population von Entitäten (Elementen der Evolution) mit drei Eigenschaften:
   – Multiplikation (zwei können aus einem entstehen)
   – Variation (nicht alle Entitäten sind gleich)
   – Vererbung (Zeugung wie während Multiplikation)
2. Die Unterschiede zwischen den Entitäten beeinflussen die Überlebens- und Reproduktionswahrscheinlichkeit, d.h. die Unterschiede beeinflussen ihre Fitness.
3. Die Population verändert (entwickelt) sich im Laufe der Zeit durch die Anwesenheit selektierender Kräfte.
4. Die Entitäten werden Merkmale haben, die ihre Fitness erhöhen.

Diese vier Prinzipien der darwinistischen Hypothese lassen sich als „Abstammung mit Modifikation durch natürliche Auslese" zusammenfassen. Die Idee des *survival of the fittest* schließt oft den Aspekt vom direkten Wettbewerb um Ressourcen wie Nahrung oder Territorium ein. Fitness kann aber auch die Fähigkeit sein, eine vormals leere biologische Nische zu besetzen. Auf jeden Fall sind die Populationen dem selektiven Druck ihrer Umwelt ausgesetzt. Diejenigen Entitäten, deren Merkmale ihre reproduktiven Chancen vergrößern, werden ihre Spuren mit einer größeren Wahrscheinlichkeit auch in Folgegenerationen hinterlassen.

Das späte 19. Jahrhundert war ein Zeitalter, das stark von der Newton'schen Physik bestimmt war. Im Hinblick auf dieses wissenschaftliche Umfeld ist es interessant, dass Darwin die natürliche Auslese eine „Kraft" nannte. Eine Kraft muss aber *irgendetwas* bewirken. Was genau mit dem Kraftbegriff gemeint war, konnte Darwin jedoch interessanterweise nicht beantworten. Hier liegt eine klare wissenschaftliche Schwachstelle vor.

Zwei weitere Ereignisse des 19. Jahrhunderts, die im Laufe nur eines Jahrzehnts nach der Veröffentlichung von Darwins Buch stattfanden, sollten endlich die ersehnte Antwort liefern. Im Jahre 1868 veröffentlichte der Augustinermönch Gregor Mendel Ergebnisse seiner Experimente mit Erbsen, aus denen sich sein Modell zum quantitativen Charakter der Vererbung ergab. Diese quantitative Einheit nannte er *das Gen*, abgeleitet vom Griechischen *genos*, das Nachkommenschaft bedeutet. 1869 gelang es Friedrich Miescher, eine Substanz von den weißen Blutkörperchen zu isolieren, die er Nuklein nannte (später als DNA bekannt). Mendels Gen und Mieschers DNA zusammengenommen stellten letztendlich das „Objekt" dar, auf das Darwins Kraft der natürlichen Auslese wirkt.

Die neo-darwinistische Synthese des 20. Jahrhunderts

Im frühen 20. Jahrhundert wurde Gregor Mendels Werk, das fast fünfzig Jahre lang in Vergessenheit geraten war, wieder entdeckt. Die Verbreitung des Forschungsfeldes Genetik an Zentren wie der Columbia University in New York führte zu einem schnellen Vorstoß im Verständnis der chromosomalen Basis der Vererbung. Was für Mendel noch ein theoretisches Konzept zur Quantifizierung war, hatte sich zu einer physikalischen Einheit entwickelt: die Gene nämlich, die sich entlang der als Chromosomen bekannten Gewebestruktur im Zellkern befinden. In der Mitte des 20. Jahrhunderts konnte gezeigt werden, dass die chemische Struktur des Gens in einem Molekül namens DNA[1] lag, genau der Substanz, die Friedrich Miescher fast ein Jahrhundert zuvor entdeckt hatte. Die Verschmelzung der Genetik mit der neuen Disziplin der molekularen Biologie führte zu der sog. neo-darwinistischen Synthese.

Dem neuen synthetischen Modell fügte Darwins Hypothese Folgendes hinzu:

1. Gene tragen Informationen in Form linearer Reihen stickstoffhaltiger Basen, die die DNA-Moleküle der Chromosomen ausmachen.
2. Die Ausprägungen eines Organismus (sog. Phänotyp) sind gleichsam der Ausdruck der Information auf den Genen (sog. Genotyp).
3. Die Verschiedenheit individueller Organismen ergibt sich aus feinen Unterschieden bei dieser Information. Diese sind Veränderungen in der Anordnung der Nukleotidbasen-Paare der spezifischen Gene.
4. Veränderungen der Gene entstehen durch Mutationen, die spontan auftreten. „Spontan" heißt hier, dass sie unvorhersehbar im quan-

[1] Englisch für Desoxyribonukleinsäure (DNS, Anm. d. Übers).

tenmechanischen Sinn sind; es heißt nicht, dass sich die Veränderungen nach dem Chaosprinzip ergeben.

5. Eine Population von Entitäten (um mit John Maynard Smith zu reden) schließt auch Variationen ihrer Merkmale ein, die selbst Ergebnis von Mutationen sind.
6. Auf diesen Pool an genetischen Varianten wirkt die Kraft der natürlichen Auslese und ermöglicht es den reproduktiv Fitteren auch in Folgegenerationen vertreten zu sein.

Das neo-darwinistische Paradigma hat es der modernen Biologie ermöglicht, beeindruckende und überzeugende Daten zur Bestätigung des darwinistischen Modells der Naturgeschichte zu sammeln. Zusätzlich zu den Phänotypen, die auf der Ebene des Gesamtorganismus zu beobachten sind (z. B. die Schnabel der Finken), liefert Darwins Evolutionstheorie auch eine Erklärung für die Daten, die wir auf der Ebene der DNA-Struktur selbst erhalten. Genforschung und Bio-Informatik fungieren hier wie riesige Datenlager, die die Idee der Abstammung von einem gemeinsamen Vorfahren stützen. Das neo-darwinistische Modell wird im biologischen Kontext auf allen Ebenen der Organisation angewandt, von der molekularen Ebene bis zum Ökosystem.

Die Erforschung der Natur aus einer neuen Perspektive betraf jedoch nicht nur die Naturwissenschaften. Im Folgenden soll geklärt werden, wie dieses Paradigma die philosophischen Positionen von Naturwissenschaftlern und Theologen beeinflusst hat.

Die Rolle des wissenschaftlichen Materialismus und des Reduktionismus

Das naturwissenschaftliche Weltbild, und mit ihm die Biologie als integraler Bestandteil, gründet auf bestimmten philosophischen Voraussetzungen. Die aufklärerische Hinwendung zur Vernunft als der zuverlässigsten Grundlage für Erkenntnis über die Natur, verbunden mit der Annahme, die Natur sei intelligibel, ermutigte zur Entwicklung einer Methode, die nun zum Wahrzeichen des naturwissenschaftlichen Projekts geworden ist. Die Verfeinerung dieses Ansatzes zwischen dem 16. und dem 20. Jahrhundert führte zu dem unausgesprochenen Verständnis, dass naturwissenschaftliche Forschung – Wissenschaft selbst – von den folgenden Annahmen eingeschränkt sei:

1. Die Naturwissenschaft könne ausschließlich die materiellen Aspekte der natürlichen Welt betrachten.
2. Die Naturwissenschaft beschränke sich auf Zweitursachen und verzichte als Teil ihres Erklärungsmusters auf die Analyse von Erstursachen (wie z. B. eine göttliche Erstursache).

3. Die Naturwissenschaft reduziere die beobachteten Systeme auf ihre Komponenten, um die Beobachtung zu erleichtern und das Verhalten auf höheren Stufen der Organisation zu erklären.

Übertrug man diese limitierenden Annahmen auf die biologische Evolution, nivellierten sie jegliche Spiritualität in der Deutung des natürlichen Lebens. Nur das Materielle blieb. Dem Materiellen fehlte jedoch jede Teleologie. In der Natur ließ sich kein Sinn finden. Mit den Augen der Evolution betrachtet, schien die Natur ohne finales Ziel zu sein.

In diesem Sinn lässt uns Darwins Modell die Interpretation der Natur revidieren. Obwohl lebende Organismen eindeutig komplex sind und höhere Lebensformen sinnhaftes Verhalten zeigen, lässt sich alles letztendlich auf chemische Komponenten und physikalische Gesetzmäßigkeiten reduzieren. Was spirituell erscheint, kann auf Physikalisches reduziert werden. Was als sinnhaft vermutet wird, scheint auf Willkür reduzierbar. Was wie schöpferisch entworfen wirkt, scheint auf blinde Interaktion von Gesetz und Zufall reduzierbar. Die Vorannahmen des Reduktionismus und des Materialismus sind zu philosophischem Efeu geworden, der um den empirischen Stamm der naturwissenschaftlichen Forschung rankt.

Die Ansätze von Richard Dawkins, James Watson und Edward Wilson orientieren sich z.B. stark an diesen speziellen Vorannahmen. Wenn Dawkins in verschiedensten Schriften wie *Der blinde Uhrmacher* und *Das egoistische Gen* die These vertritt, dass die Haupterklärung für jedes biologische Merkmal in den DNA-Sequenzen der Gene zu finden ist, aus denen eine Entität entstanden ist, leitet er diese Behauptung von den Positionen des Reduktionismus und des Materialismus ab. Wenn Watson in *Of Molecules and Men* schreibt, dass sich die gesamte Biologie letztendlich über die Chemie und die Physik erklären lasse, manifestiert sich ein philosophischer Reduktionismus. Und wenn Wilson in seinem Werk *Consilience* betont, dass menschliches Verhalten am besten über die Gene erklärt werden könne, deren Merkmale die Nachkommen überlebenswert machen, geht er davon aus, dass alles Existierende rein materiell ist.

Die Implementierung von evolutions- und molekularbiologischen Modellen zur Erklärung aller Aspekte der Humanbiologie, inklusive der Verhaltens- und Sozialgefüge, hat in Ableitung zu der Entstehung der Forschungsfelder von Soziobiologie und Evolutionspsychologie geführt. Letztere widmen sich der Untersuchung von allgemein menschlichen Merkmalen, die identifizierbare Wurzeln in unserer Evolutionsgeschichte haben. Es wird angenommen, dass derartige Merkmale in unserer genetischen Struktur angelegt wurden in einer Zeit, die als Umwelt der Entwicklungsanpassung bezeichnet wird, eine Zeit in der

Geschichte unserer Spezies, in der bestimmte selektierende Kräfte zum Überleben von Individuen mit diesen Verhaltensmustern geführt haben. Auf diese Weise wird das darwinistische Modell der natürliche Geschichte der Natur zur Erklärung für fast alles Menschliche eingesetzt.

In jedem dieser Fälle richtet sich der Wissenschaftler, zuweilen unkritisch, nach einer bestimmten philosophischen Richtung, was zu einer problematischen Verwischung der Grenzen zwischen Naturwissenschaft und deren Deutung führen kann. Wenn man die oben erwähnten Texte liest, ist es wichtig, dies im Hinterkopf zu behalten. Solche Argumente sind nur im Rahmen der Annahmen derjenigen Wissenschaft konsistent, die sie zu deuten suchen. Hier einige Fragen zu ihren Positionen:

- Erklären die naturwissenschaftlichen Methoden alles sog. Reale?
- Ist philosophisches Schlussfolgern im Rahmen der wissenschaftlichen Methode gültig?
- Ist der Reduktionismus eine legitime philosophische Weltsicht?
- Ist das neo-darwinistische Modell eine adäquates Mittel zur Erklärung von Merkmalen menschlichen Verhaltens und menschlicher Gesellschaft?

Theologische Reaktionen auf Darwins Evolutionstheorie

Fast unmittelbar nach Erscheinen des Darwin'schen Werkes wurden Stimmen aus theologischen Kreisen laut. Zuvor war man davon ausgegangen, dass Gott die ganze Welt in ihrer derzeitigen Form geschaffen hatte. Darwins Modell stünde also im Widerspruch zum jüdisch-christlichen Schöpfungsverständnis. Mehr als ein Jahrhundert später sind einige immer noch dieser Meinung. Ist diese Schlussfolgerung aber gerechtfertigt? Steht die Evolution per definitionem im Widerspruch zur theologischen Rede einer göttlichen Schöpfung? Lässt sich in der jüdisch-christlichen Tradition nicht auch ein Naturverständnis finden, das mit dem darwinistischen Modell der natürlichen Geschichte harmoniert?

In seiner Abhandlung zum biblischen Verständnis der Schöpfung (*Zum Wörtlichen Verständnis der Genesis*) äußerte sich Augustinus im 5. Jahrhundert n.Chr. folgendermaßen:

> Im Samen war unsichtbar alles angelegt, was sich über die Zeit hinweg zum Baum entwickeln würde. Und genauso müssen wir die Welt betrachten, dass, als Gott alle Dinge zusammen schuf, alles in diesen und mit diesen geschaffen war, als es Tag war – nicht nur Sonne, Mond und Sterne ..., sondern auch Lebewesen, die Wasser und Erde hervorbrachten mit aller Kraft und mit eigener Kausalität, bevor sie überhaupt im Laufe der Zeit in Erscheinung traten.

Die Grundidee der Evolution, *Veränderung in der Zeit*, scheint hier anzuklingen, obwohl diese Passage Darwins Modell natürlich nicht direkt entspricht. Immerhin lässt sie uns vorsichtig formulieren, dass das Konzept einer noch-zu-vollendenden Schöpfung schon in der patristischen Tradition präsent und nicht inhärent unvereinbar mit der Evolution nach Darwin gewesen wäre.

Ein knappes Jahrtausend nach Augustinus, im 13. Jahrhundert, schrieb auch Thomas von Aquin einen Kommentar zu den biblischen Textstellen, die sich mit der Frage befassten, wie die Natur geschaffen wurde. Im Sinne des Augustinus schrieb er in der *Summa Theologica*:

> In diesen ersten Tagen schuf Gott alle Dinge in ihrem Ursprung und ihren Zusammenhängen, und nach dieser Arbeit ruhte er. Aber nun, durch das Lenken seiner Geschöpfe in der Fortpflanzung, „schafft er bis heute".

In einer fortgeführten Schöpfung (creatio continua) spielt Gott eindeutig eine Rolle. Wenn man die Entwicklungsgeschichte also auf dem Hintergrund von Thomas' Schrift betrachtet, könnte man den Schluss ziehen, dass sich Gottes Kreativität in den Gesetzmäßigkeiten, die die Abstammung mit Modifikationen steuert, manifestiert. Man beachte hier die Implikation. Es geht nicht darum, dass Thomas' Arbeit das darwinistische Modell bestätigt oder durch dasselbe bestätigt wird, sondern dass es ein theologisches Verständnis von Natur liefert, das nicht im Gegensatz zum darwinistischen Modell steht. In gewisser Weise stimmt es sogar mit den Grundaussagen des Darwinistischen Modells überein.

Thomas entwickelt sein Naturverständnis weiter und beschreibt Gottes kreatives Werk als dreigestaltig: Schöpfung aus dem nichts (*creatio ex nihilo*), Differenzierung und Verfeinerung (zusammengenommen *creatio continua*). Differenzierung und Verfeinerung beschreiben Evolution wohl am besten, diese kreativen Bewegungen, die zur kaleidoskopischen Vielfalt der biologischen Welt führen. Dies ist natürlich die Essenz der Evolutionstheorie.

Dass ein darwinistisches Naturverständnis nicht per definitionem theologischen Naturmodellen entgegengesetzt sein muss, zeigen auch die Werke zeitgenössischer Theologen. Papst Johannes Paul II erkannte die Kraft und Bedeutung der Evolutionstheorie für einen veränderten theologischen Blick auf die Natur an. Mit Bezug auf einen seiner Vorgänger, schrieb er:

> Heute, fast ein halbes Jahrhundert nach der Veröffentlichung von *Humani Generis*, haben neue Erkenntnisse dazu geführt, dass die Evolutionstheorie mehr als nur eine Hypothese ist. Es ist wirklich bemerkenswert, dass sich die Theorie bei Forschern, nach einer Reihe von Erkenntnissen aus verschiedenen Wissensgebieten, immer stärker etabliert. Die weder speziell

angestrebte noch gelenkte Konvergenz der Resultate der unabhängig voneinander durchgeführten Projekte ist in sich schon ein starkes Argument für diese Theorie.

Diese Gedanken von Augustinus, Thomas und Papst Johannes Paul II exemplarisch im Hinterkopf habend, resümieren wir, dass christliche Schöpfungslehren nicht prinzipiell mit dem darwinistischen Modell unvereinbar sind. Im Gegenteil, man könnte sogar zu behaupten wagen, dass bestimmte christliche Theologen die Schöpfung auf eine Art beschreiben, die sich in ihren Grundzügen mit den Annahmen des darwinistischen Modells decken. Angesichts der Tatsache, dass fast die gesamte Geschichte des Christentums zwischen diesen theologischen Sätzen steht, stellt sich die Frage, wie kommt es zu dem beliebten Schluss, dass die Evolutionslehre und der christliche Glaube einander widersprechen?

Christlicher Fundamentalismus und Kreationismus

Im Zusammenhang religiöser Reflexion beruhen manche Vorstellungen auf einem wörtlichen Verständnis der biblischen Texte. Das gilt v. a. für die abrahamitischen Religionen, in denen manche die inspirierten Schriften, Torah, Koran oder Bibel als wörtliche Beschreibungen der Realität interpretieren. Diese Art des Umgang mit der heiligen Schrift konfligiert immer dann mit Darwins Evolutionstheorie, wenn es um die Schöpfungstexte geht.

Beispiele für einen derartigen Konflikt finden sich mehrfach in der christlichen Tradition. Im Christentum begreifen die Anhänger einer wörtlichen Interpretation der Bibel die Geschichte der Natur als wörtliche Lesart der Schöpfungsgeschichte im Buch Genesis. Diese Lesart geht davon aus, dass die beschriebenen Ereignisse nicht nur ein theologischer Bericht von Gottes kreativer Beziehung zur Welt sind, sondern ein verlässliches „wissenschaftliches" Bild dessen, was in der historischen Zeit tatsächlich passiert ist.

Aufgrund dessen entstand die Idee einer *Schöpfungswissenschaft*. Diese Art Synthese von Bibel und Naturwissenschaft versucht die physikalische Realität so darzustellen, dass sie sich mit der Genesis-Beschreibung deckt. Das Alter der Erde wird z. B. in alttestamentarischen Begriffen angegeben. Neuere Forschungsergebnisse zur Datierung der Erde bleiben unberücksichtigt. Berichte über Fossilien werden eher im Lichte der Sintflutgeschichte gedeutet als auf dem Hintergrund paläontologischer Erkenntnisse. Für die Schöpfungswissenschaftler muss alles mit der wörtlichen Wahrheit der Genesis übereinstimmen.

Hier sind wir gehalten, Fragen an die Theologen zu stellen (genau wie wir zuvor die Position der wissenschaftlichen Materialisten hinterfragt haben):

- Vertritt die Schöpfungswissenschaft eine vernunftgeleitete Position im Kontext naturwissenschaftlicher Forschung und biblischer Wissenschaft?
- Ist es angemessen, die Bibel als wissenschaftliches Dokument zu behandeln?
- Steht die darwinistische Evolution im Widerspruch zu christlichem Denken?

Intelligent design als möglicher wissenschaftlicher Ansatz

Aus der methodischen Selbstbeschränkung des naturwissenschaftlichen Unternehmens ergibt sich eine philosophische Herausforderung. Da die Naturwissenschaft nur Sekundärursachen erforscht, wird der Aspekt des Sinns, der mit der Frage nach der Erstursache einhergeht, vom Erklärungsprozess ausgeschlossen. Im Gegenzug resultiert diese Beschränkung auch darin, dass jegliche Vorstellung eines Plans vom jeweils zur Untersuchung stehenden *wissenschaftlichen* Modell ausgeschlossen wird. Besonders kritisch ist dies im Fall der biologischen Systeme, in denen ein Plan oder eine Zielgerichtetheit evidenter zu sein scheint.

Die Vorstellung eines Plans als Teil der philosophischen Betrachtung ist tief in der westlichen Tradition verwurzelt. Aristoteles erachtete den Sinn für alles existierende als wichtigen Teil seiner Beschreibung. In der *Summa Theologica* greift auch Thomas von Aquin auf diesen Gedanken des Plans als einer Möglichkeit, Gottes Existenz zu beweisen, zurück:

> Die fünfte Möglichkeit leitet sich von der Herrschaft über die Welt ab. Wir sehen, dass Dinge, die keine Intelligenz haben, wie natürliche Körper z. B., zielgerichtet handeln. Das wird deutlich aus ihrem (fast) stets gleichen Verhalten, um das beste Resultat zu erzielen. So ist klar, dass sie ihr Ziel nicht zufällig, sondern absichtlich, erreichen. Alles, das aber keine Intelligenz besitzt, kann sich nicht zielgerichtet verhalten, es sei denn, es wird direkt von einem wissens- und intelligenzbegabten Wesen gelenkt; wie der Pfeil vom Bogenschützen in sein Ziel geschossen wird. Deshalb existiert ein intelligentes Wesen, das alle natürlichen Dinge zu ihrem Ziel führt; und dieses Wesen nennen wir Gott.

Obwohl Thomas dies nicht zum „Beweis" der Existenz Gottes deklariert, nutzten spätere Naturtheologen, wie z. B. der Bischof William Paley, die Zielorientiertheit in biologischen Systemen als direkten

Beweis für Gottes kreatives Handeln. Der „blinde Uhrmacher“, den Richard Dawkins in dem gleichnamigen Buch heraufbeschwört, bezieht sich genau auf dieses Plan-Argument, das sich in Paleys Werk aus dem frühen 19. Jahrhundert findet.

In jüngster Zeit kommt der Gedanke des Plans bzw. einer Absicht in biologischen Systemen durch Intervention einer Intelligenz wieder auf. Michael Behe (*Darwin's Black Box*) und William Dembski (*The Design Inference*) haben sich beide dafür stark gemacht, den Plan- oder Designaspekt wieder als notwendige Betrachtungsform in den wissenschaftlichen Erklärungsprozess einzugliedern. Mit Verweis auf das Konzept der *irreduziblen Komplexität* versucht Behe genau dies, indem er anführt, dass die Zelle in ihrer biochemischen Struktur nicht aus einem Prozess graduelle Veränderung und Auslese entstanden sein könne, wie das streng angewandte neo-darwinistische Modell voraussagte. In einer „Mäusefallenanalogie“ spricht er davon, dass Zellstrukturen und -systeme zu komplex seien, als dass sie durch graduelle Veränderung (Einzelbasenveränderungen auf der DNA) und Auslese entstanden sein könnten. Der Punkt ist, dass derartig komplexe irreduzible Systeme nicht nach den darwinistischen Standardmechanismen ausgelesen werden. Alternativ könnte die Zelle aber so geplant (designed) worden sein. Als Designer mag man Gott identifizieren, obwohl das nicht explizit behauptet wird. Dembskis Position ist ähnlich, obwohl sein Ansatz eher mathematisch und philosophisch ausgerichtet ist.

Die Position, die von einem intelligenten Plan ausgeht, ist von ihren akademischen Befürwortern zur Test-Hypothese erklärt worden, besonders in Abgrenzung zur Schöpfungswissenschaft und ihrem wörtlichen Verständnis der jüdisch-christlichen Schriften. Dies schließt zwar die Vorstellung eines Plans und Sinns ein (sog. teleologisches Argument), liegt aber außerhalb des akzeptierten wissenschaftlichen Paradigmas.

Wieder müssen wir nach den Argumenten für einen Plan als Beschreibung der natürlichen Welt fragen:

- Ist es möglich, dieses Design mit den üblichen wissenschaftlichen Methoden experimentell zu untersuchen? Falls nicht, sollte das Design als wissenschaftliche oder philosophische Kategorie betrachtet werden?
- Verbirgt sich hinter der Vorstellung eines Designers, der für die irreduzible Komplexität verantwortlich ist, wirklich ein „Lückenbüßergott“? Werden wissenschaftliche Untersuchungen letztendlich zeigen, wie diese Systeme gemäß der natürlichen Gesetzmäßigkeiten entstanden sein könnten?
- Trifft das Argument nur zu, wenn Gradualismus die einzige Quelle von Variationen in der darwinistischen Evolution ist? Könnte es

nicht auch andere Veränderungsmechanismen geben, die die Intervention eines intelligenten Designers nicht bedürften?

Zusammenfassung und Fazit

Charles Darwins großartiger Scharfsinn hat für fast anderthalb Jahrhunderte die intellektuelle Landschaft der Natur- und Gesellschaftswissenschaften bestimmt. Um diese veränderte und sich verändernde Landschaft richtig würdigen und kompetent einschätzen zu können, unterscheiden wir drei Komponenten darwinistischen Einflusses: die Wissenschaft des darwinistischen Modells selbst; die philosophischen Interpretationen des darwinistischen Modells und deren Applikation auf menschliches Verhalten; und das mal ge-, mal entspannte Verhältnis zwischen darwinistischem Modell und theologischen Sichtweisen der Natur.

Wie eingangs formuliert, haben wir diese Unterscheidungen über eine dreigeteilte Untersuchung erhellt. Erstens haben wir gesehen, dass diese Theorie anfänglich auf Beobachtungen beruhte, die in der besten Tradition der wissenschaftlichen Methode standen. Zweitens haben wir erkannt, in welcher Weise die neo-darwinistische Synthese, aufgrund des modernen Verständnisses von Genetik im Zusammenhang mit der Molekularbiologie, die Reichweite von Darwins ursprünglichen Forschungen weit überspannt. Ferner sehen wir jetzt Beweise für die These von der Abstammung mit Modifikation aufgrund des Filters der natürlichen Auslese auf jeder Ebene unserer Biosphäre, vom Mikro- zum Makro-Level. Und drittens haben wir Aspekte der intellektuellen Herausforderung umrissen, die eine Integrierung dieser Sicht von der natürlichen Welt in philosophische und theologische Betrachtungen mit sich bringen kann.

Das darwinistische Modell wird nicht das letzte Wort zum Wesen der Natur haben; noch wird es sich als vollständige, alleinige Beschreibung der Realität behaupten können. Die besondere Stärke des darwinistischen Modells liegt in seinem Einfluss auf Wissenschaft *und* Philosophie, wie auch den „Begleiterscheinungen“ in der Theologie. Wenn wir uns mit unserem allgemeinen Bild vom Charakter der Wirklichkeit, oder mit dem, was der gesunde Menschenverstand dafür hält, dem annähern wollen, was wirklich ist, müssen wir bereit sein, eine Reihe verschiedener Perspektiven in Betracht zu ziehen. In diesem Sinne liefert die Evolution nach Darwin vielleicht nicht alle, aber doch einige Farben, mit denen wir unser Bild malen können. Es wäre ein Fehler, wenn Theologie und Philosophie diese sehr bedeutende Schöpfungsdarstellung und -vorstellung ignorierten. Gleichermaßen wäre es aber falsch, davon auszugehen, dass das darwinistische Modell eine erschöpfende Quelle zum Verständnis der Realität wäre.

Literatur

Barkow, Jerome/Cosmides, Leda/Tooby, John, *The Adapted Mind: Evolutionary Psychology and the Generation of Culture*, New York 1992.
Behe, Michael, *Darwin's Black Box: The Biochemical Challenge to Evolution*, New York 1996.
Darwin, Charles, *Die Entstehung der Arten durch natürliche Zuchtwahl oder die Erhaltung der begünstigten Rassen im Kampf ums Dasein*, nach der Übers. v. J. V. Carus, bearb. v. Heinrich Schmidt, Stuttgart 1906.
Dawkins, Richard, *Der blinde Uhrmacher. Ein neues Plädoyer für den Darwinismus*, München 1996.
Dembski, William, *The Design Inference: Eliminating Chance Through Small Probabilities*, Cambridge 1998.
–, *No Free Lunch: Why Specified Complexity Cannot be Purchased Without Intelligence*, Lanham, MD 2001.
Dennett, Daniel, *Darwin's Dangerous Idea: Evolution and the Meaning of Life*, New York 1995.
Haught, John, *God After Darwin: A Theology of Evolution*, Boulder, CO 2000.
Miller, Kenneth, *Finding Darwin's God: A Scientist's Search for Common Ground Between God and Evolution*, New York 1999.
Rose, Hilary/Rose, Steven, *Alas Poor Darwin: Arguments Against Evolutionary Psychology*, London 2000.
Rose, Steven, *Lifelines: Biology Beyond Determinism*, New York 1998.
Ruse, Michael, *Taking Darwin Seriously: A Naturalistic Approach to Philosophy*, New York 1998.
Wilson, Edward, *Consilience: The Unity of Knowledge*, New York 1998.

Genetik, Theologie und Ethik

Ted Peters

Die Genetik ist der Bereich der naturwissenschaftlichen Forschung, der sich mit der Aktivität des Erbguts in Pflanzen, Tieren und Menschen befasst. Gene sind Segmente von der DNA (Desoxyribonukleinsäure)[1], die in jeder lebenden Zelle vorkommen. Jedes dieser DNA-Segmente codiert ein Protein und hat somit direkte Auswirkung auf den Körper. Alles Leben auf dem Planeten Erde hat die chemische DNA-Struktur gemein, auch wenn sich jede Spezies durch Anzahl und Funktion der Gene unterscheidet. Die menschliche DNA umfasst ca. 30000 Gene, die in 23 Chromosomen zweigliedrig angeordnet sind. Die 46 menschlichen Chromosomen sind in 23 DNA-Abschnittspaare unterteilt und bilden eine Doppelhelix. Die DNA-Abschnitte bestehen aus vier chemischen Basen: Adenin (A), Guanin (G), Cytosin (C) und Thymin (T). Bezieht man sich auf diese vier Basen, geschieht dies üblicherweise über ihren Anfangsbuchstaben (A, G, C, T). Sie bilden quasi ein Alphabet, das die genetische Information von der DNA zu Zellformation und körperlicher Aktivität trägt.

Die moderne Genetik nahm im 19. Jahrhundert ihren Anfang, als der bisher unbekannte österreichische Mönch Gregor Mendel das Muster der Vererbung in Erbsenpflanzen entdeckte. Seine Vererbungslehre bildet bis heute die Grundlage der zeitgenössischen Genetik. Im 20. Jahrhundert kam die chemische Komponente der Molekularbiologie hinzu, wie z.B. die Entdeckung der Doppelhelixstruktur der DNA durch James Watson und Francis Crick nach dem Zweiten Weltkrieg. Zur Wende des 21. Jahrhundert hatte das Humangenomprojekt die drei Milliarden Basenpaare sequenziert und fast alle Gene im menschlichen Genom identifiziert. Das komplette Genom einer Reihe von Pflanzen und Tieren ist auch identifiziert worden.

Zusammen mit der Molekularbiologie, die sich direkt mit den chemischen Vererbungsprozessen auseinandersetzt, sind v.a. Verhaltensgenetik und Soziobiologie für eine religiöse Reflexion wichtig geworden. Die Verhaltensgenetik greift auf Statistiken phänotypischer Charakteristika und sozialer Präferenzen zurück, um Vererbungswahrscheinlichkeiten aufzudecken. Wichtige Ergebnisse sind in die-

[1] Deutsch für desoxyribonucleic acid, deshalb DNA (Anm. d. Übers.).

sem Zusammenhang bei der Beobachtung von eineiigen und zweieiigen Zwillingen erzielt worden. Diese Beobachtungen gehen davon aus, dass Zwillinge, die getrennt voneinander aufwachsen, hervorragende Beispiele dafür sind, dass zwischen Einflüssen der Vererbung und der Umwelt auf die Entwicklung zu unterscheiden ist.

Die Soziobiologie nahm 1975 mit den Publikationen des Insektenkundlers Edward O. Wilson aus Harvard ihren Anfang. Auf der Grundlage seiner Untersuchungen zum sozialen Zusammenhalt von Ameisengesellschaften durch chemische Signale behauptete Wilson, dass analog menschliche Paarungsmuster, Geschlechtsdominanz und Kastensysteme erklärbar seien. Richard Dawkins prägte kurz danach den Begriff des *egoistischen Gens*. Damit bestärkte er die zentrale These der Soziobiologie, dass, wie nach Darwin, der menschliche Organismus nicht für sich selbst lebe, sondern vielmehr dazu diene, Gene zu reproduzieren, deren temporärer Träger er sei. Kurz, genetische Kräfte treiben die Evolution voran, auch die menschliche Evolution; und die menschliche Sozialgeschichte, einschließlich ihrer Religion, ist auf dem Hintergrund dieser genetischen Treibkraft erklärbar.

Die von der Genetik angestoßenen theologischen Sachverhalte

Der scheinbare Wissenszuwachs über das Wesen des Menschen, der von der Genforschung vermittelt wird, führt manch religiösen Menschen zu einer Revision seines anthropologischen Erbes. Die meisten Theologen sehen in der Genetik eine Herausforderung, die einer Antwort bedarf; einige wenige begreifen die neuen Erkenntnisse aus der Genforschung jedoch als Bereicherung ihrer fest etablierten religiösen Einsichten. Spezifisch theologische Probleme gibt es wenige. Meist sind sie mit anderen, eindeutiger ethischen und öffentlichkeitspolitischen Fragen verknüpft. Wir wollen uns zunächst den theologischen Fragen zuwenden, um danach die ethischen Probleme zu diskutieren, die sich aus Klonen und Stammzellenforschung ergeben.

Theologisch schwierig ist an erster Stelle der *genetische Reduktionismus*. Jeglicher Reduktionismus der modernen Naturwissenschaft verkörpert eine Art theologisches Schreckgespenst, und der Streit entzündet sich dort, wo kulturell allgemein der vagen Annahme Glauben geschenkt wird, es stecke alles in den Genen. Im Labor ist ein methodischer Reduktionismus notwendig, um die theoretische Forschung der Funktion von Genen voranzutreiben. Eine wahre Herausforderung stellt jedoch der ontologische Reduktionismus dar, da er davon ausgeht, dass alles, was die menschliche Natur ausmacht, auf Vererbung zurückgehe. In der Anfangszeit des Humangenomprojekts wurde die DNA unter manchen Wissenschaftlern als „Code der Codes" oder „Plan der Menschheit" gehandelt. Ein derartiger biologischer Reduktionismus scheint keinen Platz für unabhängige Einflussfaktoren seitens des Geistes oder der Kultur zu lassen, derjenigen Ursprungsdimension der meisten religiösen Traditionen.

Eine zweite, mit der ersten verbundene Sorge ergibt sich aus dem *genetischen Determinismus*. Wenn „es alles in den Genen" und die DNA der Plan dessen ist, was Menschsein ausmacht, bestimmen die Gene exklusiv die Natur und den Wert des Menschen. Im historischen Streit zwischen Vererbung und Umwelt, der von Intellektuellen geführt wird, die die menschliche Komplexität erklären wollen, springt eine neue Generation von Befürwortern des genetischen Determinismus für das Vererbungsargument in die Bresche. Relativ wenige Molekularbiologen vertreten den engen genetischen Determinismus, während ihn Verhaltensgenetiker und Soziobiologen verstärkt heranziehen. Molekularbiologen und Philosophen, die einen exklusiven genetischen Determinismus ablehnen, finden einen zweiteiligen Determinismus attraktiv: Vererbung *plus* Umwelt. Manche Theologen lokalisieren die menschliche Freiheit in einem dreiteiligen Determinismus: in Vererbung, Umwelt und dem menschlichen Selbst oder der Person. Im letzteren Fall ist das menschliche Selbst emergent, da es sich nicht auf rein biologische oder Umwelt-Einflüsse reduzieren lässt.

Ein drittes und wiederum verknüpftes Problem ist die neo-darwinistische Evolution. Der Darwinismus des 19. Jahrhundert entdeckte den Mechanismus der natürlichen Auslese zur Erklärung der Entwicklungsveränderung in der Zeit. Die Neo-Darwinisten des 20. Jahrhundert erweiterten die Theorie um das Phänomen der Genmutation, das den Prozess der natürlichen Auslese genauer erklärte. Der soziobiologische Versuch, die gesamte menschliche Kultur, einschließlich des religiösen Glaubens, im Lichte des biologischen Determinismus zu erklären, ist eine Extrapolation des Neo-Darwinismus. In den Augen der Soziobiologen, die auch manchmal Evolutionspsychologen genannt werden, hält das genetische Programm die menschliche Kultur an einer kurzen Leine. Das Programm bestehe in der Selbstreplikation der Gene, die die menschliche Spezies als Vehikel benutzen. Menschliche Kultur sei so angelegt, dass sie Reproduktion begünstige und so zu einer Bewahrung der Gene beitrage. Unabhängig davon, ob die Theologen das wahrhaben wollen oder nicht – menschliche Religion und Moral sei auf das Programm des egoistischen Gens reduzierbar.

Die Theologen, die versuchen, die Soziobiologie in ihr religiöses Gesamtkonzept zu integrieren, stehen unter dem Druck, die menschliche Transzendenz der Biologie und die Emergenz von Geist und Seele zu rechtfertigen. In seiner theologischen Anthropologie argumentiert Philip Hefner z.B., dass die Gene aufgrund von Entwicklungsprozessen die Menschen zur Freiheit bestimmen. Einige Christologien, um ein anderes Beispiel zu nennen, behaupten, dass Jesus einen bedeutenden Fortschritt in der Entwicklungsgeschichte markiert – denn der Nazoräer setze einen Präzedenzfall. Jesu Leben transzendiere das Programm des selbstsüchtigen Gens und eröffne die Möglichkeit einer aufopfernden Liebe. Im Gegensatz dazu lehnen manche muslimische Forscher die neo-darwinistische Evolutionstheorie ab, da sie den menschlichen Geist nicht berücksichtige und sich mit der Anthropologie des Korans nicht vertrage.

Zusammengefasst heißt das: Die theologische Forschungsgemeinschaft akzeptiert den methodischen Reduktionismus im Rahmen molekularbiologischer Forschung, sofern er zum Fortschritt in der Wissenschaft beiträgt. Die Theologen entziehen sich jedoch den philosophischen Übersteigerungen, die zum ontologischen Reduktionismus oder genetischen Determinismus neigen. Reduktionismus und Determinismus reichen nicht aus, so die Theologen, um Spiritualität oder ethisches Handeln zu erklären. Von theologischer Seite aus wird stets die menschliche Freiheit, wie sie im ethischen Handeln vorausgesetzt ist, verteidigt werden, ob sie die Naturwissenschaft ergänzt oder diese in der Konsequenz verabschieden muss.

Genmanipulation

Bei der Technik der Genmanipulation werden individuell ausgesuchte Gene in das Genom eines Organismus eingefügt oder aus ihm entfernt, um dieses zu verändern. Diese selektive Züchtung bevorzugter Erbanlagen wird in Landwirtschaft und Tierzucht schon seit Jahrtausenden praktiziert. Dies ergänzt die moderne Genmanipulation durch chemische und mechanische Methoden zur Verbesserung der Ergebnisse.

In der Landwirtschaft wird das Genom von Pflanzen durch Manipulation verändert, um sie beispielsweise gegen Schädlingsbefall resistent zu machen; oder gegen Herbizide, um die Ernte zu erhalten und gleichzeitig das Unkraut zu entfernen. Das Genom von Tomaten kann beispielsweise so verändert werden, dass der letzte Reifungsprozess während des Transports zum Markt aufgehalten wird und die Frucht, erst kurz bevor sie in den Verkauf geht, reift. Solche Techniken erhöhen die prozentuale Menge an verkäuflichen Erzeugnissen dramatisch. In Europa und anderen Teilen der Welt haben sich mittlerweile populäre Bewegungen gegen *gentechnisch manipulierte Lebensmittel*

(GMF)[2] formiert. Aus Angst vor unbekannten Gesundheitsschäden kämpfen Gegner der GMFs für eine genaue Auszeichnung, damit der Kunde die Wahl hat, ob er die manipulierte Kost konsumieren möchte oder nicht.

Die Manipulation der Genome landwirtschaftlicher Nutztiere verfolgt zwei Ziele: erstens die bevorzugte Art des Viehbestands zu erhalten, besonders bei Schlachtrindern; zweitens Nahrungsmittel oder pharmazeutische Produkte für den menschlichen Gebrauch zu produzieren. Im letzteren Fall wird z.B. ein menschliches Gen in ein Schafgenom eingepflanzt, um die Produktion eines bestimmten Proteins in der Schafsmilch zu stimulieren, das zur Behandlung menschlicher Krankheiten eingesetzt werden kann. Auch diese „Nutzbarmachung" von Tieren zur Verbesserung menschlichen Lebens wird kontrovers diskutiert. Tiere als Mittel für menschliche Zwecke zu benutzen, verletze die Würde des Tieres, so die Gegner.

Bis heute ist die Manipulation am menschlichen Genom im Reproduktionsprozess auf Genselektion beschränkt; Geneinfügung oder -entfernung hat noch nicht stattgefunden. *In vitro* lassen sich mehrfach befruchtete Eizellen untersuchen, aber nur das bevorzugte Genom wird in die Gebärmutter eingepflanzt. Dieser Prozess wird üblicherweise zur Eliminierung gesundheitsschädlicher Gene angewandt wie bei der Mukoviszidose. In der Somatherapie am lebenden Menschen wird jedoch schon mehr als nur Selektion probiert. Gene, die gesundes Blut produzieren, werden beispielsweise bereits in Knochenmarkszellen eingepflanzt. Auch werden Versuche unternommen, „Killergene" (knock-out genes) in Krebszellen einzupflanzen, um die Metastasenbildung, d.h. die Verbreitung und Vergrößerung des Tumors, aufzuhalten.

Ein theologisches Problem, das eher in der allgemeineren kulturellen Debatte zur Sprache kommt als im spezifisch religiösen Bereich ist der *Naturalismus*. Der Naturalismus schöpft allen Sinn und alle Wertigkeiten aus der Natur unter Ausschluss menschlicher Technologiemöglichkeiten. Mit der Genmanipulation ist eine Form der Technologie entstanden, die unser Erbe der natürlichen Welt verändert. So stellt sich die Frage, ob die von uns geerbte natürliche Welt den Wert des Menschen bestimme. Oder haben wir das Recht, die Natur so zu manipulieren, dass sie die vom Menschen geschaffenen Ziele erfüllt? Ein ähnlich naturalistischer Ansatz klingt in theologischen Positionen an, die davon ausgehen, dass sich Gottes Wille in einer Art genetischen Lotterie manifestiere, die eher das Ergebnis sexuellen Verkehrs als das

[2] GMF für englisch: Genetically Modified Foods (Anm. d. Übers.).

einer bewussten In-vitro-Auslese des genetischen Codes der zukünftigen Kinder sei.

Die Schlüsselfrage stellt sich auch im Zusammenhang mit dem *genetischen Futurismus.* Versetzt uns das gegenwärtige Manipulieren von Pflanzen, Tieren und dem menschlichen Genom in eine Position, unsere evolutionäre Zukunft zu steuern? Besitzt die menschliche Rasse die Weisheit, eine gesunde Zukunft zu wählen oder werden wir, wie der Prometheus in der antiken griechischen Tragödie, unsere Begrenzungen überschreiten und eine irreparable Tragödie anrichten? Damit so etwas nicht passiert, möchten einige Theologen, zusammen mit Naturalismus-Anhängern die Genmanipulation stoppen und der Natur freien Lauf lassen. Im Gegensatz dazu stehen religiöse Befürworter der Gentechnologie, die in derselben ein enormes Potential für Gesundheit und Wohlbefinden sehen. Es käme dann der menschlichen Rasse zu, den naturwissenschaftlichen Fortschritt zu verwalten.

Das Humangenomprojekt

Das weltweite Unternehmen, das sich anfangs *Humangenominitiative* nannte, später aber unter *Humangenomprojekt* oder einfach HGP lief, begann 1987 und fand 2001 seinen Abschluss. Die sog. *big science* des HGP, wie es anfangs genannt wurde, war mit der ersten Mondlandung des Menschen vergleichbar. Es war ein international angelegtes Projekt, das zahlreiche Laboratorien und naturwissenschaftliche Verbände weltweit involvierte. Von den USA wurde es mit jährlich $200 Mio. unterstützt und sollte im Zeitraum von 15 Jahren zu seinem Abschluss geführt werden. Die finanzielle Unterstützung lief ab 1987 über die US-amerikanische Energiebehörde und ab 1990 über die nationalen Gesundheitsinstitute (National Institutes of Health, NIH). Wissenschaftlich formuliertes Ziel war es, die Erbanlagen zu lokalisieren und die menschliche DNA zu sequenzieren. Die Lokalisierung (sog. *mapping*) sollte Aufschluss über Position und Verteilung der damals geschätzten 100000 Gene in jeder unserer Körperzellen geben; und die Sequenzierung sollte die Reihenfolge der vier Basenpaare der DNA-Moleküle – A (Adenin), T (Thymin), G (Guainin) und C (Cytosin) Nukleotide – bestimmen. Primäres Motiv war das eines jeden wissenschaftlichen Unterfangens, weiterführendes Wissen und Erkenntnis zu erlangen. Das zweite war vielleicht sogar viel wichtiger, nämlich die ca. 4000 Gene zu identifizieren, die man für Erbkrankheiten verantwortlich machte, und den Weg für die Gentherapie zu ebnen. Die Gesellschaft würde davon profitieren, dachten die HGP „Architekten“, da eine Art DNA-Bibliothek der medizinischen Forschung einen enormen Stoß nach vorne geben würde. Viele dieser frühen Prophezeiungen erfüllten sich, manche jedoch nicht.

Der Wettbewerb zwischen dem privaten und dem öffentlichen Sektor kam unerwartet. J. Craig Venter leitete das Projekt des privaten Sektors. Obwohl er finanziell von den NIH gefördert wurde, meldete Venter fast 3000 Patente für sog. *Expressed Sequence Tags* (ESTs) an. Die ESTs lokalisierten die Gene, identifizierten aber ihre Funktion nicht. Großes Furore entstand. Dass jemand, der von der Regierung unterstützt wurde, seine Erkenntnisse lediglich darüber patentieren ließ, was bereits in der Natur existierte – Erkenntnis über existierende DNA-Sequenzen –, führte 1992 zum Rücktritt James Watsons von seiner Position als Direktor der NIHs eigenen National Center for Human Genome Research (NCHGR). Venter gründete das Institute for Genomic Research (TIGR) und begann, die automatischen Sequenzierungsanlagen von Applied Biosystems 24 Stunden täglich einzusetzen, um die Nukleotid-Sequenzierung zu beschleunigen und weitere ESTs zu lokalisieren. 1998 entwickelte Venter das Programm Celera Genomics, dessen Sequenzierungskapazität 50 Mal höher war als bei TIGR. Zum 17. Juni 2000 hatte er 90 % des menschlichen Genoms entschlüsselt. In der *Science*-Ausgabe vom 16. Februar 2001 wurden seine Ergebnisse veröffentlicht.

Francis Collins trat Watsons Nachfolge als Direktor des NCHGRs an, setzte sich für die Forschungsvorhaben des öffentlichen Sektors ein und lieferte sich mit Venter ein spannendes Rennen um die Komplettierung der Gen-Lokalisierung. Collins engagierte zwanzig Laboratorien weltweit mit hunderten von Forschern im International Human Genome Sequencing Consortium, das er von seinem Washingtoner Büro aus leitete. Die Patentierung roher Genomdaten lehnte Collins ab. Er wollte die DNA-Daten direkt und sobald wie möglich der Öffentlichkeit zugänglich machen, um die Privatpatentierung zu verhindern. Das menschliche Genom sei, seiner Philosophie zufolge, Gemeinschaftsbesitz der gesamten Menschheit. Das öffentliche Projekt endete fast zeitgleich mit dem privaten, und die *Collins Map*, auch zu 90 % vollständig, erschien einen Tag vor Venters, am 15. Februar 2001 in der Zeitschrift *Nature*.

Die menschliche DNA, so stellte sich heraus, ist größtenteils „Müll“, denn 98,6 % kodieren keine Proteine. Die Hälfte der Müll-DNA besteht aus Wiederholungen von Sequenzen unterschiedlicher Art, die meisten davon sind parasitische Elemente unserer entfernten evolutionären Vergangenheit. Nur 1,1–1,4 % setzen sich zu proteinkodierenden Sequenzen zusammen, die wiederum die Gene sind.

Höchst brisant ist jedoch die Anzahl der Gene im menschlichen Genom. Einer Schätzung von Francis Collins zufolge gibt es 31000 proteincodierende Gene; zum Zeitpunkt dieser Schätzung konnte er real 22000 auflisten. Venter lieferte eine Liste von 26000, zu der er geschätzte 10000 weitere Möglichkeiten hinzufügte. Gerundet lag die Schätzung im Jahre 2001 bei 30000 Genen.

Das ist philosophisch gesehen sehr wichtig, da man 1987 noch von 100000 Genen ausging. Damals wurde angenommen, dass die Komplexität des Menschen mit der Anzahl der Gene korreliere: je mehr Gene, desto komplexer. Als die HGP Wissenschaftler gegen Ende des Projekts nur ein Drittel der erwarteten Anzahl finden konnten, waren viele verwirrt. Dies verstärkte sich noch, als man begann, das menschliche Genom mit Hefezellen (mit 6000 Genen), Fliegen (mit 13000 Genen), Würmern (mit 26000 Genen) und Reiszellen (mit 50000 Genen) zu vergleichen. Im Angesicht dessen wäre damit ein Reiskorn komplexer als Albert Einstein.

Mit der Beinahe-Beendigung des HGP wurde klar, dass nicht die Anzahl der Gene die Einzigartigkeit oder Komplexität oder auch Unverwechselbarkeit des Menschen begründete. Francis Collins begann, zu spekulieren, dass das, was den Menschen ausmache, nicht in den Genen selber zu finden sei, sondern in den multiplen Proteinen und der Komplexität der Protein-Produktion. Kulturell büßte die DNA dadurch etwas von ihrem Zauber und auch ihrer Verknüpfung mit dem Wesen des Menschen ein.

Ethische und politische Implikationen des HGP

Die am HGP beteiligten Wissenschaftler haben ethische und politische Probleme von Anfang an vorhergesehen. Es war ihnen bewusst, dass ihre Forschung Einfluss auf die übrige Gesellschaft haben würde und sie waren gemeinsam bereit, sich der Verantwortung zu stellen. Als James Watson 1987 das amerikanische Gesundheitsministerium bezüglich der Finanzierung des späteren HGP beriet, empfahl er, 3 % des Budgets für die Untersuchung der ethischen, legalen und sozialen Implikationen der Genom-Forschung zu veranschlagen. Watson insistierte, dass die genetische Information der Gesellschaft zugute kommen sollte; wenn nötig, sollte die Regierung Gesetze, sowohl auf Bundes- als auch auf Staatsebene, erlassen, die die Verletzung der Privatsphäre oder Diskriminierung aus genetischen Gründen verhindern sollten. Wie oben erwähnt, war Watson, der zusammen mit Francis Crick mit der Entdeckung der Doppelhelix-Struktur der DNA berühmt wurde, der erste Vorsitzende des Humangenomprojekts der NIH. Sein späterer Rücktritt hing mit einem Streit mit der früheren NIH-Direktorin Bernadine Healy zusammen, den er über die Moral der Patentierung von DNA-Sequenzen geführt hatte. Moralische Kontroversen waren während der knapp 15 Forschungsjahre wiederholt ausgebrochen.

Reaktionen der religiösen Front, die die Genforschung befürworten, wurzeln meist in dem Anliegen, Menschen vom Leid zu befreien und die Wissenschaft zur Verbesserung der menschlichen Gesundheit und des allgemeinen Wohlbefindens einzusetzen. Eine Verlautbarung des nationalen (amerikanischen) Rats der Kirchen unter dem Vorsitz des Union-Seminary-Ethikers Roger L. Shinn bestätigt, dass Kirchen in den Vereinigten Staaten in Genforschung und -therapie eingebunden sein sollen. „Die christlichen Kirchen verstehen sich als Gemeinschaften, die dem Willen Gottes gehorchen, indem sie anderen dienen. Der Kirche liegt besonders viel an denen, die verletzt sind oder deren Glaube wankt, wie sich in der langen Geschichte der von der Kirche getragenen medizinischen Anstalten gezeigt hat ... Ferner haben die Kirchen die Aufgabe, Leiden sowohl zu verhindern als auch zu lindern."[3]

1990 erhielt das Center for Theology and the Natural Sciences (CTNS) am Graduate Theological Union (GTU) in Berkeley, Kalifornien, eines der ersten Stipendien, die von der Abteilung für ethische, legale und soziale Fragen[4] vom NCHGR der NIH vergeben wurden. Ein aus Molekularbiologen, Verhaltensgenetikern, Theologen und Bioethikern zusammengesetztes Team hat die ersten Jahre der HGP-Forschung beobachtet, um die theologischen und ethischen Implikationen der neuen Erkenntnisse formulieren zu können. Viele religiöse und ethische Fragen wurden dadurch zum Politikum. Diesen Sachverhalt möchten wir im Folgenden näher beleuchten.

Genetische Diskriminierung. Als James Watson die Einführung der ELSI empfahl, richtete sich das öffentlich-politische Anliegen primär auf das, was er Privatsphäre nannte; wir bezeichnen es hier als *genetische Diskriminierung*. Ein ebenso erwartetes wie befürchtetes Szenario könnte folgendermaßen beschrieben werden. Da die meisten, wenn nicht sogar alle Gene im menschlichen Genom identifiziert und lokalisiert sind, die im Zusammenhang mit der Entstehung von Krankheiten stehen, könnte das Wissen um die genetische Anfälligkeit eines Individuums, eine „teure" Krankheit zu entwickeln, zum Verlust der Krankenversicherung führen, vielleicht sogar des Arbeitsplatzes. Im Laufe des HGP wurde das Gen für Mukoviszidose auf Chromosom 7 und für Veitstanz auf Chromosom 4 gefunden. Alzheimer wurde auf Chromosom 21 vermutet und Dickdarmkrebs auf Chromosom 2.

[3] Human Life and the New Genetics, National Council of Churches 1980.

[4] Ethical, Legal, and Social Issues (ELSI) division.

Auch die genetischen Ursprünge der Anfälligkeit für Muskelschwund, Sichelzellenanämie, das Tay Sachs Syndrom, bestimmte Krebsarten und zahlreiche andere Krankheiten ließen sich lokalisieren. Weitere Erkenntnisse stehen aus. Mit ihnen könnten preisgünstige Methoden entworfen werden, die das Genom eines jeden Individuums auf Krankheitsgene testen. Eine derartige Überprüfung auf alle genetischen Krankheiten könnte zur Routine-Untersuchung für alle Neugeborenen werden, wie dies beim Test auf Phenylketonurie (PKU) ja auch seit den 60ern der Fall ist. Jedes individuelle Genom könnte Teil einer Datenbank sein, auf das jeder von uns, genau wie unsere Krankenversicherungen, zukünftig Zugriff hätte. Der Vorteil ist klar: Eine stete medizinische Versorgung von der Geburt bis zum Tod wäre genau planbar, um den Ausbruch einer Krankheit zu verzögern und genetisch bedingte Krankheiten adäquat zu behandeln, vielleicht sogar zu heilen.

Trotz der Fortschrittsversprechen für ein präventives Gesundheitssystem, schüren bestimmte Praxen kommerzieller Versicherungen Ängste. Die kommerziellen Versicherungen, mit denen ein Großteil des amerikanischen Gesundheitssystems strukturell verbunden ist, funktionieren durch das Teilen von Risiken. Wenn Risiken für alle unbestimmt sind, können alle gebeten werden, gleichermaßen in den Versicherungspool einzuzahlen. Zahlungssätze können angeglichen werden. Sobald die genetischen Unregelmäßigkeiten von Individuen bekannt sind, könnte dies zu einer Erhöhung von Beitragszahlungen für Personen mit einem erhöhten Krankheitsrisiko führen: je höher das Risiko, desto teurer der Beitrag. Es könnte sogar dazu kommen, dass Versicherungen Menschen gar nicht aufnehmen, deren Gene langwierige oder teure medizinische Behandlung erwarten lassen.

Ausgehend von den Prinzipien der Vertraulichkeit und der Privatsphäre fordern manche auf die Rechtstheorie zurückgreifenden Ethiker Schutz vor Diskriminierung. Genetische Tests sollten freiwillig sein und Patienten sollten den Zugang zu den eigenen im Genom verschlüsselten Informationen kontrollieren können. Dieses Argument geht davon aus, dass, wenn Information kontrollierbar ist, die Rechte der Individuen auf Arbeit, Versicherung und medizinische Versorgung geschützt werden können. Dieser Ansatz könnte sich gut durchsetzen. Laut § 7 des amerikanischen Civil Rights Act von 1964 darf, bevor ein Arbeitsverhältnis entsteht, nur nach der arbeitsrelevanten gesundheitlichen Befindlichkeit gefragt werden, und § 102.b.4 schützt potentiell auch Ehepartner und Kinder der Arbeitnehmer. Gegenwärtige Gesetzesvorschläge scheinen die Privatsphäre besonders zu berücksichtigen.

Andere ethisch Gesinnte halten dagegen, dass die Betonung der Privatsphäre eine fehlgeleitete Lösung des Problems sei. Der Schutz der

Privatsphäre wird aufgehoben werden, sagen Kritiker, da die Versicherungsanstalten auf eine vorteilhaftere Gesetzgebung drängen werden; und letztendlich könnte der Schutz der Privatsphäre tatsächlich wegfallen. Aufgrund der gegenwärtigen Situation der Computervernetzung ist es schwierig zu verhindern, dass Daten vom Krankenhaus zur Versicherungsanstalt und jedem anderen, der an den Daten interessiert ist, transferiert werden. Am bedeutendsten ist jedoch, dass das Privatsphären-Argument das Prinzip übersieht, dass Genominformation am Ende nicht eingegrenzt werden soll. Je mehr die Gesellschaft weiß, desto besser kann das Gesundheitssystem ausgebaut werden. Langfristig braucht die Gesellschaft *Information ohne Diskriminierung* – was nur durch eine Umstrukturierung der engen Verknüpfung von Arbeitsplatz, Versicherung und Gesundheitsfürsorge realisiert werden könnte. In der momentanen Struktur profitieren Arbeitgeber und Versicherungsanstalten davon, Individuen mit bestimmten Gen-Konfigurationen zu diskriminieren – d.h. es liegt in ihrem eigenen Interesse, die gesundheitliche Versorgung zu limitieren oder diese bestimmten Individuen sogar zu verwehren. Eine Umstrukturierung ist also gefordert, in der die Leistung medizinischer Versorgung und nicht deren Vorbehalt als gewinnbringend gilt. Um dies zu erreichen, müsste die gesamte Nation egalitärer werden – d.h. die Nation selbst müsste sich als *eine* Gemeinschaft begreifen, die für ihre jeweiligen Glieder Sorge trägt.

Intensivierung der Abtreibungskdiskussion. In Anbetracht der gesellschaftsspalterischen Wirkung der Abtreibungskontroverse in den Vereinigten Staaten und einigen anderen Ländern befürchten viele, dass genetische Diskriminierung möglicherweise schon im Mutterleib oder in der Petrischale beginnen könnte. Techniken zur Untersuchung von in vitro befruchteten (IVF)[5] Eiern ab der vierten Zellteilung sind entwickelt worden, um sog. „defekte“ Gene zu identifizieren, wie z.B. die chromosomale Struktur des Down Syndroms. Es dürfte für zukünftige Eltern bald zur Routine werden, ungefähr ein Dutzend Eier im Labor zu befruchten, diese nach dem favorisierten genetischen Muster durchzusehen, die gewünschte(n) Eizelle(n) einzupflanzen und die anderen auszurangieren. Welchen Status haben aber die ausrangierten Embryos? Sind sie als abgetrieben zu betrachten? In Anbetracht der Zukunft eines Menschen, was sind die Kriterien dafür, dass wir etwas als „defekt“ bezeichnen? Dürfen zukünftige Eltern nur „defekte“ Kinder abtreiben oder auch solche, die nicht die gewünschten Merkmale wie blaue Augen oder hohe Intelligenz aufweisen? Könnte dies aber

[5] Englisch für in vitro fertilisation (Anm. d. Übers.).

nicht zu einer neuen Form von Eugenik führen, zu selektiver Züchtung, die auf persönlichen Vorlieben und vorherrschenden sozialen Wertigkeiten basierte? Was würde aus der Würde des Menschen?

Ein wichtiger juristischer Präzedenzfall in diesem Zusammenhang war 1973 der Prozess Roe gegen Wade, in dem man es nicht schaffte, der Abtreibung prä-implantierter Embryos einen legalen Riegel vorzuschieben. Dieser Fall des Obersten Gerichtshofes in den Vereinigten Staaten diente der Legalisierung der Abtreibung. Das Argument lautete, dass der Körper der Frau, aus der der Fötus entfernt werde, eine Art Verlängerung des Rechts der Frau sei zu bestimmen, was mit ihrem Körper geschehe. Dies beträfe die prä-implantierten Embryos allerdings nicht, da diese ja Lebensformen außerhalb des Körper der Frau seien.

Die römisch-katholische Tradition hat starke Akzente im Kontext der Schwangerschaftsabbrüche gesetzt. Das aus dem Zweiten Vatikanischen Konzil hervorgegangene Papier *Gaudium et spes* (1965) legt die noch heute vertretene Position dar, dass das Leben vom Moment der Empfängnis an mit der größten Sorgfalt zu schützen sei; Abtreibung und Kindesmord seien unsägliche Verbrechen. Die Herausforderung, der sich die römisch-katholischen Ethiker in naher Zukunft stellen müssen, wird es sein herauszufinden, was genau in der Prä-Implantationsphase des Embryos passiert, um zu bestimmen, ob der Begriff „Abtreibung" überhaupt zutrifft. Wenn dem aber so wäre, könnte dies zu dem Vorschlag führen, im genetischen Screening noch einen Schritt zurückzugehen und die Gameten-Phase vor der Befruchtung zu untersuchen. Die genetische Struktur des Spermas und der Eizelle könnte getrennt voneinander untersucht werden. Die akzeptablen Gameten könnten gebraucht, die inakzeptablen verworfen werden. Die amerikanische Catholic Health Association geht sogar noch weiter, indem sie empfiehlt, Techniken zur Geschlechtszellentherapie zu entwickeln, um genetische Korrekturen in dem reproduktiven Gewebe zukünftiger Eltern lange vor der Empfängnis vorzunehmen (Gametozytentherapie).

Genetischer Determinismus, die Freiheit des Menschen und der Gen-Mythos. Mit der gesteigerten öffentlichen Aufmerksamkeit, die das Humangenomprojekt in den frühen 90er Jahren erregte, verstärkte sich auch der Glaube an einen genetischen Determinismus gemäß dem allgemeinen Motto „Es ist alles in den Genen." Forscher nannten diesen weit verbreiteten Glauben *Genetizismus*, das *starke genetische Prinzip*, *genetischen Essenzialismus*, *genetischen Fatalismus* und *Gen-Mythos*. Der Gen-Mythos ließ sich geringfügig von der Molekularbiologie untermauern, weitestgehend aber von der Verhaltensgenetik und der Soziobiologie. Im klassischen Anlage-Umwelt-Streit schlugen sich die genetischen Deterministen auf die Seite der Anlage.

Der Gen-Mythos differenziert sich in drei Unterpunkte: Marionetten-Determinismus, Prometheus-Determinismus und das Verbot, Gott zu spielen. Der erste ist rein fatalistisch: Gemäß dem Marionetten-Determinismus macht uns allein die DNA zu denen, die wir sind. Die Gene sind die Marionettenspieler, die die Fäden ziehen, sodass wir tanzen. Von einem *genetischen Essenzialismus* zu sprechen oder die Genforschung als ultimative Erklärung der Menschheit zu sehen, bedeutet, die DNA in die Position zu rücken, zu bestimmen, was wir sind und was wir sein können. Die von *genetischem Fatalismus* reden oder sagen, es sei alles in den Genen, nehmen an, dass genetische Einflüsse unveränderbar seien und dass uns unser Schicksal zu Manifestationen unseres starren DNA Programms bestimme. Psychologisch folgt aus dem genetischen Determinismus, dass das, was wir als Freiheit des Menschen betrachten, nur eine Täuschung ist. Ethisch gesehen folgt daraus, dass wir keine Verantwortung für unsere Taten tragen; unsere Gene tragen sie. Hier entsteht eine neue Form der natürlichen Unschuld nach dem Motto „Gib' meinen Erbanlagen die Schuld, nicht mir".

Der zweite Unterpunkt ist der Prometheus-Determinismus, der unseren Wissenschaftlern die Aufgabe zuweist, nur zu verstehen, wie die Gene funktionieren und, auf diesem Verständnis aufbauend, adäquate Technologien zu entwickeln; und das, so schätzen sie, soll der Menschenrasse Kontrolle darüber geben, was uns die Natur vermacht hat. Da die Geschichte der Gene die Geschichte der menschlichen Entwicklung konstituiert, wird es uns möglich sein, sobald die Wissenschaftler alles unter Kontrolle haben, die zukünftige Evolution des Menschengeschlechts zu lenken. Wir werden der Natur ihre Geheimnisse entrissen haben, was aus uns Bestimmten Bestimmer machen wird.

Ein wichtiger Unterschied zwischen den beiden Arten von Determinismus ist jedoch bemerkenswert. Im Fall des Marionetten-Determinismus gibt es kein menschliches Selbst, das über der DNA stünde. Der genetische Essenzialismus ist reduktionistisch; wer wir sind, erschöpft sich im genetischen Determinismus. Es gibt kein „Ich" oder „Wir", das unabhängig wäre. Das Selbst ist eine Marionette. Was wir die Freiheit des Menschen nennen, existiert gar nicht, sondern ist eine Illusion.

Der Prometheus-Determinismus ist menschlicher, da er schweigend darauf vertraut, dass irgendeine Komponente bei Entscheidungsprozessen, vielleicht das menschliche Selbst, eine gewisse Distanz zur eigenen genetischen Struktur entwickelt. Das Selbst wird als existent vorausgesetzt und lässt sich nicht erschöpfend auf seine genetischen Determinanten reduzieren. Wenn wir die determinierende Kraft der

Gene in den Dienst eines höheren menschlichen Sinns stellen können, ist das Selbst nicht zerlegbar. Dies muss auch der Fall sein, wenn Wissenschaftler festlegen wollen wie die determinierenden Gene die Zukunft der Menschheit beeinflussen werden. Der Gen-Mythos selber ist keine hoch entwickelte Philosophie oder Ideologie, die einer inneren Konsistenz bedürfte. Er ist eher eine gesellschaftlich unterschwellige, kaum formulierte Denkart, die einen interpretatorischen Rahmen für die menschliche Wirklichkeit auf dem Hintergrund der Genforschung bietet.

Über die beiden Arten des Determinismus hinaus, bringt der Gen-Mythos auch eine ethische Maxime zum Ausdruck: Ihr sollt nicht Gott spielen. Diese entspringt der Frankenstein-Phobie des verrückten Wissenschaftlers, der, während er versucht, die mysteriösen Kräfte des Lebens unter Kontrolle zu bringen, die unsichtbare, von der Natur gezogene Linie überschreitet, die den Stolz des Menschen in Schach zu halten sucht, und unkontrollierbare zerstörerische Kräfte freisetzt. Kinohits wie *Jurassic Park* und *Gattaca* warnen uns davor, im Umgang mit der genetischen Natur Gott zu spielen. Einerseits drängt uns der Gen-Mythos, Kontrolle über das menschliche Geschick zu übernehmen. Andererseits lässt er uns in Horror davor zurückschrecken, dass wir den Gegenschlag der Natur beschleunigen könnten.

Wie bereits erwähnt, sind viele, in Abwehrung des genetischen Determinismus, einem zweiteiligen Determinismus zugetan, der neben dem Anlage- den Umweltfaktor berücksichtigt. Aber auch hier kann weder der eindimensionale noch der zweigeteilte Determinismus unserer täglichen Erfahrung von Freiheit Rechnung tragen. Das Selbst oder die Person bestimmt Dinge durch Überlegung, Entscheidung und Handlung. Trotz Begrenzung und Befähigung durch Anlage und Umwelt, ist doch das Selbst die dritte Determinante.

Erbanlagen, Sünde, Verbrechen und Rassen-Diskriminierung. Der Glaube an einen vom Gen-Mythos maßgeblich propagierten Determinismus, wirft Fragen nach moralischer und juristischer Schuld auf. Ist eine Person mit genetischer Disposition zu antisozialem Verhalten vor dem Gesetz schuldig oder unschuldig? Unser Gesetzessystem wird wohl den philosophischen Pfeiler, auf denen Konzepte wie freier Wille, Schuld, Unschuld und schuldmindernde Faktoren aufbauen, in den nächsten zehn Jahren überdenken müssen. Zweifelsohne wird der Zusammenhang von genetischem Determinismus und dem Verhalten des Menschen weiter erforscht und neue Entdeckungen werden sich direkt auf die strafrechtliche Verfolgung und Verteidigung eines Verbrechens Angeklagten auswirken. Das Hauptaugenmerk wird auf dem Konzept des freien Willens liegen, da unser Gesetzes-Verständnis, das auf der westlichen Philosophie des Augustinus aufbaut, von der Grundannahme ausgeht, dass nur ein Mensch schuldig gesprochen werden kann, der aus freiem Willen gehandelt hat.

Wenn sich bestätigt, dass genetische Dispositionen bestimmte Verhaltensformen hervorrufen, erzeugt dies einen gewissen Druck, eine Art Schreckgespenst am Horizont der Genetik, das uns an eine juristische Weggabelung setzt: Entweder erklären wir die Person mit einer genetischen Disposition für Verbrechen für unschuldig und lassen sie frei, oder wir erklären sie für „konstitutionell beeinträchtigt“, was eine Verhaftung bzw. Isolation vom Rest der Gesellschaft rechtfertigen ließ. Der erste Weg würde das Wohl der Gesellschaft aufs Spiel setzen, der zweite die Rechte des Individuums verletzen.

Die Tatsache, dass eine Gesellschaft vor kriminellem Verhalten auffälliger Individuen zu schützen ist und dass dieser Schutz durch die Isolation von Individuen mit bestimmten genetischen Dispositionen gewährt werden könnte, führt zu weiteren Fragestellungen von Geisteskrankheit und Rasse. Man kann schon vorhersehen, dass sich die genetische Verteidigung auf Präzedenzfälle berufen könnte, die von der Verteidigung der Geisteskrankheiten gesetzt würden. In der Auseinandersetzung mit Geisteskrankheiten betonen die Gerichte, eine kranke Person sei unfähig, zwischen richtig und falsch zu unterscheiden, wenn sie ein Verbrechen begeht. Wenn ein Angeklagter aufgrund dessen unschuldig gesprochen wird, wird er in eine psychiatrische Anstalt überwiesen bis die Mediziner dieses Individuum für geheilt erklären und freilassen. Im Prinzip könnte es aber sein, dass dieser Mensch nie für „geheilt“ befunden wird und entsprechend mehr Zeit in der Isolation verbringt als im Gefängnis. Wenn sich die genetische Verteidigung mit der Geisteskrankheits-Verteidigung verbündet und davon ausgegangen wird, dass die eigene DNA ein Leben lang überdauert, dann könnte der Ausflug in die psychiatrische Abteilung das Äquivalent einer lebenslangen Haftstrafe sein. Damit hätte die genetische Verteidigung fehlgeschlagen.

Mit dieser Aussicht kehren wir wieder zu dem Schreckgespenst genetischer Diskriminierung zurück. Die derzeitige Diskussion über den potentiellen Einfluss der Erbanlagen auf antisoziales Verhalten ist durchsetzt von Ängsten vor Diskriminierung, besonders vor Rassendiskriminierung. In den USA nimmt die Zahl männlicher inhaftierter Schwarzer stetig zu. Hier könnte sich die Gesellschaft auf den Gen-Mythos berufen, der die Disposition zu Kriminalität auf Erbanlagen zurückbezieht. Diese beiden ließen sich gut mit der Rassenvariable verknüpfen. Schwarze könnten stigmatisiert werden, auf der Annahme gründend, dass Schwarze zu Kriminalität genetisch veranlagt sind. Wie der Soziologe Troy Duster von der University of California befürchten auch andere, dass wir, wenn wir Kriminalität mit genetischer Veranlagung gleichsetzen und folglich Gene mit Rassen, Vorurteile und Diskriminierung automatisch aufgrund ihrer biologischen Zusammenhänge rechtfertigen.

Das Gen der Homosexualität (the gay gene). Die Entdeckung eines möglichen Zusammenhangs zwischen männlicher Homosexualität und einer entsprechenden genetischen Disposition hat seit 1993 eine kontroverse theologische und ethische Debatte ausgelöst. Dean H. Hamer und seine Forschungsgruppe am amerikanischen National Cancer Institute verkündeten, dass sie die genetische Bedingtheit von männlicher Homosexualität gefunden hätten – zumindest teilweise. Anhand von Stammbäumen bei Familien mit zwei oder mehr homosexuellen Nachkommen, die er mit Laborversuchen an DNA von Homosexuellen kombinierte, lokalisierte Hamer eine Region am Ende des langen X-Chromosom-Arms, auf dem wahrscheinlich ein Gen liegt, das die sexuelle Orientierung eines Menschen beeinflusst. Da Männer das X-Chromosom von der Mutter und das Y-Chromosom vom Vater erhalten (Frauen haben zwei X-Chromosome, jeweils eins von jedem Elternteil), ist es wahrscheinlich, dass das *gay gene* mütterlicherseits vererbt wird. Mütter können das gay gene weiterreichen, ohne dass sie selber oder ihre Töchter homosexuell sein müssten. Die Parallelstudie zur lesbischen Genetik ist noch nicht abgeschlossen. Die derzeitige Studie zu homosexuellen Männern wird natürlich wiederholt und bestätigt werden müssen, denn noch haben die Wissenschaftler keine eindeutigen Beweise.

Sollte sich bestätigen, dass Homosexualität biologisch bedingt ist, könnte dies höchst brisante ethische Implikationen haben. Wie das wissenschaftliche Faktum ethisch interpretiert wird, bestimmt es ja nicht selbst. Die zentrale ethische Frage aber ist folgende: Macht die genetische Disposition zu Homosexualität den Träger dieses Gens „unschuldig" oder „schuldig"? Zwei Antworten sind logisch möglich: Einerseits könnte ein homosexueller Mann behaupten, er sei unschuldig, da er das gay gene geerbt und er sich seine homosexuelle Neigung nicht frei gewählt habe. Diese biologische Unschuldsposition könnte noch von dem Argument gestützt werden, dass homosexuelle Aktivität selbst ja nicht sündhaft sei; es sei eine natürliche Form sexuellen Ausdrucks neben anderen. Man könnte noch weiter gehen und behaupten, es sei Gottes Wille, wenn es denn biologisch vererbt sei; es sei ein Geschenk Gottes, dass eine Person eine homosexuelle Disposition habe.

Andererseits könnte man das gay gene auch mit einer körperlichen Disposition zu sündigen gleichsetzen. Die Gesellschaft könnte behaupten, dass der von uns geerbte Körper zu dem gehört, der wir sind

– wer ich bin, mein Selbst, ist zumindest anteilig davon determiniert, was meine Eltern mir mitgegeben haben – und dass eine vererbte Neigung zu homosexuellem Verhalten gleichzusetzen ist mit anderen indogenen Neigungen wie Lust oder Geiz oder andere Formen allgemein menschlicher Begierde. All dies macht die Ursünde aus, mit der wir alle geboren sind. Beide Argumentationsrichtungen sind möglich.

Neben der Frage nach Schuld oder Unschuld sehen Ethiker noch ein weiteres Problem, nämlich die Gefahr der Stigmatisierung. Könnte die Präsenz des gay genes in einem ungeborenen Fötus als genetischer Defekt Grund für eine Abtreibung sein? Würde eine genetische Routine-Untersuchung zu einer umgreifenden Reduktion von homosexuellen Männern führen, ähnlich wie dies bei Kindern mit Downsyndrom der Fall ist? Wäre das Klassen-Diskriminierung?

Der Streit um Soma-Therapie und Keimbahn-Verbesserung. Die Debatte um zwei Differenzierungen – Soma- wider Keimbahn-Eingriff und Therapie wider Verbesserungseingriff – zieht sowohl säkulare als auch religiöse Kreise. Der Begriff *Soma-Therapie* bezieht sich auf die Behandlung einer Krankheit in den Körperzellen eines lebenden Individuums durch „Reparatur" eines existenten Defekts. Bei der *Keimbahn-Therapie* geht es um das Eingreifen in die Gameten, um z. B. eine Erbanlage wie die für Mukoviszidose zu eliminieren, um die Vererbung an zukünftige Generationen zu verhindern. Sowohl Soma- als auch Keimbahn-Therapien sind im Vergleich zur Verbesserung der Erbanlagen konservativ. Letztere geht insofern über die reine Therapie bereits existenter, potentiell gesundheitsgefährdender Gene hinaus, als sie Gene selektiert oder hinzufügt, um ein Individuum gleichsam überlegen und „höherrangig" zu machen. Verbesserung kann Genmanipulation einschließen, etwa zur Steigerung körperlicher Stärke oder Intelligenz oder anderer sozial gewünschter Merkmale.

Es herrscht nahezu Einigkeit unter den ethisch gesinnten Kommentatoren über die moralische Bedenkenlosigkeit der Soma-Therapie. Fortschritte des Humangenomprojekts werden gespannt erwartet, um wichtige Arbeitsschritte auszuweiten. Sie gehen jedoch nicht so weit, Selektion und Manipulation der Erbanlagen im Sinne einer Qualitätssteigerung des Lebens andernfalls normaler Individuen oder des ganzen menschlichen Geschlechts zu fördern. Neue, im Rahmen des HGP gewonnenen Erkenntnisse könnten Gene lokalisieren sowie Organisation und Struktur des Gehirns beeinflussen, sodass eine feine Manipulation zu einer Steigerung des abstrakten Denkvermögens oder anderer physiologischer und mentaler Fähigkeiten führen könnte.

Religiöse Ethiker sind für den Einsatz der Soma-Therapie, jedoch gegen eine Keimbahn-Verbesserung durch Manipulation, die wegen der zu schützenden Würde des Menschen heikel sei. 1982 hieß es in einer Studie des Weltkirchenrats: „Therapie an Somazellen könnte Gutes leisten; die Frage wäre nur, was passierte, wenn sie auch Keimbahnzellen veränderte. Die Einfügung von Genen in die Keimbahn verändert diese dauerhaft ... Trotzdem sollten wir die Veränderungen von Genen zur Eindämmung von Krankheiten nicht per se ausschließen, nur weil diese auch das genetische Erbe zukünftiger Generationen verändern ... Es gibt keine klare Unterscheidung zwischen der Eliminierung von Defekten und der Verbesserung des Erbes."[6] Die sich hier abzeichnende Angst des Weltkirchenrats rührt primär von unserem Unwissen über die möglichen Konsequenzen einer Veränderung der menschlichen Keimbahn. Das Problem ist, dass unserer Generation hinreichende Information über die Langzeiteffekte einer derartigen Entscheidung fehlt, die heute getroffenen würde und sich morgen vielleicht schon als irreversibel herausstellen könnte. Deshalb lehnt der Weltkirchenrat Keimbahn-Therapie oder auch Keimbahn-Verbesserung nicht kategorisch ab, sondern mahnt zu Vorsicht und rät abzuwarten.

Die Catholic Health Association ist positiver gestimmt: „Der Eingriff in die Keimbahn ist vielleicht die einzige Möglichkeit zur Behandlung von Erbkrankheiten, die die frühe Entwicklung eines Embryos schädigen. In diesem Stadium könnte die Somazellentherapie nichts ausrichten. Obwohl dies noch Zukunftsmusik ist, legen die Entwicklungen der Molekulargenetik nahe, dass dies ein Ziel ist, auf das die biomedizinischen Bemühungen sinnvollerweise hinarbeiten sollten."[7]

Ein weiteres Argument, vorsichtig mit der Keimbahn-Verbesserung umzugehen, wird in protestantischen Kreisen gern unter Berufung auf das Schreckgespenst *Eugenik* bemüht. Der Begriff Eugenik erinnert an die garstige Rassenpolitik des Nationalsozialismus, was schon einen Großteil des Misstrauens, das der Genforschung in Deutschland und anderswo entgegengebracht wird, erklärt. Keiner erwartet ein Aufleben des Nazi-Albtraums; trotzdem befürchten Kritiker eine sublime Form der Eugenik, die durch die kulturelle Hintertür hereinkommen könnte. Die wachsende Macht, die Beschaffenheit lebendiger Zellen zu kontrollieren, wird den Wunsch nach einem „perfekten Kind" begünstigen, und ein neuer gesellschaftlicher Wert der Perfektion wird anfangen, alle „Nicht-Perfekten" unter Druck zu setzen.

Naturwissenschaftler als Götter? Die Debatte um den Eingriff in die Keimbahn führt uns unwillkürlich zu einer Frage, die gerne durch die

[6] Manipulating Life, World Council of Churches 1982.

[7] Human Genetics, Catholic Health Association of the United States 1990.

Schlagzeilen geistert: Sollten unsere Naturwissenschaftler Gott spielen? Oder sollten wir sie bitten, von dem Gottesspiel abzusehen? Diese Frage wird meist so oberflächlich in der Presse behandelt, dass sie leicht in die Irre führt. Doch unter der Oberfläche steckt eine theologisch wichtige Frage: Übernehmen wir als menschliche Geschöpfe gemeinsam mit Gott, unserem Schöpfer, die Verantwortung für die fortwährende Schöpfung der Welt? Die Schöpfungsvorstellung schließt eine Anthropologie ein und so auch den Aspekt, dass die Menschheit als Ebenbild Gottes geschaffen ist. Wenn *imago dei* bedeutet, wie manche zeitgenössische Theologen behaupten, dass der Mensch Gottes „geschaffener Mitschöpfer" ist, dann dürfte die Ethik einer besseren Zukunft entgegenblicken. Konsequenterweise sollten wir so zumindest die Tür zur Verbesserung des menschlichen Genoms offen lassen. Der spöttische Gebrauch der Phrase „Gott spielen" versucht uns, von Eingriffen in das, womit uns die Natur in unserem Genom ausgestattet hat, abzuhalten.

Die zynische Rede vom „Gott-Spielen", legt es bewusst darauf an, bestimmte Formen wissenschaftlicher Forschung und medizinischer Therapie zu verhindern, wenn nicht sogar ganz zu unterbinden. Das bezieht sich vor allem auf den Bereich der Humangenetik und, spezieller, auf Keimbahneingriffe zum Zweck der „Menschenoptimierung" – die Idee ist das Einfügen neuer Gen-Segmente von DNA in Spermium oder Ei vor der Befruchtung oder in undifferenzierte Zellen eines jungen Embryo, damit es an zukünftige Generationen weitervererbt und Teil eines beständigen Genpools wird. Das Schild, mit dem manche Naturwissenschaftler und Sprecher religiöser Organisationen die Pforte zur Keimbahn-Verbesserung verbarrikadieren, trägt die Aufschrift „Du sollst nicht Gott spielen."

Das Problem des „Gott-Spielens" ist eine Frage an den Naturalismus. Ist unsere genetische Struktur insofern Abbild einer göttlichen Schöpfung als sie vollständig und beendet ist? Ist unsere DNA heilig? Entweihen wir einen heiligen Bereich, wenn wir die Geheimnisse der DNA aufzudecken versuchen, und wird unser menschlicher Stolz zur Hybris, wenn wir unsere genetische Zukunft zu beeinflussen versuchen?

Vertreter einer „geschaffenen Mitschöpfer"-Anthropologie argumentieren, dass wir nicht *nicht* kreativ sein können. Die ethische Forderung hat mit dem *Ziel* zu tun, auf das unsere Kreativität ausgerichtet ist und dem Eifer, mit dem wir unseren schöpferischen Aufgaben nachgehen.

Klonen. Das erste erfolgreiche Experiment beim reproduktiven Klonen von Tieren wurde am schottischen Roslin Institute in Edinburgh durchgeführt, wo der Embryologe Ian Wilmut das weltweit bekannte

Schaf Dolly klonte. Der Bericht wurde am 27. Februar 1997 in *Nature* veröffentlicht. Wilmuts Roslin-Team entfernte Zellen aus dem Euter eines schwangeren Finn-Dorset-Mutterschafs, legte sie in eine Zellkultur und stoppte für eine Woche die Zufuhr von Serum-Nährstoffen bis die Zellen schliefen (d. h. der normale Zyklus der Zellteilung wurde zum Stillstand gebracht), ein dem Winterschlaf ähnelnder Zustand. In der zweiten Phase nahmen die Wissenschaftler die unbefruchtete Eimutterzelle (Oozyte) eines schottischen Blackface-Mutterschafs und entfernten den Zellkern mit der DNA. Dabei ließen sie das Zytoplasma intakt. Als drittes legten sie die schlafenden Zellen neben die Oozyte und setzten sie unter elektrischen Strom. Der sanfte Elektroschock ließ die Zellen miteinander verschmelzen, so auch das Zytoplasma mit der Oozyte der schlafenden DNA. Ein weiterer Elektroschock setzte die normale Zellteilung in Bewegung. Im vierten Schritt wurde nach dem sechsten Tag der Zellteilung der verschmolzene Embryo in die Gebärmutter eines weiteren Blackface-Mutterschafs eingepflanzt und am 5. Juli 1996 zur Geburt gebracht. Dieses Neugeborene war Dolly. Das Verfahren wurde Transfer des Somazellennukleus[8] genannt.

Das Experiment beantwortete die wichtige Frage, ob Zelldifferenzierung reversibel sei. Dem scheint so. Embryonale Zellen sind vordifferenziert. Adulte Zellen sind normalerweise differenziert, um die spezifischen Aufgaben bestimmter Körperteile auszuführen. Gene für die Haare werden z. B. in den Haaren aktiviert, während sich Gene für Fußnägel im Haar deaktivieren, aber an den Fußnägeln aktivieren. Theoretisch könnte Klonen über den Einsatz embryonaler Zellen in ihrem vordifferenzierten Stadium funktionieren. Der Erfolg läge hier darin, eine adulte differenzierte Zelle dazu zu bringen, wie eine undifferenzierte embryonale Zelle zu funktionieren.

Das Verfahren war nicht einfach, denn das erfolgreiche Klonen von Dolly wurde von zahlreichen Fehlschüssen begleitet. Bei 277 Versuchen überlebten nur 29 Embryonen mehr als sechs Tage. Nach 14 Tagen starben 62 % der Föten im Mutterleib. Diese Zahl ist signifikant höher als die geschätzten 6 % nach der natürlichen Paarung. Acht Mutterschafe brachten fünf Lämmer zur Welt, und bis auf eins starben alle kurz nach der Geburt. Dolly war die einzige Überlebende. Erfolg und Scheitern lagen hier nah beieinander. Dies im Hinterkopf, lehnen viele Wissenschaftler, einschließlich Wilmut, die Idee, Menschen zu klonen, mit dem Argument der Sicherheit ab, da, bis das Verfahren perfektioniert worden ist, zu viele menschliche Embryonen bei den Fehlschüssen stürben.

---

[8] Deutsch für somatic cell nuclear transfer (NT, Anm. d. Übers.).

Zwei Bereiche der Klon-Technologie werfen ethische Fragen auf: das Klonen im Sinne menschlicher Reproduktion und das Klonen zur Therapie von Menschen. Dem therapeutischen Klonen werden wir uns später bei der Debatte um die Stammzellen zuwenden. Die öffentliche Diskussion über reproduktives Klonen konzentriert sich primär auf die Vervielfältigung von Menschen und nicht von Tieren. Geklontes Vieh und Schafe rufen nicht die Art von religiösem Widerstand hervor, die bei einem Menschen geäußert würde.

Die übergeordnete ethische Frage ist doch, ob wir Menschen überhaupt klonen sollten. James Watson setzte sich schon 1971 mit diesem Problem auseinander. Zusammen mit Francis Crick erhielt Watson den Nobelpreis für die Entdeckung der Doppelhelixstruktur der DNA. In einem Artikel zum Klonen im *Atlantic* prophezeite er 1971, dass die meisten Menschen zuerst mit Verzweiflung auf die Geburt dieser nicht sexuell gezeugten Kinder reagieren würden. Ferner bemerkte er, dass Menschen mit einem stark religiösen Hintergrund die Bedeutung der Forschungsmethoden, die die normalen Reproduktionsprozesse umgingen, herunterspielen würden. Die Watson-Prophezeiung scheint sich erfüllt zu haben.

In einer Pressemitteilung vom 22. Februar 1997 sagte Donald Bruce, der das Projekt *Gesellschaft, Religion und Technologie* der Church of Scotland leitet, dass das Klonen von Menschen prinzipiell ethisch inakzeptabel sei. Gemäß dem christlichen Glauben würde das Klonen das Prinzip der Einzigartigkeit menschlichen Lebens verletzen. Diese Einzigartigkeit habe Gott jedem von uns und niemandem sonst geschenkt. Dieses Argument wird sowohl von religiösen als auch säkularen Kreisen immer wieder bemüht.

Es gründet auf folgenden Voraussetzungen: 1. Die individuelle Identität eines Menschen korreliert mit einem einzigartigen Genom, das nur diesem Menschen eigen ist. 2. Gott hat für jede Person ein Genom vorgesehen, das sich von dem aller anderen Personen unterscheidet. 3. Mit Hilfe der Gentechnologie könnten wir versehentlich zwei Personen mit derselben Identität schaffen und dadurch den göttlichen Schöpferplan durchkreuzen. Aufgrund dieser Annahmen ist der ethische Schluss ein klares Nein zum Klonen.

Die Vertreter der Gegenposition gehen von anderen Prämissen aus. Obwohl es naturwissenschaftlich möglich wäre, zwei Individuen mit einem identischen Genotyp zu schaffen, wäre ihr Phänotyp unterschiedlich. Es können Variationen und spontane Mutationen entstehen. Ferner üben Umweltfaktoren wie Nahrung, Sport und Gesundheitsversorgung Einfluss auf die Genaktivität aus. Wenn DNA-Spender und Klon eine Generation „entfernt“ voneinander aufwachsen, oder in unterschiedlichen Gebieten, werden sie sich doch mehr voneinander unterscheiden als einander ähneln.

Untersuchungen an eineiigen Zwillingen sind sehr aufschlussreich. Wie Klone werden eineiige Zwillinge mit identischen Genomen geboren. Trotz ihrer Gemeinsamkeiten wachsen sie als getrennte und verschiedene Individuen auf. Beide haben ihr eigenes inneres Bewusstsein, ein Gefühl für das Selbst, unterschiedliche Denkprozesse und Verantwortungsbewusstsein. Selbst wenn Studien aus der Verhaltensgenetik letztendlich zeigen, wie stark die DNA Neigungen bis hin zu bestimmten Verhaltensformen beeinflusst, bleiben sie doch zwei eigenständige Individuen mit unterschiedlichen Leben. Ein Klon wäre im Grunde so etwas wie ein verspäteter Zwilling; und aufgrund der zeitlichen Distanz zum Ausgangs-DNA-Träger wäre der Klon diesem vermutlich noch unähnlicher als zwei, die zur selben Zeit geboren werden.

Während der Debatte stellte sich die Frage, ob zwei Klone eine einzige Seele hätten. Es gibt jedoch bis zum heutigen Tag keine Theologie, die diese Position verträte. Jeder Mensch hat eine eigene Seele, seine eigene Verbindung zu Gott. Analog träfe dies doch auch auf Klone zu. Die menschliche Seele entsteht, theologisch gesehen, nicht aus DNA, wie der Phänotyp aus dem Genotyp hervorgeht. Die Seele ist kein metaphysisches Anhängsel des Körpers. Der theologische Widerstand gegenüber dem Klonen, der unter der Voraussetzung entstanden war, dass Klonen die von Gott gegebene Identität eines Menschen verletze, demonstriert nur ein frühes Stadium der Debatte; dieser kategorische Widerstand hat sich aber schließlich nach kritischer Revision aufgelöst.

Am 10. Juli 2002 veröffentlichte die vom amerikanischen Präsidenten eingesetzte Bioethik-Kommission ihr Papier zum Klonen von Menschen und zur Menschenwürde – ein Empfehlungsschreiben zum Totalverbot des Klonens zur Kinderzeugung. Dieses Papier hatte eine Vorgeschichte. Die nationale Bioethik-Kommission (NBAC)[9] setzte sich mit den allgemeinen Parametern des Klonens auseinander – eine Studie, im Rahmen derer auch Interviews mit bekannten Persönlichkeiten aus Judentum, Islam, Hinduismus, Buddhismus, den evangelikalen und liberalen Flügeln des Protestantismus und dem Römischen Katholizismus geführt wurden. Ein Bericht vom 6. Juni 1997 resümierte: Allein der Versuch, zu diesem Zeitpunkt ein Kind über den Weg des Transfers des Somazellennukleus zu klonen, sei moralisch inakzeptabel. Dies gelte sowohl für den öffentlichen als auch den privaten Sektor, in Labor und Kliniken. Als Hauptargument gegen das Klonen berief man sich auf die Sicherheit, wie zuvor schon von Ian Wilmut angeführt. Die NBAC empfahl religiösen Gruppen ferner,

[9] United States Bioethics Advisory Commission (Anm. d. Übers.).

in einen ständigen Dialog über die Ethik des Klonens zu treten. Die religiösen Gruppen führen diesen, legislativ hat sich jedoch nichts geändert.

Zusätzlich zum Sicherheits- und Identitäts-Argument spricht auch das Kommerz-Argument gegen das Klonen von Menschen – Klonen wäre eine Form der Designerbaby-Zeugung, die zur Kommerzialisierung des Kinderkriegens führen könnte. Dass das die Würde des Kindes verletzte, ist wohl klar. Designerbabys dienten allein den Zwecken der Designer und der Eltern. Kritiker befürchten, das Klonen könnte, zusammen mit anderen gentechnischen Eingriffen, der Wirtschaft die Möglichkeit geben, die neugeborenen Kinder zu Kommerzzwecken einzusetzen. Nicht die genetische Einzigartigkeit eines Menschen, sondern die Betonung seines kommerziellen Nutzens würde die Unantastbarkeit des individuellen menschlichen Lebens verleugnen.

Stammzellen. Bei der Klonkontroverse ging es primär um Reproduktion. Im Zusammenhang der Stammzellendiskussion bewegen wir uns im Bereich des therapeutischen Klonens und der damit verbundenen Problematik. Was uns die Therapie verspricht, ist gewaltig. Die Verjüngung durch die Transplantation von Gewebe etwa, das im Labor von Stammzellen gewonnen wird, hätte eine enorme Bedeutung für die *Herzmuskelzellen*, da Herzmuskeln erneuert werden und eine potentielle Herzmuskelschwäche verhindern könnten. *Stammzellen zur Blutbildung* könnten zur Gewinnung von gesundem Blut im Rückenmark eingesetzt werden, um einer Infektion durch HIV vorzubeugen und AIDS, möglicherweise auch Sichelzellenanämie, zu behandeln. *Endotheliale Zellen* könnten kultiviert werden, um zur Behandlung von Atherosklerose, Angina und Schlaganfällen durch Arterien-Insuffizienz Blutgefäße neu zu füllen. *B-Zellen* der Bauchspeicheldrüse könnten verjüngt werden, um die Erzeugung natürlichen Insulins zur Bekämpfung von Diabetes anzukurbeln. Zur Behandlung von Parkinson- und Schlaganfall-Patienten könnten im Gehirn *Neuronen* erneuert werden. Auch zur Wundheilung bei Verbrennungen könnten *Bindegewebs-* und *Keratinozytenzellen* erzeugt werden, ebenso *Chondrozyten* oder Knorpelzellen zur Behandlung von Osteoarthritis oder Rheuma. All dies verspricht man sich von der Forschung an menschlichen embryonalen Stammzellen (hES Zellen)[10], welche sich selbst erneuern, geradezu unsterblich sind und die Fähigkeit haben, sich in jede Gewebeart des menschlichen Körpers zu verwandeln.

---

[10] Human embryonic stem cells: hES cells.

In diesem Zusammenhang sollten zwei phänomenale Labor-Entdeckungen nicht unerwähnt bleiben. Erstens, die Isolierung menschlicher embryonaler Stammzellen durch James Thomson, ein Veterinär am Primaten-Forschungszentrum der University of Wisconsin. Dieser nahm befruchtete Eizellen – übriggebliebene Embryonen aus der In-vitro-Fertilisation (IVF), die nicht in die Gebärmutter eingepflanzt worden waren – und kultivierte sie bis zur Keimbläschen-Phase, etwa vier bis sechs Tage lang. Dann entfernte er die äußere Hülle der Keimbläschen, separierte die Einzelzellen und legte sie auf ein Feeder-Zellschicht. Die Zellen teilten und vermehrten sich. Da diese Zellen noch undifferenziert sind – d.h. sie sind pluripotent und können sich zu jeder Gewebsart entwickeln –, sind sie die Zellen, aus denen andere Zellen entstehen. Und da sie sich unendlich vermehren, schuf Thomson im Grunde eine unsterbliche Linie embryonaler Stammzellen.

Es gelang zweitens einem Professor für Gynäkologie und Geburtshilfe an der Medizinischen Fakultät der Johns Hopkins University, John Gearhart, menschliche embryonale Keimzellen (hEG Zellen)[11] aus dem Keimdrüsengewebe eines Fötus zu gewinnen. Wenn diese Zellen einem abgetriebenen Fötus entnommen werden, ähneln sie den oben erwähnten, pluripotenten Stammzellen in fast allen Merkmalen.

Noch ungeklärt ist, ob hES Zellen und hEG Zellen tatsächlich identisch sind. In jedem Fall sind sie pluripotent und üben die gleiche Funktion aus. Es könnte sich natürlich herausstellen, dass unterschiedliche hES Zellen unterschiedliche Erbfaktoren haben, da sie entweder männlichen oder weiblichen Ursprungs sind. Die Keimbläschenphase der Embryogenese ist eine Phase, die die Geschlechtsbestimmung umgeht. Auch die Bedeutung der ursprünglichen Geschlechtsbestimmung ist noch unerforscht. Bis auf weiteres werden die zwei Stammzelltypen also gleich behandelt. Thomsons Zerstörung der Keimbläschen zum Erhalt von hES Zellen erregt jedoch die Gemüter.

Eines der ausstehenden Forschungsziele ist, in Erfahrung zu bringen, was Gene aktiviert bzw. deaktiviert. Sobald bekannt ist, wie ein Vererbungsprozess ausgelöst wird, wäre dieses Wissen auf die pluripotenten Stammzellen anwendbar und könnte dazu beitragen, das Wachstum von ausgewähltem Körpergewebe zu steuern. Besonderes organisches Gewebe, Herzgewebe oder andere Organe, wie die Bauchspeicheldrüse oder die Leber könnten im Labor herangezüchtet werden. Diese Organe wären gesund, wirkten verjüngend und könnten transplantiert werden.

Im Sinne einer Transplantation ohne Abstoßungskomplikationen müssten Mediziner das menschliche Immunsystem austricksen. Hier

---

[11] Human embryonic germ cells: hEG cells (Anm. d. Übers).

sind verschiedene Szenarien denkbar. Man könnte eine *universelle Spenderzelle* züchten, die mit jedem Organempfänger kompatibel wäre. Dafür müsste man die Aktivität der Gene in der Zelle unterbrechen oder verändern, die dem Empfänger-Immunsystem signalisieren (über die Proteine an der Zellaußenwand), dass das Organ fremd ist. Dieser Prozess wäre nicht leicht. Er involvierte die Störung von Genen in derselben DNA, in der wir veranlassen würden, dass andere Gene zum Ausdruck kommen. Wenn wir solche Zellen unter harschen Bedingungen mit einer Reihe unterschiedlicher Wirkstoffe außer Kraft setzten, könnte dies mehr als nur die gemeinten Oberflächenproteine beschädigen.

Denkbar wäre alternativ, und dieses Szenario wäre wohl vorzuziehen, dass wir Zellen herstellen, die genetisch mit dem Organempfänger kompatibel sind (*histokompatibel*) – d.h. Zellen mit identischem Genotyp. Wenn der Organ-Genotyp dem des Empfängers gliche, würde das Immunsystem das Organ nicht abstoßen.

Hier kommt das Klonen bzw. der Transfer des Somazellennukleus wieder ins Spiel. Denkbar wäre eine Methode, die eine zellkernlose menschliche Oozyte nähme (eine Eizelle, deren DNA Nukleus entfernt worden ist) und mittels Transfer des Somazellennukleus – Klonen – den DNA-Nukleus des zukünftigen Transplantat-Empfängers einfügte. So würden selektierte Gene aktiviert, wodurch spezielles Gewebe *ex vivo*, außerhalb des Körpers, gezüchtet und chirurgisch im Empfänger eingesetzt werden könnte. Da das implantierte Herz oder die Leber denselben genetischen Code hätte wie der Empfänger, würden sie nicht abgestoßen. So ungefähr sah das Dolly-Szenario aus. Es weicht jedoch insofern ab, als hier Organgewebe und kein ganzer Fötus gezüchtet würde.

Eine andere Variante, die sich klar vom Dolly-Szenario unterschiede, wäre die Vermeidung des Gebrauchs einer frischen Oozyte. Der Nukleus der Empfänger DNA würde anstatt in der Oozyte in eine Zelle eingepflanzt, die keine Eizelle, sondern eine Stammzelle selber wäre. Die Aufgabe der Laboranten läge in der Züchtung eines Organs in einer Stammzelle, die kein Ei wäre. Dies zu erreichen, erforderte weitere Forschung zu der Rolle des Zytoplasmas im Genausdruck, sowie eine Weiterentwicklung der Nukleustransfer-Technologie für die Einfügung in die winzigen Stammzellen.

Am 9. August 2001 verkündete US Präsident George Bush, dass seine Regierung die Forschung an existierenden Stammzell-Linien unterstützen wolle, die Vernichtung von Embryonen zum Schaffen neuer Stammzell-Linien jedoch kritisch betrachte. Der Präsident dachte, dass der ethische Disput damit beigelegt sei. Es zeigt sich jedoch, dass öffentliche Politik, Naturwissenschaft und Ethik enger zusammenhängen als möglicherweise angenommen.

Es ist schwierig, die zentrale ethische Frage zur Stammzellenforschung in einem Punkt zu bündeln, da beide Seiten in verschiedene Richtungen streben. Während die *Embyonenschutz*-Position fragt, wie die Würde des Embryos geschützt werden könne, ist die Gegenseite, die primär den Nutzen bzw. die Heilungschancen sieht, daran interessiert, wie die naturwissenschaftliche Forschung zu Fortschritten in der Gesundheit der Menschen und ihrem Wohlergehen beitragen kann. Beide Positionen führen in sich konsistente Argumente an, die vielleicht sogar miteinander kompatibel, jedoch in der Kontroverse verstrickt sind.

Die Vertreter der Embryonenschutz-Position verteidigen vehement das Leben des eindeutig hilflosen Embryo, der in den Händen der Laboranten und ihrer Experimente vom Tod bedroht ist. Der Gebrauch von Keimbläschen und abgetriebenen Föten ist für die Gegner Ansatzpunkt genug, die scientific community für die Entwertung menschlichen Lebens verantwortlich zu machen. Die Entwertung von Menschen am Lebensbeginn ermutige dazu, Schwache zu opfern; der Weg zur Eugenik etwa im Fall von behinderten oder älteren Menschen wäre nicht mehr weit. Papst Johannes Paul II. verglich im August 2001[12] die Vernichtung von Keimbläschen zum Erhalt von hES Zellen mit Kindermord. In ähnlicher Weise vergleichen die Embryonenschützer die Stammzelldebatte mit der um die Abtreibung.

Hier lautet die Kernthese, dass jeder menschliche Embryo ein winziger Teil eines Menschen ist. Die embryonale Stammzelle habe an sich Würde, da sie ein winziges menschliches Geschöpf sei. Und deshalb verdiene es der Stammzellenlieferant (der Embryo), vor den Wissenschaftlern geschützt zu werden, die ihn für medizinische Forschungszwecke vernichten würden. Die medizinische Maxime des Nicht-Schaden-Wollens ließe sich hier anführen; genau sie werde in der embryonalen Stammzellenforschung verletzt.

Dagegen betont die Heilungschancen-Position, dass das Prinzip des Nutzens über dem des Nicht-Schaden-Wollens stehe. Von dem Versuch, Schaden einzugrenzen abgesehen, sind primär Gesundheit der Menschen und ihr Wohlergehen aktiv zu verfolgen, wenn schon an den Nutzen appelliert werde. Zentral sei hier nur das Gute, das die Stammzellenforschung verspreche – Nutzen als Form von *Agape*, selbstloser Liebe. Für die christlichen Befürworter medizinischer Forschung ist Jesu eigene Berufung zum Heilen, das den Jüngern zum Beispiel wurde, ein entscheidender Punkt. Viele Krankenhäuser tragen dieser Gesinnung Rechnung – sie heißen beispielsweise „Barmherziger Samariter“ nach der Schlüsselfigur in einer der Parabeln Jesu, in der ein vernachlässigtes Gewaltopfer geheilt wird. Von hier aus betrachtet,

[12] In einem Gespräch in Castel Gandolpho.

leistete die medizinische Forschung einen wichtigen Beitrag zu Gottes heilenden Taten auf der Erde.

Embryonenschützer werfen den Nutzen-Befürwortern krassen Utilitarismus vor. *In vitro* würden unschuldige Menschen für zukünftige Krankenhauspatienten geopfert. Befürworter der Stammzellenforschung aber weisen diesen Utilitarismus-Vorwurf zurück und gestehen dem Embryo in seinem frühen Stadium durchaus Würde zu. Es sei hier bemerkt, und das ist nicht unbedeutend, dass hES Zellen von überschüssigen Embryonen genommen werden, d.h. von befruchteten Eizellen, die in den Kliniken entsorgt würden. Solche überschüssigen Embryonen würden ohnehin vernichtet. Die Vertreter der Nutzen-Position fördern nicht unbedingt die Erzeugung neuer Embryonen, um sie der Laborforschung zu opfern; es reichte ihnen auch, anderen für die Entsorgung vorgesehenen Entitäten lebensspendendes Potential zu entnehmen, um daran zu forschen. Die Vertreter der Nutzen-Position achten die Würde des jungen Embryos. Stammzellenforschung sei aber dadurch gerechtfertigt, dass sie in Aussicht stelle, die Gesundheit des Menschen im Allgemeinen zu verbessern.

Die Zeugung neuer Embryonen mit dem Ziel der Vernichtung im Labor bedürfte einer zusätzlichen ethischen Rechtfertigung. Diese könnte die Entwicklungsmedizin liefern, besonders dort, wo an einer sog. 14-Tage-Regel festgehalten wird. Diese beruht auf der Beobachtung, dass sich, bis sich ein Embryo an die Gebärmutterwand bewegt hat und es zur Einnistung gekommen ist, noch kein individueller Fötus ausgebildet hat. Zwillinge können noch entstehen bis sich der Primitivstreifen (Verdickung im Ektoderm) gebildet hat, der zum Rückenknochen wird und ein Individuum entstehen lässt. Dadurch, dass dem Embryo vor dem 14. Tag seine Individualität aberkannt wird, rechtfertigen manche Ethiker die Forschung zu früheren Entwicklungsstadien. Stammzellen werden zwischen dem vierten und dem sechsten Tag gewonnen.

Der Vatikan lehnt die 14-Tage-Regel kategorisch ab. *Donum Vitae* (1987) und darauf folgende päpstliche Verlautbarungen wiederholen die klassische kreationistische Doktrin, die sie auf den sog. Moment der Empfängnis anwenden: Bei der Befruchtung der Eizelle durch das Sperma beim Sexualverkehr, so Johannes Paul II., sei ein dritter Faktor präsent. Gott verleihe der Zygote eine Seele, die er neu schaffe. Die Präsenz dieser ewigen Seele schaffe die Persönlichkeit und gebe dem Embryo Würde. Deswegen sei er unantastbar und unbedingt schützenswert.

Der Vatikan und andere Verfechter des Embryonenschutzes behaupten, dass nicht nur der Gebrauch embryonaler Stammzellen unethisch, sondern auch unnötig sei. Die Befürworter dieser These argumentieren, dass Stammzellen aus nicht-embryonalem, also adultem Gewebe oder *adulten Stammzellen*, einen therapeutischen Wert haben, der dem der embryonalen Stammzellen gleiche. Dieser Behauptung zufolge mache der Gebrauch adulter Stammzellen den Einsatz embryonaler Stammzellen überflüssig und umgehe dadurch viele ethische Probleme.

Die Wissenschaftsjury ist von dem therapeutischen Wert adulter Stammzellen allerdings nicht überzeugt. Obwohl allgemein anerkannt ist, dass adulte Stammzellen für manche Therapien wertvoll sind (z.B. zur Knochenmarktransplantation), bleibt doch die Frage, ob sie genauso potent sind wie embryonale Stammzellen. Wir erinnern uns, dass sich der potentielle therapeutische Wert embryonaler Stammzellen von zwei Charaktermerkmalen dieser Zellen herleitet: 1. ihrer Pluripotenz, d.h. sie können sich zu jeder Art von Gewebe im Körper ausformen und 2. die Unsterblichkeit der Zellbahnen, d.h. sie können sich unendlich vervielfältigen. Haben adulte Stammzellen diese Charakteristika? Dem scheint nicht so. Jüngste Studien legen nahe, dass adulte Stammzellen mehr Zelltypen produzieren können als einmal angenommen. Sie sind aber längst nicht so plastisch wie embryonale Stammzellen und anscheinend nicht unsterblich. Für viele mindern diese Begrenzungen das therapeutische Potential adulter Stammzellen.

Die Wissenschaft verändert sich jedoch. Studien, die die Pluripotenz adulter Stammzellen nachweisen, könnten tatsächlich richtungsweisend sein. Die Forscher von morgen könnten zeigen, dass adulte Stammzellen den gleichen therapeutischen Wert haben wie embryonale Stammzellen. Deshalb haben Befürworter der Forschung an adulten Stammzellen Recht, uns an den therapeutischen Wert des adulten Gewebes zu erinnern. Sie irren jedoch, wenn sie mit dem Wert der adulten Stammzellen für eine grundsätzliche Einstellung der Forschung an embryonalen Stammzellen argumentieren. So fruchtbar die Forschung an adulten Stammzellen sein mag, der Wert der embryonalen Stammzellforschung kann nicht in Abrede gestellt werden.

Es mag sein, dass die Vertreter der Embryonenschutz-Position embryonale Stammzellenforschung aus ethischen Gründen ablehnen, aus wissenschaftlichen sollten sie dies jedoch nicht tun. Wissenschaftlich betrachtet sind adulte Stammzellenforschung und embryonale Stammzellenforschung nicht miteinander vergleichbar.

Genetik, Kultur und Religion

In der Genetik manifestiert sich die unumgehbare, gegenseitige Beeinflussung von Naturwissenschaft, Kultur und Religion. Der Alltag der Laborforschung ist untrennbar mit seinem übergeordneten kulturellen Rahmen verbunden und kann sich dem Diktum der breiten Öffentlichkeit nicht verschließen, das Erbanlagen mit Determinismus gleichsetzt. Theologen bewegen sich zwischen den Welten. Sie müssen sowohl den Wissenschaftlern, auch manch Hinterbänklern, als auch der größeren kulturellen Kakophonie Gehör schenken und versuchen, auf beide adäquat zu reagieren. Der Druck verstärkt sich dadurch, dass die Politik eine Grundsatzerklärung dazu fordert, was in der Grundlagenforschung und der daraus hervorgehenden Medizintechnologie erlaubt ist. Weder der Wissenschaftler noch der Theologe sind also gesellschaftlich entbehrlich.

Fast alle Christen, auf katholischer und evangelischer Seite, die sich der Herausforderung der neuen Erkenntnisse in der Genetik stellen, sind sich über fundamentale theologische Axiome einig. Erstens gehen sie davon aus, dass Gott der Schöpfer der Welt ist und dass sich Gottes Schöpfungswerk bis in die Gegenwart erstrecke. Gottes Schöpfung setzte sich in und durch die natürliche Auslese von Genen und auch im menschlichen Eingriff in die natürlichen Prozesse fort. Zweitens seien die Menschen als Gottes Ebenbild geschaffen; auch dadurch sei das göttliche Ebenbild der Menschheit mit der Schöpfertätigkeit verbunden. Gott schaffe. Und so auch wir. Immer öfter bezeichnen Theologen den Menschen als „Mitschöpfer“ mit Gott. Der Mensch leiste seinen eigenen Beitrag zum Entwicklungsprozess. Um zu vermeiden, dass wir Menschen der Hybris verfallen, wir seien Gott gleich, der uns zuerst geschaffen hat, müssen wir „geschaffen“ hinzufügen – wir sind also „geschaffene Mitschöpfer“. Während sich in dieser Bezeichnung unsere Abhängigkeit von Gott manifestiere, stelle sie auch unser menschliches Potential und unsere Verantwortung klar heraus. Drittens siedeln die religiösen Axiome die Würde des Menschen hoch an.

Mit dem Begriff *Würde* beziehen sie sich auf Immanuel Kant, der den Menschen als Zweck an sich, nicht als Mittel zu einem anderen Zweck verstand. Während die Kirchenleitungen verantwortungsbewusst mit den neuen Entwicklungen des Humangenomprojekts umzugehen haben, können wir eines vorhersehen: Die Betonung der Würde wird im Durchdenken der ethischen Implikationen der Genmanipulation entscheidend sein. Sich für die Würde einzusetzen ist eine Form der Generierung ethischer Implikationen daraus, was Theologen sicher sagen können, nämlich dass Gott jeden Menschen liebt wie er ist, unabhängig von seiner genetischen Struktur, und deshalb sollten wir, diesem Vorbild folgend, einander lieben.

Literatur

Bruce, Donald/Bruce, Ann (Hg.), *Engineering Genesis: The Ethics of Genetic Engineering*, London 1999.
Chapman, Audrey R., *Unprecedented Choice: Religious Ethics at the Frontiers of Genetic Science*, Minneapolis 1999.
Cole-Turner, Ronald (Hg.), *Human Cloning: Religious Responses*, Louisville 1997.
Cooke-Deegan, Robert, *The Gene Wars*, New York 1996.
Davies, Kevin, *Cracking the Genome*, New York 2001.
Evangelical Lutheran Church in America, *Human Cloning: Papers from a Church Consultation*, Chicago 2000.
Hamer, Dean H./Hu, Stella/Hu, Nan/Magnuson, Victoria L./Pattaucci, Angela M. L., „A Linkage Between DNA Markers on the X Chromosome and Male Sexual Orientation", *Science* 261 (16. Juli 1993): 321–327.
Hefner, Philip, *The Human Factor*, Minneapolis 1993.
Holland, Suzanne/Lebacqz, Karen/Zoloth, Laurie (Hg.), *The Human Embryonic Stem Cell Debate*, Cambridge 2002.
International Human Genome Sequencing Consortium, „Initial Sequencing and Analysis of the Human Genome", *Nature* 409 (15. Februar 2001): 860–921.
Kevles, Daniel J./Hood, Leroy (Hg.), *Code of Codes: Scientific and Social Issues in the Human Genome Project*, Cambridge, MA 1992.
National Bioethics Advisory Commission, *Cloning Human Beings* (Juni 1997).
National Institutes of Health, *Stem Cells: Scientific Progress and Future Research Directions* (2001).
Peters, Ted, *Playing God? Genetic Determinism and Human Freedom*, New York 1997.
–, *For the Love of Children: Genetic Technology and the Future of the Family*, Louisville 1998.
– (Hg.), *Genetics: Issues of Social Justice*, Cleveland 1998.
Shannon, Thomas A. (Hg.), *Bioethics*, New York [3]1987.
Shinn, Roger L., *The New Genetics: Challenges for Science, Faith, and Politics*, Wakefield, RI/London 1996.
Venter, Craig J. et al., „The Sequence of the Human Genome", *Science* 291 (16. Februar 2001): 1304–1351.
Wilmut, Ian, „Viable Offspring Derived from Fetal and Adult Mammalian Cells", *Nature* 385 (Februar 1997): 810–813.

Neurowissenschaft, Mensch und Gott

Philip Clayton

Es gibt zwei Extrempositionen, die, wären sie wahr, jeden bedeutenden Dialog zwischen den Neurowissenschaften und der Vorstellung vom Selbst in vielen der Weltreligionen zum Erliegen brächten: auf der einen Seite ein stark ausgeprägter *Dualismus* – der Geist und Körper als separate Substanzen begreift –, der unsere geistigen Erfahrungen immer mehr aus dem Feld der wissenschaftlichen Untersuchung rückt; auf der anderen Seite gleichsam eliminative Formen des Materialismus, die mentale Phänomene zu erklären versuchen, indem sie sie ausschließlich auf die grundlegenden physikalischen Prozesse reduzieren, aus denen sie hervorgehen. Die erste dieser beiden Extrempositionen, der stark ausgeprägte Dualismus, ist in der jüngsten Forschung scharf kritisiert worden. Der zweiten ist weniger Aufmerksamkeit und weniger konstruktive Kritik entgegengebracht worden. Dieser Unterschied ist signifikant. Eliminative neurowissenschaftliche Ansätze meinen den Glauben an Gott wegerklären und manchmal sogar den Glauben an das Bewusstsein aus dem Bereich des Plausiblen rücken zu können. Eine Form des eliminativen Materialismus ist die *Suffizienzthese*, derzufolge neurowissenschaftliche Erklärungen allein menschliches Verhalten hinreichend erklären können. Im vorliegenden Kapitel möchte ich die Suffizienzthese in Frage stellen.

Sobald die Grenze zwischen den beiden Sichtweisen – dem Dualismus und dem eliminativen Materialismus – überwunden ist, präsentiert sich uns eine Bandbreite an interessanten Möglichkeiten zum Verhältnis zwischen Neurowissenschaften und religiösen Vorstellungen vom Selbst. Auf den folgenden Seiten möchte ich einige Arten erkunden, wie die jüngste Neurowissenschaft von Erkenntnissen aus den Weltreligionen ergänzt werden kann, um eine adäquatere Theorie des Menschen zu entwickeln. Die Neurowissenschaften zeigen, wie tief unsere subjektiven mentalen Erlebnisse von physikalischem Input und physikalischen Prozessen gesteuert werden. Trotzdem lassen sich die Beziehung zu einer sinnhaften Welt und die Konstruktion derselben sowie individuelle Erfahrungen von *qualia* (subjektiven Faktoren bewusster Erfahrung) nicht auf die physikalischen Inputs und Prozesse reduzieren.

In diesem Kapitel vertrete ich eine Form der Supervenienztheorie, die besagt, dass mentale Ereignisse im Gehirn von ihrem physikalischen Substrat abhängen, aber nicht auf dieses reduzierbar sind. Den Determinismus einer *starken* Supervenienz in Frage stellend, verteidige ich eine *schwache* Form der Supervenienz, die dem Gehirn echte Verursachung einräumt; nicht alles menschliche Verhalten hat rein neuronale Ursachen. Aus dieser Sichtweise ergibt sich die Emergenztheorie der Person: Mentale Phänomene entspringen einem unglaublich komplexen physikalischen System, dem Gehirn; gleichzeitig stellen sie eine genuin neue Erklärungsebene in der Welt dar. Letztendlich ist diese Position jedoch eher *monistisch* als dualistisch: Wir stoßen auf viele Eigenschaften in der Welt, nur eine Entität vereint jedoch alle diese Eigenschaften in sich. Die daraus folgende Position, der *emergente Monismus*, trägt einer Vielfalt an Eigenschaften in der Welt Rechnung. Bei gleichzeitiger Rückbindung an neurowissenschaftliche Studien und deren Erkenntnisse ist diese Sicht zudem für religiöse Applikationen und Interpretationen offen. Sie lässt also eine naturwissenschaftlich informierte Sicht des Menschen zu, ohne dass sie religiöse und philosophische Behauptungen ausschlösse. Viele religiöse Traditionen legen ihrer Interpretation eine noch höheren Ordnung von Emergenz zugrunde (obwohl das Konzept einer äußersten Wirklichkeit eindeutig über das natürliche Ordnungsgefüge als Ganzes hinausgehen würde).[1]

In der aktuellen Diskussion um Neurowissenschaft, Psychologie und Geist herrscht ein verwirrendes Durcheinander von Ansätzen zum Verständnis des Menschen. Und doch gehen diese Möglichkeiten immer wieder auf eine fundamentale Entscheidung zurück: Können die Neurowissenschaften hinreichend erklären, was den Menschen ausmacht? Viele Neurowissenschaftler, längst aber nicht alle, vertreten die sog. *Suffizienzthese.* Sie meinen, dass es in Zukunft nur der Neurowissenschaft bedürfe, um den Menschen zu erklären. Vom Gegenteil gehen die Advokaten der sog. *Insuffizienzthese* aus; sie prophezeien der Neurowissenschaft, an dem Anspruch, alles erklären zu wollen, was den Menschen ausmacht, zu scheitern. Ich werde im Folgenden die Insuffizienzthese verteidigen, nicht aus Ignoranz gegenüber den erklärerischen Möglichkeiten der Neurowissenschaften (das läge mir fern!), sondern weil es Dinge in der Natur des Menschen gibt, die *prinzipiell* außerhalb seiner Reichweite liegen. Dieses „Mehr“, das im explanatorischen Potential der Neurowissenschaft gründet, aber über diese hinausgeht, wird in unterschiedlichen Kontexten *Bewusstsein* ge-

---

[1] Theologisch könnte man meine Position insofern als dualistisch bezeichnen, als ich glaube, dass Gott wesentlich anders ist als die Welt. Eine Verteidigung dieser Position, des emergenten Panentheismus, findet sich in *God and Contemporary Science*, Grand Rapids 1997. Weiter unten werde ich diese Thematik noch einmal aufnehmen.

nannt[2], *ursprüngliche Intentionalität*[3] oder *Fürsorge*[4]. Um die Diskussion über Suffizienz und Insuffizienz nachvollziehen zu können, muss man verstehen, was mit Intentionalität gemeint ist und warum sie eine entscheidende Rolle in der derzeitigen Debatte über die Neurowissenschaften, den Menschen und Gott spielt.

Emergenter Non-Reduktionismus und Geist

Die Untersuchung des Menschen erfordert nicht nur all das Wissen, das wir über das Gehirn und seine Funktionsweisen erlangen können, sondern auch die Analyse der Ebene, auf der Gedanken entstehen, die sich nicht nur im Lichte ihres physikalischen Inputs und ihres Charakters beschreiben und erklären lässt, sondern auch auf dem Hintergrund dessen, was sie *intrinsisch* ausmacht. Das stellt uns vor eine Herausforderung. Wie sind diese so verschiedenen Ebenen zusammenzubringen, und in welchen Rahmen sind sie zu stellen? Ich schlage vor, bei der Person des Menschen als *psychosomatischer Einheit* anzusetzen. Der Mensch hat physikalische, biologische und mentale Kapazitäten, die ein Netz vielfacher Verknüpfungen untereinander bilden. Wie funktionieren diese Verbindungen?

Was ist unter dem allgemeinen Begriff *Person* zu verstehen? Eine Person sind wir, da wir die Fähigkeit haben, menschlich sozial zu interagieren: indem wir unseren Arbeitskollegen loben, unsere Dinnerparty planen, das Ziel verfolgen, bis zum nächsten Jahr unseren Uniabschluss gemacht zu haben – und indem uns andere (zumindest manche) Menschen als moralische Agenten bewusst sind, die genau so viel wert sind und die die gleichen Rechte haben wie wir. Dies sind die Grundkonzepte des Person-Seins, mit denen die sozialwissenschaftliche Forschung (Psychologie, Soziologie und Kulturanthropologie) operiert; sie manifestieren sich literarisch in allen Kulturen dieser Welt und spielen in der Mehrheit der Weltreligionen eine zentrale Rolle. Natürlich stellen sich schwierige Fragen: Wann beginnt jemand, eine Person zu sein? Ist für das Person-Sein eine metaphysische Basis nötig, wie die Einpflanzung einer Seele oder einer Person-Substanz? Verlaufen Entwicklung und Ende allmählich? Kann die Person in einem Menschen ausgelöscht werden? Ist sie eine legale oder soziale Erfindung oder eine theologische Realität? Derartig weit gesteckte philosophische Fragen sind sehr wichtig für eine umfassende Definition des Person-Seins und dadurch Teil der Diskussion, die Neurowissenschaftler und religiös

[2] S. Chalmers, Nagel, Jackson, McGinn.
[3] S. Searle.
[4] S. Haugeland. Dieser spricht im Englischen von *caring* (Anm. d. Übers.).

gesinnte Personen führen müssen, um einen gemeinsamen Grund zu finden.

Von der Perspektive dieser weiten Fragen aus betrachtet, erfordert Person-Sein eine Untersuchungsebene, die sich nicht in ein Körper- oder Gehirn-Stadium übertragen lässt – egal, wie vollständig unsere neurowissenschaftlichen Beschreibungen auch sein mögen. Natürlich setzt Person-Sein diese Stadien voraus, stellt aber auch eine Erklärungsebene dar, die sich von Erklärungen auf der Ebene unserer „Festplatte“ abhebt. Brian Cantwell Smith schreibt dazu:

> Zuerst existieren Du und ich gar nicht in [physikalischen Erklärungen] – *als Menschen*. Wir mögen Materie sein, göttlich, sozial, verkörpert, was auch immer – aber als Menschen tauchen wir in der Gleichung des Physikers nicht auf. Wir sind, oder hier eher, unsere Leben sind vielmehr wie eine Gruppe verbundener, nicht sehr gut gezeichneter, leicht zuckender vierdimensionaler Würmer oder Nudeln: in der zeitlichen Ausdehnung wesentlich länger als in der räumlichen. Wir sorgen uns ungeheuerlich um diese Nudeln. Nicht jedoch die Physik: Sie konzentriert sich nicht auf den Aspekt der Person, die Einheit oder die Andersartigkeit von unzähligen anderen Würmern oder typische Merkmale unserer Körperlichkeit.[5]

Die Terminologie der Physik und die des Person-Seins überlappen nur teilweise; sich nur der Handwerkszeuge des einen zu bedienen würde dem anderen nicht gerecht. Den Menschen aus einer rein physikalischen Perspektive darzustellen, wäre so als sagte man: Da eine Universität nicht ohne finanzielle Mittel überleben kann (d.h. indem sie aus irgendeiner Quelle Einkommen bezieht), *ist sie nur* diese wirtschaftliche Einheit, die Ökonomen hinsichtlich der Einkünfte und Ausgaben beschreiben. Man könnte sagen, dass die Verwirrung eine Verwirrung notwendiger und hinreichender Bedingungen ist. Ein lebender Körper und ein funktionierendes Gehirn sind *notwendige* Bedingungen des Person-Seins. Die terminologische Weite in der *Logik* dieser Begriffe legt jedoch nahe, dass sie nicht *hinreichende* Bedingungen sind. Person-Sein ist nicht vollständig in Begriffe einer „niedrigeren Ebene“ übersetzbar; Menschen erleben kausale und phänomenale Eigenschaften (*qualia*), die einzigartig persönlich sind.

Emergente Supervenienz

Die philosophische Idee der Supervenienz eignet sich in der Diskussion um Neurowissenschaft und Mensch gut als kontextuelle Brücke. Das

---

[5] Brian Cantwell Smith, unveröffentlichter Beitrag für das Forschungsprojekt Science and the Spiritual Quest in www.ssq.net: 3.

Konzept der Supervenienz geht davon aus, dass ein Abhängigkeitsverhältnis zwischen mentalen und physischen Phänomenen besteht, lehnt die Reduktion des Mentalen auf das rein Physische jedoch ab. Es sei bemerkt, dass es bei Supervenienz um Eigenschaften oder phänomenale Strukturen geht und nicht um Beziehungen zwischen zwei „Dingen" oder Substanzen wie *Geist* und *Körper*.

Als das Konzept der Supervenienz entstand, wurde es zunächst als Beschreibung der Art verwendet, wie das Fällen eines ethischen Urteils von einem bestimmten physischen Zustand abhängt, auf diesen jedoch nicht reduzierbar ist. Das Konzept hielt einen triumphalen Einzug in die Geist/Körper-Debatte durch einen frühen Artikel von Donald Davidson zu *mentaler Kausalität*. Davidson schrieb:

> Obwohl die Position, die ich vorstelle, die Existenz psychophysischer Gesetzmäßigkeiten leugnet, deckt sie sich mit der Sicht, dass mentale Charakteristika in gewisser Weise abhängig von oder zusätzlich zu den physischen Charakteristika sind. Eine derartige Supervenienz könnte angeführt werden, um zu behaupten, dass es nicht sein kann, dass zwei Ereignisse physisch gleich sind, aber in einigen mentalen Punkten differieren, oder dass sich etwas mental, aber nicht physisch verändert. Abhängigkeit bzw. Supervenienz dieser Art schließt Reduzierbarkeit [sic] durch Gesetzmäßigkeit oder Definition aus: Schlösse sie sie ein, könnten wir moralische Eigenschaften zu deskriptiven reduzieren. Gute Gründe sprächen jedoch dagegen.[6]

Was aber ist mit dem wechselseitigen Abhängigkeitsverhältnis zwischen Mentalem und Physischen gemeint? Nennen wir die Position einmal *stark supervenient*, laut der das Physische das Mentale in seiner Emergenz und allem Folgeverhalten bestimmt. Godehard Bruntrup spricht von einer starken Supervenienz-Beziehung, „Mikro-Merkmale steuern Makro-Merkmale vollständig (Mikro-Determinismus) ... Wenn mentale Eigenschaften in diesem Sinne Makro-Merkmale sind, sind sie als mentale Eigenschaften kausal ineffektiv."[7] Auf diese Sichtweise der physisch/mentalen Beziehung könnte man erwidern, dass es allgemeine physikalische Gesetzmäßigkeiten gibt, sodass, wären sie bekannt, das Auftreten eines jeden mentalen Ereignisses vorhersagbar wäre, auf der Basis eines hinreichend vollständigen Wissens über das Gehirn, seine Struktur, und seine Inputs in Vergangenheit und Gegenwart.

Das Argument der starken Supervenienz ist jedoch nicht spannungsfrei. Jaegwon Kim, einer ihrer bekanntesten (ehemaligen) Befürworter, gesteht ein: „Der non-reduktive Materialismus ist keine stabile Position. Aus verschiedenen Richtungen wird Druck ausgeübt, der ihn

[6] Davidson in Kim 1993: 138f.
[7] Bruntrup 1998: 133–145.

entweder in die Ecke eines totalen Eliminativismus bzw. die eines expliziten Dualismus drängt."[8] Der „non-reduktive Materialismus" ist v.a. so instabil, weil er für mentale Ursachen keinen Raum lässt; wie das Ergebnis aussieht, scheint von unten her bestimmt zu sein (von der physikalischen Ebene), wobei dem Mentalen kein „Spielraum" gelassen wird, überhaupt etwas zu tun. Zuweilen werden mentale Phänomene zu reinen Epiphänomenen; ihre Realität ginge dann auf Kosten des kausalen Erklärungsvermögens.

Die Frage lautet also, ob es ein Modell gibt, das mit unserem heutigen und in Zukunft erwartbaren Wissen über das Gehirn vereinbar und auch mit einem real kausalen Einfluss mentaler Phänomene übereinstimmt? Nicht nur die Populärpsychologie – die allgemeine Art, über Menschen zu sprechen – hängt von einer adäquaten Theorie mentaler Kausalität ab, sondern auch die Plausibilität zentraler Glaubenssätze vieler Weltreligionen. Starke Supervenienz-Theorien könnten Erklärungsansätze dafür liefern, wie religiöser Glaube und Erfahrungen als Produkte der menschlichen Physiologie entstehen. So sehr derartige Ansätze auch die psychologische und entwicklungsgeschichtliche *Funktion* des religiösen Glaubens zu deuten vermögen, wären sie nicht in der Lage, die *Wahrheit* religiösen Glaubens zu erklären. Physikalisch gesehen gibt es keine Möglichkeit zu erkennen, ob bestimmte religiöse Einsichten *richtig oder falsch* sind (es sei denn, die Physikalisten nähmen an, dass sie alle falsch sind); und für die Einflussnahme einer körperlosen göttlichen Macht in der Welt wäre definitiv kein Platz. Zuerst schien das Supervenienz-Konzept die Art Rahmen zu bieten, der eine Verknüpfung der Hirnforschung mit den Erfahrungen unseres mentalen Lebens erforderte. Aber die starke Supervenienz konfligierte sowohl mit der Populärpsychologie als auch mit vielen religiösen Wahrheitsansprüchen.

Könnte man also eine „schwächere" Version des Abhängigkeitsverhältnisses von Geist und Körper formulieren? Angenommen, wir definierten *schwache Supervenienz* so, dass physische Strukturen und Ursachen, obwohl sie das Mentale zunächst entstehen lassen, die Ausformung des mentalen „Lebens" nach seiner Entstehung nicht ganz oder ausschließlich bestimmen. Diese Sicht gründete auf der Abhängigkeit von der Genese, da sie den Ursprung der geistigen Phänomene in den physikalischen Bedingungen verankert, ohne die es keine mentalen Phänomene gäbe. Aber sie geht nicht von einer totalen, *bottom-up* Determination des Mentalen vom Physikalischen aus – daher meine Verteidigung der Insuffizienzthese (s. o.) –, obwohl der Grad des bottom-up Einflusses natürlich unser derzeitiges Wissen weit überstei-

[8] Kim in Warner/Szubka 1994: 242–260; Kim 1998.

gen wird. Schwache Supervenienz hält also an der zentralen These der Supervenienz-Theorie fest: Das Mentale hängt vom Physischen ab, ist aber nicht auf selbiges reduzierbar. Einer der Gründe, die schwache der starken Supervenienz vorzuziehen, liegt in dem Glauben an mentale Kausalität: Es gibt genuin mentale Ursachen, die nicht Produkte physikalischer Ursachen sind. Die Kausalgeschichte des Mentalen lässt sich nicht in rein physikalischen Begrifflichkeiten erzählen, und das Resultat mentaler Ereignisse wird nicht von Phänomenen auf der physikalischen Ebene allein bestimmt.

Von der schwachen Supervenienz aus ließe sich eine Emergenz-Theorie der Supervenienz und so auch eine Emergenz-Theorie menschlichen Person-Seins formulieren. Der intellektuelle Hintergrund der emergenten Supervenienz führt zu den britischen Emergenztheoretikern der 20er und 30er Jahre. Wie Jaegwon Kim herausstellt, gingen die frühen Emergenztheoretiker davon aus, „dass die supervenienten bzw. emergenten Qualitäten notwendigerweise immer dann zum Ausdruck kommen, wenn, und nur wenn, angemessene Bedingungen auf der Grundebene vorliegen; manche Emergenztheoretiker legten eine besonders starke Betonung darauf, dass das Phänomen der Emergenz mit dem Determinismus konsistent sei. Trotzdem sei das Emergierende im Lichte seiner ‚basalen' Bedingungen nicht reduzibel oder reduktiv erklärbar."[9]

Eine Eigenschaft ist ergo nur emergent, wenn Gesetze *nicht* mit Begrifflichkeiten einer niedrigeren Ebene formuliert werden können, die ihr Auftreten und Verhalten vorhersagten, z.B. durch ihre Reduktion auf Grenzbedingungen anderer allgemein anerkannter Gesetze auf dieser Ebene. In Fällen, in denen wir Phänomene auf höheren Ebenen und niedrigeren Ebenen mit der selben bottom-up Präzision aufeinander beziehen können, mit der wir physikalische Bedingungen, die die Entwicklung eines thermodynamischen Systems im Phasenraum (*phase space*) formulieren können, liegt keine emergente Supervenienz vor. Eine Reihe von Phänomenen ist nur emergent, wenn eine umfangreiche Beschreibung der zugrunde liegenden physikalischen Zustände, auch wenn sie notwendig sind, nicht hinreichend ist, die emergenten Eigenschaften zu erklären. So scheint die Neurowissenschaftlerin Leslie Brothers von einer emergenten Bedingung auszugehen, wenn sie menschliches Sozialverhalten auf der Basis „der Darstellung des generalisierten Anderen" und des irreduziblen Charakters der Rede in der ersten Person Singular erklärt – wir gehen davon aus, dass sie diese Begriffe benutzt, um sich auf eine genuin psychologische Realität zu beziehen, die mehr ist als die zugrunde liegenden physikalischen Re-

[9] Kim 1993: 138.

alitäten, und nicht nur eine andere Manifestation.[10] Man müsste auch auf die Terminologie der Emergenz zurückgreifen, wenn die menschlich-subjektive Wahrnehmungsqualität (wie z.B. rot sehen oder verliebt sein) zumindest teilweise selbsterklärlich wäre.

Um mein Argument noch einmal aufzunehmen: Emergente Supervenienz bietet einen plausiblen Konzeptualisierungsrahmen mentaler Eigenschaften des Menschen auf dem Hintergrund der aktuellen Neurowissenschaft. Harmonisiert sie auch mit dem, was die Weltreligionen über das Wesen des Menschen aussagen? Ich glaube schon. Wie wir wissen, haben die religiösen Traditionen noch mehr zu emergenten Eigenschaften, ihren Quellen und ihren finalen Sinn zu sagen. Durch ihre Unabhängigkeit vom wissenschaftlichen Ruf nach „Wertneutralität" fordern Religionen richtige Handlungen, gerechte Beziehungen zwischen Menschen und (in theistischen Fällen) ein rechtes Verhältnis zu Gott. Zur Erklärung dieses normativen Bildes von der Persönlichkeit des Menschen möchten Theologen gerne auf der Basis ihrer Tradition erklären, warum die biologische Welt derartige emergente Eigenschaften, wie wir sie beim Menschen antreffen, entstehen lassen könnte. Der perspektivische Unterschied sollte jedoch betont werden, damit es nicht so erscheint als widersprächen sich Religion und Naturwissenschaft. Wenn religiös Denkende und Theologen normativ sprechen, beschränken sie sich nicht auf das, was aus der Empirie geschlossen werden kann; so können ihre Behauptungen oft nicht so empirisch verifiziert werden wie Forschungsarbeiten der Neurowissenschaft. Auf der anderen Seite gibt es in der emergenten Supervenienz nichts, was eine religiöse Interpretation erforderte; es ist nicht eine Art natürlicher Theologie. Von *Emergentismus* auszugehen, ist meines Erachtens für ein adäquates Verständnis der Person des Menschen notwendig, reicht jedoch für eine religiöse Anthropologie nicht aus.

Die Naturwissenschaft könnte die Sorge äußern, dass meine Position Forschung und so den Fortschritt in der Neurowissenschaft ausschließen könnte. Restringiert sie die Arbeit der Empiriker? Ich würde das nicht sagen. Emergenztheoretiker sollten nicht weniger an Gehirnfunktionen und neurologischen Erklärungen interessiert sein als Physikalisten. Sie achten nur darauf, dass das „so weit wie möglich" nicht so weit geht, dass es das Mentale erschöpfend erklärt – es sei denn, Teile dieser Erklärung können nur in irreduziblen mentalen Begriffen geliefert werden! Wenn man über die subjektive Erfahrung des Verliebtseins oder der Selbstwahrnehmung spricht, ist das irreduzibel mental; solch mentale Phänomene bedienen eine besondere Form kausalen Einflusses.

---

[10] Vgl. Brothers 1997.

Drei Arten der Abhängigkeit von unserem Gehirn

Indem ich sowohl den Dualismus als auch einen starken Reduktionismus mied und mich stattdessen der Quellen der aktuellen Emergentismus widmete, habe ich versucht, einen philosophischen Rahmen zu setzen, der den neuesten Studien zur Rolle des Gehirns bei der Entstehung mentaler Phänomene sowie der menschlichen Erfahrung von Person-Sein gerecht wird. Wie allgemein üblich, habe ich die daraus folgenden Positionen als Supervenienztheorien des Bewusstseins klassifiziert. Wir stießen jedoch auf Spannungen innerhalb dieses Rahmens, die sich mit solchen, in der alten *Dualismus gegen Reduktionismus*-Debatte präsenten vergleichen lassen. Die Sicht der Suffizienzthese, dass menschliches Verhalten letztendlich erschöpfend von den Neurowissenschaften erklärt werden wird, teilen manche Diskussionsteilnehmer, andere wiederum nicht.

Da beide Seiten dieser neuen Diskussion die Annahme einer Abhängigkeit mentaler Phänomene vom Gehirn teilen, scheint sich die Ambivalenz vom Verständnis dieser Abhängigkeit abzuleiten. In der Literatur finden sich drei verschiedene Charakterisierungsarten des Abhängigkeitsverhältnisses mentaler Zustände von physikalischen Zusammenhängen. Alle drei suggerieren, dass mentale Phänomene Ebenen der Komplexisierung darstellen, die von physiologischen Zusammenhängen und Prozessen abhängen, ohne jedoch gänzlich auf diese niedrigeren Ebenen reduzierbar zu sein. Wie verhält sich nun die Komplexität der mentalen Erfahrung zu ihrer neurologischen Basis?

1. Die komplexere Ebene könnte über klare Gesetze zu den niedrigeren Ebenen in Beziehung gesetzt werden (sog. *nomologische Supervenienz*). Bei dieser Position lassen sich mentale Phänomene wissenschaftlich aus den Gesetzen heraus erklären, die das Verhalten von Neuronen und Synapsenverbindungen steuern, selbst wenn sich die supervenienten Eigenschaften nur auf der Ebene des Gehirns als Ganzem erfassen lassen. R.M. Hare geht in seiner bahnbrechenden Studie von dieser nomologischen Supervenienz aus: „Supervenienz schließt die Annahme ein, dass es irgendein ‚Gesetz' gibt, dass das, was hinzukommt an das bindet, zu dem es hinzukommt." Für Hare sind solche Gesetze notwendige Konditionen der Supervenienz: „Supervenienz bedeutet, dass das, was hinzukommt, Beispiel einer universellen Aussage ist, die es mit dem, zu dem es hinzukommt, verbindet."[11]
2. Denkbar wäre, dass die höheren Ebenen alle in 1. aufgelisteten Attribute aufweisen, jedoch ausschließlich der von Hare geforderten

[11] Hare 1984: 1–16.

Bedingungen, die wir als *nomologische Bedingung* bezeichnen wollen. Diese zweite Position ist v.a. als *anomaler Monismus* bekannt, ein von Donald Davidson geprägter Begriff. Davidson vertritt die These, dass „mentale Entitäten (spezifische Zeit-Raum- und raumgebundene Objekte und Ereignisse) physikalische Entitäten sind, ... mentale Konzepte jedoch nicht per definitionem oder auf Grund eines natürlichen Gesetzes auf physikalische Konzepte reduzierbar."[12] Davidson bestreitet die Gesetzmäßigkeit mentaler Ereignisse: Solche Ereignisse seien anders als physikalische Ereignisse, obwohl es eine Scheinentsprechung eines jeden mentalen Phänomens mit einem physikalischen Ereignis geben mag. In vielerlei Hinsicht ist seine Sichtweise aber der ersten sehr nahe. Natürlich hält er mentale Phänomene nicht für stark emergent. Er besteht nur darauf, dass sich zumindest ein Teil der physischen Welt nicht der kausalen Erklärungsart der Naturgesetze unterwerfen lasse, die in der Naturwissenschaft so erfolgreich für viele andere Gebiete formuliert worden ist. Trotzdem liegt eine emergenztypische Schlussfolgerung aus dieser spezifischen Ermangelung einer gesetzmäßigen Erklärung nicht notwendigerweise auf der Hand; mentale Phänomene unterliegen schlicht anderen Beschränkungen als physikalische Gesetze, wie z.B. die einzigartige Beschränkung der Rationalität.

3. Ich vertrete den letzten Typus von Supervenienz, nennen wir ihn *starke Emergenz*. Sie schreibt mentalen Phänomenen und ihrer Abhängigkeit von der Gehirnaktivität eine superveniente Beziehung zu, die der der ersten beiden Positionen ähnelt. Der Charakter dieser Beziehung gibt jedoch Grund zu glauben, dass Mentalität eine emergente Ebene darstellt. Damit liegt zweifelsohne eine Abhängigkeit mentaler Eigenschaften vom Gehirn vor, die sich von den Eigenschaften auf niedrigeren Ebenen unterscheiden, da ihr Begründungszusammenhang dieser neuen emergenten Ebene eigen ist.

Emergenter Monismus

Wir haben uns hier auf die Emergenz berufen, um zu erklären, wie mentale Eigenschaften mit spezifischen Merkmalen identifiziert werden können, ohne ihre Abhängigkeit vom Gehirn, das diese produziert, abzustreiten. In den abschließenden Überlegungen entfernen wir uns noch einmal von der expliziten Beschäftigung mit den Neurowissenschaften, um den philosophischen und theologischen Impli-

[12] Davidson 1995: 3–17.

kationen des Arguments nachzugehen. Was für einen ontologischen Status haben diese emergenten Eigenschaften? Liegt hier Monismus oder Eigenschaftsdualismus oder Panpsychismus vor?

Die implizite ontologische Sichtweise ließe sich als *emergenter Monismus* bezeichnen.[13] Der Monismus behauptet, dass nur eine Sache existiert. Es gibt nicht zwei Substanzen in der Welt, deren Natur sich essentiell unterscheidet, wie z.B. die von Descartes und den Cartesianern vertretene *res cogitans* und *res extensa*. Während der Dual-Aspekt-Monismus argumentiert, dass das Mentale und das Physische zwei verschiedene Weisen der Charakterisierung der einen Substanz seien, beschreibt der emergente Monismus das Verhältnis der beiden als temporal und hierarchisch.

Der Monismus drängt sich den Wissenschaftlern in gewisser Weise als einzig haltbarer Ansatz auf. Wir können (und müssen) beispielsweise davon ausgehen, dass die gesamte physikalische Energie des Universums als Ganze konserviert wird. Keine ausgeführte Handlung, kein gedachter Gedanke kann etwas zu der Gesamtenergie des Systems hinzufügen, ohne dass die auf physikalischen Gesetzen basierenden Berechnungen außer Kraft gesetzt würden. Hierin liegt einer der Hauptprobleme des Dualismus und des Konzepts eines Gottes, der sich direkt in die Welt einmischt und die Naturgesetze bricht. Wenn aufgrund eines sog. *spirituellen Zusammenhangs* ein unvermittelter physikalischer Effekt entsteht, bringt dieser eine physikalische Veränderung in der Welt hervor, ohne dass diese physikalisch begründet sein müsste oder es physikalischer Energie bedürfte. Eine solche Logik fragmentierte die Naturordnung jedoch in einem Maße, die Naturwissenschaft unmöglich machte. Eine Welt in der z.B. Becher spontan durch den Raum fliegen und Gegenstände an den Armen durch spirituelle Kräfte auf- und abgingen, ließe sich doch nicht naturwissenschaftlich untersuchen. Die Naturwissenschaft braucht keine Welt, die vollkommen deterministisch ist (vgl. nächster Abschnitt). Sie braucht aber die Welt, um zumindest die Wahrscheinlichkeitsmuster in der Zeit zu reflektieren.

Es sei bemerkt, dass der Monismus nicht nur die Interessen der Naturwissenschaft bedient; es gibt auch theologische Argumente zugunsten des Monismus. Der Monismus behauptet, dass die Welt eins sei und eine spezifische Ordnung ausmache. So halten viele religiöse Theisten das Universum als Ganzes für endlich, um seinen einzigartigen ontologischen Status hervorzuheben und es einem Schöpfer entgegenzusetzen, dessen Charakter wesentlich unendlich ist. Hierin liegt die Bedeutung der Rede von „der Einheit der Natur“: Im Vergleich mit

---

[13] Dieser Begriff hat sich im fortwährenden Gespräch mit Arthur Peacocke entwickelt; vgl. Peacocke in Russell 1999.

dem Schöpfer teilen alle Dinge im Universum eine gemeinsame Natur. Theologen behaupten, dass Geschöpfe nur in einer geordneten Welt, die eine Einheit und eine eigene gesetzesähnliche Struktur hat, ihre Freiheit ausleben können.

Man kann den Monismus ruhig als eine *Form* des Materialismus verstehen, jedoch nur unter der Prämisse, dass damit gemeint ist, dass die „Dinge" in der Welt – Steine, Computer, Personen – alle aus *verschiedenen Materialformen* entstanden sind. Wichtig ist es, Theorien zu entwickeln, die den spezifischen Qualitäten Rechnung tragen, die mit den verschiedenen „Dingen" der Welt assoziiert werden. Nach Newton gingen die westlichen Philosophen beispielsweise davon aus, dass die Physik zumindest die Möglichkeit einer vollkommen festgelegten und festlegenden Welt einräumte. Als sich aber herausstellte, dass mikrophysikalische bzw. Quanten-Ereignisse anders ablaufen, mussten wir, um diese zu behandeln, eine stochastische bzw. auf Wahrscheinlichkeit gründende Naturwissenschaft entwerfen. In ähnlicher Weise entdeckten Wissenschaftler, als sie begannen, chaotische Systeme und vom thermodynamischen Äquilibrium entfernte Strukturen zu erforschen, dass derartige Systeme nicht wirklich voraussagbar sind (für uns begrenzte Betrachter). Die Naturwissenschaft hörte hier aber nicht einfach auf; im Gegenteil, es entstünde eine faszinierende neue Wissenschaft der chaotischen Systeme. Eine ähnlich komplexe Geschichte ließe sich über die Konvertierbarkeit von Materie und Energie erzählen.

Nun kommen wir zu einem sehr komplexen Objekt dieser Welt: dem Menschen. Mit 10^{14} Nervenverbindungen ist sein Gehirn das komplexeste, intern verbundene System dieses Universums. Das Gehirn hat einige sehr eigenartige Eigenschaften, die wir als *mentale* Eigenschaften bezeichnen – Eigenschaften wie die Angst vor Umweltkrisen oder der Wunsch nach Weltfrieden oder der Glaube an die göttliche Offenbarung. Dass die heutige Physik mentale Eigenschaften dieser Art vollkommen erklären könne, ist lediglich eine Annahme, eine Voraussetzung, eine Art Wette über ein zukünftiges Ergebnis. Ein starkes Engagement für Erforschung und Verständnis der Natur (das ich mit meinen Wissenschaftskollegen teile) erfordert nicht, dass man sich dem Menschen von einem *physikalistischen Ansatz* her nähert – wenn man darunter versteht, dass menschliches Handeln und Glauben vollständig über eine Reihe interpretierender Wissenschaften bis hin zur Physik, oder dass alle Gründe letztendlich physikalisch begründet sind, zu erklären sind.[14] Andererseits lehne ich es als Alternative, sowohl

[14] Es sei bemerkt, dass sich sowohl reduktionistische als auch nicht-reduktionistische Versionen des Physikalismus unter diese Definition fassen ließen. Dieser Punkt wird oft übersehen.

aus naturwissenschaftlichen als auch religiösen Gründen, ab, an eine verborgene Entität (wie Descartes' Seelensubstanz) zu appellieren, um den Menschen zu verstehen. Geht man vom Menschen als *psychosomatischer Einheit* aus, entkommt man beiden Positionen. Sie begreift den Menschen als komplex strukturierte Entität in der Welt, die mit einer Vielfalt an natürlich vorkommenden Eigenschaften ausgestattet und individuell zu betrachten ist. Wir benötigen vielschichtige Begründungszusammenhänge, weil Menschen physische, biologische, psychologische und (ich glaube auch) spirituelle Realitäten in sich vereinen und diese Aspekte der menschlichen Wirklichkeit trotz gegenseitiger Abhängigkeit nicht gleichermaßen reduzibel sind. Lassen Sie uns die Präsenz dieser Vielschichtigkeit *ontologischen Pluralismus* nennen und das Erfordernis einer derartigen Vielschichtigkeit zur Erklärung *erklärenden Pluralismus*. Meine These ist, dass aus dem ontologischen der erklärende Pluralismus hervorgeht. Ergo ist die beste Erklärung des erklärenden Pluralismus der ontologische Pluralismus.

Nancey Murphys Aufsatz zur Aufzeichnung der vielen Bedeutung von *Reduktionismus*,[15] in dem sie sich auf die Arbeiten von Ian Barbour und Arthur Peacocke bezieht, ist in diesem Kontext sehr hilfreich. Mit ihr können wir sagen, dass eine der Emergenz nahe Position den kausalen Reduktionismus verneint, da sie von der Existenz mentaler Gründe ausgeht. Sie lehnt insofern auch den erklärenden (d. h. theoretischen, epistemologischen) Reduktionismus ab, als mentale Eigenschaften von einer theoretischen Struktur erklärt werden müssten, die ihrem Platz auf der steigenden Komplexitätsskala Rechnung zu tragen hätte. Zuerst mag der emergente Monismus wie eine Version des ontologischen oder metaphysischen Reduktionismus anmuten, da er mit dem Dualismus bricht und sich der Annahme nicht-körperlicher Entitäten wie der Seele verschließt. Letztendlich müssen sich Emergenztheoretiker jedoch als Reduktionisten outen – selbst in Bezug auf ontologische (metaphysische) Fragen, denn unsere zentrale Behauptung lautet doch, dass die Geschichte des Universums in Entwicklung und Fortschritt begriffen ist. Der eine Kosmos existiert zu jeder Epoche der Geschichte, seine ihn besiedelnden Entitäten zu einer beliebigen Zeit sind jedoch nicht immer gleich. Genuin neue Eigenschaften entstehen, die trotz Kontinuität nicht auf Vorhergegangenes zu reduzieren sind.

Was im Fall des Menschen *entsteht,* ist eine besondere psychosomatische Einheit, ein sowohl mental als auch physisch handlungsfähiger Organismus. Obwohl das Funktionieren des menschlichen Gehirns auf seine physiologische Basis angewiesen ist, sind die mentalen und physischen Attribute des Menschen miteinander verbunden und

[15] Vgl. Murphy in Russell 1999.

stellen Kausaleinflüsse in beide Richtungen dar. Wir benötigen deshalb eine *Wissenschaft der Persönlichkeit*, die bei einer dieser Komplexitätsstufe entsprechenden theoretischen Struktur ansetzt (wie in der Wissenschaft üblich). Einen der Emergenz verpflichteten Ansatz zum Selbst zu vertreten bedeutet nicht, die Wissenschaft in Metaphysik zu verwandeln. Es bedeutet vielmehr anzuerkennen, dass die eine natürliche Welt viel komplizierter und sublimer ist als physikalische Erklärungen je ausdrücken könnten. „Person-Eigenschaften" wie das Denken über die allgemeine Relativität oder der Wunsch nach einer gerechten Gesellschaft oder ein Sich-Gott-Hingeben dürfen in der äußersten Erklärung der Persönlichkeit nicht ausgeklammert werden. Man könnte darauf erwidern, dass die einzig *realen,* in der Welt existierenden Dinge physikalische Prozesse sind, die in Organismen ablaufen und dass alles andere – Absichten, freier Wille, Ideen wie die Liebe oder die äußerste Wirklichkeit – „Konstrukte" sind, komplizierte Manifestationen neurologischer Prozesse sind. Ich behaupte aber das Gegenteil. Ich gehe davon aus, dass keine Erklärungsebene, mit Ausnahme der irreduziblen psychologischen Erklärungen, den Menschen letztendlich angemessen zu verstehen vermag. Diese Position hält an der *realen Existenz und kausalen Wirksamkeit des Bewusstseins* bzw. der mentalen Dimension der menschlichen Persönlichkeit fest.

Neurowissenschaft, Mensch und Gott

Eingangs erwähnte ich, dass ein tragfähiger Dialog zwischen den Neurowissenschaften und religiösen Ansätzen zum Selbst möglich ist, wenn die Extrempositionen eines starken Dualismus und eines eliminativen Materialismus umgangen werden können. Ich möchte dieses Kapitel mit einigen Anmerkungen zu der Frage von Neurowissenschaft und Persönlichkeit in einem religiösen Kontext – spezifischer, im Kontext eines religiösen Glaubens an Gott – beschließen.

Der Unterschied zwischen Welt und Gott muss sich ja irgendwo manifestieren. Gott entsteigt ja nicht einfach der Welt (das würde ja bedeuten, dass Gott nichts erschaffen hätte und Gott viele Milliarden Jahre nicht existierte oder nur in vorläufiger Form), und die Welt ist ja nicht einfach identisch mit dem ewigen Gott: Sie hat einen zeitlichen Anfang; ihre gegenwärtige Struktur wird nicht ewig bestehen, sondern letztendlich ablaufen; und die Anzeichen ihrer Endlichkeit und Nicht-Perfektheit sind wohl zu allgegenwärtig, als dass man sie auflisten müsste.

Auf diesem Hintergrund sind die Unterschiede, aber auch die Gemeinsamkeiten, zwischen Personen und Gott zur Sprache zu bringen. Wo und wann lassen sich die ersten Spuren des Mentalen oder Spirituellen finden? Prozessdenker glauben z.B., vollständige Einheiten mentaler Erfahrung schon in den frühesten Stufen der Naturgeschichte zu entdecken. Im Gegensatz dazu betonen dem Physikalismus zugeneigte Theologen (vgl. den in einigen jüngsten Publikationen vertretene „nicht-reduzierende Physikalismus")[16] das physische Konstrukt des Menschen sogar am Ende der Naturgeschichte.

Die Emergenzperspektive der Person des Menschen steht zwischen diesen beiden Positionen. Die Grundlage der Persönlichkeit ist physische Masse und Energie; wir sind ein physikalisches System, das sich gemäß der natürlichen Gesetzesmuster entwickelt. Aber wir sind *auch* Organismen, Erben eines langen Prozesses der biologischen Evolution, die von den primitivsten Organismen an durch natürliche Auslese unsere ursprüngliche DNA bereichert und modifiziert haben. Jedes menschliche Körperorgan, und besonders das Gehirn, ist aus einer genetischen Entwicklungsgeschichte hervorgegangen, von der jede einzelne (direkt oder indirekt) zu einem bestimmten Zeitpunkt der Naturgeschichte selektiert wurde. Wenn jede Sehne und alles Gewebe unserer Körper die Markierung der selektierenden Evolutionsgeschichte trägt, sollten wir selbstverständlich eher *nicht-reduktionistische Evolutionsbiologen* als *nicht-reduktionistische Physikalisten* sein, wenn es darum geht, den Charakter des Gehirns und seine Eigenschaften zu bestimmen!

Die Biologie hat jedoch nicht das letzte Wort. Genau wie die biochemischen Systeme, die wir Organismen nennen, die Evolutionsbiologie benötigen, um ihre Eigenschaften und Verhaltensweisen sinnhaft zu machen, beginnen auch ihre komplexeren Organismen – höhere Primaten wie der *Homo sapiens* – Eigenschaften aufzuweisen, die von einer eigenen Disziplin untersucht werden müssen. Diese „inneren" oder „Ich"-Eigenschaften, die wir *psychologisch* nennen, wurzeln im Darwinismus (daher der Einfluss der neuen Disziplin Evolutionspsychologie, deren Erklärungsansatz zu psychischen Eigenschaften auf Darwins Evolutionsmodell fußen). Aber unser mentales Leben ist auch nicht- bzw. meta-darwinistisch: Wir geben erworbene Merkmale an unsere Nachkommen weiter (Persönlichkeitsmerkmale, Sicht- und Verhaltensweisen); die Ideen nur eines charismatischen Individuums können sich schnell in einer ganzen Bevölkerung ausbreiten (was gut oder schlecht sein kann), und das Bewusstsein mag sich mit Dingen beschäftigen, die kaum oder gar nichts mit dem Überleben des Organismus zu tun haben (wie z.B. unser Nachdenken darüber, ob das Argument dieses Kapitels stichhaltig ist!). Psychische Qualitäten sind in höheren Primaten wie wir es sind eindeutig emergent. Religiös gesehen, spiegelt sich Gottes Natur in den menschlichen Fähigkeiten,

[16] Vgl. Brown/Murphy/Malony 1998.

abzuwägen, in sich zu gehen, moralische Urteile zu fällen und unseren Geist zum Transzendenten, Metaphysischen, Ewigen zu wenden.

Könnte es nicht sein, dass die *Andeutungen der Transzendenz*, die wir Menschen in uns tragen, auch eine emergente Dimension darstellen? Menschen sind nicht göttlich; Menschen bleiben ein viel zu endlicher Bestandteil des Kosmos, der seine Abstammung über Erdelemente bis hin zu explodierten Sternen nachvollziehen möchte. Und dennoch, Materie ist sich in uns ihrer selbst bewusst geworden, ihrer Geschichte und sogar ihrer vielleicht letzten Ursprünge. Von Erwägungen über richtig und falsch bewegt, nach Unsterblichkeit bestrebt, ehrfürchtig und ehrerbietend gegenüber der Welt, und (manchmal) sehnsüchtig danach, nach dem Bilde Gottes verwandelt zu werden, *sind* wir die Stufe, auf der die Evolution begonnen hat, Ursprünge und Ziele aller endlichen Dinge zu reflektieren. Wenn die religiösen Traditionen Recht haben, hängt Persönlichkeit eng mit ihrer psychologischen Grundlage zusammen, ebenso mit Körper und Gehirn und ihrem göttlichen Ursprung. Wir befinden uns, wie Pascal in einem anderen Kontext bemerkte, zwischen zwei Unendlichen. Eine vollständige Betrachtung menschlicher Persönlichkeit kann es sich weder leisten, das theologische Ziel unserer Existenz noch die physiologischen Bedingungen, die uns dieses Ziel verfolgen lassen, zu vernachlässigen.

Literatur

Brothers, Leslie, *Friday's Footprint: How Society Shapes the Human Mind*, New York 1997.

Brown, Warren/Murphy, Nancey/Malony, H. Newton (Hg.), *Whatever Happened to the Soul? Scientific and Theological Portraits of Human Nature*, Minneapolis 1998.

Bruntrup, Godehard, „The Causal Efficacy of Emergent Mental Properties", *Erkenntnis* 48 (1998).

Clayton, Philip, *God and Contemporary Society*, Grand Rapids 1997.

Davidson, Donald, „Thinking Causes", in Heil, John/Mele, Alfred (Hg.), *Mental Causation*, Oxford 1995.

Hare, H. M., „Supervenience", *Aristotelian Society Supplementary* 58, London 1984.

Kim, Jaegwon, *Supervenience and Mind: Selected Philosophical Essays*, Cambridge 1993.

– , „The Myth of Nonreductive Materialism", in Warner, Richard/Szubka, Tadeusz (Hg.), *The Mind-Body Problem*, London 1994.

– , *Mind in a Physical World: An Essay on the Mind-Body Problem and Mental Causation*, Cambridge, MA 1998.

Russell, Robert John et al. (Hg.), *Neuroscience and the Person: Scientific Perspectives on Divine Action*, Vatikan/Berkeley 1999.

III. Religiöse Bögen

Die zwei Bücher Gottes: Besondere Offenbarung und Naturwissenschaft im christlichen Westen

Peter M. J. Hess

> Denn Gottes unsichtbares Wesen, das ist seine ewige Kraft und Gottheit, wird seit der Schöpfung der Welt ersehen aus seinen Werken, wenn man sie wahrnimmt. (Römer 1,20)

> Deshalb sind uns zwei Bücher von Gott gegeben: Das eine ist das Buch aller Geschöpfe oder das Buch der Natur, und das andere ist das Buch der Heiligen Schrift. (Raimundus Sabundus)

Menschliche Sprache kommuniziert Erfahrung und ist selten nur wörtlich zu verstehen. Wir bedienen uns zahlreicher Metaphern, die wir in Bereichen einsetzen, die so vielfältig sind wie Religion und Naturwissenschaft. Bei der Interpretation unserer Geschichte benutzen wir Metaphern und Modelle ganz bewusst und entdecken dabei eine Vergangenheit, die von unseren Erfahrungen geprägt ist. D. h. wir interpretieren unsere Geschichte durch eine Linse, die von Faktoren wie der Populärtradition, der allgemeinen Geschichtsschreibung und kulturellen Annahmen unserer eigenen Gesellschaft geschliffen ist. Die Linse des jüdisch-christlichen Westens ist stark von den Grundannahmen einer technologisch und naturwissenschaftlich orientierten Gesellschaft geprägt. Seit 1850 ist die moderne westliche Wissenschaft immer normativer geworden und besetzt eine erkenntnistheoretisch privilegierte Rolle.

Betrachten wir das historische Verhältnis von Religion und Naturwissenschaft im Westen, fällt auf, dass das vorherrschende Interpretationsmodell über ein Jahrhundert lang das der *Kriegsführung* war. Im 19. Jahrhundert durch John William Drapers Buch von der *History of Conflict between Religion and Science* und Andrew Dickson Whites Werk *History of the Warfare of Science with Theology in Christendom* angestoßen, entstand das beliebte Missverständnis von der Feindschaft zwischen Naturwissenschaft und Religion, das sich bis heute hartnäckig hält. Historische Beschreibungen der beiden Disziplinen treten das Thema zuweilen gerne breit und konstatieren Feindschaft seit Menschengedenken.[1] Glückli-

[1] James Draper polemisiert in *History of the Conflict between Religion and Science* (1874) gegen christliche Theologen und wirft ihnen Verdunkelung gegenüber der sog.

cherweise ist in den letzten zwanzig Jahren viel dafür getan worden, das Gleichgewicht wiederherzustellen und ein differenzierteres Verständnis der komplexen Beziehung zwischen Religion und Naturwissenschaft zu entwickeln.[2] Das *Brücken*-Modell, demzufolge eine vergleichbare Methodik oder eine gemeinsame Konzentration auf bestimmte Themengebiete Naturwissenschaft und Religion verbindet, wird immer attraktiver. In der Vergangenheit beherrschte jedoch weder das Feindschafts- noch das Brückenmodell den christlichen Westen. Das Verhältnis von Naturwissenschaft und Religion oder Natur und Glaube wurde als Metapher der *zwei Offenbarungsbücher Gottes* verstanden – das Buch der Schrift und das der Natur.

Das Gottesverständnis in der westlichen Tradition

Die der Tradition der natürlichen Theologie verpflichtete Metapher von *den zwei Büchern Gottes* verdeutlicht, dass Naturwissenschaft und Religion in einem komplexeren Verhältnis zueinander stehen als es das Konfliktmodell suggerierte. Als Zweig der westlichen Theologie wird die *natürliche Theologie* historisch gern als Ergänzung zur Lehre von der Offenbarung gesehen. Was wir von Gott wissen, lässt sich aus zwei miteinander verbundenen Quellen herleiten: der geschaffenen Welt und der offenbarten Schrift (oder „dem Buch der Natur und dem Buch der Schrift").[3] Diese Idee vertraten viele frühmoderne englische Naturtheologen und führten sie als Argument dafür heran, dass Gottes Existenz über absichtsvolle Schöpfung bewiesen werden könne. Thomas Browne bemerkt in *Religio medici*:

> So gibt es zwei Bücher, aus denen ich meine Göttlichkeit schöpfe: neben dem von Gott geschriebenen das seiner Dienerin, der Natur, das universelle, öffentliche Manuskript, das unter unseren Augen ausgebreitet dar-

---

wissenschaftlichen Wahrheit vor. Die Verdunkelung reiche zurück bis ins erste frühchristliche Jahrhundert. In seiner *History of the Warfare of Science with Theology in Christendom* zeichnet Andrew Dickson White ein drastisches Bild dessen, was er als den anhaltenden Konflikt zwischen Wissenschaft und Glaube verstand. Dabei ließ er das Christentum die Rolle eines gnadenlosen Saboteurs des wissenschaftlichen Fortschritts spielen.

[2] Hier seien v.a. Lindberg/Numbers 1984; 2001 genannt, sowie Brooke 1991; Brooke/Cantor 1998; Ferngren 2000; Osler 2000. Es versteht sich von selbst, dass das andere Extrem, die Entwicklung eines Gegenmythos allgemeiner Harmonie und Zusammenarbeit zwischen Wissenschaft und Glaube/Religion, ebenso zu vermeiden ist.

[3] Zu diesem Thema liegen bedeutende Arbeiten vor. Curtius 1953 beispielsweise widmet sich der Idee in Bezug auf das Mittelalter und das Zeitalter der Renaissance. Eine der besten Diskussionen zur Frühmoderne in diesem Kontext, der ich sehr zugetan bin, findet sich in Harrison 1998. Vgl. auch Bono 1995; Manuel 1974.

> liegt. Die, die ihn in dem einen nie gefunden haben, finden ihn im anderen. So waren Schrift und Theologie der Heiden: Die natürliche Bewegung der Sonne ließ sie ihn noch mehr verehren als dies die Kinder Israels nach der Offenbarung seiner Übernatürlichkeit getan hatten.[4]

Obwohl Browne genau auf eine Differenzierung zwischen Natur und Gott achtet, konstatiert er, dass die Christen dazu tendieren, „diese allgemeinen Hieroglyphen zu sorglos zu behandeln und es verachten, Göttliches in den Blumen der Natur zu entdecken."[5]

Eine Reihe interessanter Fragen wirft der Verweis auf die zwei Bücher auf. Erstens die Frage nach den Ursprüngen dieser Metapher, die englische Autoren des 17. Jahrhundert unterschiedlich Chrysostomus, Ambrosius, Augustinus oder Lactanz zuschreiben. Weitere Fragen zum korrekten Gebrauch der Buchmetapher bleiben offen. Wie wurde die Metapher gebraucht und wie hat sie sich in der antiken, mittelalterlichen und frühmodernen Theologie und Naturwissenschaft entwickelt? Wann ist die Idee schließlich in Vergessenheit geraten, und was für Umstände trugen dazu bei? Das vorliegende Kapitel soll versuchen, diesen Fragen nachzugehen, indem es die Quellen und die Entwicklung des Themas von „den zwei Büchern Gottes als Natur und Schrift" in der Ideengeschichte des christlichen Westens rekonstruiert und Einsichten zu seiner historischen Relevanz und seiner Bedeutung für die aktuelle Herausforderung liefert, Modelle und Metaphern für den Brückenschlag zwischen Naturwissenschaft und Religion zu entwerfen.

Die Entstehung der Zwei-Bücher-Metapher

Historisch gesehen gründet das spirituelle und religiöse Leben des Menschen auf der Prämisse, dass sich das Göttliche offenbart. In den Urreligionen wurden über unzählige Generationen mündlich Geschichten überliefert, von heiligen Zeiten und heiligen Räumen, von Urahnen und Manifestationen des Göttlichen im Wetter, in den Jahreszeiten und durch persönliche Intervention. Göttliche Offenbarung durchdringt laut dieser mündlichen Tradition die natürliche Welt. Sie ist eine allumfassende Wirklichkeit, mit der die Menschen nahtlos verbunden sind als Teil einer vereinigten, lebenden, spirituellen Ökologie. Ein Verständnis der Natur und des Ortes der Menschen in ihr bedeutet, etwas vom Göttlichen zu kennen.

[4] Browne 1983: Teil I, Abschnitt 16, 18–19.
[5] Ibid.

Die Entwicklung schriftlicher Kommunikation veränderte die Idee einer alles durchdringenden natürlichen Offenbarung. In vielen Kulturen wurde die mündliche Tradition als Primärmedium der kulturellen Überlieferung von der „Wahrheitsfixierung“ in Schriftform abgelöst. Religiöse Weisheiten ließen sich nun in einer beständigeren Form konservieren; der vermittelnde Text ersetzte die Unmittelbarkeit der mündlichen Überlieferung einer Geschichte, genau wie die Codifizierung moralischer Normen im Gesetz ihre mündliche Überlieferung ersetzte. Mit der Entstehung der abrahamitischen Religionen – Judentum, Christentum und Islam – erhielt das Offenbarungsverständnis einen gänzlich neuen Charakter. Obwohl die hebräischen Schriften, das Neue Testament und der Koran grundlegend unterschiedliche literarische Genres darstellten, betrachteten ihre Anhänger sie dennoch als treue Überbringer des Wortes Gottes. Das *Buch* hatte Vorrang in diesen Religionen, und genau hier, in der jüdisch-christlichen Tradition finden wir auch zu Ursprung und Weiterentwicklung der Zwei-Bücher-Metapher.

Grundlagen aus der Schrift

In der jüdisch-christlichen Schrifttradition gibt es klare Vorläufer der Idee, dass sich Gott sowohl in seinem göttlichen Wort als auch in seinem göttlichen Werk zu erkennen gibt. Die hebräischen Schriften (die Psalmen und spätere Bücher) spielen auf diese Metapher an: „Die Himmel rühmen die Herrlichkeit Gottes, vom Werk seiner Hände kündet das Firmament“ – so majestätisch der Psalm 19. Die aus der Mitte des 1. Jahrhunderts v.Chr. stammende Weisheitsliteratur formuliert die Idee, dass sich Gott in seinen göttlichen Werken zu erkennen gibt, selbst den Nichtjuden, die nicht den Vorteil der besonderen Offenbarung haben (Weisheit 11,6–9). Nichtgläubigen soll ihre Entschuldigung für die Unkenntnis Gottes genommen werden. Diese könnten sich, wie bei einem menschlichen Autor, des Autors der Schöpfung über Herrlichkeit und Schönheit seiner Geschöpfe besinnen. Dieses Argument gab den Impuls für einen zentralen Gedankenzug der christlichen Theologie, der mindestens bis in die Zeit Calvins hinein wirkte. Bei Calvin steht die Menschheit vorbehaltlos vor der Ehrfurcht erregenden Gerechtigkeit Gottes. Die Zwei-Bücher-Analogie dient deshalb dazu, Gottes Gericht über die ganze Menschheit zu legitimieren, wobei die Menschen sowohl inner- als auch außerhalb der Traditionen der speziellen Offenbarung stehen.

Die klassische neutestamentliche Quelle der natürlichen Erkenntnis Gottes, die paulinische Erklärung im Römerbrief, gründet auf dieser hebräischen Idee von Gottes Autorschaft der Natur:

> Denn was man von Gott erkennen kann, ist unter ihnen offenbar; denn Gott hat es ihnen offenbart. Denn Gottes unsichtbares Wesen, das ist seine Kraft und Gottheit, wird seit der Schöpfung der Welt ersehen aus seinen Werken ... (Römer 1,19–20)

Wenn aber die Wurzeln dieses Themas hebräisch sind, scheint die besondere Intensität seiner Manifestation bei Paulus die Auseinandersetzung des jüdisch-religiösen Denkens des ersten Jahrhunderts mit dem kulturellen Leben des römischen Imperiums und speziell mit Kategorien der hellenistischen Philosophie widerzuspiegeln. Auch Nicht-Christen können für die Kenntnis Gottes verantwortlich gemacht werden.

Patristische Gedanken zu den zwei Büchern

An verschiedenen Stellen in der patristischen Literatur lassen sich eindeutige Präzedenzfälle wichtiger Komponenten der Zwei-Bücher-Metapher finden. Justin Martyrs *Zweite Apologie* aus dem zweiten Jahrhundert basiert auf dem aus der stoischen Tradition stammenden Aspekt der Wissenskeime (*logos spermatikos*), der Idee, dass die Welt durchdrungen ist von Keimen des göttlichen Wortes.[6] Irenäus von Lyon (ca. 130–202) liefert in *Adversus haereses* (180/199) zwei Schlüsselkomponenten des Themas – die Werke und das Wort Gottes: „Ein Gott formte alle Dinge in der Welt, durch das Wort und den Heiligen Geist; und obwohl wir ihn in diesem Leben nicht sehen und nicht verstehen können, ist er nicht unbekannt; so wie seine Werke ihn zu erkennen geben, hat auch sein Wort auf verschiedene Weise gezeigt, dass er gesehen und erkannt werden kann."[7]

Tertullian (ca. 160–225), der erste bedeutende Denker der lateinischen Kirche, prägt die Zwei-Bücher-Metapher, indem er beschreibt, dass „Gott vom Anbeginn aller Dinge als erste Zeugen für die Erkenntnis seiner selbst die Natur in ihren (vielfältigen) Formen, behutsamen Vorsehungen, Plagen und Zeichen seiner Göttlichkeit berufen" hat. Tertullian betrachtet diese Bezeugungen als Gegenstücke zur Schrift und behauptet, dass sein häretischer Gegner Marcion, der die Schrift größtenteils verwarf, kein Pendant zu der göttlichen Offenbarung in der Natur und der daraus folgenden Kenntnis von Gott liefern könne.[8] Origines (ca. 185–254) legt dem Leser der *Philocalia* nahe, dass ein jeder, der daran glaubt, dass die Schrift von dem verfasst wurde, der

[6] Iustini Martyris Apologiae pro christianis, Kap. 8.
[7] Irenäus von Lyon, Adversus haereses, Buch IV, Kap. 20.
[8] Tertullian, Adversus Marcionem Buch V, Kap. 5, 539.

der Autor der Natur ist, die gleiche Art von Schwierigkeiten mit ihr erwarten dürfe wie er sie in der Ordnung der Natur vorfinde.

Den eindeutigsten Fall einer formalen patristischen Verlautbarung zur Zwei-Bücher-Metapher liegt uns wohl in den Homilien an die Antiochener von Johannes Chrysostomus (ca. 347–407) vor. Bekannt als eloquenter antiochener Prediger und „Johannes mit der goldenen Zunge", beschreibt Chrysostomus in Homilie IX die Natur als Buch der Offenbarung:

> Wenn Gott seine Instruktionen in Büchern und Schriften gegeben hätte, hätte derjenige, der schreiben und lesen kann, das gelernt, was geschrieben stand, aber der, der nicht schreiben kann, wäre leer ausgegangen … So geht es im Himmel aber nicht zu. Nein, die Skythen und die Barbaren, Inder und Ägypter und jeder Erdenbewohner soll seine Stimme hören; aber nicht mit seinen Ohren, sondern mit seinen Augen soll er ihn erkennen … Dieses Buch soll der Ungelernte genau wie der Weise lesen können, und wo immer es einem möglich sein möge, hoch zum Himmel zu schauen, wird er von dort instruiert werden …[9]

Diese Passage von Chrysostomus bringt die patristische Sichtweise der Komplementarität von natürlicher und Offenbarungstheologie auf den Punkt. Vielfach lässt sich zeigen, dass Teilaspekte der Zwei-Bücher-Metapher in der Zeit der Kirchenväter bereits vorlagen. Richtig entwickelte sich die Metapher jedoch erst im Hochmittelalter im Zuge der Wiederentdeckung der aristotelischen Naturphilosophie. Die zwei Bücher wurden zum Vorzeigemodell einer ausgefeilten binären Epistemologie der Offenbarung.

Die Zwei Bücher im Mittelalter

Fest etablierte sich die Metapher von den zwei Büchern Gottes erst im Hochmittelalter. „Jede Kreatur ist uns wie ein Buch, ein Bild und ein Spiegel"[10] – so die bedeutende Einschätzung des Alanus aus Lille. Hugo von St. Viktor betrachtete Schöpfung und Inkarnation als Bücher Gottes und verglich Christus als Erstoffenbarung mit einem Buch.[11] Bonaventura (1217–74) beschrieb in seinen *Collationes in he-*

[9] Chrysostomus, Homilie IX. 5, 162–163; vgl. auch Homilie X. 3, 175: „Wir fragten uns, auf welche Weise sich Gott uns, bevor er uns die Schrift gab, offenbarte. Und wir schlussfolgerten: durch die Geschöpfe, als eine Art Ausweitung des Himmels; und so legte er gleich seine große Vielfalt offen, den einfachen wie den weisen, den armen wie den reichen Menschen von nutzen, den Skythen wie den Barbaren und allgemein allen Erdbewohnern …".

[10] Omnis mundi creatura / quasi liber et pictura / nobis est et speculum.

[11] Curtius 1953: 219, 320.

xaemeron vernunftbegabte Geschöpfe als „Buch mit beschriebener Vorder- und Rückseite", spirituelle Geschöpfe als „von innen beschriebene Schriftrolle" und die Bibel als „von außen und innen beschriebene Schriftrolle ".[12] Bemerkenswert ist die Plastizität der Metapher, die Bonaventuras Notizen illustrieren: Hier geht es um drei Bücher, und obwohl die Rede von den zwei Büchern zu unserem Standardmodell werden sollte, tauchte eine Vielzahl von Büchern in den folgenden sechs Jahrhunderten auf.

Die ausgefeilteste Formulierung der Metapher in der mittelalterlichen Philosophie und Literatur findet sich in Raimundus Sabundus' *Theologia naturalis sive liber creaturarum* (1436). Sabundus stammte aus Barcelona, hatte Kunst und Medizin studiert und starb früh, in Toulouse auf dem Weg nach Paris, um einen neuen Posten anzutreten. Seine Aussage zur Zwei-Bücher-Metapher, die zur klassischen Quelle des Themas in der Frühmoderne wurde, lautet folgendermaßen:

> So gibt es also zwei Bücher, die uns von Gott gegeben worden sind: Das eine ist die Zusammenstellung aller Geschöpfe oder das Buch der Natur und das andere das Buch der heiligen Schrift. Ersteres wurde den Menschen zu Beginn gegeben, als das Weltall der Geschöpfe geschaffen wurde, da kein Geschöpf existiert, das nicht ein bestimmter Buchstabe wäre, geschrieben von der Hand Gottes; und von vielen Geschöpfen, gleichsam aus vielen Buchstaben, entstand ein Buch, das das Buch der Kreaturen genannt wird. In diesem Buch ist die Menschheit selber zu finden, und Menschen sind die ersten Buchstaben dieses Buches. Das zweite Buch aber, die Bibel, ist den Menschen im zweiten Schritt gegeben worden, um die Mängel des ersten Buches zu beheben, das die Menschheit nicht lesen konnte, da sie blind ist. Das erste Buch ist allen gemein, das zweite aber nicht, da nur die Kleriker lesen können, was dort geschrieben steht.[13]

Eine ganze Reihe interessanter Aspekte werden hier angesprochen. Die Idee, dass wir selber Buchstaben im Buch der Natur sind, impliziert faszinierenderweise, dass das Buch der Natur nie ganz entschlüsselt werden kann, da es nie aufhören wird, geschrieben zu werden, zumindest nicht bis die Endzeit, das Eschaton, anbricht. Zum anderen sollte die Annahme, dass sich die Auslegung der Bibel auf die Kleriker beschränke, auf heftigen Widerstand gegen das protestantische Selbstbewusstsein stoßen, das die Schrift für alle zum Lesen und Auslegen öffnete.

Eine weiterer, vielleicht noch gravierender Aspekt – der zur Verurteilung von Sabundus' Werk unter dem Vorwurf der Häresie führte – war sein unvorsichtiges Beharren darauf, dass das Buch der Schrift

[12] Bonaventura 1964: 12.14–17.
[13] Sabundus 1966: 35–36.

eine weniger genaue Offenbarung sei. 1595 wurde die *Theologia naturalis* auf den römischen Index der verbotenen Bücher gesetzt und fiel damit dem kalten ideologischen Wind der Gegenreformation und Sabundus' eigener unbedachter Preisung des *Naturbuches* zum Opfer. Laut Clement Webb lag das Problem dieser Beschreibung der Zwei-Bücher-Metapher weniger in der Glorifizierung der Bibel auf Kosten der Tradition, als in der Hervorhebung der Bedeutung natürlichen Wissens, ähnlich wie dies später Roger Bacon tat.[14] Sabundus setzte größtes Vertrauen auf das Buch der Natur:

> Diese Wissenschaft ist allen zugänglich, Laien und Angestellten und Menschen aller Art und lässt sich in weniger als einem Monat mühelos aneignen; man braucht nichts auswendig zu lernen oder Buch halten ... und so steht es in der Reihenfolge vor der heiligen Schrift.[15]

Der Humanismus, die Einführung des Buchdrucks und die Reformation

Im Zeitalter von Renaissance und Reformation galt die Idee, dass sich das Buch der Natur und das der Schrift ergänzten. Die Gelehrten der Renaissance veranlassten, dass sowohl kirchliche als auch weltliche literarische Texte intensiver kritischer Untersuchung unterzogen werden sollten; und wenige Jahrhunderte später wurden ihre Methoden auch auf die biblischen Texte angewandt. Eine derartige Textkritik sollte die Autorität der Bibel und der klassischen naturphilosophischen Texte zwangsläufig in Frage stellen. Ferner riefen die technischen Erneuerungen, die 1453 im Westen zur Erfindung des mechanischen Drucks führten, eine totale Veränderung in der literarischen Welt hervor. Paradoxerweise sollte die Druckkunst auch die Position der naturwissenschaftlichen Texte im Mittelalter schwächen. Die Arbeiten des Paracelsus, eigentlich Theophrastus Philippus Aureolus Bombastus von Hohenheim (1493–1541), entfalteten eine starke Wirkung. Peter Harrison zufolge

> ... initiierte er (Paracelsus) das Umdenken der mittelalterlichen Metapher, sodass sich das Buch der Natur von dem der Schrift und den Schriften antiker Autoritäten abhob. An die Stelle von Galen, Avicenna und Aristoteles setzte Paracelsus die Natur – diese Bibliothek mit Büchern, die Gott selber geschrieben, gemacht und gebunden hatte. Er beharrte darauf, dass jedes Land eine Seite im Buch der Natur darstelle und dass der, der sie erforschen

[14] Webb 1915: 295–296.
[15] Sabundus 1966: 296.

wolle, ihre Bücher mit seinen Füßen ablaufen müsse. Die Bibel werde über ihre Buchstaben offengelegt, die Natur aber von Land zu Land.[16]

Dieser empirische Naturansatz des literarischen Meisterwerks sollte weit reichende Folgen für die Naturwissenschaft und auch für das Konzept von der Natur als Buch haben.

Die Betonung protestantischer Reformer auf die Schrift als Primärquelle der göttlichen Offenbarung sollte das Thema der zwei Bücher ebenfalls stark prägen. Für Luther sollte die ernsthafte Wertschätzung von Sprache in ihrer wörtlichen und nicht allegorischen Bedeutung und als das Medium, durch das Gottes Wort allen zugänglich ist, der wilden Verbreitung von „Bedeutungen" und „Merkmalen", die die mittelalterlichen Menschen im Buch der Natur gefunden hatten, Einhalt gebieten. Johannes Calvin teilte diese Konzentration auf den wörtlichen Schriftsinn und setzte die Offenbarungsklarheit der Schrift gegen Gottes Offenbarung in der Natur, welche durch die Sündhaftigkeit des Menschen getrübt sein könnte. In Anlehnung an das paulinisches Konzept, dass wir keine Ausrede haben, nichts von Gott zu wissen, schreibt er in der *Institutio christianae religionis*:

> Gewiss verliert also die menschliche Undankbarkeit jede Möglichkeit der Entschuldigung um des Glanzes willen, der im Himmel und auf Erden in aller Augen fällt – wie denn Gott, um alle Menschen gleichermaßen schuldig zu machen, allen ohne Ausnahme die Umrisse seines Wesens in der Kreatur vor Augen stellt. Aber es bedarf eines anderen und besseren Mittels, das uns zuverlässig zum Schöpfer der Welt selber weise.[17]

In Calvins Theologie sind die beiden Bücher nicht gleichberechtigt; das offenbarte Wort Gottes in der Schrift ist vielmehr ein notwendiges Korrektiv der Mängel der Natur.[18] Die reformierte Tradition hielt an dieser calvinistischen Interpretation der beiden Bücher fest. In der *Confessio Belgica*, die auch der niederländischen reformierten Kirche zugrundeliegt, lesen wir in Artikel 2 „Die Mittel, durch die wir Gott erkennen":

---

[16] Harrison 1998: 194–195.

[17] Johannes Calvin, Institutio Buch I, Kap. 6.1.

[18] Ibid.: „Deshalb hat Gott mit gutem Grunde das Licht seines Wortes hinzugegeben, um sich uns dadurch zu unserem Heil kundzumachen. Dieses Vorzugs hat er diejenigen gewürdigt, die er in seine nähere und vertrautere Gemeinschaft ziehen wollte … Denn so wie alte Leute, Schwachsichtige und Augenkranke, wenn man ihnen auch den schönsten Band vor die Augen hält, zwar merken, dass da etwas geschrieben steht, aber kaum zwei Worte zusammensetzen können, dann aber mit Hilfe einer Brille deutlich zu lesen anfangen – so bringt die Schrift unser sonst so verworrenes Wissen um Gott in die richtige Ordnung, zerstreut das Dunkel und zeigt uns deutlich den wahren Gott."

Wir kennen ihn durch zwei Mittel: Erstens durch die Schöpfung, den Erhalt und die Lenkung des Weltalls, da es unseren Augen wie ein schönes Buch ist, in der alle Geschöpfe, groß und klein, wie Buchstaben sind, die uns an die unsichtbaren Dinge Gottes denken lassen: seine ewige Macht und seine Göttlichkeit, wie der Apostel Paulus im Römerbrief 1,20 sagt. Alle diese Dinge genügen, um die Menschen zu fesseln und ihnen keine Ausrede zu lassen. Zweitens gibt er sich noch deutlicher in seinem heiligen und göttlichen Wort zu erkennen, so viel wie wir in diesem Leben brauchen für seine Herrlichkeit und die Erlösung seiner Geschöpfe.[19]

Die Wissenschaftsrevolution

Die Spurensuche nach den Verzweigungen der Zwei-Bücher-Metapher gestaltet sich besonders in den Jahrhunderten kompliziert, in denen sich die anti-aristotelische *neue Philosophie* entwickelt. Descartes (1596–1650) scheint das Buch der Natur verworfen zu haben, da es einen Empirismus erforderlich machte, der seinem verstandbetonten erkenntnistheoretischen Projekt widerstrebte. Pierre Gassendi (1592–1655) jedoch sah überall in der Natur einen Sinn und schlug Descartes vor, dass er, wolle er die Existenz Gottes beweisen, den Verstand ausschalten und sich nur einmal umsehen solle. So würde er sehen, dass die beiden Bücher nicht auf zwei unterschiedlichen Regalen stünden.[20] Für Johannes Kepler waren die Astronomen die Priester Gottes im Buch der Natur; da verwundert es nicht, dass Kepler „der Natur als Offenbarung Gottes einen gleichen Status wie der Bibel zumaß."[21]

Obwohl Francis Bacon (1561–1626) die beiden Bücher auf zwei separaten Regalen aufstellte, sprach er in *The Advancement of Learning* von ihrer Verknüpfung im Kern:

Unser Retter legt uns zwei Bände zum Studium vor, damit wir vor einem Fehler bewahrt werden: erstens die Schrift, die den Willen Gottes offenbart; und zweitens die Geschöpfe, in denen sich seine Macht widerspiegelt. Das zweite dient dem ersten als Schlüssel: Es ebnet uns nicht nur den Weg zum Verständnis des wahren Schriftsinns, indem es allgemeine Verstandes- und Sprachregeln vermittelt, sondern öffnet uns für den Glauben, indem es uns in eine angemessene Meditation der Allmacht Gottes hineinzieht, die primär in seine Werke eingeschrieben und imprägniert ist. So viel also zu den Spuren Gottes und deren Aufzeigen durch wahre Würde und Lernen.[22]

---

[19] Confessio Belgica Art. 2.

[20] Ashworth in Lindberg/Numbers 1984: 140.

[21] Westfall in Lindberg/Numbers 1984: 220. Vgl. auch Keplers Brief an Fabricius vom 4. Juli 1603 (Werke 14.421).

[22] Bacon in McLuhan 1962: 187.

James Bono legt nahe, dass Bacon gewissermaßen zwei Aspekte des *Wortes Gottes* unterschieden hat: „Das erste erhellt Gottes Willen für den Menschen, für seine Rettung und Erlösung ... Der zweite Aspekt des Wortes Gottes ist sein kreatives Wort; ein Wort, das in der geschaffenen Ordnung selber produktiv ist – in Gottes Werken".[23] Zur Kenntnis der Werke Gottes kann die Menschheit das Buch der Natur *lesen*, indem sie seine Prägung in der Natur und den zweiten Aspekt von Gottes Wort aufdeckt – die Sprache der Natur, die Adam in seinem Paradies auf Erden kannte.

Das Thema der beiden Bücher spielt auch in Galileis Denken eine wichtige Rolle, speziell in seinem Brief an die Großherzogin Christina. Bekanntermaßen argumentierte Galilei, dass das Buch der Natur in der Sprache der Mathematik geschrieben sei. Damit deutete er nicht nur an, dass die Welt in der Mathematik ihren ehrwürdigsten Ausdruck erhalte, da sie göttlich sei, sondern auch, dass ihre volle Manifestation nur von den adäquat Gebildeten erschließbar sei. Folgendes Zitat verdeutlicht diesen Punkt sehr schön:

> Die ganze Wissenschaft (die Astronomie) zu verbieten, bedeutete, 100 Passagen der heiligen Schrift zu zensieren, die uns aber lehren, dass sich Ruhm und Ehre des allmächtigen Gottes auf wunderbare Weise in all seinen Werken entfalten und im offenen Buch zu lesen sind. Keiner soll glauben, dass das Lesen der erhabenen Konzepte dieses Buches zu nichts weiter führt als zum bloßen Wahrnehmen der Sonnenpracht, der Sterne, ihres Aufgangs und Untergangs – so weit sähen das nur die Augen der Tiere und der Ungebildeten. Auf ihren Seiten sind so tiefe Geheimnisse und so unterschwellige Konzepte eingelassen, dass die Vigilien, Arbeiten und Studien von hunderten luzider Denker sie nicht erschlossen haben, selbst nach kontinuierlicher tausendjähriger Untersuchung nicht.[24]

Die Zwei-Bücher-Metapher florierte im natürlich-theologischen Klima von England im 17. Jahrhundert; ihre Begrifflichkeiten waren jedoch nicht immer gleichgewichtig. Der Spalter und Theologe Richard Baxter z.B. glaubte, dass die Natur ein *hartes Buch* sei, das nur wenige verstehen könnten.[25] Deshalb sei es sicherer, sich stärker auf die Schrift zu verlassen. Newtons Gedanken zur Beziehung von Naturwissenschaft und Religion sind bemerkenswert komplex; und das Forschungsbild dazu ist sehr unstimmig. Richard Westfall glaubt, dass die Natur für Newton vielleicht eher die Quelle göttlicher Offenbarung war als die Bibel. Newton schien *Offenbarung* fast als Nachwort hin-

[23] Bono 1995: 219.

[24] Galilei, Brief an die Großherzogin Christina, 1615.

[25] Baxter 1667: 193 (zitiert nach Shapiro 1983: 94, die John Ray zitiert). Shapiro weist darauf hin, dass die Betonung auf die zwei Bücher je nach Autor variierte (291, FN 65).

zuzufügen.[26] Andererseits argumentiert Frank Manuel, dass Newton, indem er die Unterscheidung der zwei Bücher geradezu vernachlässigte, da er die beiden als separate Träger der göttlichen Bedeutung in Ehren hielt, suchte, die Wissenschaft für heilig zu erklären und wissenschaftliche Rationalität in einen einst sakralen Raum zu stellen, d.h. einen biblisch-prophetischen. Laut Manuel tat sich Newton mit der Vermischung schwer. Er sei sich bewusst gewesen, dass sich die Naturwissenschaft und ihr Nutzen von der Theologie unabhängig machten „trotz der Verbreitung von Büchern über die *physica sacra* und der Tiefe und der starken Präsenz seiner eigenen Religiosität."[27]

Das Wanken der Zwei-Bücher-Metapher

Das Thema der zwei Bücher hielt sich bis zum Ende des 19. Jahrhunderts. In dieser Zeit entstanden dazu zahlreiche interessante (wenn auch sich wiederholende) buchlange Abhandlungen. Um 1800 zeichneten sich jedoch erste Risse im Metapherngebäude ab, da der Deismus die Einzigartigkeit der christlichen Offenbarung in Frage stellte. Voll Trotz schreibt Thomas Paine in seinem Werk *Age of Reason*:

> Manche mögen sagen: Bekommen wir kein Wort Gottes – keine Offenbarung? Ich sage ja; es gibt ein Wort Gottes, es gibt eine Offenbarung. Das Wort Gottes ist die Schöpfung, die uns zugeeignet ist, und in diesem Wort, das keine menschliche Erfindung verfälschen oder ändern kann, spricht Gott zu allen Menschen ... Wenn ihr also wissen wollt, was Gott ist, schaut nicht in das Buch, das Schrift heißt und von jeder beliebigen Menschenhand gemacht worden sein kann, sondern auf das Buch der Schöpfung.[28]

Paine räumt die Möglichkeit einer Offenbarung ein, weist aber die Idee zurück, dass Gott jemals anders als durch die universelle Manifestation seiner Gottheit in den Schöpfungswerken und über die moralische Verwerfung schlechter Taten und die Hinwendung zu guten mit der Menschheit kommuniziert hat. Die Schöpfung ist die Bibel der Deisten:

> Anstatt also Theologie zu studieren, wie dies heute getan wird in Bibel und den Testamenten, deren Bücher in ihrer Bedeutung stets umstritten und in ihrer Authentizität widerlegt werden, ist es notwendig, sich auf die

---

[26] Westfall in Lindberg/Numbers 1984: 232–233. Westfalls Quelle ist ein Manuskript aus der Jewish National and University Library in Jerusalem (Yahuda MS41, fols. 6, 7).

[27] Manuel 1974: 49.

[28] Paine 1794: 38, 41.

> Bibel der Schöpfung zu beziehen. Die Prinzipien, die wir dort offenlegen, sind ewig und entspringen einer göttlichen Quelle; sie sind die Grundlage aller Naturwissenschaft in der Welt und müssen auch die Grundlage für die Theologie sein. Wir können Gott nur durch seine Werke kennenlernen.[29]

Die Herausforderung durch den Deismus hatte einen tiefgreifenden Effekt auf die philosophischen Kreise, da er einen der Grundpfeiler des Zwei-Bücher-Themas in Frage stellte. Andere Bewegungen des 19. Jahrhunderts hatten noch weitreichendere Wirkung, wie z. B. die Revolutionen in Geologie und Biologie, die die traditionelle Sichtweise einer jungen Erde und einer unveränderbaren Schöpfung, und dadurch das Konzept der zeitlich miteinander verbundenen Bücher von Natur und Schrift, auf den Kopf stellten. An die These von der Überflüssigkeit der Schriftoffenbarung kommt Charles Babbage (1791–1871) 1838 nah heran:

> In den frühen Stadien der Welt, bevor der Mensch das Buch der Natur lesen konnte, mag eine direkte Offenbarung genauso für seinen Glauben an eine Gottheit wie für seine Moral notwendig gewesen sein; und eine derartige Offenbarung mag sich von Zeit zu Zeit wiederholt haben. Als aber Zivilisation und Naturwissenschaft zu festen Bestandteilen der Menschheit wurden und Beobachtung und Verstand es dem Menschen ermöglichten, hinter die Kulissen der Naturgeheimnisse zu schauen, war die Folge, dass die eigenen Sinne ihn immer weniger von der Existenz einer ersten großen Ursache überzeugten; und durch die Sammlung von Beweisen wurde eine Wiederholung der Offenbarung immer weniger wichtig für das Wohlergehen der Menschen.[30]

Babbage führt das Argument weiter. Sogar, wenn die „urzeitliche Offenbarung“ seine Überzeugungskraft über die Jahrhunderte eingebüßt habe, könnte es der modernen Wissenschaft möglich sein, „unser Verständnis so zu stärken, dass es auf einer Überzeugungsebene stünde wie der Glaube derer, denen er ursprünglich zugedacht war.[31]

Im 19. Jahrhundert entstand neben der *Historisierung* von Geologie und Biologie die historisch-kritische Forschung an der Bibel. Diese hinterließ beachtliche Spuren, auch auf das Zwei-Bücher-Thema, zumal sie das traditionelle Verständnis vom Schriftcharakter als einheitlicher, einziger Aufzeichnung des Wortes Gottes in Frage stellte. Gleichzeitig motivierten die Erneuerungen in Hermeneutik und Naturwissenschaft konservativere Gesellschaftskreise, auf die Barrikaden zu gehen und die verbale Unfehlbarkeit der Schrift sowie das antike Verständnis der Erdgeschichte zu verteidigen – ein zweifacher Versuch, die Schrift

---

[29] Ibid.: 240, 247, 250 f.
[30] Babbage 1838; 1967: 138 f.
[31] Ibid.: 139 f.

von der Kritik der historisch-kritischen Forschung abzuschirmen. Die Metapher von den zwei Büchern der göttlichen Offenbarung diente ihnen als Grundlage der Verteidigung.

Das Überleben der Zwei-Bücher-Metapher

Das Thema der zwei Bücher florierte weiter, sowohl in konservativen als auch liberalen Auslegerkreisen. Zu Gen 2,15 kommentierte die „konservative" Leiterin der Sieben-Tage-Adventisten Ellen G. White (1827–1915) das Thema von Adam und Eva als die für den Garten Sorgetragenden. Sie sollten ihn hegen und pflegen. Das Buch der Natur, das seine lebendigen Lehrstunden vor uns ausbreite, biete eine unerschöpfliche Quelle an Belehrung und Freude. Gottes Name sei eingeschrieben in jedes Blatt, in Wald und Stein, in den Bergen, auf jedem leuchtenden Stern, auf der Erde, im Wasser, im Himmel. All dies untersuchten die Schüler der ersten Erdenschule. Der ewige Urheber all dessen offenbarte Adam und Eva die Gesetze und Prozesse der Natur wie auch die übergeordneten Prinzipien, die das spirituelle Universum regierten.[32]

Das Thema überlebte zahlreiche „liberale" Denker des 19. Jahrhunderts, die die Prinzipien und Erkenntnisse der zeitgenössischen Naturwissenschaft mal mehr, mal weniger annahmen.

Herbert W. Morris behauptete in *Science and the Bible* (ein Jahrzehnt nach Charles Darwins *Ursprung der Arten*), dass es sich bei Schrift und Natur um zwei Darstellungsweisen der göttlichen Weisheit handele: die eine verbal, die andere bildlich. Auf die großartigen Entwicklungen in der modernen Wissenschaft Bezug nehmend (er bemühte sich, stets auf dem neuesten Stand zu sein), wollte Morris den „inspirierten Schöpfungsbericht" beschreiben.[33] Fortwährend zum Einsatz kam die Metapher in Paul A. Chadbournes Lowell Lectures 1867 in Boston, in deren Rahmen er Vorlesungen zur Natürlichen Theologie hielt und die Herausforderung klar herausstellte, vor die Gottes Schriftwort die zeitgenössische Naturwissenschaft stellte:

> Allen Wissensquellen voran steht ein Buch, das angeblich göttlichen Ursprung ist und von dem geschrieben ist, den wir suchen. Das Buch offenbart seinen Charakter und beantwortet alle Fragen, die sich uns stellen,

[32] White 1903: Kap. 2.

[33] Morris 1871: 4f. Mit Verweis auf die lange geologische Geschichte der Erde vor Adam scheint Morris die Evolutionstheorie zu verwerfen. Stattdessen argumentiert er, dass Gott in zeitlicher Übereinstimmung mit Katastrophen, die zu einer Neuformung der Erdoberfläche führten, aufeinander folgende „Rassen" schaffe (vgl. 42).

> wenn wir ihn und unsere Beziehung zu ihm mit Respekt behandeln ... aber wir gestehen offen ein, dass die Bibel die Tests der Wissenschaft bestehen muss. Wenn sich bei einer fairen Interpretation herausstellen sollte, dass sie mit der Offenbarung der Natur konfligiert, kann sie sich nicht länger die Autorität als Wort Gottes beanspruchen.[34]

Aber Chadbourne war zu spät dran. Ein Jahrzehnt nach Erscheinen des *Ursprungs der Arten* wollte er penibel und „wissenschaftlich“ ein sicheres, statisches, vor-darwinistisches Weltbild untersuchen. Er vertrat die Ansicht, dass die Natur eine sich nicht verändernde Aufzeichnung sei, ein „Tempel mit Inschrift“, verfasst in der Sprache von Geologie, Chemie und Biologie. Geologie sei der verständlichste Band. Kaum verwunderlich, dass sein eigentümliches Naturwissenschaftsverständnis dazu führte, dass er überzeugt zu dem Schluss kam, dass die beiden Offenbarungen in ihrer Lehre eins seien.[35]

Einen krassen Gegensatz dazu bildete der sehr progressive Autor Joseph Le Conte, Geologie-Professor an der Universität Berkeley. Aus einem apologetischen, der Evolutionstheorie wohlgesonnenen Kontext heraus erklärte er, dass der ganze Sinn der Naturwissenschaft in dem Aufspüren der Theologie oder der göttlichen Offenbarung in der Natur läge. Er behauptete, dass, während die Metaphysik darüber streite, ob Uhren gemacht oder ewig existent seien, die Geologie hervortrete und uns Zeitpunkt und -spanne der Schöpfung erkläre.[36]

Kämpferisch verteidigte er die Evolutionstheorie, war sich aber bewusst, dass die Naturwissenschaft als Kommentar zum Naturbuch, das von den einfachen Phänomenen über direkte Ursachen bis hin zu höheren Kausalitäten reiche. Über eine zusammenhängende Kette leite es zur Großen Erstursache, wo „es seine Roben abwirft, sein Zepter niederlegt und sein Gesicht verschleiert.“[37] Für Le Conte „ist die Natur von diesen zwei Büchern das ältere und dürfte in gewisser Weise als umfangreicher und perfekter gelten.“ Eine Differenzierung folgt dem jedoch: „Die Natur bildet primär den Verstand, während die Bibel vorrangig die moralische Seite des Menschen prägt.“[38] Le Contes umsichtige und detaillierte Stellungnahme zu dem Zwei-Bücher-Thema ist insofern originell, als er die sich abzeichnenden Themen in der Wissenschaftsphilosophie erkannte und der zeitgenössischen Naturwissenschaft einen festen Platz einräumte.

---

[34] Chadbourne 1870.
[35] Ibid.: 55, 217f, 222, 237, 320.
[36] Le Conte 1902: 21, 117.
[37] Ibid.: 23.
[38] Ibid.: 244f.

Das Ende der Zwei-Bücher-Metapher

Obwohl sich das Thema von den zwei Büchern Gottes in manchen theologischen Kreisen und einigen naturwissenschaftlichen Arbeiten des 19. Jahrhunderts gehalten hatte, gelang es ihm im folgenden Jahrhundert nicht, die gleiche Aufmerksamkeit auf sich zu ziehen. Einige hervorstechende Beispiele mögen das hier verdeutlichen.

Systematisch untersuchte der Theologe Charles Hodge aus Princeton die Thematik der menschlichen Erkenntnis von Gott in seiner *Systematischen Theologie* von 1873, in der er die These vertrat, dass ein Gottesbild im Gehirn über Analogie entstehe: Wenn wir so sind wie Gott, dann ist Gott wie wir, und die Taten und Werke Gottes spiegeln einen Charakter wider, der dem unseren gleicht. Hodge griff jedoch nicht auf die Metapher zurück. Möglicherweise galt es in der Epoche, in der man die Bibel kritisch untersuchte, als unprofessionell, sich auf die zwei Bücher Gottes zu beziehen.[39] Hodges späterer Kollege in Princeton, der einflussreiche J. Gresham Machen, behauptete in *The Christian Faith in the Modern World* (1936), ohne auf das Thema zu verweisen, dass die Offenbarung Gottes durch die Natur von der Bibel bestätigt werde.[40]

Teilweise lässt sich das Ende der Metapher aus Frederick Temples *Nature, Man and God* (Gifford Lectures 1932–1934) erklären:

> Die angeblich klare Unterscheidung zwischen natürlicher und offenbarter Religion, wie sie in den Köpfen unserer Großväter existierte, war teilweise illusorisch. In dieser Form ist sie uns von jüngsten Studien zu dem, was als Hauptquelle der offenbarten Religion galt – der Bibel – zerstört worden. Im 18. Jahrhundert und weitestgehend auch im 19. Jahrhundert glaubte der Theologe, seine Prinzipien von den lebendigen Wundern Gottes in der heiligen Schrift abzuleiten und begriff seine Theologie als deduktive Wissenschaft. Aber heute ist uns sehr bewusst, dass, was auch immer die Bücher der Bibel von der göttlichen Selbstenthüllung beinhalten, sie auch eine Aufzeichnung sehr reicher und bedeutender menschlicher Erfahrungen sind.[41]

Dass sich Temple in keiner Weise auf die Metapher der zwei Bücher Gottes bezog, legt nahe, dass durch die revolutionären Entwicklungen in der wissenschaftlichen Methodik und dem Verständnis sowie in der biblischen Geschichte und Exegese, das Thema der beiden aufeinander abgestimmten Offenbarungen in Natur und Schrift auf dem besten Weg in den Ruhestand war.

---

[39] Hodge 1873; 1960: 339–345.

[40] Machen 1936: 20. Genauer führt er aus, dass sich Gott uns gerne auf zweierlei Form offenbare. Zuerst in der Natur – durch die Weltwunder und seine Stimme in den Wundern, die Stimme des Bewusstseins – und dann auf ganz andere, *übernatürliche* (da über der „Natur“ stehende) Weise (vgl. 32).

[41] Temple 1935: 5f.

Fazit

Die Geschichte von der Metapher der zwei Bücher Gottes ist, von ihren Wurzeln in der Antike bis heute, komplex. Wir haben uns einen Überblick zu ihrem Lebenszyklus verschafft, aus dem sich schlussfolgern lässt, inwiefern die Metapher im christlichen Westen bedeutend war, warum ihre Relevanz jedoch abnahm und sie in den meisten Kreisen letztendlich ausstarb.

Wie wir gesehen haben, ist die Metapher beim Zusammenfluss mehrerer Ströme entstanden: die allgemeine menschliche Erfahrung von Transzendenz, die Überzeugung von der Möglichkeit göttlicher Kommunikation und die westliche Faszination für Bücher als Fundgruben von Wissen. Obwohl die Zwei-Bücher-Metapher in der Zeit der Entwicklung des westlichen Denkens unterschiedlich gebraucht wurde, diente ihre Geschichte dazu, ein bestimmtes theologisches Verständnis sowohl von der Natur als auch von Gottes Beziehung zur Menschheit durch die Natur zu markieren. Die Metapher betonte die Eigenschaft der Natur, das Göttliche zu offenbaren und die Züge ihres Schöpfers widerzuspiegeln. Wenn Gott im Buch der Natur sowie im Buch der Schrift offenbart ist, fällt alle Menschheit gleichermaßen unter Gottes Urteil.

Das Thema durchlief einen komplizierten Entwicklungsprozess, da die natürliche Welt zunächst mit den Büchern der Schrift in der hebräischen Geschichte identifiziert wurde, dann mit der Vielzahl an entstehenden Schriften in der Spätantike und später mit dem gedruckten Buch von 1543. Dieser Entwicklungsprozess barg sowohl Aufblühen als auch Abstieg der Metapher in sich. Obwohl es sich bis ins 19. Jahrhundert hielt, wurde sein Einfluss mit der Einführung des Buchdrucks und der massenweisen Buchproduktion ab dem 16. Jahrhundert schwächer. Dies entsprang auch der radikal gewandelten Lernweisen aus Büchern und dem Charakter des Buches an sich. Bücher wurden zum Allgemeingut und spiegelten neue mechanische Produktionstechniken wider. Zusammen mit Veränderungen in der Forschung im Humanismus, trug all dies zum Verlust des quasi-heiligen Charakters des „Buches“ bei.

Obwohl frühe Naturwissenschaftler wie Galilei den Gebrauch der Metapher zugunsten der Erforschung der Natur vorantrieben, begann sich die Naturwissenschaft zur Zeit Newtons von der Theologie zu entfernen. Obwohl die Natur selbstverständlich als Offenbarung der Werke Gottes galt, dieses „eine Buch“ begann, sich unabhängig zu machen, wenn es sich nicht sogar über die Offenbarung in der Schrift stellte. Diese Verschiebung darf als zweiter Faktor des Verfalls der Metapher in manchen Kreisen angesehen werden (sog. „deistisches

Abdriften“). Wir haben gesehen, dass man sich schon zu Thomas Paines Zeit weniger auf die Schrift, die die besondere Erfahrung eines Volkes mit Gott bezeugt, als auf das universelle Buch der Natur verließ. Ihre Zuverlässigkeit wurde allgemein in Frage gestellt. Konnte die Schrift ihren Platz als Buch aller Bücher in einem deistischen Weltbild verteidigen?

Ein dritter Umstand trug zu dem Verfall der Metapher bei: die allmähliche Entwicklung eines historisch-kritischen Ansatz der biblischen Exegese, die parallel zur historischen Betrachtungsweise auf die Geologie entstand. Dadurch, dass die Bibel plötzlich zum Kompendium vieler verschiedener Literaturgenres wurde, über viele Jahrhunderte gesammelt und mehrfach redigiert, wurde es schwieriger, sie als einheitliche, zeitlose Darstellung des göttlichen Wortes zu lesen. Man begann, die Bibel als in einem bestimmten Kontext eingebettetes Dokument zu verstehen, das aus verschiedenartigen und (oft gegensätzlichen) menschlichen Erfahrungen hervorging. In ähnlicher Weise lässt sich durch die Entwicklung der Zeitgeschichte im 18. Jahrhundert eine sukzessive Historisierung der Natur beobachten. Die geologischen Daten zeigten eine fortschreitende Offenbarung. Manche nahmen die Befunde auf, wie z. B. Le Conte, andere vernachlässigten sie. Obwohl diese Phase der Bibelkritik und der wissenschaftlichen Historisierung der Natur von einer Hinwendung zur Zwei-Bücher-Metapher in konservativen und liberalen Kreisen begleitet war, wurde die Metapher immer weniger gebraucht.

Parallel zu dieser Historisierung schwand das Vertrauen auf die einfache teleologische Deutung der wissenschaftlichen Befunde immer mehr. Angefangen bei der Entdeckung des Aussterbens durch Fossile, sah man, dass die Arten nicht unveränderlich sind und dass die physische Welt kein einen harmonischen Gott widerspiegelnder Raum ist. All dies machte es zunehmend schwierig, das Buch der Natur als selbstverständliche Offenbarung des göttlichen Plans oder zumindest eines bewundernswerten Plans zu betrachten.

Ein fünfter Grund des Abfalls der Metapher war die allmähliche Professionalisierung der Naturwissenschaften im 19. Jahrhundert. Sowie sich die Naturphilosophie in Physik, Chemie und Astronomie und die Naturgeschichte in Biologie, Ökologie und Paläontologie spaltete, jede mit eigenem Untersuchungsgegenstand und eigener Methodik, verlor die dem Buch der Natur zugrundeliegende „Natur“ an metaphysischer Stichhaltigkeit. Darüber hinaus nahm das fast vollständige Ersetzen der Kommentare zu den antiken Texten durch die empirische Erforschung der physischen Welt dem Buch der Natur seinen Buchcharakter. Auf diese Weise unterbietet das Umgießen der „Naturphilosophie“ oder „Naturgeschichte“ in die Gefäße der professionellen

Disziplinen, wie wir sie heute kennen, beide Begriffe der Metapher von den zwei Büchern Gottes.

Ein letzter, besonders im 20. Jahrhundert prägnanter Faktor dürfte der durch Computerrevolution und Umsichgreifen globaler Kommunikation ermöglichte, sich stets ändernde Informationsfluss sein. Wir werden ständig überschüttet von Informationen jeder nur denkbaren Quelle, dass das mittelalterliche Konzept der zwei „Bücher" als Primärquellen der Offenbarung hoffnungslos anachronistisch erscheint. Es ist sogar üblich geworden, seit den 60er Jahren, vom möglichen Abschaffen des Buches als menschlichem Wissensartefakt zu sprechen, das von einer explosionsartigen Welle fast unendlicher und direkter Informationsübertragung über das Internet heute ersetzt wird. Information ist natürlich nicht mit Offenbarung oder Weisheit gleichzusetzen, sie scheint letztere aber hinsichtlich der Aufmerksamkeit in vielen Bereichen auszustechen.

Das komplexe Thema der zwei Bücher Gottes erfreute sich einer langen und verwobenen Geschichte. Obwohl sie im letzten Jahrhundert immer weniger gebraucht wurde, hat die Metapher fast zwei Jahrtausende lang das Verhältnis von zwei menschlichen Unternehmen vielseitig gerahmt, konstituiert, verneint oder andernfalls widergespiegelt, das über die Zeit zu Wissenschaft und Glaube werden sollte. In einer postmodernen Zeit scheint es ein weniger überzeugendes rhetorisches Stilmittel zu sein. Pädagogisch gesehen ist es jedoch sehr hilfreich, den Werdegang der Metapher zu verstehen, da die Geschichte ihres Gebrauchs Einsicht darüber gibt, wie Naturwissenschaft und Glaube gesehen wurden. Wichtiger vielleicht noch ist das Verständnis für die Entwicklung und den Gebrauch des Zwei-Bücher-Themas zum Einblick in die Art, wie Metaphern die Beziehung zwischen solch komplexen Sphären menschlicher Existenz wie Naturwissenschaft und Glaube rahmen und zu vermitteln oder überbrücken helfen.

Ist das Thema von den zwei Büchern Gottes von Nutzen in einer Zeit der historisch-kritischen Exegese der Bibel, in einer Welt, in der Evolutionstheorie und Entwicklungsparadigmen die Vorrangstellung haben in naturwissenschaftlichen Disziplinen, von der Kosmologie über die Geologie bis hin zu Biologie und Neurowissenschaft? Unabhängig davon, ob es wiederhergestellt werden kann, können die wechselnden Gesichter der Metapher nicht über die Notwendigkeit hinwegtäuschen, die Frage nach dem Verhältnis von Natur und Glauben, Naturwissenschaft und Religion wieder aufzunehmen. Wenn Gott tatsächlich mit seinen Geschöpfen kommuniziert, geschieht dies auf mannigfaltige Weise? Aber nur in den religiösen Traditionen, durch direkte Intuition, oder eine persönliche Beziehung? Oder offenbart er sich auch auf zweierlei Art in Schrift und Natur?

Literatur

Athanasius, *Das Leben des Heiligen Antonius* (aus dem Griechischen von Hans Mertel) Kempten u.a. 1917.

Bacon, Francis, *The Advancement of Learning* (hg. v. Michael Kiernan), Oxford 2000.

Babbage, Charles, *The Ninth Bridgewater Treatise, a Fragment*, London 1838 (Nachdruck London 1967).

Balfour, Thomas A.G., *Nature and the Bible Have One Author*, London 1861.

Baxter, Richard, „The Reasons of the Christian Religion“, in ders., *A Call to the Unconverted*, London 1862.

Bonaventura, *Collationes in hexaemeron* (hg. v. Wissenschaftliche Buchgesellschaft) Darmstadt 1964.

Bono, James J., *The Word of God and the Languages of Man: Interpreting Nature in Early Modern Science and Medicine*, Madison, MI 1995.

Brennan, Martin S., *The Science of the Bible*, St. Louis 1898.

Brooke, John, *Science and Religion: Some Historical Perspectives*, Cambridge 1991.

– /Cantor, Geoffrey, *Reconstructing Nature*, Edinburgh 1998.

Brown, Thomas, *Religio Medici*, 1635 (hg. v. James Winney), Cambridge 1983.

Butler, Joseph, *Fifteen Sermons Preached at the Rolls Chapel*, 1726 (hg. v. T.A. Roberts), London 1970.

Calvin, Johannes, *Unterricht in der christlichen Religion. Institutio christianae religionis*, übersetzt und bearbeitet von Otto Weber, Neukirchen-Vluyn [6]1997.

Chadbourne, Paul A., *Lectures on Natural Theology, or Nature and the Bible from the Same Author*, New York 1870.

Chryostomous, *Des heiligen Johannes Chrysostomus Homilien über die Bildsäulen.* (aus dem Griechischen von F.W. Wagner), Wien 1838.

Curtius, Ernst Robert, *European Literature and the Latin Middle Ages*, New York 1953.

Dante Alighieri, *Die göttliche Komödie. Übertragung* (hg. v. Stefan George, Stefan-George-Stiftung) Bd. 10/11, Stuttgart 1988.

Dick, Thomas, *The Christian Philosopher, or the Connexion of Science and Philosophy with Religion*, o.O. 1844.

Dove, John, *A Confutation of Atheism*, London 1605.

Ferngren, Gary, *Encyclopedia of Science and Religion in the Western Tradition*, New York/London 2000.

Harrison, Peter, *The Bible, Protestantism, and the Rise of Modern Science*, Cambridge 1998.

Hodge, Charles, *Systematic Theology* Bd. 1, London 1960.

Holton, Gerald, „Johannes Kepler's Universe: Its Physics and Metaphysics“, *American Journal of Physics* 24 (Mai 1956): 340–351.

Irenäus von Lyon, *Adversus haereses/Gegen die Häresien* (griechisch/lateinisch/deutsch), übersetzt und eingeleitet von Norbert Brox (Fontes Christiani 8.5), Freiburg i.Br. 2001.

Iustini Martyris Apologiae pro christianis (hg. v. Miroslav Marcovich), Berlin u.a. 1994.

Le Conte, Joseph, *Religion and Science: A Series of Sunday Lectures on the Relation of Natural and Revealed Religion, or the Truths Revealed in Nature and Scripture,* New York 1902.

Lindberg, David C./Numbers, Ronald L. (Hg.), *God and Nature: Historical Essays on the Encounter between Christianity and Science*, Berkeley 1984.

Machen, J. Gresham, *The Christian Faith in the Modern World*, New York 1936.

Manuel, Frank E., *The Religion of Isaac Newton*, Oxford 1974.

McLuhan, Marshall, *The Gutenberg Galaxy: The Making of Typographic Man*, Toronto 1962.

Morris, Herbert W., *Science and the Bible, or, the Mosaic Creation and Modern Discoveries*, Philadelphia 1871.

Osler, Margaret J. (Hg.), *Rethinking the Scientific Revolution,* Cambridge 2000.

Paine, Thomas, *Age of Reason, Being an Investigation of True and Fabulous Theology*, Luxemburg 1794.

Raimundus Sabundus, *Theologia naturalis sive liber creaturarum* 1436, Nachdruck der Sulzbach Edition von 1852, mit kritischen Anmerkungen, Stuttgart 1966.

Raven, C.E., *Organic Design: A Study of Scientific Thought from Ray to Paley*, Oxford 1953.

Shapiro, Barbara, *Probability and Certainty in Seventeenth-Century England: A Study of the Relationships between Natural Science, Religion, History, Law, and Literature*, Princeton 1983.

Temple, Frederick, *Nature, Man and God*, Gifford Lectures 1932–1934, London 1935.

Tertullian, Opera catholica. *Adversus Marcionem*, Quintus Septimus Florens Tertullianus (Corpus Christianorum, Series Latina, 1), Turnholti 1954.

Tertullian, Apologeticum. Verteidigung des Christentums (hg. v. C. Becker), Darmstadt [4]1992.

Webb, Clement C.J., *Studies in the History of Natural Theology*, Oxford 1915.

White, Ellen G., *Education*, Oakland, CA 1903.

Der Islam und die moderne Wissenschaft

Muzzafar Iqbal

Dass die moderne Naturwissenschaft unser Leben verändert hat, ist klar. In den banalsten Dingen, von unserer Ernährungsweise bis hin zur Kommunikation, sind wir auf die Naturwissenschaft und ihre Technologie angewiesen. Das Potential der Wissenschaft, unser Leben zu bestimmen, nimmt universale Dimensionen an.

Dieses Phänomen der modernen Wissenschaft, in ihrer Ubiquität präzedenzlos in der Geschichte der Menschheit, vermag sie, so unterschiedliche kulturelle und religiöse Traditionen wie die islamische, hinduistische, chinesische und die der indigenen Nordamerikaner zu durchdringen. Es verwundert, dass sich auf einem kleinen Teil dieses kleinen Planeten, der sich um einen Stern in der Umgebung einer Galaxie von Milliarden von Sternen, die wiederum nur eine Galaxie unter Millionen ist, eine Wissenschaft entwickelt hat, die innerhalb einer kurzen Zeitspanne von drei Jahrhunderten die unterschiedlichsten Kulturen durchdrungen und die Art beeinflusst hat, wie Menschen leben, sterben, miteinander kommunizieren, heiraten, Kinder zur Welt bringen, ihr Essen zubereiten, sich kleiden oder wohnen.

Der transformierende Effekt der modernen Wissenschaft ist vielleicht am stärksten spürbar, wo Fortschritte in Kosmologie, Quantenphysik, Neurowissenschaft und Evolutionsbiologie rein „wissenschaftliche" Antworten auf einige der ältesten und grundlegendsten Fragen der Menschheit liefern: Was ist das Wesen der Natur? Ist Natur nur ein riesiges Konglomerat an zweckloser Materie, die irgendwie im Kosmos gelandet ist? Oder sind die Phänomene der Natur erkennbar zielgerichtet? Agiert Gott in der physischen Welt oder hat alles natürliche Ursachen – vom Gewitter bis hin zur Formation der Galaxien? In der Vergangenheit fand man religiöse Antworten auf derartige Fragen. Der Einzug der Wissenschaft in ein Territorium, das Jahrhunderte lang von der Religion besetzt war, hat zu einer Revision der Beziehung der Religion zu Erkenntnissen über das Weltall und den Platz des Menschen in ihm geführt.

Diese Entwicklungen sind ebenfalls Grundlage des Dialogs zwischen Wissenschaft und Religion, der zu neuen Einsichten und Überlegungen in der Theologie führt. In den letzten vierzig Jahren hat das gesteigerte Interesse an diesem Diskurs einen umfangreichen Corpus an wissenschaftlichen Reaktionen und Interaktionen hervorgebracht, der ganz im Zeichen des Brückenbauens zwischen Naturwissenschaft und Theologie steht. Meist wurden sie vom Christentum aus gebaut. Andere Religionen sind bisher, obwohl sie von der Ausweitung von Wissenschaft und Technik gleichermaßen betroffen sind, langsamer, die Kluft zwischen den Welten ihrer Traditionen und der der modernen Wissenschaft zu schließen.

Konstruktion einer islamischen Brücke

Die Notwendigkeit einer neuen Interaktionsbrücke hat für den Islam besondere Relevanz, da das Verhältnis des Islam zur zeitgenössischen Naturwissenschaft historisch einmalig ist. Vom 9. bis ins 12. Jahrhundert war der Islam eine Art Mutterschoß der Wissenschaft. In ihrer Adoleszenz zog die Wissenschaft nach Europa und wurde dort vom christlichen Westen adoptiert, wo sie während der Aufklärung reifte. Als emanzipierte Erwachsene kehrt die Wissenschaft jetzt in ihre islamische Heimat zurück. Die muslimische Mutter muss sich jedoch erst daran gewöhnen, dass ihr Kind ihr fremd geworden ist.

Wenn islamische Wissenschaftler ähnliche Brücken wie andere Traditionen bauen sollen, stellt sich die Frage, was für Material sie benutzen werden. Angesichts des besonderen historischen Verhältnisses des Islams zur modernen Wissenschaft, werden die Materialien mindestens dreierlei beinhalten: 1. eine historische Revision und Rückbesinnung auf die islamische Wissenschaft; 2. eine Neubewertung des europäischen Einflusses auf die islamische Wissenschaft und der daraus resultierenden Veränderungen für dieselbe; und 3. eine Wiederaufnahme des Bildes, das der Koran vom Kosmos entwirft sowie seine Betrachtungsweise desselben. Diese drei Bausteine liefern genug Material, um Methoden und Modelle zu entwickeln, die einen islamischen Dialog mit der modernen westlichen Naturwissenschaft ermöglichen.

Die Rückkehr der Naturwissenschaft zur muslimischen Welt, nun in der modernen westlichen Form, fiel in eine Zeit, in der die Mehrheit der traditionell muslimischen Länder unter direkter Kolonialherrschaft stand. Den Kolonialisierten zufolge wäre es Nationen wie England und Frankreich ohne den Machtfaktor Wissenschaft und Technik gar nicht möglich gewesen, derart große Teile der Welt zu erobern. Im Rückblick scheint dies nur partiell zuzutreffen, aber für die muslimischen Reformer des frühen 20. Jahrhunderts waren Wissenschaft und Technik *der* Grund der Unterwerfung. Als Potentiale politischer und militärischer Macht waren die westliche Wissenschaft und Technik begehrte Objekte der westlichen Zivilisation, die viele muslimische Reformer ihr

Volk um jeden Preis zu erwerben drängten. Diese Einstellung hat sich gehalten. Der Wunsch eines verstärkten Zugangs zu Wissenschaft und Technik ist weiterhin das beherrschende Thema zahlreicher entwicklungsbezogener Debatten in der muslimischen Welt.

Trotz des Wunsches, die westliche Wissenschaft zu integrieren, war das Interesse muslimischer Akademiker oder Institutionen bisher eher gering, zu untersuchen, in welchem Verhältnis die philosophischen und metaphysischen Grundlagen des Islam zu denen der modernen Naturwissenschaft stehen. Zum einen scheinen sich die meisten muslimischen Wissenschaftler für diese Untersuchung weder zu qualifizieren noch zu interessieren; außerdem ist der Kenntnisstand der Religionswissenschaftler über die moderne Naturwissenschaft im Allgemeinen zu gering, als dass sie sich unabhängig in den Diskurs einbringen könnten. Deshalb findet man in der muslimischen Welt wenig, das sich mit dem relativ anspruchsvollen und reifen Dialog von Naturwissenschaft und Religion in der christlichen Tradition vergleichen ließe. Bestenfalls stößt man auf Literatur, die bestimmte Entdeckungen der modernen Wissenschaft als im Koran angekündigt ausweisen. Diese apologetische Literatur versucht zu zeigen, dass der Koran das Wort Gottes ist, *genau weil* (wie sie behaupten) er Theorien und Fakten beinhalte, die die moderne Wissenschaft jüngst erst entdeckt habe. Das Ergebnis einer solchen Arbeit ist jedoch, dass weder der Naturwissenschaft noch dem Islam die intellektuelle Geschlossenheit zugestanden wird, die ihnen gebührte; auf dieser Grundlage findet natürlich kein echter Dialog statt.

Das Feld von Islam und Naturwissenschaft ist kein Neuland. Es gibt einen kleinen Corpus an Literatur – meist von Wissenschaftlern, die nicht in traditionell islamischen Ländern selber wohnen –, der das islamisch-naturwissenschaftliche Verhältnis untersucht. Die Forschung des Mainstreams in der muslimischen Welt zeigt sich allerdings wenig interessiert an der Involvierung dieser Disziplin. Trotz des praktischen Nutzens und eines fortwährenden Wunsches nach westlicher Wissenschaft und Technik besetzen Islam und Wissenschaft für die meisten Muslime und sogar die meisten muslimischen Wissenschaftler zwei getrennte, nicht überlappende Diskursbereiche.

Angesichts des einschlägigen Einflusses der Wissenschaft und ihrer Rolle in der Geschichte der Kolonialisierung wäre es wünschenswert, dass sich eine größere Anzahl muslimischer Wissenschaftler und Akademiker der Aufgabe widmet, die moderne Wissenschaft von einer islamischen Perspektive aus zu untersuchen. Diese wesentliche, wenn auch möglicherweise herausfordernde Aufgabe muss von muslimischen Naturwissenschaftlern und anderen mit der islamischen Wissenschaftsgeschichte vertrauten Akademikern erfüllt werden. Es müssen Personen sein, die ein Verständnis dafür haben, wie sich die Wissenschaft im Westen fundamental verändert hat und die mit der Koranvorstellung vom Kosmos vertraut sind. Die in der christlichen Theologie geleisteten Arbeiten können kein stellvertretendes Gegengewicht zur Wissenschaft im islamischen wissenschaftlich-religiösen Dialog bieten. Die Stellung der islamischen Theologie in der islamischen Tradition ist nicht mit der der christlichen Theologie in der christlichen Tradition vergleichbar. Deshalb muss sie ihre eigenen Brücken zur modernen Wissenschaft bauen, die die dem Islam eigenen Anliegen und Verpflichtungen widerspiegeln.

Wie schon erwähnt, kann der islamisch-wissenschaftliche Diskurs ohne profunde Rekapitulation der islamischen Wissenschaftstradition nicht kompetent geführt werden. Auf der elementarsten Stufe sollte diese Rekapitulation danach fragen, was so islamisch an der sog. *islamischen Wissenschaft* war und in welcher Weise diese Tradition in der Weltanschauung des Korans wurzelte. Untrennbar verbunden mit dieser Aufgabe wäre die Bewertung der Übergänge und Veränderungen dieser Tradition durch das westliche Denken noch vor der Entstehung der modernen Wissenschaft. Diese Evaluation wird zeigen, wie sich die Grundstruktur der modernen Wissenschaft entwickelt hat und in welcher Beziehung die ihr zugrundeliegende philosophische Struktur zur islamischen Weltanschauung steht. Genauso wichtig sind Überlegungen zum Status des Koran im Verhältnis zur modernen Wissenschaft. Hier wären auch die Erkenntnislehre des Koran, Vorstellungen zum Kosmos, zur Natur und zu göttlichem Handeln und letztendlich zu Gottes Beziehung zu den Geschöpfen, wie sie der Koran definiert, zu betrachten. Es sei in diesem Zusammenhang bemerkt, dass Versuche, die Weltanschauung des Koran in den wissenschaftlich-religiösen Dialog einzubeziehen, aufgrund der Assoziation mit dem christlichen Biblizismus, eher zu einem Schließen intellektueller Türen geführt hat. Dies mag daran liegen, dass der allgemein etablierte Dialog im Westen unter „Theologie und Naturwissenschaft" und selten, wenn überhaupt, unter der Überschrift „Bibel und Wissenschaft" geführt wurde. Trotz dieser Schwierigkeit kann sich am echten islamisch-wissenschaftlichen Dialog nicht beteiligen, wer die islamische Rückbindung an den Koran vernachlässigt. Auf der Basis dieser Einblicke kann damit begonnen werden, für den Islam adäquate Modelle und Methoden für den Diskurs mit der modernen Wissenschaft zu entwickeln.

Die Wissenschaft in der Moderne und in der islamischen Tradition

Für eine allgemeine Rekonstruktion der Schritte, die die islamische Wissenschaftstradition nach Europa brachte, liegen uns hinreichende historische Quellen vor. Vermutlich war es der Einzug der islamischen Wissenschaftstradition in Europa, der es möglich machte, dass sich das wiedererstarkte Interesse an den Wissenschaften so rapide festigte und schon vor der Renaissance weiterentwickelte. Es sei jedoch bemerkt, dass die moderne Wissenschaft nicht bloß die ausgewachsene Form oder Weiterführung der islamischen Wissenschaftstradition ist, sondern dass die moderne Wissenschaft vielmehr auf der Basis eines Konzepts der Natur entstand, das sich im Wesentlichen von dem, was das Herz der islamischen Wissenschaftstradition ausmachte, unterschied. Der Prozess des *Übergangs* (transmission) der islamischen Wissenschaftstradition in europäische Denkmuster wurde gefolgt von einem Prozess fundamentaler *Veränderung* (transformation) derselben. Historische Zeugnisse legen nahe, dass die islamische Wissenschaftstradition zu dem Prozess, der zur Entstehung der *mittelalterlichen* europäischen Wissenschaftstradition führte, entschieden beitrug. Diese betrachtete die Natur von einer Perspektive, die der islamischen nicht vollkommen fremd war. Die gemeinsame Sichtweise währte allerdings nicht lang. Im Zeitalter der Renaissance wich die mittelalterliche Wissenschaft der Wissenschaftsrevolution des 17. Jahrhunderts und das gemeinsame Naturkonzept, das die islamische Wissenschaftstradition und die europäische Wissenschaft verband, begann sich mit der Entstehung einer neuen Wissenschaftstradition (die die moderne werden sollte) aufzulösen. Am Ende ersetzte diese entstehende Tradition die mittelalterliche Wissenschaft gänzlich und ließ nur wenig oder gar nichts von der früheren Gemeinsamkeit übrig.

Die daraus hervorgehende Verschiedenheit sollte sich mit der Zeit intensivieren. Die innere Dynamik der europäischen Zivilisation nach der Renaissance, die Vernachlässigung des Wesensstatus von Eigenschaften – die in der islamischen wie auch der griechischen Wissenschaftstradition einen integralen Bestandteil der Materie darstellten –, die Betonung der geometrischen Merkmale von Körpern (Form, Größe, Bewegung) und letztlich die Mathematisierung der Natur in einer nie da gewesenen Geschwindigkeit, sollten dazu führen, dass sich die Philosophie endgültig vom Erbe der islamischen Wissenschaftstradition trennte.

Übergänge und Veränderungen

Die islamische Wissenschaftstradition erreichte Europa durch die Übersetzung zentraler Texte aus dem Arabischen ins Lateinische. Einer der ersten Autoren, die übersetzt wurden, war kein anderer als der große Scheich (*al-Shaykh al-Ra'is*) der islamischen Wissenschaft Ibn

Sina (980–1037), latinisiert als Avicenna bekannt. Die Abschnitte zu Physik und Philosophie in seinem *Kitab al-Shifa'* (Das Buch der Heilung) wurden im 12. Jahrhundert übersetzt; die chemischen und geographischen Teile in Spanien zu Beginn des 13. Jahrhunderts; und sein magnum opus *al-Qanun fi'l-Tibb* (Kanon der Medizin), eine systematisch strukturierte, fünfbändige Summa allen medizinischen Wissens bis zu seiner Zeit, wurde zwischen 1150 und 1187 übersetzt. Dieses bedeutende Werk der islamisch-medizinischen Tradition war sowohl im Orient als auch im Okzident sieben Jahrhunderte lang das Standardlehrwerk der Medizin. Der medizinische Kanon stellte die Lehrbasis aller europäischen Universitäten dar. Er taucht im ältesten bekannten Lehrcurriculum der Medizinischen Fakultät zu Montpellier, einer Bulle von Clemens V. von 1309, und allen weiteren bis 1557 auf.

Unter den anderen, die zwischen dem 11. und 13. Jahrhundert übersetzt wurden, ist auch Ibn Rushd (1126–1198), im lateinischen Christentum als Averroes bekannt, der im frühen 13. Jahrhundert übersetzt wurde; Ibn al-Haytham (965–1039), von seinen lateinischen Übersetzern Alhazen genannt, wurde bis zum Ende des 12. Jahrhunderts mehr als einmal übersetzt; Al-Farabi (gest. 950) wurde im Laufe des 12. Jahrhunderts in Toledo übersetzt; Abu Bakr al-Razi (ca. 854–925), bekannt als Rhazes, wurde im 12. und 13. Jahrhundert in Toledo und auf Sizilien übersetzt; Al-Kindi (ca. 801–866) in Toledo im 12. Jahrhundert; al-Khawarazmi (ca. 800–847) im 12. Jahrhundert; und Jabir ibn Hayyan (gest. 815) widmeten sich verschiedene Übersetzer im 12. und 13. Jahrhundert.

Die groß angelegten Übersetzungsprojekte des 12. und 13. Jahrhunderts, die die Tore des Wissens einer islamischen Zivilisation öffneten und allgemein als feindlich, heidnisch und gefährlich galt, stellte eine ernste Bedrohung des Status quo der geistesgeschichtlichen Tradition Europas dar. Das neue Material war in seiner Brauchbarkeit, Potenz und Qualität einmalig. Da ein Großteil dieses Materials als religiös und philosophisch „harmlos“ eingestuft wurde, hieß man Traktate zu Mathematik und Optik, Meteorologie und Medizin willkommen. Die *Elemente* von Euklid, al-Khawarazmis *Algebra*, Ibn al-Haythams *Optik*, Ibn Sinas *Kanon der Medizin* und sogar Ptolemäus' *Almagest* galten nicht als ernsthafte Bedrohung für den Glauben. Wenn es allerdings um Werke mit tiefgreifenden metaphysischen Untertönen ging, war die Aufnahme weniger herzlich. Einmal übersetzt und publiziert, konnten die Übersetzungen natürlich weder ungeschehen gemacht, noch konnten die Arbeiten aus der intellektuellen Landschaft Westeuropas wieder entfernt werden. Ihre Präsenz stellte die bisher vorherrschenden philosophischen Paradigmen vor große Herausforderungen.

Aristoteles und seine muslimischen Kommentatoren stießen bei der christlichen Kirche auf manch juristischen Widerstand. 1210 erließ ein Bischofskonzil ein Dekret, das ein Lehrverbot der aristotelischen Naturphilosophie an der Fakultät der Künste einführte, welche 1215 vom päpstlichen Gesandten Robert de Çouron erneuert wurde. Obwohl der Erlass nur auf Paris bezogen war, markierte er den Anfang einer langen Entwicklung, die letztlich Schatten auf die spätere Geschichte des naturwissenschaftlich-religiösen Dialogs im Westen werfen sollte. Aristoteles zu verbieten hatte jedoch wenig Sinn: Im Jahre 1240 wurden Aristoteles' naturphilosophische Werke genauso in Paris wie in Oxford und Bologna unterrichtet. Schon 1255 hatte sich Aristoteles einen akademischen Namen gemacht; in jenem Jahr erließ die Artistenfakultät in Paris sogar neue Statuten, die zum Studium aller bekannten Werke des Aristoteles verpflichteten.

Die aristotelischen Werke fanden jedoch nicht ohne Hilfestellung Einzug in die Tradition westlichen Denkens: Sie wurden mit Ibn Sina zusammen rezipiert, dessen platonisierte Version des aristotelischen Corpus den Pantheismus unterstützte. Um das Jahr 1230 löste Ibn Rushd die Kommentare Ibn Sinas jedoch ab. In Ibn Rushds Werken entdeckte Europa einen authentischeren und weniger platonisierten Aristoteles. So wurde Ibn Rushd im Westen als *der* Kommentator berühmt. Obwohl Dante Ibn Rushd in *Inferno* ins Fegefeuer versetzte, den ersten Kreis der Hölle, war er dort in guter Gesellschaft, der größten aller nicht-christlichen Denker nämlich – Euklid, Ptolemäus, Hippokrates, Avicenna und Galen. Für Dante war er *che'l gran comento.*

Trotz des positiven Einflusses seines neuen Kompagnon galt Aristoteles in vielen christlichen Kreisen als inakzeptabel, genauso wie in der muslimischen Welt, in seiner arabischen Heimat. Sowohl die islamischen als auch die christlichen Traditionen kämpften damit, einen aristotelischen Kosmos in ihr Denken zu integrieren, der sich aus ewigen Elementen zusammen gesetzt haben sollte und ewig fortbestehen würde, da die Elemente noch nicht entstanden waren und stets fortbestehen würden. Dies widersprach dem christlichen und muslimischen Glauben an einen Gott, der die endliche Welt aus dem Nichts geschaffen hatte. Zudem stellte das aristotelische Konzept vom *ersten Beweger* als der ewig unveränderlichen und deshalb zur Intervention in die Prozesse des sich selbst überlassenen, aufgrund von Ursache-Folge-Beziehungen auf Ewigkeit angelegten Kosmos unfähigen Gottheit eine Herausforderung für beide Traditionen dar. In diesem Kosmos waren keine Wunder vorgesehen, kein Gott, der sich zu bestimmten Zeiten und an bestimmten Orten für die Schöpfung einsetzte – ein zentrales Moment sowohl in der islamischen als auch der christlichen Tradition. Weitere problematische Elemente des aristotelischen Systems, die einige Jahrhunderte zuvor in der muslimischen Welt kontrovers diskutiert wurden, traten in Europa durch die Übersetzungen erneut in Erscheinung. Die astrologischen Theorien in Aristoteles' Philosophie lehrten beispielsweise, dass das menschliche Verhalten und der Wille von Himmelskörpern beeinflusst seien. Dies aber stand im Widerspruch zum christlichen Verständnis von Sünde und Erlösung. Auf ähnliche Weise bereitete das Wesen der Seele in der aristotelischen Philosophie vielen christlichen Forschern Probleme: Für Aristoteles war die Seele ein formales und organisierendes Prinzip des Körpers, das nicht unabhängig von diesem existieren könne. Aus diesem Grund hörten Körper und Seele eines Individuums beim Tod auf zu existieren – eine Vorstellung, die sich kaum vereinbaren ließ mit der christlichen Lehre, die mehrfach auf die platonische Idee der unsterblichen Seele zurückgriff. Ebenso stieß die Vorstellung bei Muslimen auf Widerstand.

Diese spezifischen Konzepte, die im Gegensatz zu verschiedenen, der christlichen Lehre zugrundeliegenden Philosophien standen, stellte jedoch eine weitaus weniger große Provokation dar als eine viel fundamentalere, die sich aus der aristotelischen Sicht des Wissens ergab. Das lateinische Christentum musste sich mit der gleichen Herausforderung wie der Islam einige Jahrhunderte zuvor auseinandersetzen: Aristoteles' Denksystem lieferte eine rein rationale Alternative zur offenbarten Erkenntnis der religiösen Tradition. Diese Sichtweise des Wissens ließ die aristotelische Philosophie auf (philosophischer) Augenhöhe mit der Theologie stehen und schien mit den Bibelstudien in Konkurrenz zu treten. So ergab sich folgendes Dilemma für die europäische Denktradition: Ausgehend von der Validität des aristotelischen Ansatzes konnte man mit den theologischen Methoden zu einem Schluss, mit der philosophischen Methode zu einem anderen Schluss kommen – beide Methoden erhoben Anspruch auf Wahrhaftigkeit. Hier zeichnete sich das Wiederauftauchen eines Konflikts ab, den das frühe Christentum bereits mit dem Neoplatonismus auszuhandeln hatte, der klassische Kampf um Autorität, die Rivalität zwischen Athen und Jerusalem.

Mit Beginn der Wissenschaftsrevolution im 17. Jahrhundert begann Europa wieder, sein islamisches Erbe wert zu schätzen. Im 14. Jahrhundert räumte Chaucer (ca. 1340–1400) in seinen *Canterbury Tales* sieben muslimischen Wissenschaftlern und Weisen einen besonderen Platz ein. Dies spiegelte den allgemein anerkannten Status dieser Männer in Europa wider, deren Beitrag zum Mittelalter hoch gelobt wurde. Im Rahmen der neuen Wertschätzung strich man den Islam und die Muslime als Hauptakteure des wissenschaftlichen Fortschritts jedoch aus der europäischen Erinnerung und erniedrigte sie zu Bürgern zweiter Klasse – eine Stellung, die sich in der westlichen Forschung über fast 500 Jahre hartnäckig hielt, bis es im 20. Jahrhundert zu einer erneuten Wertschätzung kam. In der Renaissance kam es zu heftigen Reaktionen gegenüber Ibn Sina. Leonardo da Vinci verwarf Ibn Sinas Anatomie; Paracelsus verbrannte den *Kanon* in Basel. Und als Harvey 1628 eine neue Theorie zur Blutzirkulation veröffentlichte, war Ibn Sina endgültig entthront.

Auf die Wissenschaftsrevolution folgten Einfall und Kolonialisierung eines Großteils der islamischen Welt, wodurch fast die gesamte islamische Welt unter europäische Herrschaft gebracht wurde. Während der Kolonialisierung entledigte sich die Wissenschaft ihrer islamischen Wurzeln und besetzte ihren Platz in der westlichen Wissenschaft. Nach einer gewissen Zeit entstand das heutige Milieu, in dem Islam und Muslime mit einer Größe (der modernen Wissenschaft) zu tun hatten, die nicht aus der islamischen Denktradition stammte. Diese ungewöhnliche historische Situation ist hauptsächlich für die eher schizophrenen Strömungen in der heutigen Forschung zu Islam und Naturwissenschaft verantwortlich. Am einen Ende des Spektrums insistieren muslimische Forscher, dass die moderne Wissenschaft direkt aus Europas Erbe der islamisch-wissenschaftlichen Tradition hervorgegangen sei. Am anderen Ende des Spektrums verwerfen Forscher die moderne Wissenschaft in ihrer Gesamtheit als un-islamische Größe. Diese vollständige Zurückweisung ist natürlich naiv, denn selbst diejenigen, die alles, was mit der modernen westlichen Wissenschaft und Technik zu tun hat, verabscheuen, kommen ohne sie nicht aus.

Der Koran und die moderne Wissenschaft

Eine differenzierte Einschätzung des Verhältnisses von Islam und Wissenschaft hat auch die Untersuchung der Beziehung des Korans zur Wissenschaft einzubeziehen. In Anlehnung an die Urknalltheorie sollten die Forscher z.B. darüber nachdenken, wie sich die grundlegenden Aussagen der modernen Kosmologie zu Kosmos-Vorstellungen im Koran, ihren metaphysischen Wurzeln und ihrer ontologischen Struktur verhalten. Anstatt darüber zu diskutieren, ob sich Islam und Evolutionstheorie vereinbaren lassen, sollten zunächst die Aussagen des Korans zu Schöpfung, Leben, Tod und Auferstehung erhoben und dann die der Evolutionstheorie zugrundeliegenden Prinzipien untersucht werden.

Diese Auseinandersetzung mit dem Koran und der Wissenschaft schließt auch epistemologische und hermeneutische Fragestellungen ein. Letztendlich wird der Dialog zwischen Islam und Wissenschaft nur im Rahmen der Erkenntnistheorien geführt werden können, gegenüber denen sich der Islam öffnet. Jüngste Versuche, wissenschaftliche Kommentare zum Koran zu verfassen (*al-Tafsir al-'ilmi*), sind an dieser Aufgabe gescheitert, da sie sich von den neuen wissenschaftlichen Fakten einen vollkommen neuen Ansatz zur Hermeneutik des Koran haben diktieren lassen und die 1400-jährige Tradition ignorieren. Dies schließt die Möglichkeit neuer Interpretation nicht aus, sondern veranlasst eher dazu, neue Deutungen auf eine solide Grundlage zu bauen. Genauso ist die Sprache des Koran im Fokus fortwährender Forschung. Neue Interpretationen aber sind an die Unterstützung durch diese lange Tradition geknüpft. Auf der Grundlage der beiden Traditionen ist das Verhältnis zwischen den Kosmos-Vorstellungen des Koran und denen der modernen Wissenschaft relativ verlässlich zu bestimmen, sodass ein rechtes Verständnis entwickelt werden kann.

Der islamische Kosmos trägt im Wesentlichen dieselben Merkmale wie der des Judentums und des Christentums, der beiden anderen abrahamitischen Religionen. In den drei monotheistischen Religionen gilt Gott als der Urheber allen Lebens. Im Islam ist der durch einen simplen Befehl *kun* („sei") erwirkte Schöpfungsakt zum Gegenstand der islamischen Kosmogonie geworden, die die Schöpfungsmodalitäten beleuchtet. Zu beachten ist in diesem Kontext, dass Schöpfungsvorstellungen im Koran die physischen wie die nicht-physischen Welten einschließen, die alle ontologisch mit Gott verbunden sind und existentiell von ihm abhängen.

Die miteinander verknüpften Existenzebenen verbinden wiederum die Vielzahl an Erscheinungen zu einer Einheit. Grundlage ihrer Wechselbeziehung auf der Ebene kosmischer Existenz ist ihre ontologische Abhängigkeit von Gott. Deshalb ist die Natur mit allen anderen Ebenen der Schöpfung verbunden. Diese allgemeine ontologische Grundlage ermöglichte es der islamischen Wissenschaftstradition, Verbindungslinien zu ziehen und eine gemeinsame Sprache des Diskurses mit anderen Disziplinen zu finden, die alle von einer Hierarchie erfasst werden.

Die Einheit der Existenz ist ein wiederkehrendes Thema des Koran, der es mit dem zentralen Konzept der Einheit Gottes, *Tawhid*, verknüpft. Durch diese ontologische Verbindung mit dem Bereich des Göttlichen wird aus dem Bereich der Natur mehr als die physikalische Größe, die sie ist; sie wird zu einem Zeichen (*aya*, Pl. *ayat*), das auf eine transzendente Wirklichkeit jenseits ihrer selbst verweist. Die Transzendenz ist semantisch mit den Koranversen verknüpft, die auch *ayat* heißen. Diese elegante Verflechtung der natürlichen und der göttlichen Welt ist aber mehr als bloße Semantik; sie ist ein wesentliches Merkmal der im Koran abgebildeten Metaphysik der Natur, die eine unveräußerliche Verbindung zwischen zahlreichen kreatürlichen Ebenen schafft, indem sie sie zu dem allumfassenden (*al-Muheet*) und allwissenden (*al-'Aleem*) Gott in Beziehung setzt, der über und jenseits aller menschlicher Vorstellung schwebt.

Da alle Dinge durch und wegen Gott existieren, versetzt sie ihre ontologische Abhängigkeit vom Schöpfer gleichzeitig in einen höheren Stand: vom Status schlichter Dinge (*ahya'*) zum Status von Zeichen (*ayat*) einer transzendenten Wirklichkeit (*al-Haqq*), die trotzdem jenseitig bleibt. Anstatt nur dialektische Äußerung zu sein, haben die „Zeichenverse" des Koran eine unwiderstehliche Dringlichkeit, die unsere Aufmerksamkeit darauf lenkt, was jenseits der angesprochenen Phänomene liegt. Diese Anhebung ihres Status ist es, was die gewöhnlichen Elemente der Naturwelt – der rhythmische Wechsel von Tag und Nacht, die Entstehung einer riesigen Eiche aus einem kleinen Eichel u. Ä. – zu viel mehr macht als die natürlichen Phänomene, die aufgrund bestimmter Naturgesetze auftreten.

Von der islamischen Perspektive betrachtet, nehmen die Wissenschaften, die verschiedene Aspekte der Natur untersuchen, Elemente des Kosmos des Koran unter die Lupe. Dieser besteht aus physischem wie nicht-physischem Sein, gemäß einem großen, vom Schöpfer erdachten und ausgeführten Plan. Während das Endziel dieses geschaffenen Kosmos Teil des göttlichen Mysteriums bleibt, beteuert der Koran, dass die Menschen die Prozesse der Natur erkunden können. Er macht auf Regelmäßigkeiten, Vorzüge und Gestalt vieler beobachtbarer Naturprozesse aufmerksam, indem er auf konkrete Beispiele in der Natur verweist. Diese Prozesse fallen in die Forschungsbereiche zahlreicher wissenschaftlicher Disziplinen wie der Astronomie, der Physik, Mathematik, Geologie und Botanik. Wenn sie in ihren richtigen metaphysischen Zusammenhängen studiert werden, werden diese Prozesse zu Instrumenten der Erkenntnis dessen, was *hinter* den sie steuernden Gesetzen liegt. Die Einladung des Koran zur Reflexion über diese Naturprozesse wiederholt sich mit einer derartigen Dringlichkeit, dass der räumlich-zeitliche Rahmen dieser natürlichen Welt der Natur genau der Hintergrund des Universums des Koran zu sein scheint.

Die immanenten Verknüpfungen bündeln die Dramatik der Schöpfung, der Existenz und der Moral, die aus menschlichem Willen heraus auf die Offenbarung reagiert, in einem runden Ganzen, das auf einzigartige Weise in der Metaphysik wurzelt, sich aber in einer aktuellen Geschichte ereignet. Diese Verbindungen erschließen sich, wenn die Zeichenverse auf dem Hintergrund der Schöpfungsthematik des Korans gelesen werden. Dadurch ergibt sich eine Grundstruktur zur

Untersuchung dessen, was allgemein als religiöse Ordnung der Natur bezeichnet wird.

Der Koran formuliert keine explizit physikalisch-kosmologische Theorie. Es wird jedoch betont, dass der Kosmos ontologisch davon abhänge, dass Gott ihn erhält und dass seine Existenz aufgrund des Willens Gottes auf eine bestimmte Dauer festgelegt sei. Das heißt natürlich nicht, dass bestimmte Koranverse, die spezifische physikalische Prozesse erwähnen, keine Relevanz für unseren Diskurs haben. Ein gutes Beispiel ist der Vers, „haben die Ungläubigen nicht gesehen, dass die Himmel und die Erde eine Einheit waren, die Wir dann entzweiten? Und aus Wasser machten Wir alles Lebendige" (Q. 21.30), der oft zur Unterstützung der Urknalltheorie herangezogen wird. Anstatt nur zu versuchen, wissenschaftliche Theorien mit bestimmten Koranversen in Einklang zu bringen, müssen am islamisch-wissenschaftlichen Gespräch beteiligte Forscher dieses Gespräch in einen weiteren thematischen Kontext mit dem Koran stellen. Diese koranische Kontextualisierung ist unabdingbar.

Das Leben, wie der Kosmos, ist die Folge des göttlichen Befehls aufgrund eines Prozesses, der in vielen Versen erklärt wird, welche moderne Theorien weder negieren noch bestätigen. Die Wunder des Lebens – Geburt (wie eine Embryogenese in verschiedenen Stufen in Q. 23.12–14; 40.69 beschrieben), Tod, Auferstehung und Leben nach dem Tod – werden als fundamentale Fakten behandelt. Die Frage wie sich göttliches Handeln und der freie Wille des Menschen zueinander verhalten, löst der Koran insofern, als er Menschen (und *jinns*) die moralische Wahl lässt, das göttliche Vertrauen anzunehmen oder abzulehnen. Ferner schreibt er die gesetzlichen Grenzen menschlichen Handelns vor und schenkt der Menschheit die Freiheit, sich für einen der beiden Wege zu entscheiden (Q. 90.10).

Zusammenfassung

Dies also sind die groben Parameter zur Entwicklung adäquater Diskurs-Modelle und -Methoden hinsichtlich der Beziehung zwischen Islam und Wissenschaft. Muslimische Wissenschaftler und religiöse Forscher müssen sich auf eine historische Wiederaufnahme der islamischen Wissenschaft einlassen, die die Veränderungen und Übergänge der islamischen Wissenschaft zu europäischem Denken noch einmal evaluiert. Am wichtigsten ist dabei vielleicht, dass Forscher, die die Kluft zwischen Islam und Wissenschaft schließen möchten, dies in einem Kontext tun, der dem Weltbild des Koran gegenüber sensibel ist und im Einklang mit der islamischen Denktradition steht. Das

Unternehmen Brückenbau berücksichtigt, dass verschiedene Quellen islamischer Forschung herangezogen werden müssen: eine Hermeneutik des Koran, die islamische Scholastik (*kalam*), die philosophischen und mystischen Traditionen – alles, was dazu beigetragen hat, die islamische Vorstellung von Gottes Beziehung zu seiner Schöpfung und, im Einklang mit dieser, das islamisch-wissenschaftliche Verhältnis zu erhellen.

Literatur

Acikgenc, Alparasalan, *Islamic Science: Towards a Definition*, Kuala Lumpur 1996.
Al-Attas, Syed Muhammad Naquib, *Islam and Secularism*, Kuala Lumpur 1993.
–, *Prolegomena to the Metaphysics of Islam*, Kuala Lumpur 1995.
Barber, Zaheer, *The Science of Empire*, Albany 1996.
Bakar, Osman, *Tawhid and Science*, Kuala Lumpur 1991.
–, *Classification of Knowledge in Islam*, Kuala Lumpur 1992.
Burckhardt, Titus, *Mirror of the Intellect: Essays on Traditional Science and Sacred Art*, Cambridge 1987.
–, *Alchemy, Science of the Cosmos, Science of the Soul*, Cambridge 1995.
Chittick, William C., *The Sufi Path of Knowledge: Ibn Al-Arabi's Metaphysics of Imagination*, Albany 1998.
Craig, William Lane, *The Kalam Cosmological Argument*, London 1997.
Golshani, Mehdi, *The Holy Qur'an and the Sciences of Nature*, Binghamton, NY 1999.
Hahn, Lewis Edwin/Auxier, Randall E./Stone, Lucian E. Jr., *The Philosophy of Seyyed Hossein Nasr*, Chicago 2001.
Haq, Syed Nomanul, *Names, Nature and Things*, Dordrecht 1994.
Hourani, George F. (Hg.), *Essays on Islamic Philosophy and Science*, Albany 1975.
Iqbal, Muzzafar, *Islam and Science*, Aldershot 2002.
Izutsu, T., *God and Man in the Koran: Semantics of the Koranic Weltanschauung*, Tokyo 1964.
Mabud, Shaikh Abdul, *Theory of Evolution: An Assessment from the Islamic Point of View*, Cambridge 1991.
Nasr, Seyyed Hossein, *Science and Civilization in Islam*, Cambridge, MA 1968.
–, *Islamic Life and Thought*, Albany 1981.
–, *Knowledge and the Sacred*, Edinburgh 1981.
–, *An Introduction to Islamic Cosmological Doctrines*, Albany 1993.
–, *Religion and the Order of Nature*, New York 1996.
Netton, Ian Richard, *Allah Transcendent*, Surrey 1989.
Northbourne, Lord, *Looking Back in Progress*, London 1970.
Peters, F.E., *Aristotle and the Arabs*, New York 1968.

Peters, Ted/Iqbal, Muzzafar/Haq, Syed Nomanul, *God, Life and the Cosmos: Christian and Islamic Perspectives*, Aldershot 2002.

Piamenta, Moshe, *The Muslim Conception of God and Human Welfare*, Leiden 1983.

Pines, Shlomo, *The Collected Works of Shlomo Pines* Bd. 2 (Studies in Arabic Versions of Greek Texts and in Medical Science), Leiden 1986.

Rahman, F., *Major Themes of the Qur'an,* Minneapolis 1980.

Sabra, Abdelhamid I., *Optics, Astronomy and Logic*, Hampshire 1994.

Saliba, George, *A History of Arabic Astronomy: Planetary Theories During the Golden Age of Islam*, New York 1994.

Sardar, Ziauddin, *Explorations in Islamic Science*, London 1998.

– (Hg.), *The Touch of Midas: Science, Values and Environment in Islam and the West*, Petaling Jaya, Malaysia 1988.

Sharif, Mian M., *A History of Muslim Philosophy*, Karachi 1983.

Stenberg, Leif, *The Islamization of Science: Four Muslim Positions, Developing an Islamic Modernity* (Lund Studies in History of Religions), Ludwig 1996.

Whitall, Perry N., *The Widening Breach: Evolutionism in the Mirror of Cosmology,* Cambridge 1995.

Der Buddhismus und die Naturwissenschaften: Historischer Hintergrund und aktuelle Entwicklungen

Richard K. Payne

Während die Debatte über die Beziehung zwischen Christentum und Naturwissenschaft schon lange geführt wird, ist im Buddhismus und unter buddhistischen Forschern erst im Laufe des letzten Jahrhunderts begonnen worden, das Verhältnis zwischen der eigenen religiösen Tradition und den Hoffnungen, die die moderne Naturwissenschaft weckt, zu erklären, aber auch deren Herausforderungen zu bedenken – was nicht bedeutet, dass die Beziehung zwischen Buddhismus und Naturwissenschaften keine lange Geschichte hätte. Im Gegenteil, sie galt jedoch selten als „Debatte über Religion und Naturwissenschaft". Manch bedeutendes Anliegen des Buddhismus mag deshalb in jüngeren Forschungsarbeiten zu dem Feld von Naturwissenschaft und Religion nur beiläufig behandelt worden sein.

Dass sich große strukturelle Anteile des Diskurses zu Naturwissenschaft und Glaube an Vorannahmen und Anliegen vorwiegend aus der theistischen Tradition orientieren, die der christlichen Theologie im Besonderen entstammen, ist verständlich. Buddhistisches Denken unterscheidet sich aber fundamental vom christlichen und dem anderer theistischer Traditionen. Während sich buddhistische Forscher selbstverständlich an Modellen orientieren können, die in der Beziehungsgeschichte zwischen Christentum und moderner Naturwissenschaft entwickelt worden sind, müssen sie, um wirklich konstruktive Gespräche mit der Wissenschaft zu führen, die grundlegenden Vorannahmen zum Charakter der wissenschaftsreligiösen Interaktion noch einmal überarbeiten.

Wie mag dies aussehen? Drei Schritte möchte ich in diesem Kapitel vorstellen. Um fundamentale buddhistische Anliegen mit der Wissenschaft ins Gespräch zu bringen, muss zunächst die intellektuelle Grundlage geschaffen werden, auf deren Basis sich der Dialog entwickeln kann. Der erste Teil dieses Kapitels sei dieser Aufgabe gewidmet. Die grundlegenden Überlegungen werden auch zur Klärung verschiedener zentraler Themen, Annahmen und Begrifflichkeiten des Dialogs zwischen Buddhismus und Naturwissenschaft führen.

Wenn die intellektuelle Grundlage weitgehend steht, führt der zweite Schritt zu der Frage, was die buddhistische Tradition für den Dialog mit der Wissenschaft zugänglich oder offen zu machen scheint. Dieser Frage gehen wir im zweiten Abschnitt des Kapitels nach, in dem wir einige Beispiele konstruktiver Interaktion in der Geschichte des Buddhismus betrachten. Die Untersuchung ist so angelegt, dass sich eine Beziehungstypologie herauskristallisiert. Diese Typologie, die Fälle ausweist, in denen sich der Buddhismus der Naturwissenschaft zu öffnen scheint, sollte eine stabile Gesprächsgrundlage bilden.

Im dritten Schritt wird evaluiert, wie Forscher heute den Diskurs zwischen Naturwissenschaft und Glaube sehen, um fundamentale Anliegen des Buddhismus adäquater berücksichtigen zu können. Dieser Schritt soll im letzten Kapitelabschnitt erfolgen. Ein elementarer Arbeitsbereich der Forscher ist schon heute der Dialog zwischen dem Buddhismus und der Kognitionswissenschaft, der analytischen Philosophie des Geistes und der Psychologie.

Ein Großteil der populärwissenschaftlichen Literatur beschäftigt sich mit den Gemeinsamkeiten einer Vielfalt asiatisch-religiösen Gedankenguts mit bestimmten Theorien der Physik. Das Aufdecken der Gemeinsamkeiten scheint jedoch auf nicht viel mehr als einer inadäquat gelagerten Analogie zu basieren, denn die buddhistischen Lehrmeinungen werden so präsentiert, als ließen sie sich perfekt mit den Theorien der aktuellen Physik vereinbaren. Diese Analogien hängen aber stark davon ab, wie die jeweilige buddhistische Lehrmeinung dargestellt wird – zuweilen wird nur selektiv ausgelegt, was den Anschein von Ähnlichkeit noch verstärkt. Ferner werden Lehrmeinungen gern aus ihrem gedanklichen Kontext gerissen, sodass ein echter Dialog zwischen dem praktizierten Buddhismus und der Naturwissenschaft auch dadurch eingeschränkt wird. Im Gegensatz dazu wird jedoch mit jüngsten Entwicklungen in Buddhismus und Kognitionswissenschaft etwa sehr viel vorsichtiger umgegangen. Bedeutenderweise bleiben diese außerdem gedanklich im Kontext des Buddhismus verhaftet.

Eine letzte Bemerkung möchte ich mir bezüglich der Schwierigkeit erlauben, die buddhistische Tradition darzustellen. Eine Art „Orthodoxie" wie wir sie aus anderen Religionen kennen, gibt es im Buddhismus nicht. Also kann es auch keinen Lehrbuch-Buddhismus geben, der Autorität beanspruchen könnte. Der von einem Menschen beschriebene Buddhismus kann nichts anderes sein als der Buddhismus, wie er von diesem Menschen verstanden wird. Das möchte der Leser dieses Kapitels im Hinterkopf behalten. Wenn ich also vom *Buddhismus* rede, meine ich den Buddhismus wie ich ihn verstehe. Mein Verständnis vom Buddhismus ist weder normativ noch präskriptiv, d.h. meine Darstellung des Buddhismus soll nicht so aufgefasst werden, als schriebe ich vor, wie der Buddhismus sein sollte, oder als behauptete ich, die Essenz des Buddhismus zu kennen. Ich beabsichtige keine Darstellung des Buddhismus, die (scheinbar) willkürlich festlegt, was Buddhismus ist und was nicht, noch gehe ich davon aus, dass alle, die sich mit dem Buddhismus identifizieren, notwendigerweise meinen Punkten vollkommen zustimmen. Der Buddhismus hat viele Gesichter. Es kommt ganz darauf an, wie man sich mit der buddhistischen Tradition auseinandersetzt und welche Perspektive man einnimmt. Angesichts dieser Rahmenbedingungen soll es genügen, wenn Anhänger des Buddhismus zumindest ein wenig Ähnlichkeit zwischen den folgenden Überlegungen und ihrer eigenen religiösen Bindung erkennen können.

Grundlegung

Da der Buddhismus bisher weniger als andere Traditionen am Dialog von Religion und Naturwissenschaft beteiligt war, ist, bevor die „Bautätigkeit" aufgenommen werden kann, eine Klärung des intellektuellen Bodens wichtig, um ein besseres Gefühl für das Terrain zu entwickeln, auf dem wir uns nun befinden. Es geht um 1. die Revision der Fälle, in denen die (intellektuelle) Landschaft missverstanden und folglich falsch dargestellt worden ist – Fehler, die einen soliden Bau hemmen; 2. die Eliminierung dieser Missverständnisse durch die Festlegung einer Terminologie, die uns ermöglicht, den Boden effektiver zu analysieren; und 3. die Kennzeichnung einiger Schlüsselstellen auf dem buddhistischen Terrain zur Integration in unsere Baupläne.

Revision der Landschaft – fern von Apologetik oder Polemik. Die Behauptung, dass eine religiöse Tradition als Ganze die Naturwissenschaft fördere oder behindere, ist im Allgemeinen eine simple rhetorische Strategie der Apologeten oder Polemiker. Dieses Kapitel ist keins von beiden. Solche Pauschalbehauptungen neigen dazu, nicht historisch zu sein, da sie von einem essentiell statischen Naturwissenschafts- und Religionsbegriff ausgehen und aus dem Kontext herausgerissene Belege für ihre Position anführen. Apologeten und Polemiker setzen ausschließlich bei dem Essentiellen an und bauen ihre Argumentation auf den Folgerungen dieser Wesenszüge auf anstatt sich den historischen Beziehungen in der Tradition zu widmen. Derartige Argumentationsweisen nennen wir *a priori* oder *retrodiktiv.*

Ein gutes Beispiel dieser konzentrierten Sicht findet sich in Joseph Needhams berühmten Studien zur *Naturwissenschaft und Zivilisation in China.* Needham vertritt die polemische These, dass das Scheitern Chinas an einer „naturwissenschaftlichen Revolution" auf „hemmende Einflüsse" der Jenseitsgewandtheit im Buddhismus zurückzuführen sei. Die Lehre, dass die Welt unwirklich sei (sog. *Maya*-Doktrin), hindere

Buddhisten daran, so Needham, sich aktiv in die empirische Forschung einzubringen. Ferner verhindere die Jenseitsgewandtheit des Nirvanas (dem Ende allen Leidens) als Ziel ein Engagement in technologischen Projekten zur Verbesserung des menschlichen Lebens in dieser Welt.

Im Hintergrund dieses Arguments stehen Beschreibungen der indischen Religionen durch britische Kolonialherren, laut derer die indischen Religionen eine Kultur der Passivität förderten – ein Bild, das vielfach der Rechtfertigung von Missionierung und Kolonialismus gedient hat. In Needhams Darstellung lässt sich der Buddhismus auf die Lehre von Maya und Nirvana reduzieren. Ohne auf die mannigfaltigen Formen Bezug zu nehmen, die der Buddhismus in der Geschichte angenommen hat, reduziert Needham den Buddhismus auf die Lehre von der Existenz als Illusion, vor der es zu fliehen gilt. Diese Fehldeutung macht Needhams Porträt unhistorisch und dadurch unhaltbar. Es ist nicht nur problematisch, das Wesentliche des Buddhismus als Lehre von Illusion und Flucht darzustellen, Needham versäumt es auch, zu überprüfen, ob er die Konzepte Maya und Nirvana richtig anwendet. Außerdem bleiben deren zentrale Stellung in der Geschichte des chinesischen Buddhismus auch in Bezug auf die Naturwissenschaft unerwähnt. Needham präsentiert den Buddhismus als *wesentlich* negative Ideologie und zieht, von dieser zweifelhaften Prämisse ausgehend, den Schluss, dass der Buddhismus die Wissenschaftsentwicklung in China behindert habe.

Schließlich scheint er davon auszugehen, dass sich die Denkkultur einer jeden Gesellschaft so entwickeln soll, dass sie in der experimentellen Wissenschaft kulminiert und dass, wenn sich eine Gesellschaft anders entwickelt, etwas Negatives diese Entwicklung verhindert hat. Von diesem Fazit aus sucht Needham, gleichsam retrospektiv, die Kausalzusammenhänge aufzudecken und nimmt verschiedene Aspekte des Buddhismus unter die Lupe, um den Schuldigen zu finden. Diese Vorgehensweise baut auf einem Konzept auf, dass kulturellen Fortschritt als einlinigen Prozess begreift – eine ebenfalls historisch unhaltbare Sicht.

Obwohl Needhams polemische Evaluation dem Buddhismus ein negatives Verhältnis zur Naturwissenschaft attestiert, treten ähnliche Probleme bei apologetischen Versuchen auf, das Verhältnis zwischen Buddhismus und Wissenschaft als ausschließlich positiv darzustellen. Derartige Argumente behaupten z. B., dass

- der Buddhismus die Wissenschaft fördere
- der Buddhismus im Einklang mit der Wissenschaft stehe
- der Buddhismus seit langem wisse, was die Wissenschaft gerade erst entdecke (sog. *Altersweisheitsargument*).

Diese Argumente tendieren dazu, spezielle doktrinelle Sichtweisen als Repräsentanten der gesamten Tradition herauszustellen, diese zu vereinfachen und so zu präsentieren als deckten sie sich mit der ganzen Tradition in der Geschichte. Auf den Kern reduzierte Argumente dieser Art, die größtenteils aus dem Kontext gegriffen sind und nicht historische Beschreibungen der religiösen Tradition zugrundelegen, dienen nur der Rhetorik. Sie können keine Basis einer historischen Studie der wirklichen Beziehungen zwischen einer religiösen Tradition und den Naturwissenschaften schaffen.

Ebnung des Wegs: Definitionen, Differenzierungen und Klärungen. Für unsere Diskussion über Naturwissenschaft und Buddhismus ist es wichtig, Missverständnisse zu klären, indem Schlüsselbegriffe definiert und zentrale Differenzierungen gemacht werden. Zunächst müssen wir zwischen *der Wissenschaft* und *den Wissenschaften* (oder Wissenschaftsdisziplinen) unterscheiden. Das Konzept von der Wissenschaft als einer einzigen, geschlossenen Entität scheint ein Produkt des Positivismus des späten 19. und frühen 20. Jahrhunderts zu sein. Dieser hatte die Vision eines einzigen, vereinten wissenschaftlichen Feldes, in dem sich alle Erklärungen, zumindest prinzipiell, auf die Physik reduzieren ließen. Wenn religiöse Autoren wissenschaftliche Erklärungen als reduktionistisch kritisieren, beziehen sie sich meist auf diese positivistische Wissenschaftskonzeption, laut der ausschließlich physikalische Erklärungen legitim sind.

Im Gegensatz zu der Wissenschaft an sich, beziehen sich die Wissenschaften auf spezifische Studienbereiche, die 1. einen systematischen Wissenskorpus, 2. anerkannte Verfahren, dieses Wissen anzureichern, 3. gemeinsame Kriterien zur Evaluierung dieses Wissens und 4. üblicherweise eine fachspezifische Terminologie haben. Es sei also im Hinterkopf zu behalten, dass sich die Wissenschaft an sich von der Summe der einzelnen Wissenschaftsdisziplinen abhebt.

Zusätzlich zu dieser Differenzierung lassen sich die Wissenschaften in beobachtende und experimentelle Wissenschaftsdisziplinen unterteilen. Während sich ein großer Anteil der Diskussion um Naturwissenschaft und Religion bisher eher auf die experimentellen Wissenschaften konzentriert (zuweilen auch als moderne oder harte Wissenschaften bezeichnet), um Kernthemen des Buddhismus einzubinden, sollte man sich auch der beobachtenden Wissenschaften widmen (sog. traditionelle oder weiche Wissenschaften), bei denen Wissenskorpora systematisch durch Beobachtung, nicht experimentell, aufgebaut werden. Die Bezugnahme der traditionellen Wissenschaften – wie z.B. der in Indien und China entwickelten, die sehr selten experimentell waren, aber einen bedeutenden Beitrag zum Wissenskorpus geleistet haben – erweitert den Rahmen der Diskussion erheblich. Die Forderung, Wissenschaft müsse experimentell sein, gilt nicht überall.

Das Wort für „Wissenschaft" in verschiedenen Sprachen, z. B. *science* (französisch), *scienza* (italienisch), *ciencia* (spanisch), *science* (englisch) und *nauk* (russisch) verweist nicht direkt auf die experimentelle Wissenschaft, sondern bezieht sich auf eine Bandbreite an systematischen Wissensformen.

Die sog. experimentellen Wissenschaften unterliegen zweierlei Limitierung: einer kulturellen und einer praktischen. Kulturell setzen die sozialen und ethischen Implikationen von Experimenten am Menschen bestimmte Grenzen. Mit streng festgelegten Codizes (sog. *Menschenprotokolle*) werden diese zunehmend in ein System gebracht. So kann in Medizin, Psychologie, Soziologie und Anthropologie nur begrenzt experimentiert werden. In anderen Wissenschaften sind die Limitierungen eher praktischer Natur, wie z. B. in der Meteorologie, den Wirtschaftswissenschaften und der Astronomie. Dass es sich hier um beobachtende Wissenschaften handelt, schließt nicht aus, dass zunächst Hypothesen formuliert und getestet werden. Hier kann der Einzelne die experimentelle Situation jedoch nicht von sich aus kontrollieren, da er außer einer, nicht alle Variablen konstant halten könnte. So können sich die beobachtenden Wissenschaften zwar an Theoriebildung und Hypothesentesten beteiligen, aber die Testmethoden sind nie experimentell. Trotzdem sind beide Wissenschaften, die experimentelle und die beobachtende, dem Erwerb systematischer und verlässlicher Erklärungen gleichermaßen gewidmet.

In diesem Kontext soll nicht unerwähnt bleiben, dass die Charakterisierung von Wissenschaft als Theoriebildung und Hypothesentesten nicht unumstritten ist. Einerseits haben Studien versucht, die sozialen und kulturellen Dimensionen der Wissenschaftspraxis zu unterscheiden. Andererseits treten Fälle auf, bei denen jeweils in Konkurrenz stehende Theorien gleichermaßen von experimentellen Ergebnissen bestätigt werden.

Diese verschiedenen Umgangsweisen spiegeln sich auch in dem unterschiedlichen Umgang mit dem Terminus *Wissenschaft* an sich wider. Mit Hilfe weiterer Differenzierungen des Wissenschaftsbegriffs lassen sich viele überflüssige Unstimmigkeiten zu dem Verhältnis von Buddhismus und Naturwissenschaft vermeiden. Unter Naturwissenschaft wird unterschiedliches verstanden:

– ein maßgebender Wissenscorpus
– eine Methode zur Erlangung maßgebenden Wissens
– eine soziale Institution
– eine Reihe von Praktiken.

Jedes einzelne kann gemeint sein, wenn von der Naturwissenschaft die Rede ist. Ohne vorher festzulegen, welche Definition oder Kombination von Definitionen wir zugrundelegen, entsteht Verwirrung, v.a. da sich die vier Kategorien überschneiden.

Von *wissenschaftlicher (Er-)Kenntnis* ist gerne die Rede und sie wird, als Begriff, oft missverständlich mit unwiderlegbarer Wahrheit gleichgesetzt. Diese saloppe Bezugnahme auf die Wisenschaft als „das, was gewiss der Fall ist" prägt die amerikanische Gesellschaft heute. Ironischerweise stellt dieser sprachliche Gebrauch das Potential wissenschaftlicher Kenntnis falsch dar. Idealerweise soll doch die Wissenschaft für Zweifel, Fragen, Rekapitulierung und Revision offen sein. Derartiges Wissen unterscheidet sich von den Methoden, die es hervorbringt (sog. *wissenschaftliche Methode*), ist jedoch eng mit der Frage nach diesen verbunden. Obwohl Wissenschaftskenntnis üblicherweise mit experimentellen Methoden gleichgesetzt wird, ist die Identifikation mit der Methode, die sich über Theorieentwicklung und Testen von Hypothesen bei Einsatz empirischer Daten und öffentlich überprüfbaren Ergebnissen definiert, doch adäquater.

Die Definition von Wissenschaft und Wissenschaftskenntnis ist ferner von den jeweiligen involvierten öffentlichen Institutionen zu unterscheiden. Ihr Streben nach Wissen erfährt auf institutioneller wie allgemein gesellschaftlicher Ebene Unterstützung und wird dadurch geprägt. In der heutigen amerikanischen Gesellschaft verlagert sich die institutionelle Verankerung der Wissenschaft zunehmend von staatlich unterstützten Forschungseinrichtungen in Universitäten zu unternehmensbasierter Forschung in privater Trägerschaft. Es geht um diese sozialen Institutionen, wenn Menschen heute die Wissenschaft für gesellschaftliche Probleme wie Luftverschmutzung oder Atomwaffen verantwortlich machen. Unterdessen verweist die Wissenschaft als eine Reihe von Verfahren auf die ineinander greifenden Methoden, mit denen Wissenschaft betrieben wird, wie z.B. die Organisation der Labors und die Vermittlung wissenschaftlicher Erkenntnisse an Berufsgenossenschaften.

Um den Weg für einen buddhistischen Dialog mit der Wissenschaft schließlich zu ebnen, ist zwischen einem methodischen und einem metaphysischen Materialismus zu differenzieren. Während die Wissenschaft, als systematischer Weg des Wissenserwerbs, in ihren Vorannahmen methodisch und sogar erkenntnistheoretisch materialistisch sein mag, sollte diese methodologische Verpflichtung jedoch von jeglicher metaphysischen Bindung differenziert werden.

Weitere Punkte sind zu klären. Karikaturen des Buddhismus belasten den buddhistisch-wissenschaftlichen Dialog. Echter Austausch kann erst stattfinden, wenn alle Vorurteile und Missverständnisse elminiert worden sind.

Das erste zu beseitigende Missverständnis ist die Vorstellung, dass sich der Buddhismus ausschließlich mit „der anderen Welt" oder der

„Befreiung von der Welt der Erscheinungen“[1] befasse. Diese zur Zeit Needhams gängige Sichtweise lässt sich immer noch häufig in der Literatur finden, ist aber nach Needham eher kritisch betrachtet worden. Die Vorstellung entsteht aus einer Verständnisverwirrung zweier Aspekte: 1. dass es kein bleibendes, unabhängig existierendes absolutes Sein gibt (oder ein *Selbst*, *Atman*), und 2. dass Erleuchtung Auslöschung bedeutet (*Auspusten*, *Nirvana*). Es ist jedoch falsch, anzunehmen, dass die Auslöschung des Selbst mit Erleuchtung korrelieren müsste. Man geht jedoch möglicherweise davon aus, weil meist versäumt wird, zwischen buddhistischen und bestimmten hinduistischen Befreiungsvorstellungen zu unterscheiden. Schaut man genauer, zeigt sich, dass mit Erleuchtung das Auslöschen missverstandener Vorstellungen und unangebrachter Affekte und nicht die Auslöschung des Selbst gemeint ist. Obwohl diese Aspekte nicht gänzlich unverbunden sind, unterscheidet sich diese Beschreibung des Weges zur Erleuchtung doch von der ontologischen Behauptung, dass es kein unabhängig existierendes absolutes Sein gebe.

Eine zweite aktuelle Verzeichnung des Buddhismus ist die Beteuerung, dass die Konzepte des Buddhismus letztendlich identisch mit denen der Wissenschaft seien bzw. dass der Buddhismus absolut kompatibel mit der Naturwissenschaft sei. Diese Sicht wurzelt in einer Bewegung der zweiten Hälfte des 19. Jahrhunderts, die heute als *Buddhistischer Modernismus* bekannt ist. Buddhistische Modernisten betonten den rationalen Charakter des Buddhismus und den menschlichen Charakter von Shakyamuni Buddha, dem Gründer des Buddhismus. Hier gilt der Buddhismus vorwiegend als Lebensphilosophie, als Weg, das volle Potential der menschlichen Existenz auszuschöpfen. Diese humanistische Beschreibung des Buddhismus ist der Auslöser für vereinfachende Behauptungen hinsichtlich des Verhältnisses von Buddhismus und moderner Wissenschaft.

Eine dritte, weniger übliche Verzerrung, die einst in akademischen Kreisen kursierte und immer noch in allgemeinen Diskussionen zum Buddhismus herangezogen wird, sieht im Buddhismus eine orientalische Version des westlichen Idealismus. Meines Erachtens werden hier allerdings komplexe philosophische Lehren des Buddhismus fehlgedeutet und als mit der westlichen Philosophie problemlos vereinbar und deckungsgleich betrachtet. Der Idealismus mit seiner Betonung der Wechselwirkung zwischen dem „beobachtenden Bewusstsein“ und der „äußeren Welt“ wird fälschlicherweise analog zu buddhistischen Beschreibungen von Bewusstseinsprozessen als für das Bestreben nach

[1] S.o. Needhams Behauptung, dass die buddhistische Jenseitsgewandtheit für die Behinderung der Wissenschaft in China verantwortlich sei.

Erleuchtung zentral gesehen. Oberflächlich entsteht aufgrund dieser Analogie der Eindruck, als stünde der Buddhismus in einer Beziehung zur Naturwissenschaft, die dem Verhältnis von Idealismus und Naturwissenschaft gleiche. Eine der bedeutendsten Schulen indisch-buddhistischen Denkens nennt sich die *mind only school* („reine Bewusstseinsschule") – abgeleitet von der überwörtlichen Übersetzung von *Vijñaptimatrata*. Die Formulierung „reines Bewusstsein" suggeriert fälschlicherweise, dass die Schule lehre, nur das Bewusstsein existiere, wie im klassischen europäischen Idealismus. Vielmehr geht die mind only school davon aus, dass das Bewusstsein, die Wahrnehmung und das Wissen um eine objektive Existenz notwendigerweise gleichzeitig präsent sind – ein Thema, auf das wir im Rahmen der Betrachtung aktueller Entwicklungen in der Beziehung zwischen Buddhismus und Naturwissenschaft näher eingehen werden.

Differenzen zwischen buddhistischen und christlichen Dialogfeldern. Im wissenschaftlich-religiösen Dialog wird Religion, solange sie nicht als explizit christlich ausgewiesen wird, meist als theistische verstanden. Ferner konzentriert sich ein Gros der aktuellen Forschung auf das Verhältnis von Theologie und Naturwissenschaft im Unterschied zu Glaube und Wissenschaft. Für die drei westlichen monotheistischen Religionen und sogar für die theistischen Gruppierungen im Hinduismus ist das nicht weiter problematisch. Die Grundkonzepte buddhistischen Denkens unterscheiden sich jedoch fundamental von denen der theistischen Traditionen. Ohne vereinfachen zu wollen, zeichnen sich deutliche Merkmale ab, die den Buddhismus historisch und kulturell geprägt haben (man könnte sie fast als Fixpunkte der buddhistisch-historischen Landschaft bezeichnen). Konzeptuelle Differenzen können gar nicht adäquat erhoben werden, wenn der wissenschaftlich-religiöse Dialog theologisch auf einer theistischen Tradition fußt. Deswegen muss sich der Dialog zwischen Naturwissenschaft und Buddhismus Zeit nehmen, sich auf spezifisch buddhistische Merkmale zu konzentrieren.

Der Buddhismus unterscheidet sich in mindestens drei zentralen Aspekten vom Christentum, die die Art, wie sich der Buddhismus zur Naturwissenschaft verhält, beeinflusst. 1. Historisch gesehen sind Buddhismus und Naturwissenschaft keine Antagonisten. Obwohl der aktuelle christlich-naturwissenschaftliche Dialog historisch auf friedlichen Füßen steht, ist er doch besonders im letzten Jahrhundert eher von Konfliktmomenten geprägt. 2. Der dem Buddhismus zentrale Pfad zur Erleuchtung wird ganz anders als die christliche Soteriologie oder die Erlösungslehre verstanden. Der Pfad zur Erleuchtung gründet weder auf dem Glauben an eine externe transzendente Gottheit, noch handelt es sich um Erlösung durch externe Intervention in der Geschichte. Der Pfad zur Erleuchtung ist vielmehr ein praxisbezogener Schritt, der die Ignoranz der Welt überwinden soll. 3. Die buddhistische Mythologie hat keine Schöpfungserzählung und vertritt auch keine besondere Sicht der Naturgeschichte, die dem Dialog eine besondere Richtung hinsichtlich der Fragen nach dem Ursprung geben würde. Dass diese Emphase auf der Schöpfung fehlt, bedeutet, dass Kosmologie, Astrophysik, Chemie und Biologie im buddhistisch-naturwissenschaftlichen Dialog konzeptuell eher sekundär sind. Der Buddhismus setzt vielmehr bei Buddhas Erleuchtung an, was eine gewisse Kenntnis über das Funktionieren des eigenen Bewusstseins voraussetzt. Dadurch liegt der Schwerpunkt des buddhistisch-naturwissenschaftlichen Dialogs auf den Gebieten der Psychologie, der Kognitionswissenschaften und der Geistesphilosophie.

Anstatt das Konzept einer erschaffenen Welt zugrundezulegen, geht die buddhistische Kosmologie davon aus, dass das Weltall einfach immer so gewesen ist wie es ist, „seit der Zeit ohne Anfang“. In der traditionellen buddhistischen Kosmologie gibt es übermenschliche Lebewesen (Götter und Titanen) und solche, die unter dem Menschen stehen (Tiere, hungrige Geister und Höllenbewohner). Alle, nicht nur die Menschen, die Tiere, die hungrigen Geister und die Höllenwesen, sondern auch die Götter und Titanen unterliegen denselben natürlichen Prozessen. Für die buddhistische Vorstellung der natürlichen Prozesse ist der Begriff des *Karma*, der bedeutungsvollen Handlung, zentral. Er ist die Sensibilisierung dafür, dass die eigenen Handlungen Resultate hervorbringen, die sowohl andere als auch einen selber betreffen.

In der historischen, aber auch aktuellen Auslegung des buddhistischen Gedankenguts wird debattiert, welche Handlungen Konsequenzen nach sich ziehen. Eine These lautet, dass nur ethisch wertvolle Handlungen das Karma konstituierten; eine andere, dass alle Handlungen Folgen haben und dass die Kategorie *ethisch* selbst eher ein soziales Konstrukt als eine natürliche Kategorie sei. Bei keiner der beiden Interpretationen aber gibt es einen Schöpfer, der zu Beginn eine ethische Ordnung festgesetzt hätte, gemäß derer er Individuen richten könnte.

Diese grundlegenden Unterschiede zwischen dem Buddhismus und den theistischen Traditionen gehen auch mit Unterschieden für die Orientierung des Gesprächs mit der Naturwissenschaft einher.

Bevor wir uns einem Überblick zu den geschichtlichen und aktuellen Anknüpfungspunkten im Buddhismus für das Gespräch mit den Naturwissenschaften zuwenden, ist ein letzter Punkt zu klären. Im Rahmen dieser Klärung ist mir die Unterscheidung der großen Zweige des zeitgenössischen Buddhismus wichtig: Theravada, Mahajana und Wadjrajana (auch Tantrismus). Heutzutage werden diese Zweige geographischen Regionen zugeordnet. Der *Theravada Buddhismus* ist stark in den Ländern Süd- und Südostasiens vertreten, in Sri Lanka, Thailand und Burma. Anhänger des *Mahajana Buddhismus* finden sich in China, Japan, Korea und Vietnam, und der *Wadjarajana Buddhismus* wird generell mit Tibet und der Mongolei identifiziert. Diese geographischen Zuordnungen vereinfachen sehr und sind deshalb nur bedingt hilfreich. Zum Beispiel gibt es Wadjarajana-Linien in China und Japan; ähnlich sieht es mit dem Buddhismus in Tibet und der Mongolei aus, der eigentlich stark mahajanische Züge trägt. Noch komplizierter verhält es sich mit vielen mahajanischen Mönchen, die als Teil ihrer Initiation die gleichen Gelübde ablegen wie die Theravada Mönche. Die typische Charakterisierung dieser Gruppierungen ist genauso Ergebnis eines historischen Zufalls, der sich daraus ergeben hat, was die Aufmerksamkeit verschiedener Autoren zu verschiedenen Zeiten geweckt hat, wie sie auch die eigentliche Situation widerspiegeln. Ein weiteres Problem von geographischen Zuordnungen der buddhismusinternen Verzweigungen ist, dass sie implizit die Fehlkonzeption verstärken, dass heutige Nationalstaaten in gewisser Weise natürliche Einheiten mit einer eigenen Religionskultur sind. Obwohl die Rede vom *chinesischen Buddhismus* oder *tibetanischen Buddhismus* unvermeidbar ist, beziehen sich diese Bezeichnungen nicht auf Nationalstaaten, sondern auf Religionskulturen, die immer schon miteinander interagiert haben.

Mit einer Geschichte von über 2,5 Jahrtausenden, in der viele Sprach- und Religionskulturen entstanden sind, kann es nicht nur eine Beziehung zwischen dem Buddhismus und der Naturwissenschaft geben. Der historische Hintergrund dieses Verhältnisses betrifft v.a. die dominanten asiatischen Denkkulturen, Indien und China, sowie Tibet, Korea und Japan. Der geschichtliche Rahmen beeinflusst natürlich die Darstellungsweise des Buddhismus in seinem Verhältnis zur Naturwissenschaft. Die Einführung des Buddhismus in Ostasien darf beispielsweise nicht nur in religiöser Hinsicht, wie wir diese heutzutage begreifen, verstanden werden, sondern auch als eine Verbreitung indischer Kultur in Ostasien. Wenn (wenn überhaupt) eine umfassende Geschichte des Buddhismus und der Naturwissenschaften geschrieben werden sollte, wird sie die spezifischen Beziehungsarten, die zu verschiedenen Zeiten und an verschiedenen Stellen im Buddhismus selber präsent waren, in Betracht ziehen müssen. Der folgende Abschnitt soll drei grundlegende Beziehungsarten vorstellen, die sich im Kontext dieser historisch und geographisch bedingten Beziehungen herauskristallisieren. Er soll zeigen, welche Relationsmodelle zu Buddhismus und Naturwissenschaft es in der Geschichte des Buddhismus gibt, aus denen eine dreigliedrige Typologie hervorgeht. Ich hoffe, dass diese Typologie die weite und vielfältige buddhistische Beziehungsgeschichte zu den verschiedenen Wissenschaften angemessen widerspiegelt.

(Vorläufige) Typologische Grundlagen: Historische Belege für das Potential konstruktiver Beziehungen zwischen Buddhismus und Naturwissenschaft

Der zweite Schritt auf dem Weg zu einem konstruktiven Dialog zwischen Buddhismus und Naturwissenschaft führt uns zu der Frage, was den Buddhismus dialogfähig macht. Wie bereits erwähnt, sollte die Beziehung zwischen Buddhismus und Naturwissenschaft nicht von der Warte der polemischen oder apologetischen Literatur aus betrachtet werden. Um eine solide Dialogbasis zu schaffen, werden wir verschiedene Modelle zu Momenten in der Geschichte des Buddhismus vorstellen, in denen Interaktion konstruktiv möglich war. Die Geschichte legt nahe, dass der Buddhismus mindestens in drei Verhältnisformen der Naturwissenschaft gegenüber offen ist: unterstützend, integrativ und konsekutiv. Eine *unterstützende Beziehung* liegt vor, wo Wissenschaft und Technik der Förderung buddhistischer Projekte jeglicher Art dienen. In solchen Fällen mögen die buddhistischen Projekte entweder Weiterentwicklung fördern oder zur Einführung von Wissenschaft und Technologie über kulturelle Grenzen hinweg führen. Die *integrative Verhältnisform* bezieht sich auf das im Buddhismus selbst integrierte wissenschaftstechnologische Verständnis. Die *Konsekutivbeziehung* trägt der Einflussnahme der buddhistischen Lehre und buddhistischer Werte auf wissenschaftliche und technische Unternehmen Rechnung.

Unterstützend: Buddhistische Projekte, Wissenschaft und Technik. In der Geschichte lassen sich viele Beispiele finden, in denen sich buddhistische Projekte und Wissenschaft und Technik gegenseitig unterstützt haben. Der Bau des Todaiji-Tempels in Nara, der Hauptstadt Zentraljapans, im 18. Jahrhundert regte viele wissenschaftliche und technologische Projekte in Japan an. Der Tempel selber ist das weltweit größte hölzerne Gebäude; der große Buddha Vairocana, der den Tempel bewohnt, die größte Bronzestatue. Neben Maschinenbau und Metallverarbeitung stimulierte dies auch den Bergbau in Japan, da der Bau der Statue und die Verzierung des Gebäudes auf Kupfer-, Gold-, Quecksilber- und Silberminen aus der Umgebung Japans zurückgreifen musste.

Ein anderes Beispiel, in dem sich ein buddhistisches Projekt auf zeitgenössische Wissenschaft und Technik auswirkte, zeigt sich im Leben des Priesters Kukai (774–835), dem Begründer der japanischen esoterisch-buddhistischen Schule *Shingon*. Während seines Studiums in China machte er sich nicht nur die Rituale und Lehren des esoterischen Buddhismus zueigen, sondern erwarb auch viele praktische Fähigkeiten – Sprachen (v.a. Sanskrit), Metallverarbeitung, Architektur, das Herstellen von Bürsten und andere Techniken. Diese waren nötig für die Verbreitung der neuen Lehr- und Ritentexte und für die Ausführung der rituellen Praktiken des esoterischen Buddhismus, die den Einsatz besonderer ritueller Instrumente und Altarschmuck unterschiedlicher Art erforderten.

Integrativ: Wissenschaft und Technik als Teil der buddhistischen Institution Die buddhistisch-monastische Erziehung in Indien umfasste das Studium von fünf Fächern: Sprachen, Logik, spekulative Philosophie, Medizin und Kunst. Dass Sprachen, Logik und Medizin fest im Curriculum verankert waren, zeigte, dass der Buddhismus den Wissenschaften nicht grundsätzlich feindlich gegenüber stand. Dies unterscheidet die buddhistisch-monastische Erziehung von der der Brahmanen, die die weltliche Erziehung zu verachten schienen. Vermutlich hat sich das monastische Curriculum an der buddhistischen Ablehnung des Kastensystems und der damit verbundenen Arbeitsteilung gemäß der unterschiedlichen sozialen Klassen orientiert. Auch im tibetanischen Buddhismus setzte sich die gleiche Struktur monastischer Erziehung fort.

In jeder Überlegung zum Charakter der Wissenschaft als Wissensquelle ist die Kausalität ein zentrales Thema. Von Anfang an war die Frage der Kausalität für den Buddhismus ein wichtiges Anliegen, was sich in der Grundlagenlehre von den vier edlen Wahrheiten und dem bedingten Mitentstehen im Sinne einer holistischen Wechselwirkung zeigt (conditioned co-arising). Die vier edlen Wahrheiten besagen, dass Dinge nicht befriedigen; dass die Unzufriedenheit einen Grund hat, durch dessen Beseitigung sich die Unzufriedenheit auslöschen lässt und dass es einen Weg zu dieser Extinktion gibt. Das bedingte Mitentstehen basiert auf der Aussage, dass nichts für sich alleine existiert, sondern dass alle Dinge mit allen anderen aus Kausalzusammenhängen hervorgehen. Die Beschäftigung mit Kausalität lässt sich in fast jeder Form indisch-buddhistischen Denkens wiederfinden. In der umfassenden Literatur des *abhidharmas* – des klassisch-scholastischen Systems der spekulativen Philosophie und Psychologie, der Grundlage für späteres buddhistisches Denken – finden sich beispielsweise diverse Kausalitätsdiskussionen und Theorien. Vasubandhus abhidharma Verse und Selbstkommentare beispielsweise, die viele für das wichtigste Kompendium mittelalterlichen abhidharma Denkens halten, identifiziert sechs Arten kausaler Beziehungen. Im mittelalterlichen Indien, bei Dignaga und Dharmakirti, beschäftigte man sich mit der Erkenntnislehre, die indisch-religiöses Denken in besonderer Weise prägt. In Übereinstimmung mit den Grundlehren des Buddhismus behaupteten Dignaga und Dharmakirti, es gäbe nur zwei valide Wissensquellen: die Wahrnehmung und die (Schluss-)Folgerung. Eine weitere, von anderen buddhistischen Denkern viel diskutierte Wissensquelle ist die Bezeugung (oder was wir die Berufung auf eine Autorität nennen würden).

Das Folgerungssystem der mittelalterlichen indischen Philosophie verschwand jedoch allmählich aus der Diskussionstradition, ähnlich wie dies mit der mathematischen Tradition in Griechenland der Fall war. Im indisch-religiösen Milieu des Mittelalters hatte das Diskutieren eine wichtige Funktion, da sich die Königreiche religiös zuweilen nach dem Ergebnis einer Debatte ausrichteten. Im tibetanischen und japanischen Buddhismus lebt die Diskussionstradition des mittelalterlichen Indien noch fort. Eine der grundlegenden Differenzierungen, die Dignaga macht, ist zwischen einem einen anderen zu einer Überzeugung führenden Argument und einem Argument, das zur eigenen Wahrheitsfindung dient. Diese Unterscheidung prägt den Diskussionshintergrund auch in der Entwicklung der buddhistischen Logik. Andere führen ein fünfstufiges Argument an, dessen repräsentativstes Beispiel folgendes ist:

Aussage:	Auf dem Berg brennt es,
Grund:	weil es auf dem Berg raucht.
Argument:	Wo immer es raucht, brennt es, z.B. in einer Küche.
Applikation:	Weil es auf dem Berg raucht,
Schlussfolgerung:	brennt es auf dem Berg.

Bei genauerer Betrachtung sieht man, dass die letzten beiden Phrasen eine Wiederholung von Aussage und Grund sind. Diese beiden Teile der Argumentstruktur eliminiert Dignaga, da sie als Folgerungsschritte unnötig seien. Im vorliegenden Beispiel ist das Argument positiv. Als anerkannte Methode gilt auch, auf der Basis eines negativen Arguments zu schlussfolgern, wie z.B.: Wo es nicht brennt, raucht es nicht, wie in einem See. Dignaga weist darauf hin, dass ein Argument stichhaltiger ist, wenn es sowohl positiv als auch negativ abgesichert sei.

Diese Offenheit gegenüber der Logik und der Vernunft lässt auf eine grundsätzliche Dialogfähigkeit des Buddhismus schließen.

Konsekutiv: Wissenschaft und Technik als Ergebnis buddhistischer Lehre und Werte. Der Glaube an die Reinkarnation gilt immer schon als eine der wichtigsten buddhistischen Lehren. Um die Prozesse der Wiedergeburt zu verstehen, wendete man sich der Embryologie zu, wie sich besonders in der tibetanischen und japanischen Tradition zeigte. Allgemein wurde der Wiedergeburtsprozess in zwei Phasen eingeteilt: vom Tod zur Empfängnis und von der Empfängnis zur Geburt. Das bekannteste Werk aus einer Reihe buddhistischer Texte zur Wiedergeburt ist das sog. *Tibetanische Buch der Toten*, das sich primär auf die Phase vom Tod zur Empfängnis konzentriert. Gampopas *Juwel der Befreiung* lenkt seine Aufmerksamkeit verstärkt auf den Reifeprozess selber.

Zahlreiche vergleichbare Studien finden sich auch in der japanischen esoterisch-buddhistischen Tradition des Shingon. Während die tibetanischen Werke eine eher negative Sicht des Wiedergeburtszyklus (*samsara*) vertreten, der von unablässiger Pein gekennzeichnet ist, setzt die japanische Seite eher bei einer nicht-dualen Vorstellung vom Wiedergeburtszyklus an. Dieser sei mit dem Zustand der Erleuchtung identisch, in der die Wurzeln des Leidens ausgelöscht werden (*nirvana*). Die japanischen Arbeiten basieren üblicherweise auf einem fünf- oder acht-phasigen Entwicklungsmodell. Damit ist üblicherweise eine achtwöchige Phase gemeint, die den zeitlichen Rahmen von der Empfängnis bis zum Stadium der Ausbildung des Fötus bis hin zu einem winzigen menschlichen Geschöpf, nicht jedoch die Geburt selber, abdeckt. Eine der wichtigsten religiösen Vorstellungen in den embryologischen Shingon-Diskussionen ist die der Erleuchtung in der jetzigen Gestalt unseres Körpers (*sokushin jobutsu*). Das Potential zur Erleuchtung ist bereits in einem selber angelegt. Durch Übung kann sich jeder dieser impliziten Reinheit des Bewusstseins gewahr werden, und zwar eher in seinem jetzigen Körper als über die Zeitspanne unzähliger „Übungsleben" hinweg. Die Betonung der Körperlichkeit verleiht Empfängnis und Geburt einen eindeutig positiven religiösen Rang.

Einer der zentralen Werte der Mahajana Tradition ist der der Handlung aus Mitgefühl. Die Vorbildfigur der Mahajana heißt *Bodhisattva* (der, der die volle Erleuchtung sucht). Bodhisattvas sind sehr weise und haben viel Mitgefühl. Während Weisheit mit einem passiven Verständnis der Abwesenheit eines metaphysischen Absolutum in Personen oder Gegenständen gleichgesetzt wird, ist Mitgefühl die aus der Weisheit folgende Handlung.

Thang-stong rGyal-po (1361–1485), ein tibetanischer Visionär und Stammesführer aus dem 15. Jahrhundert, ein kultureller Held, wurde mit dem Bau von Eisenhängebrücken an verschiedenen Orten Zentral- und Osttibets berühmt. Reisen war in Tibet aufgrund der vielen engen Flusstäler sehr schwierig. Selbst wenn es über die Flüsse führende Fähren gegeben hätte, hinge trotzdem alles von den Launen des Fährmanns ab. Außerdem bestand für Reisende auf dem Land stets die Gefahr, von Banditen überfallen zu werden. Aufgrund seines bodhisattva Mitgefühls baute Thang-stong Klöster und Tempel an Orten, die wegen Überfällen gefährlich geworden waren, sowie Eisenhängebrücken über die Flüsse. Es heißt, er habe Erz entdeckt, das ihm ermöglichte, diese Brücken zu bauen. Das ist ein schönes Beispiel für Handlungen, die ohne den Wert des Mitgefühls möglicherweise nicht angestoßen worden wären.

In ähnlicher Weise wurde der schon erwähnte Priester Kukai im Sommer 820 mit dem Wiederaufbau eines Wasserspeichers auf seiner Heimatinsel Shikoku betraut. Die Bauern benötigten den Wasserspeicher, der ursprünglich ein Jahrhundert zuvor gebaut worden war, für die Bewässerung ihrer Felder. Obwohl schon einige Bauherren an dem Projekt gescheitert waren, schaffte es Kukai, den Speicher innerhalb von drei Monaten zu bauen. Natürlich musste er in den 1100 Jahren dazwischen immer wieder instand gesetzt werden, aber Kukais Wasserspeicher dient bis heute der kontrollierten Wasserversorgung.

Ein weiteres Beispiel wissenschaftlicher und technischer Folgen aus buddhistischen Werte ist der Bau einer Armillarsphäre und einer astronomischen Uhr im China des 18. Jahrhunderts. Dieser wurzelte in der traditionell buddhistischen Vorstellung, dass die Wirksamkeit der buddhistischen Lehre über drei Stufen nachlässt und ein neuer Buddha am Ende der letzten Stufe zur Welt kommen würde. Derartige Vorstellungen erweckten in den Menschen den Wunsch, die zeitliche Distanz zum Tode Shakyamuni Buddhas auszurechnen, um zu bestimmen, auf welcher Stufe sie sich befänden und zu errechnen, wann der nächste Buddha geboren würde. Der buddhistische Messianismus verband sich mit dem chinesischen Utopismus, der ein stabiles, harmonisches, friedliches und prosperierendes Sozialgefüge anstrebte, das von einem Herrscher regiert werden sollte, dessen Handlungen durch ihre Integration in die natürliche Ordnung geleitet würden. Yixing (673–727) war einer der bedeutendsten buddhistischen Mönche der Tang Dynastie. Er wurde nicht nur durch seine umfangreiche übersetzerische Tätigkeit und seine dogmatischen Studien bekannt, sondern auch als einer der größten Mathematiker und Astronomen seiner Zeit. Obwohl die von Yixing konstruierte Uhr auf frühere Modelle zurückgriff, war seine Konstruktion die erste Uhr mit eingebautem Auslösemechanismus.

Bezüglich des Einflusses der Religion auf die Naturwissenschaft ist in diesem Kontext interessant, dass davon ausgegangen wurde, dass die Herstellung von Uhren eine für die westliche Kultur charakteristische lineare Konzeption der Zeit erforderte. Buddhistische Zeitvorstellungen, die eher zyklisch sind, schlossen die Beschäftigung mit der Zeit und ihrer exakter Bemessung jedoch mitnichten aus.

Dass sich Religion nur mit „dem Zeitlosen" oder mit „ewigen Wahrheiten" beschäftigt, ist ein gern bemühtes Klischee. Diese im Grunde neoplatonische Sicht der Religion hat scheinbar unkritisch Eingang in die indischen Religionen gefunden, auch in den Buddhismus. Im Rückschluss bedeutete das, dass die Religionen indischer Provenienz an einem „wissenschaftlicheren" Zeitkonzept nicht interessiert wären. Buddhistische Wissenschaft widerlegt dieses unkritische Urteil jedoch.

Die drei vorgestellten Modelle zum geschichtlichen Verhältnis des Buddhismus zu Wissenschaft und Technik – unterstützend, integrierend und konsekutiv – legen nahe, dass der Buddhismus dem aktuellen Dialog mit der Wissenschaft tatsächlich offen gegenüber steht. Die Modelle mögen uns einen konzeptuellen Hintergrund liefern, um uns nun den Projekten zeitgenössischer Akademiker zuzuwenden, die Konstruktives zum Dialog zwischen Buddhismus und Naturwissenschaft beigetragen haben.

Aktuelle Konstruktionen

Die Fundamente gehen auf die Erleuchtung Shakyamuni Buddhas zurück. Diese wird, v.a. in Indien, mit einer Beendigung missverstandener Vorstellungen und einer Tötung fehlgeleiteter Affekte gleichgesetzt, die uns davon abhalten, in der Welt wie sie tatsächlich ist, d.h. der vorübergehenden, zu leben. So konzentriert sich der mit der Naturwissenschaft interagierende Buddhismus primär auf Topoi der Erkenntnislehre und des Wesens des Bewusstseins. Der Pfad der Erleuchtung beschäftigt sich hauptsächlich mit adäquaten Herangehensweisen an Gehirnprozesse, um nicht länger von dem Glauben irregeführt zu werden, dass fortwährende Befriedigung möglich sei. Das Hauptaugenmerk möchte ich deshalb – trotz der allgemeinen Faszination über mögliche Gemeinsamkeiten zwischen der heutigen Physik (z.B. Chaostheorie, Faltenuniversen, schwarze Löcher) und den religiösen Traditionen Asiens – auf die Neuro- und Kognitionswissenschaft und die Psychologie in ihrer Relevanz für den buddhistisch-naturwissenschaftlichen Dialog lenken.

Wie bereits erwähnt, wurde die Kritik an der Vorstellung eines unabhängig existierenden Geistes, die buddhistische Akademikerkreise im späten 19. und frühen 20. Jahrhundert äußerten, im Sinne der westlich-philosophischen Tradition des Idealismus verstanden – nach Berkeley und Hegel. In jüngster Zeit ist diese Kritik jedoch besonders auf dem Hintergrund neuester Forschung in der Neuro- und Kognitionswissenschaft und der Psychologie mit Husserls Phänomenologie in Verbindung gebracht worden. Die phänomenologische Kategorie der Intention beispielsweise, d. h. die notwendige Subjekt-Objekt-Relation (die nicht mit der üblichen sprachlichen Verwendung im Sinne der Zweckmäßigkeit zu verwechseln ist) bietet eine Form, über die buddhistische Vorstellung von Subjekt-Objekt-Beziehung zu reden, ohne sich dem Idealismus oder dem heutzutage verpönten Introspektionismus verschreiben zu müssen. Diese Thematik arbeitete B. Alan Wallace kürzlich im Rahmen einer allgemeinen Materialismus- und Objektivitätskritik als notwendige Voraussetzung wissenschaftlichen Verstehens heraus.

Laut der von Wallace entwickelten buddhistischen Perspektive lenkt einen die notwendige Beziehung von Geist und Welt, die er intellektuell zu fassen sucht, sowohl auf den naiven wie den wissenschaftlichen Realismus. Der naive Realismus steht für die einfache, unreflektierte Vorstellung, dass Objekte unabhängig von unserer Wahrnehmung oder ihrer Kenntnis existieren. Der kritische Realismus erweitert die unabhängige Existenz unsichtbarer, theoretischer Gegenstände. So schließen sich buddhistische Überlegungen zum Wesen des Geistes direkt an philosophische Vorannahmen an, die die aktuelle Wissenschaft in vielen Punkten untermauert.

Die Phänomenologie, besonders die Maurice Merleau-Pontys, hat ebenfalls ihren Beitrag zu der Schnittstelle zwischen Buddhismus und Kognitionswissenschaft geleistet. Exemplarisch seien hier die Arbeiten Varelas, Thompsons und Roschs genannt, die den Stellenwert der Verkörperung für jedes Verständnis des Bewusstseins betonen. Hier zeigt sich, dass die buddhistische These, dass alle existierenden Dinge aufgrund bestimmter Ursachen und Bedingungen entstehen, mit vielen aktuellen Entwürfen zum Bewusstsein harmoniert, die dasselbe als Ergebnis komplexer physiologischer Zusammenhänge betrachten. Es sei entstanden, während sich der menschliche Körper in der natürlichen Welt, deren Bestandteil er ja ist, entwickelte.

Ansätze wie von Wallace zur Wissenschaftsphilosophie untersuchen, wie materialistische und realistische metaphysische Sichtweisen unsere eigenen Vorannahmen zum Charakter der Naturwissenschaft und somit der Natur selber beeinflusst haben. Im gleichen Zug werden derartige Überlegungen auch auf kulturelle Konzepte zur Religion und wie diese unser Verständnis der buddhistischen Tradition geprägt hat, bezogen. Eines der überraschenden Ergebnisse solcher Überlegungen ist, dass positivistische Betrachtungsweisen der Wissenschaft und romantische Vorstellungen von Religion, zwei Denkschulen, die, oberflächlich betrachtet, gegensätzlich erscheinen, sich viel ähnlicher sind als allgemein angenommen. In letzter Zeit hat Dale Wright darauf aufmerksam gemacht, dass die Vorstellung einer unvermittelten Erfahrung als Grund der Religion analog zu der Idee sei, man könne „die Fakten“ als irreduzible Informationsgegenstände bekommen. Es sei also möglich, die Daten für sich selbst sprechen zu lassen, ohne Auslegung. In beiden Fällen wird das wissende Subjekt als vom Objekt des Wissens getrennt betrachtet, und der Lern- oder Erkenntnisprozess hat wenig oder gar keine Wirkung auf das erkannte Objekt. Die Annahme, die Wright sowohl dem Positivismus als auch der Romantik zuordnet – dass der Geist unabhängig von den Objekten, derer er gewahr wird, existiert – unterscheidet sich fundamental von buddhistischen Vorstellungen des Geistes und seiner Funktionsweise, wie auch von den Beschreibungen des Weges der Erleuchtung – beide betonen die Interdependenz alles Existierenden.

Fazit

Das buddhistisch-naturwissenschaftliche Verhältnis ist von modernen, westlich-buddhistischen Studien weitestgehend vernachlässigt worden. Wir haben uns gefragt, woran das liegen mag. Einen wichtigen Faktor für das Bild eines sich vom wissenschaftlichen Denken fern haltenden Buddhismus sind Hintergrundwissen und Nebengedanken derer, die den Buddhismus unter die Lupe nehmen. Weder philologische noch religionswissenschaftliche Ansätze eignen sich hier zur Untersuchung derjenigen Texte und Traditionen, die Aufschluss über die Geschichte des Buddhismus und der Naturwissenschaft gäben. Ferner bilden apologetische und polemische Darstellungen des Buddhismus die Beziehung desselben zur Naturwissenschaft falsch ab. Die Bedrängung durch christliche Missionare in ihrer eigenen Heimat führte die Verfechter des Buddhismus dazu, sich in der Auseinandersetzung mit dem westlichen Gedankengut auf die dringlichsten, d. h. die religiösen Fragen zu konzentrieren. Auf die Herausforderung des westlichen Imperialismus, der Wissenschaft und Technik zu seinem eigenen Nutzen einsetzte, reagierten viele buddhistische Apologeten, rhetorisch geschickt, damit, dem Prestige der Wissenschaft ihre Überlegenheit dem Christentum gegenüber entgegenzusetzen.

Wie kann der Dialog zwischen Wissenschaft und Glaube neu entworfen werden, um den Kernanliegen des Buddhismus adäquater zu begegnen und das Interesse bei buddhistischen Forschern anzuregen? In diesem Kapitel habe ich dargelegt, dass ein Neuentwurf mindestens dreistufig sein sollte. Erstens müssen wir einen intellektuellen, diskursfähigen Boden bereiten. Einen Großteil der neueren Studien auf dem

Gebiet von Wissenschaft und Glaube misslingt der Einschluss buddhistischer Anliegen, da sie sich schwer aus ihrer Verflochtenheit mit den theistischen Traditionen lösen können. Ebenso wenig stellen die meisten populärwissenschaftlichen Arbeiten zum Verhältnis der Wissenschaft und der religiösen Traditionen Asiens buddhistische Belange richtig dar. Deshalb muss die Entwicklung eines soliden Diskurses zwischen dem Buddhismus und der aktuellen Naturwissenschaft bei einer genauen Definition der Terminologie, ihrer Differenzierung und Klärung ansetzen.

Auf der zweiten Stufe einer Umstrukturierung des Dialogs im Sinne größerer Aufmerksamkeit gegenüber buddhistischer Themen sollen Diskursmodelle der buddhistischen Geschichte analysiert werden. Bezüglich der Frage, welchen Beitrag der Buddhismus zum Dialog mit Wissenschaft und Technik leisten kann, hat dieses Kapitel eine dreigliedrige Beziehungstypologie entwickelt, die nach unterstützend, integrierend und konsekutiv differenziert.

Der dritte Schritt sieht die Auswertung der aktuellen Entwicklung in der buddhistischen Forschung vor. Diese Evaluation erinnert uns daran, dass der wissenschaftlich-buddhistische Diskurs am ehesten den zentralen Anliegen des Buddhismus gerecht wird, wenn sich dieser Fragen zur Erkenntnislehre und zum Wesen des Bewusstseins widmet und sich dabei auch der Neuro- und Kognitionswissenschaft, der Psychologie und der Philosophie des Geistes zuwendet.

Wie eingangs erwähnt, ist es verständlich, dass sich ein Großteil des heutigen naturwissenschaftlich-religiösen Dialogs strukturell an Annahmen und Themen der theistischen Traditionen im Allgemeinen und der christlichen Theologie im Besonderen orientiert. Dieser Dialog ist aus einem theistischen Kontext heraus geboren. Da sich die fundamentalen Anliegen buddhistischen Denkens aber substantiell von denen des Christentums und anderer theistischer Traditionen unterscheiden, sind die grundlegenden Vorannahmen über das Wesen der wissenschaftlich-religiösen Interaktion zu revidieren, wenn buddhistische Wissenschaftler im künftigen Dialog stärker eingebunden werden sollen.

Literatur

Bodde, Derk, *Chinese Thought, Society, and Science: The Intellectual and Social Background of Science and Technology in Pre-modern China*, Honolulu 1991.

Cabezón, José Ignacio/Jackson, Roger R. (Hg.), *Tibetan Literature: Studies in Genre*, Ithaca, NY 1991.

Davidson, Richard J./Harrington, Anne (Hg.), *Visions of Compassion: Western Scientists and Tibetan Buddhists Examine Human Nature*, Oxford 2002.

De La Vallée, Louis, *Abhidharmako abhayam*, 4 Bd., Berkeley 1988.

Forte, Antonino, *Mingtang and Buddhist Utopias in the History of the Astronomical Clock: The Tower, Statue and Armillary Sphere Constructed by Empress Wu*, Rom 1988.

Gampopa, *The Jewel Ornament of Liberation: The Wish-Fulfilling Gem of the Noble Teachings* (hg. v. Ani K. Trinlay Chödron), Ithaca, NY 1998.

Gyatso, Janet, „A Literary Transmission of the Traditions of Thang-Stong rGyal-po: A Study of Visionary Buddhism in Tibet", Dissertation University of California, Berkeley 1981.

Kalupahana, David J., *Causality: The Central Philosophy of Buddhism*, Honolulu 1975.

Matilal, Bimal Krishna, *The Character of Logic in India*, Albany 1998.

Needham, Joseph, *Science and Civilization in China*, Bd. 2: *History of Scientific Thought*, Cambridge 1956.

Perdue, Daniel E., *Debate in Tibetan Buddhism*, Ithaca, NY 1992.

Ruegg, David Seyford, *Ordre Spirituel et Ordre Temporel dans la Pensée Bouddhique de l'Inde et du Tibet*, Paris 1995.

Sanford, James H., „Wind, Waters, Stupas, Mandalas: Fetal Buddhahood in Shingon", *Japanese Journal of Religious Studies* 24 (1997): 1–2.

Varela, Francisco J./Thompson, Evan/Rosch, Eleanor, *The Embodied Mind: Cognitive Science and Human Experience*, Cambridge, MA/London 1991.

Wallace, B. Alan, *The Taboo of Subjectivity: Toward a New Science of Consciousness*, Oxford 2000.

–, *Choosing Reality: A Buddhist View of Physics and the Mind*, Ithaca, NY 1996.

Wallace, Vesna A., *The Inner Kalacakratantra: A Buddhist Tantric View of the Individual*, Oxford 2001.

Wright, Dale S., *Philosophical Meditations on Zen Buddhism*, Cambridge Studies in Religious Traditions 13, Cambridge 1998.

Das Wesen menschlichen Seins

Eduardo Cruz

Kann man überhaupt von einer menschlichen Natur, einem Wesen menschlichen Seins reden? Was lässt sich darüber aussagen? Im Laufe der Menschheitsgeschichte tauchen diese grundlegenden Fragen immer wieder auf. Sie scheinen schon an sich unerschöpflich. Es herrscht eine so große Vielfalt an Menschen, Kulturen, Persönlichkeiten, Geschlechtern, Zeitaltern und Erfahrungen, dass es schwierig ist, von einer einzigen *Natur* oder einem *Wesen* auszugehen, das den einzigartigen Charakter menschlichen Seins adäquat umrisse. Trotzdem war man dem Wesen dieser schwer fassbaren menschlichen Natur im Rahmen der Geistesgeschichte, besonders der christlich-theologisch geprägten, kontinuierlich auf der Spur. In unserem intellektuellen Zeitalter, das die Bedeutung von Prozessen, Entwicklungsrichtungen, Pluralität und Perspektivenrelativität hervorhebt, erscheint die Rede vom *Wesentlichen* jedoch anachronistisch. Das Befragen der menschlichen Natur wird in Frage gestellt.

Der Relativierungsschub macht sich besonders in Lateinamerika bemerkbar. In den letzten dreißig Jahren sind dort *Ortstheologien* entstanden: Befreiungstheologie, schwarze, feministische und nach-kolonialistische Theologie, im Gefolge des interreligiösen Dialogs auch eine *Theologie der Religionen*. Postmoderne Trends fordern ein neues Bewusstsein für den kulturellen Kontext, in dem menschliche Sprache und Handlungen alles zu dominieren scheinen. Der eine verbindende, narrative Bogen bzw. so etwas wie ein einziges Fundament unseren Wissens fehlt jedoch. Wertvollerweise haben uns diese neuen Trends die Augen dafür geöffnet, dass jedwede Rede von der menschlichen Natur (oder auch *conditio humana*) bis vor kurzem die Erfahrung, das Leid und die Hoffnungen von Minderheiten und gesellschaftlich Marginalisierten unberücksichtigt gelassen hat. In der Zwischenzeit aber hat der Kontextualismus der Ortstheologien die traditionelle Aufgabe der Anthropologie vor Probleme gestellt. Wenn Wahrheit lokal verstanden wird, müssen Aussagen über die Person des Menschen inhaltlich auch lokal sein. Die Abwesenheit eines einzigen narrativen Spannungsbogens ist nirgends so spürbar wie in der Frage, was es bedeutet, eine menschliche Person zu sein.

Obwohl uns Theologie und Philosophie daran erinnern, dass Aussagen über die Person des Menschen im Wesentlichen kontextgebunden sind, haben sich die Naturwissenschaften gegen die vom anthropologischen Pluralismus eingeschlagene Richtung bewegt. Obschon die Gründe für diese Bewegung vielfältig sind, kommt die Hauptkraft aus der Entwicklungsbiologie und den davon abgeleiteten Verhaltensdisziplinen. Wie Martinez Hewlett bereits anmerkte, weben die Evolutionswissenschaften die ganze Naturgeschichte – einschließlich der menschlichen – in eine einzige Struktur ein. Die einende Geschichte wirft die anthropologische Frage auf, ob die Entwicklung des Lebens einen einheitlichen Rahmen für die Identifikation der einen menschlichen Natur schafft. Während Theologie und Philosophie damit drohen, die Suche nach einer einzigen Antwort auf die Frage nach dem Wesen der menschlichen Natur aufzugeben, trauen sich die Wissenschaften, diese aufzunehmen.

Was können wir mit diesen wechselnden und größtenteils miteinander konfligierenden Brüchen in der Erkenntnissuche zur menschlichen Natur anfangen? Führt die Entscheidung für den theologischen Weg zum Ausschluss des naturwissenschaftlichen Wegs zum Menschen? Ich meine nein. Das vorliegende Kapitel soll einen Beitrag zur Entwicklung einer neuen Sicht auf die menschliche Natur leisten, die auf sowohl religiösen als auch wissenschaftlichen Ansätzen beruht. Ich möchte diese Sichtweise skizzieren und auf die theologischen und wissenschaftlichen Quellen eingehen, die diese formen und untermauern.

Ein Wort sei über die neue Rahmung verloren: Die neue, aus der Naturwissenschaft hervorgegangene, aber religiös gestützte Perspektive, lässt sich als *starker Realismus* bezeichnen, der Kontextualismus und Relativismus berücksichtigt, sich aber letztendlich von ihnen ablöst. Folgende Kerncharakteristika machen die Vision aus: die Überzeugung, dass es tatsächlich eine menschliche Natur gibt; dass diese eine gefallene Natur ist, die gleichzeitig Perfektion und Mängel, Großartigkeit und Minderwertigkeit widerspiegelt; dass sie, obwohl sie uns aus der Vergangenheit zuteil geworden ist, auf Erlösung und Vollendung wartet; dass sie kraft menschlicher Vernunft ansatzweise verstanden werden kann; und letztlich, dass das Wissen um unser biologisches Erbe, speziell an der Schnittstelle zwischen genetischer Veranlagung und Kultur, unabdingbar ist, um die wissenschaftlichen Aspekte der Natur mit den theologischen Schöpfungsansätzen aufeinander zu beziehen (vorausgesetzt, letztere sind frei von jedem Romantizismus oder gar Fideismus).

Meine Methode zur Darlegung dieser neuen Sicht soll einige der theologisch-anthropologischen Entwicklungen der christlich-theologischen Tradition, von den antiken Quellen bis hin zum jüngsten Einfluss lokaler Theologien, einbeziehen. Ohne die Bedeutung kontextueller Ansätze schmälern zu wollen, werde ich diese übergehen, da ich nahe legen möchte, dass die neuesten Entwicklungen im Verständnis der biologischen Grundlage menschlicher Züge und menschlichen Verhaltens einen einheitlicheren Ansatz zum Menschen erfordert, einen, der die Größe, aber auch die Minderwertigkeit dieser einzigartig begabten Spezies des *Homo sapiens* herausstellt.

Diese zweistufige Analyse einer entstehenden, wissenschaftlich orientierten, theologischen Anthropologie wird sich weder der theologischen noch der naturwissenschaftlichen Quellen erschöpfend widmen können. Ihr weniger hoch gestecktes Ziel ist es, den Leser dafür zu begeistern, die grundlegenden Annahmen zur Natur des Menschen zu überdenken.

Umdenken: die Natur des Menschen in der christlichen Theologie

Im Rahmen der jüdisch-christlichen Tradition im Allgemeinen und der christlichen Theologie im Besonderen ist die Aufgabe zu begreifen, was es mit der Person des Menschen auf sich hat, unwillkürlich mit einer größeren verbunden, nämlich Gott und Gottes Beziehung zur Schöpfung zu verstehen. Die biblischen Schriftquellen attestieren uns Folgendes: Vom ersten Kapitel der Genesis bis zu den letzten Prophezeiungen der Offenbarung lesen wir, dass der Mensch nach Gottes Ebenbild geschaffen ist, durch die Geschichte hindurch bis zum Tage der Vollendung begleitet wird und an Gottes Gegenwart in ewigem Glück teilhaben soll. Außerdem laufen die Linien der biblischen Geschichte vom Wesen Gottes und dem Wesen des Menschen in Jesus von Nazareth zusammen.

Während wir zugeben sollten, dass die Theologie bis vor kurzem, bis sie ihre Aufmerksamkeit auch auf ökologische Anliegen richtete, zu anthropozentrisch gewesen ist, ist wohl nicht zu leugnen, dass der Mensch einen einzigartigen Platz in den Buchreligionen einnimmt. Deshalb kommt die Theologie nicht umhin, anthropologische Fragen zu stellen.

Das Verschmelzen der *theologischen Anthropologie* mit der Dogmatik ist ein neues Phänomen in der Theologiegeschichte. Die theologische Anthropologie hat systematisch begonnen, das Wesen des Menschen zu hinterfragen, wobei sie sowohl auf religiöse als auch auf weltliche Quellen zurückgreift. Interessanterweise geht diese Formalisierung als positives Ergebnis aus der Moderne hervor und ist eine streng kritische Herausforderung an die theologische Rede von Gott und dem Menschen. Von Beginn an aber hat die christliche Theologie grundlegende Fragen zum rechten Platz des Menschen in der Natur und dem Grundcharakter unserer Natur gestellt. In der sog. Gnostischen Kontroverse des 2. und 3. Jahrhunderts spiegelt sich diese Schlüsselstellung der Anthropologie in christlichen Denkmustern gut wieder. Schon vor der Klärung schwieriger Fragen zu Christologie und Trinität schieden sich die kirchenväterlichen Geister wie die Natur des Menschen zu verstehen sei. Dies rückte speziell in der Diskussion über die Bedeutung des Körpers für die Identität des Menschen in den Vordergrund.[1]

Die grundlegende anthropologische Frage der christlichen Tradition schlägt sich in der Frage des biblischen Psalmisten nieder: „Was ist der Mensch, dass Du seiner gedenkst?“ (Ps 8,4). Obwohl darauf die unterschiedlichsten Antworten gegeben werden, die nicht nur vielseitig sind, sondern zu einem gewissen Grad auch miteinander konfligieren, sind sich die Theologen durch die Geschichte hindurch in zahlreichen Punkten einig: Der Glaube an eine von der Schöpfung zugedachte menschliche Natur spielt eine große Rolle. Die Frage, wie die Charakteristika dieser Natur zu erkennen und verstehen sind, wird allerdings kontrovers diskutiert. Die meisten Theologen sind sich einig, dass unsere Natur eine gefallene ist und menschliche Sünde die Schöpfung teilweise zerstört. Daraus ergibt sich folgende hermeneutische Konsequenz: Wie können wir, angesichts dieses angeblichen Verderbnisses, überhaupt irgendetwas über das Wesen des Menschen *wissen*, oder, wichtiger noch, was ist der Sinn des Wesens des Menschen?

Die reformierte Tradition (etwa in Gestalt der Presbyterianer, Baptisten und anderer) betont die Rolle der göttlichen Offenbarung in der Suche nach der menschlichen Natur. Was durch menschliche Vernunft allein unbegreifbar ist, werde Gott uns offenbaren, wie in der Schrift aufgezeigt. Was das Wesen des Menschen ausmacht und das Wissen darum, sei angemessener in christologischen, trinitarischen und eschatologischen Kategorien greifbar. Das heißt: Wir Menschen sind primär nicht von unseren Anfängen her verstehbar, sondern aus der Perspektive des Sinnes heraus, den Gott uns zuweist.

Die römisch-katholische Tradition stellt betonter heraus, was kraft menschlichen Verstandes – in Abgrenzung zu Gottes spezieller Offenbarung in Jesus Christus – erlernbar ist. Angeregt durch die griechische Philosophie der Natur des Menschen, erkennt die katholische Tradition an, wie wichtig das Studium der Natur – unserer gemeinsamen Vergangenheit – dafür ist, mehr über uns selbst zu lernen. Konzepte wie solche, die von einem *Naturrecht* oder einer konkreten *menschlichen Natur* ausgehen, sind weniger an christologische Kategorien gebunden und orientieren sich teilweise an der Untersuchung der natürlichen Ur-

[1] Vgl. Filoramo 1990: Kap. 6.

sprünge. Beide Traditionen verabschieden sich vom Optimismus, viel über die menschliche Natur lernen zu können. Faktisch haben aber die grundlegenden Versuche, das Wesen des Menschen zu verstehen, zur Entstehung der modernen Wissenschaft in Europa geführt.[2]

Seit dem 17. Jahrhundert sind Theologen römisch-katholischer und reformatorischer Provenienz immer wieder von den Entwicklungen im säkularen Denken beeinflusst worden. Von der Aufklärung über die Moderne bis hin zum postmodernen intellektuellen Milieu hat die christliche Anthropologie durch nicht-theologische Quellen eine neue Prägung erfahren. Dieser Einfluss beginnt schon bei der Infragestellung der Autorität kirchlicher Quellen für das Verstehen der Person des Menschen, wie es Descartes' *cogito ergo sum* zeigt, d.h. die Hinwendung zum Subjekt als sicherer Wissensquelle, sogar hinsichtlich der Erkenntnis Gottes. Fernab der Erlösungsdramatik, wie sie von Dantes *Göttlicher Komödie* in einen Makro-/Mikrokosmos-Rahmen gestellt wird, agieren die Menschen heutzutage nur noch in einem Kosmos, dessen Rahmen wiederum menschliches Maß, Vernunft und Wille steckten. Die einzige Alternative zu Descartes' Rationalismus im 17. Jahrhundert war der von Newtons Schülern vertretene britische Empirismus. Die Gemeinsamkeiten der beiden Denkschulen waren jedoch weitaus signifikanter als deren Unterschiede: eine Sicht der Welt, in der der menschliche Geist den einen Kosmos zu begreifen vermochte.

Die zeitgenössische theologische Anthropologie ist deshalb zu weiten Teilen aus dem Dialog zwischen traditionellen theologischen Einsichten und modernem, weltlichen Denken hervorgegangen. Europäische Denker wie Pascal, Feuerbach und Kierkegaard halfen Theologen bei der Überbrückung dieser Denkwelten. Die cartesische Seite hat die moderne Philosophie als Dialogpartner gewonnen; Newtons Gesprächspartner sind eher naturwissenschaftlich orientiert (mit Hilfe der auf den englischen und schottischen Empirismus folgenden Philosophie). Ob sie es zugeben oder nicht, die meisten Theologen haben die Erkenntnisse dieser Gesprächpartner in ihre Überlegungen zur Natur des Menschen integriert.

In welcher Hinsicht hat dieser Dialog die frühe christlich-anthropologische Suche mit ihrer Betonung einer begreifbaren menschlichen Natur und eines zweischneidigen Wesens des Verständnisses von der gefallenen Natur verändert? Übertragen wir die Tragflächen des Dialogs von Theologie und Philosophie auf unsere heutige Situation, erkennen wir den starken Einfluss der Hermeneutik (Philosophie der Auslegung), da sich die Theologie gern mit der sog. postmodernen Philosophie verbündet. Wie oben erwähnt, haben sich in den letzten

[2] Vgl. Grant 1996.

dreißig Jahren Ortstheologien entwickelt und ihren Einfluss ausgeübt. Diese Theologien, zusammen mit anderen Entwicklungstrends, betonen den lokalen kulturellen Kontext und die soziale Verortung; hier ist Wissen das Produkt menschlicher Gemeinschaften. Das Ergebnis: Die Suche nach einem universalen Verständnis der Natur des Menschen gilt als problematisch. Die Einheit des theologischen Gesprächs speist sich nicht aus der Metaphysik oder einer Art Metanarration. Die menschliche Einheit wird als gemeinsamer Sinn für die Verpflichtung gegenüber dem Wohlergehen aller Menschen empfunden.

Wir haben diesen theologischen Veränderungen viel zu verdanken. Die neuen Entwicklungen argumentieren, dass die Bewertung der menschlichen Natur, der conditio humana, viel zu oft die Erfahrungen der marginalisiertesten Glieder der Gesellschaft ausgeschlossen hat. Einer der frappierendsten Beispiele für diese Vernachlässigung ist Gustavo Gutierrez' fiktiver Brief an Dietrich Bonhoeffer, in dem er aufzeigt, dass sich der Blick nicht auf den „modernen Menschen", sondern auf die „Unperson", die Person am Rande unseres Interesses und unserer Gesellschaft richtet.[3]

Die neuen Ortstheologien äußern auch ethische Anliegen und sind stark handlungsorientiert. So erinnern sie die Theologie an ihre praktische Aufgabe, das Leid in der Welt anzugehen. Bei der Entwicklung der anthropologischen Grundlagen ihrer ethischen Arbeit haben sie jedoch zu oft die Einsichten der zweiten Tragfläche des Dialogs vernachlässigt: den Dialog mit den Naturwissenschaften. Während die neuen Ansätze viel mit den Sozialwissenschaften und Kulturstudien interagieren, wenden sie sich selten den Erkenntnissen solcher Disziplinen wie der Kosmologie, der Entwicklungsbiologie oder den Neurowissenschaften zu. Daraus resultiert, dass sich diese Richtungen des theologischen Diskurses von den aktuellen Erkenntnissen zur Natur des Menschen isolieren. Naturwissenschaftliche Einsichten scheinen die kontextuellen Ansätze abzuschwächen, indem sie die Theologie ermutigen, zu einer allgemeineren Beschreibung der menschlichen Person zurückzukehren.[4]

Erkenntnisse aus der Evolution zum Verständnis der Natur des Menschen

Zu Beginn einer jeden anthropologischen Studie sollten wir in Erinnerung rufen, dass der aktuelle wissenschaftliche Fortschritt in Entwicklungsbiologie, Neurowissenschaft und Künstlicher Intelligenz

[3] Erstmals in *Concilium* (Mai 1979) veröffentlicht, findet sich dieser Brief nun als Anhang in Gutierrez 1983.

[4] Vgl. Gross/Levitt/Lewis 1997.

viel zu einem neuen Verständnis der Person des Menschen beitragen kann. Die mit den jeweiligen Disziplinen verbundenen Felder sind derartig weit, dass wir in diesem Kapitel nur auf wenige Fortschritte direkt eingehen können. Deshalb werde ich mich v.a. auf das anthropologische Kernstück, die Entwicklungsbiologie und ihre Auslegung für den sozialen Kontext konzentrieren. Die Entwicklungsbiologie hat, vielleicht mehr als jede andere naturwissenschaftliche Disziplin, unser Verständnis vom Platz des Menschen in der nicht-menschlichen Natur neu geprägt. Diese Veränderung wirft erneut Fragen zum Sinn menschlichen Lebens auf und hebt den moralischen Status menschlichen Handelns an.

Seit der Veröffentlichung von Charles Darwins *Descent of Man* (1871) versuchen Wissenschaftler, die Charakteristika des Menschen und sein Verhalten auf dem Hintergrund der Evolution zu erklären. Ein gutes Beispiel dafür liefern Arbeiten aus den 60er Jahren, die auf der Basis neodarwinistischer Annahmen einen theoretischen Überbau zu den Merkmalen von Gruppenverhalten entwickelten. Dieser Überbau trug v.a. William Hamiltons und George Williams' Züge. Hamilton und Williams entwickelten Konzepte wie den Familienaltruismus, die inhärente Fitness[5] und den reziproken Altruismus[6]. Es stellte sich heraus, dass ihre Arbeiten das Entstehen zeitgenössischer Disziplinen wie die *Soziobiologie* und die *Entwicklungspsychologie* begründeten. Hamilton und Williams griffen auf entwicklungsbiologische Erkenntnisse zurück, um das Sozialverhalten von Menschen und Tieren wissenschaftlich fundierter erklären zu können.[7] Obwohl der relative wissenschaftliche Ertrag dieser Disziplinen noch umstritten ist, zeigen sie beispielhaft, in welcher Weise die Entwicklungsbiologie anthropologische Fragestellungen beeinflusst. Wenn die Menschheitsgeschichte tatsächlich voll in eine allgemeine Geschichte der Natur integriert sein soll, sind wir gehalten zu fragen, ob die diese allgemeinere Geschichte vorantreibenden Mechanismen angemessen sind, um das Wesen des Menschen zu bestimmen. Anders gefragt: Trägt ein gemeinsames Entwicklungsgerüst konstruktiv zur Identifikation des menschlichen Wesens bei?

---

[5] Hamilton 1964: 1–16.

[6] Williams 1966.

[7] Ein Gros der Forschungsarbeiten auf diesem Gebiet befindet sich noch in den Kinderschuhen. Die Stärke dieser Disziplinen liegt darin, dass aus ihnen mittels der Evolutionsbiologie kohärente Deutungsmuster zur Erklärung menschlichen Verhaltens hervorgehen. Vielfach werden Forschungsergebnisse zur Evolution jedoch eher philosophisch als empirisch ausgelegt. Obwohl Edward Wilson beispielsweise auf kritische Studien zur Untersuchung des Sozialverhaltens bestimmter Tiere zurückgreift, wendet er die Ergebnisse analog auf menschliches Verhalten an. In den nächsten Jahren wird der Wert solcher Disziplinen wohl daran gemessen werden, wie (und ob) über Analogie entwickelte Hypothesen fortgeführte empirische Studien überleben.

Unabhängig davon, was man von der wissenschaftlichen Leistung dieser neuen evolutionären Deutungen halten mag, verdeutlichen sie, wie sich unser Denken über die Person des Menschen signifikant verändert hat. In faszinierender Plastizität bereitet die Orientierung am evolutionären Rahmen den Boden für ein zukünftiges, viel versprechendes Gespräch über eine universale menschliche Natur.

Im Ergebnis kommt es zu gemischten Gefühlen über die traditionelle Anthropologie. Die schlechte Nachricht: Die neuen Forschungsfelder heben eher Kontinuität als Diskontinuität des Menschen mit dem Rest des Tierreichs hervor, eine Betonung, die vielen traditionellen anthropologischen Arbeiten sowie den Ortstheologien fremd ist. Andererseits lautet die gute Nachricht, dass diese Disziplinen auch die relative Einheitlichkeit des menschlichen Genoms hervorheben, was nahelegt, dass kulturelle und andere eindeutig menschliche Unterschiede auf einer Art gemeinsamen Basis beruhen. Der Einfluss dieses Entwicklungsansatzes manifestiert sich in Bereichen, die bis vor kurzem exklusives Territorium der Geisteswissenschaften waren. Arbeiten wie Jared Diamonds hoch gelobtes *Guns, Germs and Steel* (1997), in dem lange Abschnitte der Menschheitsgeschichte und Anthropologie im Lichte der Naturgeschichte von Expansion und Eroberung umgedeutet werden, scheinen die Grenzlinie zwischen den Geisteswissenschaften, einschließlich der Theologie, und der Naturwissenschaft sowohl zu überqueren als auch zu verwischen.

Büchertipps für Theologen

Die jüngsten Erkenntnisse der neuen Forschungsfelder hier zusammenzufassen, würde den Rahmen dieses Kapitels sprengen. Neue Bücher stürmen aber die Märkte; ein jedes mit dem Anspruch, die beste Synthese des Themas vorzulegen. Ansätze, die mittels evolutionärer Erkenntnisse menschliches Verhalten zu deuten suchen, sind relativ jung, und obwohl sich viele den jeweiligen Fragestellungen widmen, fehlt ein synthetischer, übereinstimmender gedanklicher Rahmen. Dies mindert jedoch nicht die Relevanz der neuen Disziplinen für unser Verständnis der Anthropologie.

Deshalb ist es vielleicht interessant, ein Thema herauszunehmen, das den gesamten Corpus dieser neuen Richtung durchzieht, und seine Bedeutung für eine theologische Anthropologie zu eruieren. Ähnlich wie in der frühchristlichen Theologie scheint ein Großteil der Arbeiten die Theorie von der Existenz einer identifizierbaren Natur des Menschen zu verfechten. Diese Übereinstimmung führt zu etwas, das ich die *Ontologisierung* der wissenschaftlichen Konzepte zur menschlichen

Natur nennen möchte, d.h. diese Deutungen menschlichen Verhaltens, aus der entwicklungsbiologischen Perspektive betrachtet, dürften dazu führen, dass wissenschaftliche Erkenntnisse philosophisch als Ontologie der *menschlichen Natur* fungierten – ein wissenschaftlich sachkundiger Blick auf das „Wesen" der Menschheit.

Die Wissenschaft rahmt ihre Konzepte traditionell mit empirisch basierter Terminologie. Ein Großteil derer, die Erklärungsansätze zur Entwicklungsbiologie liefern, bringt die Konzepte jedoch auf eine so allgemeine Ebene, dass metaphysische Untertöne sogar in wissenschaftlichen Termini anklingen. Dieser Einfall in die nicht-wissenschaftliche Sprache erregt Protest bei Kollegen wie Kritikern. Nehmen wir z.B. den Begriff *menschliche Natur.* David Hull, ein renommierter Philosoph der Biologie, legt in seinen *Metaphysics of Evolution* (1989) dar, wie dieser Begriff vielfach auf eine Art ge- und missbraucht wird, dass die Grenze zwischen der Wissenschaft und der Metaphysik verwischt. Andererseits gibt es Verfechter der These, dass sich der Begriff auf eine Weise definieren lasse, die streng wissenschaftlich sei. Mehrere der Beitragenden zu Laura Betzigs Sammelband *Human Nature* (1997) scheinen diese Meinung zu vertreten. William Hamilton z.B. äußert Folgendes in seiner Rezension:

> Die *tabula* der menschlichen Natur war nie *rasa* und wird nun gelesen. Die Inschrift ist kein Dogma oder Weltsystem und sie stellt nicht den Anspruch, ein Imperium zu errichten, dessen späterer schmerzhafter Verfall sie wieder vernichten wird. Darwinistisch und selbstkritisch, auf Daten basierend von den Polen bis in die Tropen und dem Gameten zum Despoten, der Text ist die Wissenschaft einer jungen und wachsenden Armee.[8]

Tabula rasa bezieht sich hier auf die These einer Denkrichtung des 18. Jahrhunderts, gemäß der Menschen in ihrer Persönlichkeit und ihrem Verhalten nicht von ihrem menschlichen „Wesen" bestimmt sind, sondern von den Sozialisationseinflüssen ihrer Umwelt (d.h. der Kultur). Wenn es also um Fragen der Anthropologie ging, konnte man alles Intrinsische der Person des Menschen vernachlässigen und achtete nur auf die extrinisische Umwelt der spezifischen Person. Der Begriff *Dogma* bezeichnet dann religiöse Konzeptionen von Menschen, und *Weltsystem* ihre Vorstellungen zu Metaphysik und Ideologie. So meint Williams, dass uns die Wissenschaft nun die Rätsel der menschlichen Natur entschlüsseln kann. Das hatten weder Philosophen noch Theologen zuvor geschafft. Obwohl Williams' Positivismus heute eher unmodern sein mag, gilt er vielen als Pionier der Entwicklungsbiologie, selbst jenen, die religiös geprägt sind. Diesem

[8] Betzig 1997: Umschlagtext.

Denken zufolge wird die Wissenschaft die Geheimnisse der menschlichen Natur entschlüsseln.

Das sich in Williams' Zitat widerspiegelnde Denken ist insofern allerdings ironisch, als es quasi durch die Hintertür der Wissenschaft zu Metaphysik und Religion kommt. Auch Laura Betzig bringt diese Wende schon zu Beginn ihres Arguments ein: „Es ist vollbracht. Wir haben endlich herausgefunden, wo wir herkommen, warum es uns gibt und wer wir sind."[9] Kurz, die Fragen, die Religion und Philosophie seit Jahrtausenden gestellt und mal mehr, mal weniger befriedigend beantwortet haben, sind aus ihrer Sicht endlich in einer glaubwürdigen Art durch die neue Wissenschaft der menschlichen Evolution geklärt.

Der renommierte Insektenkundler aus Harvard, Edward Wilson, ist ähnlich überzeugt, wie sich in seinem bekannten Buch *Consilience* zeigt:

> Ich hatte trotzdem nicht das Bedürfnis, religiöse Gefühle auszulöschen. Sie sind mir anerzogen worden; sie bewässerten die Quellen meiner Kreativität. Auch behielt ich mir ein kleines Maß an *common sense*. Menschen müssen zu einem Stamm gehören; sie streben nach einem Sinn, der größer ist als sie selbst. Aus der Tiefe unseres menschlichen Geistes heraus sind wir dazu bestimmt, mehr aus uns zu machen als belebten Staub, und wir müssen eine Geschichte haben, die uns erzählt, wo wir herkommen und warum wir hier sind. Könnte es sein, dass die heilige Schrift nur den ersten literarischen Versuch darstellt, das Universum und unsere Bedeutung in ihm zu erklären? Vielleicht ist die Naturwissenschaft eine Fortsetzung auf neuem und besser getestetem Boden zum gleichen Ziel. Wenn dem so wäre, wäre die Wissenschaft groß geschriebene und befreite Religion.[10]

Wilson stellt klar, dass, wenn es um Fragen und Antworten zu Religion und dem Wesen des Menschen geht, er intellektuell auf der empirischen Seite stehen möchte.[11] Trotzdem sieht er die Wissenschaft als neue Religion (ein seinen Freunden und Feinden wohl bekannter expansionistischer Zug)[12] und betont die Notwendigkeit einer neuen Menschheitsgeschichte. Laut Wilson sind wir Menschen Geschichtenerzähler, und die Funktion des Geschichtenerzählens hatte Jahrtausende lang die Religion inne. Trotz Wilsons reduktionistischem Bild der Religion gesteht er, zumindest indirekt, ein, dass man die Wissenschaft nicht als Religionsersatz behandeln kann, ohne dass diese manches Merkmal und Aufgabe (positiv oder negativ) der Religion ent-

[9] Ibid.: xi.

[10] Wilson 1998: 6. Er beschließt sein Argument, indem er wie folgt zusammenfasst: „Das als Poesie wiedererzählte, wahre Evolutionsepos ist in sich so bereichernd und reichhaltig wie jede andere religiöse Erzählung."

[11] Vgl. ibid.: Kap. 11.

[12] Vgl. Ruse 1999: Kap. 9.

lehnt. Die meisten von Wilsons Kollegen aus der Soziobiologie würden ihm hier widersprechen, da sie die Wissenschaft nicht als neue Religion betrachten wollen. Ungeachtet der Überzeugungen und Präferenzen eines Menschen ist es wohl so, dass das Anklingen metaphysischer Untertöne in einer Auslegung mit einer weiten oder engen Deutung der Menschheitsgeschichte und ihres Sinnes korreliert.

Bei allem konfusen Ringen um eine Abgrenzung des Terminus *menschliche Natur* zieht sich der Begriff der Einzigartigkeit der menschlichen Natur konstant durch alle Arbeiten zur Erklärung der Evolution. Neue Felder werden hier betreten, denn die allgemein anerkannte Liste der universellen und einzigartigen menschlichen Charakteristika ist kurz. Wir sollten uns allerdings vor Augen führen, dass die Ansätze zur Natur des Menschen auch traditionell religiöse und metaphysische Voranannahmen integrieren (oder dies zumindest versuchen).[13]

Zwei bescheidene Schlussfolgerungen sind zu ziehen: 1. Obwohl menschliches Verhalten erst seit relativ kurzer Zeit fachspezifisch und aus entwicklungsbiologischer und soziobiologischer Perspektive unter die Lupe genommen wird, auf oft genauso philosophische wie naturwissenschaftliche Weise, kristallisiert sich heraus, dass das Wesen der Person des Menschen unterschiedlich gedacht wird. Die Erkenntnisse der Evolutionstheorie setzen einen Gegentrend zum Relativismus mancherlei postmodernen philosophischen und theologischen Denkens. Die Evolutionstheorie liefert uns aber nur ein System mit einer limitierten Anzahl an interpretatorischen Mitteln zur Erschließung der Person des Menschen. Beachtlich ist das Tempo, mit dem dieses System erfolgreich geworden ist. Die naturwissenschaftlichen Erkenntnisse inspirieren zur Wiederaufnahme der Frage nach dem Wesen des Menschen. 2. Obwohl sich die Arbeiten in den neuen Entwicklungsdisziplinen wie z.B. der Soziobiologie und der Entwicklungspsychologie sehr unterscheiden, sodass zuweilen ein brüchiges Bild der menschlichen Person entsteht, versuchen sie dem Anspruch gerecht zu werden, die menschliche Person in einer universellen Sprache zu beschreiben. Dieser Versuch hat seine Vorreiter in der christlichen Geistesgeschichte. Kurz, die Annahme einer identifizierbaren Natur des Menschen, eines Wesens, ist weiter präsent. Sie beeinflusst sodann die Weise, in welcher

[13] Vgl. Jeffrey Schloss' durchaus korrekte Bemerkung: „Die Natur des Menschen ist keine statische Entität, die es zu füllen gilt, sondern eine dynamische Beziehung zwischen Genen und sich stets verändernder Kultur.“ (in Post 2003: Kap. 13). Dieser Entwicklungsaspekt des Menschen ist auch ein typisches Merkmal der christlichen Anthropologie. Schöpfung ereignet sich nicht nur von der *Vergangenheit* her, sondern auch von der *Zukunft* aus, in Gnade und Ausübung unserer Freiheit.

die Wissenschaft zur Anthropologie beiträgt. Hier sollte die Theologie aufmerksam sein.

Ich möchte ein Wort über den Inhalt des Begriffs von der menschlichen Natur verlieren, wie er in der Soziobiologie und anderen Fächern, die die Erkenntnisse der Entwicklungsbiologie nutzen, um menschliches Verhalten zu erklären, verfolgt wird. Es ist durchaus legitim, zu fragen, ob, trotz gleichen Gebrauchs des Begriffs *menschliche Natur*, das Bild der Person im Endergebnis von den traditionellen Vorstellungen divergiert. Wenn dem so ist, ist dann ihre Arbeit nicht unnütz, trotz philosophischen Einklangs mit der traditionellen theologischen Suche, und schadete sie nicht sogar dem theologischen Untersuchung? Sicherlich schließt jede philosophisch reduktionistische Interpretation der Entwicklungsgeschichte jede weiterführende Beziehung zwischen den neuen Disziplinen und der Theologie aus. Wenn die Wissenschaft das einzig verlässliche Mittel wäre, die Person des Menschen zu verstehen, wären die Erkenntnisse der Theologie überflüssig, schlimmstenfalls sogar irreführend. Man muss den Reduktionismus aber nicht in dieser Weise sehen, denn es lassen sich tatsächlich konsonante Punkte zwischen der theologischen Anthropologie und den Explikationen der Evolutionstheorie finden. Genau diese konsonanten Punkte sind es, auf die ich mich eingangs mit der Rede von einer „neuen Vision zur Jahrtausendwende“ bezogen habe.

Was man für die positiven und negativen Merkmale der menschlichen Natur halten mag, scheint in den theologischen und evolutionstheoretischen Erklärungen zur Person des Menschen zusammenzufließen. In Charles Harpers' Worten: „Menschliches ‚Gefallensein', Freiheit und Leid sind die Territorien beider Bereiche.“[14] Während wissenschaftliche Erklärungsansätze nie mit einem Begriff wie ‚dem Fall' operieren würden, scheinen doch viele Charakteristika der menschlichen Natur, die der Begriff vom ‚Fall' impliziert, von beiden Seiten vorausgesetzt zu sein. Menschliches Leben hat stets zwei Seiten und ist einerseits von bedeutenden moralischen Leistungen, andererseits von der Erfahrung des Scheiterns geprägt.

Man beachte, dass wir mit diesen Behauptungen hier an Grenzen stoßen. Weder die Theologie noch die Evolutionsbiologie liefern ein einheitliches Bild von der Person des Menschen. Unter der Voraussetzung einer gemeinsamen menschlichen Natur sollten wir davon ausgehen, dass es sich eher um eine Annäherung an ein taugliches Bild der menschlichen Natur handelt. Die Möglichkeit der Annäherung legt nahe, dass die schwierige und zaghaft betriebene Aufgabe, Brücken zwischen dem naturwissenschaftlichen und dem theologischen

[14] Harper 2001: 239.

Verständnis zu schlagen, nicht nur möglich, sondern auch fruchtbar sein mag.

Fazit

Es hat etwas Ironisches, dass, während sich die philosophische und die theologische Anthropologie von den Fesseln eines universellen, abstrakten Ansatzes zur Frage der menschlichen Natur zu lösen sucht, sich die neuen Entwicklungen aus dem Bereich der Biowissenschaften genau in die entgegengesetzte Richtung bewegen. Die philosophische und theologische Distanzierung von allgemeinen Charakterisierungen der menschlichen Natur sind teilweise Resultat neuer Bewegungen in der Ethik, die v.a. die Vielfalt menschlicher Erfahrung betonen. Ferner haben uns diese neuen theologischen-anthropologischen Trends gelehrt, dass sich auf der Basis der westlich-kulturellen und westlich-denkenden Tradition kein adäquates Modell für alle Menschen entwickeln lässt; hier können wir viel von den Marginalisierten lernen.

Trotz ihrer ethischen Gesinnung bereitet uns die Bewegung zu Kontextualismus und Relativismus jedoch nicht gut auf die ethische Aufgabe vor, zu der sie uns gerade aufruft. Eine pluralistische Anthropologie scheint ungeeignet, auf radikale politische Konflikte, Fälle von Selbstgerechtigkeit, ökonomischer und militärischer Macht, Intoleranz und Vorurteilen sowie auf die banale Realität der Gewalt in dieser Welt zu antworten. Während der Pluralismus in der Anthropologie gute Möglichkeiten des Umgangs mit der Postmoderne bereitstellt, entwirft er keine alternative, politisch wirksame, konstruktivistische Vision des Menschen. Hier scheint ein starker Realismus hinsichtlich des Wesens des Menschen geboten, einer, der zeitgenössisches Denken ernsthaft und ehrlich einflicht. Einerseits erlauben uns die Fortschritte in der Evolutionstheorie Aussagen darüber zu machen, dass uns der Gebrauch unserer Freiheit, der Einsatz von Sprache und Symbolen helfen, unser Wesen zu bilden und zu verändern. Andererseits warnen sie uns, nicht zu optimistisch über das Ergebnis unseres bewussten Willens zu sein, so begrenzt dieser aufgrund seiner willkürlichen Entwicklungsgeschichte auch ist. Interessanterweise gibt die alte christliche Tradition eine ähnliche Warnung zur conditio humana ab, allerdings in Begrifflichkeiten wie Kreatürlichkeit, Ebenbildlichkeit, Endlichkeit und Gefallensein gefasst. Das Wesen des Menschen sei von seiner Fähigkeit zu Gewalt und Zerstörung, aber auch zu Gerechtigkeit und Kreativität geprägt. Realistische Darstellungen der Menschheitsgeschichte, sowohl aus dem Blickwinkel der Evolutionstheorie als auch der christlich-theologischen Tradition, scheinen diese Ambivalenz zu bestätigen. Vielleicht rüstet uns dieser Realismus zum Streben nach Gerechtigkeit in einer ungerechten Welt aus.

Dass die Rede von der menschlichen Natur und der conditio humana wieder aufgenommen wird, zeigt, dass hier den Pfaden einer zwar vorläufigen, aber reflektierten Beschreibung des Menschen gefolgt wird, die auf neo-darwinistischen Ansätzen zur Evolutionstheorie basiert. In gesunder Weise erinnert sie uns daran, dass unsere Hoffnungen für Gleichheit unter den Menschen nicht nur von einer Veränderung von Einstellungen und Gebräuchen erwartet werden kann. Wir haben es mit einer sturköpfigen, opportunistischen, egozentrischen und sich selbst täuschenden menschlichen Natur zu tun. Aber es sind auch genau diese „erdernen Gefäße", unsere mit der Evolution verwachsene Menschlichkeit, die die Perle der Gnade Gottes in sich trägt, während wir danach trachten, Trennungen aufzuheben und Verletzungen zu heilen.

Literatur

Anderson, Ray S., „Anthropology, Christian", in McGrath, Alister E. (Hg.), *The Blackwell Encyclopedia of Modern Christian Thought*, Oxford 1993.

Betzig, Laura (Hg.), *Human Nature: A Critical Reader*, New York/Oxford 1997.

Diamond, Jared M., *Guns, Germs, and Steel: The Fates of Human Societies*, New York 1997.

Filoramo, Giovanni, *A History of Gnosticism*, Oxford 1990.

Grant, Edward, *The Foundations of Modern Science in the Middle Ages: Their Religious, Institutional and Intellectual Contexts*, Cambridge 1996.

Gross, Paul R./Levitt, Norman/Lewis, Martin W. (Hg.), *The Flight from Science and Reason*, New York 1997.

Gutierrez, Gustavo, *The Power of the Poor in History: Selected Writings*, Maryknoll, NY 1983.

Hamilton, William D., „The Genetical Evolution of Social Behavior", *The Journal of Theoretical Biology* 7 (1964): 1–16.

Harper, Charles L, „Why Science and Religion Need to Talk: Human ‚fallenness', freedom and pain are the preserve of both arenas", *Nature* 411/17 (Mai 2001): 239–240.

Peters, Ted (Hg.), *Science and Theology: The New Consonance*, Boulder, CO 1998.

Ruse, Michael, *Mystery of Mysteries: Is Evolution a Social Construction?*, Cambridge, MA 1999.

Schloss, Jeffrey, „Emerging Evolutionary Accounts of Altruism: ‚Love's Creational Final Law'?, in Post, Stephen G. et al. (Hg.), *Altruism and Altruistic Love: Science, Philosophy, and Religion in Dialogue*, Oxford 2003.

Wilson, Edward O., *Consilience: The Unity of Knowledge*, New York 1998.

Der Hinduismus und die moderne Wissenschaft

Varadaraja V. Raman

Von meiner formalen Bildung und meiner intellektuellen Weltanschauung her würde ich mich zunächst als Physiker und nur allgemein als Naturwissenschaftler bezeichnen. Meines Erachtens ist die physische Welt von unerbittlichen Gesetzen und Prinzipien gelenkt, umfassend erkundbar mittels neutraler Instrumente und mit Hilfe von Modellen und der Mathematik untersuchbar.

Ich bin auch Hindu. Im Laufe meiner Erziehung wurde ich in die Symbole und Sakramente dieser archaischen Religion eingeführt. Ich habe ihre Feiertage und Feste genossen und bin sehr sensibel gegenüber ihren Traditionen geworden, und ich bin von der Weisheit und der Literatur des Hinduismus ganz erfüllt.

Das Studium der Wissenschaft hat meinen intellektuellen Horizont beträchtlich erweitert. Es hat meinen Blick und meine Wahrnehmung der Welt geschärft. Meinen religiösen Hintergrund wiederum haben die spirituelle Dimension meiner Existenz, meine Einstellung zum Leben und zur Liebe, meinen Respekt für die Tradition und meine Ehrerbietung den Geschöpfen gegenüber deutlich geprägt und intensiviert.

Ich habe selbstverständlich Momente erlebt, in denen die Lehre meiner Religion von der Lehre meines wissenschaftlichen Studiums abwich. Wie meine Kollegen, die anderen Religionen angehören, fällt es mir schwer, bestimmte hinduistische Weltanschauungen mit den Erkenntnissen der modernen Wissenschaft zu vereinen. Genauso wenig teile ich bestimmte Glaubenssätze und das Verhalten einiger meiner Mit-Hindus, und umso weniger gehe ich mit bestimmten gesellschaftlichen Gebräuchen konform, die schon lange mit der hinduistischen Gesellschaft assoziiert werden.

Die Kenntnis anderer Religionen und anderer Wissenschaftler zeigt mir, dass meine Erfahrungen als praktizierender Hindu und Wissenschaftler nicht einmalig sind. Manche haben in dieser Doppelwelt ihre religiöse Bindung aufgegeben und ihre religiösen Wurzeln gänzlich verneint. Andere haben ihre Welt in anderen Religionen gefunden. So lange es die Menschen erfüllt, verstehe und respektiere ich derartige Entscheidungen.

In diesem Kapitel möchte ich sowohl von Dissonanz als auch von Konsonanz zwischen der modernen Wissenschaft und dem traditionell hinduistischen Glauben berichten. In manchen Fällen haben hinduistische Überlegungen zur Realität, speziell die hinduistische Sicht der Natur, unser modernes wissenschaftliches Wissen *vorweggenommen*; in anderen Fällen steht die moderne Wissenschaft im Widerspruch zu traditionell religiösen Sichten. Ich lebe in beiden Welten.

Die Entstehung der Welt und des Hinduismus

Im Laufe der Zeit ist immer wieder über die Frage nach der Entstehung der Welt nachgedacht worden. Als sich die Religionen der Menschenfamilie etabliert hatten, begannen auch die jeweiligen Erzählungen zum Anfang zum Bestandteil ihrer Kulturen zu werden und setzten sich langsam im kollektiven Gedächtnis der Völker fest. Moderne wissenschaftliche Forschungen entwickelten Hypothesen zur Entstehung der Welt, die in mindestens zwei Punkten von den archaischen divergierten. Sie sind das Ergebnis von Daten, die aus weltweiten empirischen Studien zusammengetragen wurden. Ferner betrachten sie den Menschen, im Gegensatz zu religiös-gefärbten Positionen, als zufälliges Phänomen in der Geschichte des Universums. Die neuen wissenschaftlichen Kosmologien knüpfen aber ironischerweise an die altertümlichen Visionen an und erweitern diese.

In der Welt des Hinduismus gibt es ein berühmtes Schöpfungslied im ersten Buch des *Rig Veda*, der wichtigsten Schrift der Tradition. Das Lied spiegelt viel wider, ist phantasievoll und bescheiden in seinen Aussagen. Nachdem erklärt worden ist, wie die Welt entstanden ist, beendet der Seher seine zwei Verse mit bedachter Skepsis:

> Wer weiß schon, und wer kann es beschwören,
> wie die Schöpfung entstand, wann und wo!
> Sogar Götter kamen nach dem Schöpfungstag
> wer weiß es schon, wer kann es wahrlich sagen?
>
> Wann und wie begann die Schöpfung?
> War es Sein Werk? Oder nicht?
> Nur der da oben weiß es, vielleicht;
> oder vielleicht noch nicht mal Er.

Laut neuester wissenschaftlicher Erkenntnis entstand das Weltall aufgrund eines sog. Symmetrie-Bruchs, einem technischen und mathematischen Modell. Auf die Urknallgeburt des Universums folgte das Ausspeien unendlicher Mengen von Fundamentalentitäten innerhalb eines nicht-wahrnehmbaren Zeitintervalls. Vor der Entstehung des Universums war nichts.

In diesem Zusammenhang ist es interessant, sich die Eingangsverse des rig-vedischen Schöpfungslieds zu vergegenwärtigen:

Es existierte nicht einmal nichts,
keine Luft und kein Himmel.
Wer umschloss und erhielt es?
Gab es Wasser in der Dunkelheit?

Weder Tod noch Verwesung
noch der Rhythmus von Tag und Nacht:
Der Selbst-Existente mit Atem ohne Luft:
Er, allein Er war da.

Im 20. Jahrhundert konkurrierten einige Jahre lang zwei kosmogenetische Theorien miteinander. Gemäß des sog. *steady state model* hat das Universum immer schon existiert, ohne Anfang. Manche Schwierigkeit trat im Zusammenhang mit einem sich ausweitenden Universum auf, da sich die Galaxien immer mehr voneinander entfernen. Das Zurückweichen der Galaxien und andere Themen erklärt das sog. Urknall-Modell viel besser, gemäß dem das Weltall einen eindeutigen Anfang in Raum und Zeit genommen hat.

Die hinduistische Sichtweise ist gewissermaßen eine Synthese der beiden. Einerseits geht man im Hinduismus davon aus, dass die Welt immer schon existiert hat. Andererseits ist das Universum aufgrund seiner finiten Lebenserwartung begrenzt. Basis ist die Annahme, dass sich das Universum immer weiter bis ins Unendliche transformiert. Unser heutiges Weltall hatte also einen Anfangspunkt, ist aber zuvor mehrmals „geboren" und „gestorben". Diese Vision ähnelt sehr dem Modell des oszillierenden Universums, demgemäß sich die Welt erweitert und zusammen zieht und wieder hervorbricht und den Prozess unendlich fortsetzt. Einer der Vorzüge des Modells des oszillierenden Universums ist, dass es das Problem vom Entstehen der Zeit löst. Die Zeit war schon immer und wird immer sein.

Eschatologie

Man könnte fragen, was auf lange Sicht aus dieser Welt wird, in der wir leben, mit unserem Planeten und der Sonne, den Sternen und Galaxien, ja aus diesem Universum. Was wird am Ende aus den Menschen und den Mikroben, den Vögeln und Insekten? Was wird schließlich aus der physischen Welt? Betrachten wir einmal antike hinduistische Vorstellungen zu diesen eschatologischen Fragen.

Im traditionell hinduistischen Glauben gibt es vier *yugas*: lange, ungleiche Zeitperioden. Zurzeit befinden wir uns in der vierten Periode (sog. *kali yuga*). Es heißt, sie habe vor 5000 Jahren begonnen und dauere insgesamt 432000 Jahre. Die vorhergehende Periode *dv apara yuga* dauerte zweimal so lang: 864000 Jahre; die Phase davor, die *treta yuga*, war 1296000 Jahre lang, und *krita yuga*, die erste *yuga*, überdauerte 1728000 Jahre.

In der Summe kommen die vier *yugas* auf 4320000 Jahre. Daraus ergibt sich ein sog. *mah a yuga* oder Großes Yuga. Tausend *mah a yugas* machen ein *ardhakalpa* aus, einen halben Tag im Leben des kosmischen Schöpfers. Ein voller Tag (*kalpa*) des Schöpfers ist also 8.64 Billionen Jahre lang.

Fern aller Mythologie und Mathematik, aller Physikdichtung und Geschichten der Tradition, entspricht *brahma* der hinduistischen Vorstellung der höchsten Abstraktion des unergründlichen Geheimnisses der Schöpfung, aus der periodisch die Universen hervorgehen.

Am Ende des Brahma-Tages löst sich alles auf (*laya*). In diesem Moment geht das ganze Universum im Geist des Brahma auf, und es folgt die nächste *shrishti* (Schöpfung), die wiederum von einer langen Phase der *sthiti* (Bewahrung) gefolgt wird, und es wird wieder eine ganze *kalpa* dauern bis sich die nächste *laya* ereignet. Es sei bemerkt, dass die moderne Wissenschaft erst vom späten 19. Jahrhundert an von einem derartigen physikalischen Ende unserer Welt ausging. Dieses sog. Hitzetodmodell des Universums ging auf Rudolph Clausius zurück.

In der Mythendichtung des Hinduismus gibt es ein abstraktes Prinzip, das alles Entstandene zu einem Stillstand bringt. Nicht nur die kurzlebige Blüte einer Rose und den regelmäßigen Herzschlag einer gesunden Person, letztendlich kommt alles zu einem totalen Ende. Vom zarten Flüstern des Windes bis zu den kräftigsten Brocken der Gebirge, von den Leptonen und Hadronen zu der scheinbar ewigen Existenz der spektakulären Galaxien – alles ist zum finalen Schwinden bestimmt. Die Ursachen dieser Endauflösung bleiben jedoch ein Geheimnis, das in der Welt des Hinduismus als *Shiva* bekannt ist. Shiva ist der Punkt hinter jedem Satz, der letzte Atemzug, die unsichtbare Schnur, die am Ende des kosmischen Schauspiels den Vorhang schließt, der letzte Seufzer des großen Universums selbst, der letzte Luftstoß der physischen Welt. Shiva in der Mythologie entspricht der Lehre vom Hitzetod in der Thermodynamik.

Evolution und Biogenese

Eine weitere wichtige Frage der Religionen wie auch der Wissenschaft bezüglich des Ursprungs des Lebens ist das Problem der Biogenese. In den Veden ist der Schöpfer *Prajapati*: Herr der Menschen. Es heißt, er habe die drei Ur-Gottheiten geschaffen: *Agni, Vayu* und *Surya.* Diese habe er in die drei Welten gesetzt. Ihre Namen bedeuten Feuer, Erde und Sonne. Ferner gab es die Prinzipien Himmel und Wasser. Im Buch Genesis wird ein kosmischer Rahmen der Zeit vor der Schöpfung der Menschheit geschaffen, in dem das Licht Sonne und Sternen vorangegangen ist. In der vedischen Metaphorik findet sich die Bedeutung von Sonne, Luft und Wasser für die Entstehung des Lebens.

Dahinter stehen eine Reihe mythologischer Dichtungen in der Welt des Hinduismus, die darstellen, dass das Göttliche in verschiedenen Gestalten zur Erde gekommen ist (sog. *avataras*: göttliche Gesandte zu dieser Welt). Die Gottheit erschien erst als Fisch, dann als Einhorn, danach als Schildkröte, gefolgt von der Gestalt eines Bären, der wiederum von den Erscheinungen eines Mann-Löwen und eines Zwergs abgelöst wurde. Am Ende erschien die Gottheit in voller menschlicher Gestalt: als der Eine mit einer Axt, dann als Verkörperung der Rechtschaffenheit und letztendlich als höchste Weisheit. Laut Tradition, steht eine zehnte *avatara* noch aus.

Mit den verschiedenen *avataras* werden zahlreiche Epen und phantasievolle Geschichten in Verbindung gebracht; sie gehören zum festen Sagen- und Märchengut der Welt des Hinduismus. Wie jedes andere Kind des Hinduismus wuchs ich mit den Dichtungen und Mythen auf, die von den göttlichen Inkarnationen erzählten – manche komisch, manche unheimlich, manche großartig und herrlich. Erstaunlicherweise weisen diese Erzählungen starke Parallelen zu unserer heutigen Sicht der biologischen Evolution auf; sie transzendieren gleichsam das wissenschaftliche Bild. In ihnen spiegelt sich nicht nur die Menschheit, sondern auch alles Leben als Manifestation des Göttlichen (*imago dei*). Es wird von einer allmählichen Entwicklung der Menschheit vom reinen Wasserstatus zu dem eines Tieres erzählt, von einer kleinen Kreatur zu einer großartigen.

Man mag geneigt sein, die zehn *avataras* als Propädeutikum der darwinistischen Evolution zu betrachten; es sei aber Vorsicht geboten. Es stimmt schon, dass wir es hier, wie bei anderen Denkern des Altertums, mit einem Schimmer tiefer Erkenntnis zu tun haben, die die unterschiedlichen Organismen auf verschiedenen *Stufen* der Ausprägung ihrer Merkmale sieht. Davon aber abzuleiten, dass sie sich in verschiedenen *Phasen* eines *Evolutionsprozesses* befinden, ist zu weit gegriffen. Für so eine Aussage bedürfte es substantieller Observationsstudien.

Die Naturwissenschaft hat uns aufgeschlüsselt, wie das Leben aus den Weltmeeren entstand und sich allmählich vom Tier zu einem sich seiner selbst bewussten Menschen entwickelte. Die *avatara* Geschichten bilden nicht nur die biologische, sondern auch die kulturelle Entwicklung ab. Die Menschen entwickelten sich von willkürlichen Despoten (symbolisiert durch die Axt) zu Verfechtern moralischer Prinzipien und letztendlich zu Trägern tieferer Weltwahrheiten. Bezüglich des noch ausstehenden *avataras* kann niemand sagen, ob dies schon alles gewesen ist. Niemand kann in die Zukunft blicken.

Ich kann den Mythen der Vergangenheit mittlerweile viel Bedeutung abgewinnen, sowohl im Zusammenhang der biologischen als auch der kulturellen Evolution. In diesem Sinne sind sie meines Erachtens auch für die moderne Wissenschaft relevant.

Genetik und Hinduismus

Die moderne Biologie führt viele Merkmale des Menschen auf seine Erbanlagen zurück, und unser Wissen um Aufbau und Komplexität der Gene ist in den letzten Jahrzehnten drastisch gestiegen. Obwohl die Genetik viele menschliche Züge zu erklären vermag, fesselt uns doch die Frage, warum einige Individuen mit Genen ausgestattet sind, die sie chronisch erkranken lassen, während andere Gene haben, die sie zu einem olympischen Athleten werden lassen. Die Naturwissenschaft konstatiert hier lediglich, dass die Genausstattung ein Zufallsspiel sei: Das Verschmelzen eines einzigen Spermiums mit einer einzigen Eizelle bestimmt, was an Stärken und Schwächen geerbt wird.

Wir verlangen dennoch nach klareren Antworten auf die Frage nach der ungleichen, oft unfairen, Verteilung von Schicksal und Glück. Im Hinduismus finden sich hierzu befriedigende Antworten, im sog. *Gesetz des Karma*. Die Gesamtheit unserer Erfahrung, egal, ob sie von den Genen, materiellen Gütern oder guter Bildung stammt, ist das Resultat vergangener Handlungen, dieses Lebens oder eines vorherigen. Auch unsere aktuellen Handlungen haben Folgen, die sich entweder noch in diesem oder einem zukünftigen Leben zeigen werden.

Die Synthese von *Karma*-Gesetz und Inkarnationslehre ist ein fester Bestandteil des Hinduismus. Sie schließt die Prinzipien sowohl des Fatalismus als auch des freien Willens ein. Es heißt, dass unausweichlich ist, was passiert, da die Samen zuvor gesät worden sind; aber auch, was passieren wird, kann noch durch unsere Taten und unser Verhalten im momentanen Leben verändert werden. Die hinduistischen Prinzipien verweisen nicht auf einen gnadenlosen Gott, wenn wir Schmerz erleiden, sondern erinnern uns daran, dass allein wir verantwortlich sind für das Gute und das Böse, das uns widerfährt. Hindus glauben, dass nicht genetischer Zufall, sondern das Gesetz des *Karma* unsere Identität und unser Schicksal bestimmen.

Wissenschaftliche Objektivität im hinduistischen Kontext

Die Wissenschaft strebt nach Objektivität, d. h. der Wissenschaft geht es darum, alle zu beobachtenden Phänomene so umfassend und zusammenhängend wie möglich unter Ausschluss des Faktors Mensch zu erklären. Die Wissenschaft sucht also, die Welt zu erschließen; dies aber unabhängig vom menschlichen Geist.

Diese Idee wurde zum ersten Mal im 17. Jahrhundert von René Descartes formuliert. Er behauptete, dass es eine *res externa* (etwas in Extension), d. h. eine externe objektive Welt, und eine *res cogitans* (ein denkendes Wesen), d. h. das menschliche Gehirn, gebe. Viele Jahrhunderte zuvor hatte ein hinduistischer Philosoph eine ähnliche Dichotomie vorgestellt, nämlich die der *prakriti* (der geistlosen, unbewussten Natur) und dem *purusha* (dem Prinzip der Erfahrung). Man könnte es wie folgt beschreiben: Aus dem abstrakten Brahman gingen purusha, das Prinzip der Erfahrung, und prakriti, die Welt von Materie und Energie, hervor. Aus prakriti entstanden sowohl die beseelten als auch die unbeseelten Komponenten dieser Welt; beide gehören zum Bereich der Phänomene. Der Geist entwickelte sich aus Komponenten der beseelten Dinge, denjenigen mit *jivatmans* (individuelle Seelen). Sie sind die, die Erfahrungen machen. Die jivatman ist nicht mehr als ein Funke des purusha. Die Bemühungen der jivatmans, eine Verbindung zu purusha und Brahman herzustellen, bestimmt das Brückenbauen von der religiösen Seite. Ihre Annäherung an die Manifestationen der Phänomene des prakriti zu begreifen, bestimmt wiederum das Brückenbauen von der wissenschaftlichen Seite aus.

Das Verlangen nach totaler Objektivität könnte als Versuch der Wissenschaft gedeutet werden, prakriti ohne jivatman (purusha) zu sehen. Dass ein solches Ziel unerreichbar ist, sogar prinzipiell, liegt auf der Hand, da wissenschaftliche Konzepte vom menschlichen Geist abhängen. Wissenschaftliche Hypothesen verlangen nach einer gewissen Universalität, die aufgrund entsprechender Experimente und logischer Verknüpfungen postuliert wird. Wissenschaftliche Objektivität heißt, dass wissenschaftliche Beschreibungen und Aussagen nicht von dem *spezifischen* Geist einer Forschergruppe, die diese formuliert und angenommen haben, abhängt, sondern zu einer Art *kollektiven Objektivität* wird.

Aus der Quantenphysik wissen wir ferner von der intrinsischen Untrennbarkeit von Subjekt und Objekt, von Beobachtetem und Beobachter. Die Ebene unserer alltäglichen Erfahrung ermöglicht eine klare Differenzierung zwischen Subjekt und Objekt, die für eine rationale Beschreibung der Welt unabdingbar ist. Auf der mikrokosmischen Ebene wird eine derartige Unterscheidung jedoch praktisch unmöglich und auch konzeptuell unhaltbar.

Die Verknüpfung des Bewusstseins mit der externen Welt macht Objektivität sehr schwer. Wir sind gezwungen, die physische Realität als ein ultimativ einziges Ganzes zu betrachten und wir sehen, dass die Trennung, die wir beobachten und erleben, von der Ebene abhängt, auf der wir operieren. Analysieren wir die Welt von einer anderen Erfahrungsebene aus, besticht sie durch Klarheit und Eindeutigkeit.

Aus hinduistischer Sicht können wir die grundlegende Schicht, das Substratum, der physischen Realität analytisch-wissenschaftlich mit Hilfe von Konzepten, Mathematik und Mitteln erschließen, die zu quantitativen und nutzbaren Resultaten führen. Sie kann aber auch auf mystische Weise über Meditation, Gebet oder Yoga-Übungen erschlossen werden. Diese führten ferner zu intensiven und tiefen persönlichen Erfahrungen.

In diesem Zusammenhang sei auf die Vielzahl von praktizierenden Wissenschaftlern hingewiesen, aktiven Physikern, die konstatieren, dass sich unsere Entdeckungen im Mikrokosmos mit manch spirituellen Ureinsichten des Hinduismus decken. Andere Physiker haben ihre Weisheiten wiederum aus anderen religiösen Traditionen in modernen wissenschaftlichen Erkenntnissen.

Brückenbau

Es sollte nicht unerwähnt bleiben, dass für die hinduistische Tradition Wissenschaft und Spiritualität die Realität von zwei verschiedenen Perspektiven aus und auf verschiedene Aspekte hin erschließen. Im klassischen Indien gingen die Wissenschaftler ihren eigenen Weg, entwickelten praxisorientierte Technologie und Mathematik, beobachteten und berechneten stellare Konfigurationen, sagten Eklipsen voraus und dachten über das Wesen der Materie nach. Denen, die auf der Suche nach echter spiritueller Erfahrung waren, war dies alles egal. Sie waren die Heiligen und Weisen, zu denen das Volk kam – nicht um etwas über Physik, Biologie oder Kosmologie zu erfahren, sondern um dem Heiligen an sich die Ehre zu erweisen, etwas von der Mystik zu erleben und für sich persönlich etwas mitzunehmen.

Das Zeitalter der modernen Wissenschaft ist in Indien stark von historischen Faktoren geprägt, die größtenteils auf europäische Einflüsse zurückgehen. Daraus resultiert u. a., dass sich auch hinduistische Denker den apologetischen Ansatz westlicher Theologie zueigen gemacht haben. Ihr Ziel ist es, religiöse Lehraussagen rational zu begründen und zu beleuchten. Damit geht oft auch deren Verteidigung gegenüber ikonoklastischen Angriffen durch die moderne Wissenschaft einher. Viele fordern einen Brückenschlag zwischen Wissenschaft und dem Heiligen. So ist man in der hinduistischen Tradition, genau wie in der jüdisch-christlichen, darum bemüht, die antiken spirituellen Vorstellungen und Visionen des Hinduismus mit den neuesten Erkenntnissen aus Quantenphysik und Urknall-Kosmologie in Einklang zu bringen. Auf der analytischen und akademischen Ebene sind derartige Bestrebungen sehr interessant, für die eigentliche Glaubenspraxis aber, so sehe ich das und viele andere auch, eher irrelevant, zuweilen sogar unangebracht.

Bewusstsein und Hinduismus

Wenden wir uns nun einmal dem Geheimnis der Geheimnisse zu: der hinduistischen Vorstellung vom Bewusstsein. Der Glanz und die Schönheit, die Größe und das Majestätische des Universums spiegeln sich nur im menschlichen Geist wider. Ohne die „maßnehmenden" Geister des Kosmos sagte die Materie nichts aus, es gäbe weder elliptische Gleichungen noch Berechnungen von Raum und Zeit.

Das ist das Faszinosum des Universums, mit dem die moderne Wissenschaft noch keinen rechten Umgang gefunden hat. Wir untersuchen Neuronen und Quantenprozesse, analysieren Träume, Schlaf- und Wachphasen, entwickeln Roboter und Künstliche Intelligenz und hoffen, eines Tages herauszufinden, was jeden von uns nicht nur unserer selbst bewusst, sondern auch einzigartig macht.

Die hinduistische Welt hat dieses Phänomen auch erkundet, nicht mit den Mitteln der modernen Wissenschaft oder auf ihrem Hintergrund, sondern über Meditation, Yoga und auf andere spirituelle Art. Auf diesem Weg sind komplexe Theorien über Ursprung und Wesen des sich selbst bewussten Selbst entstanden, die ich hier kurz skizzieren möchte:

Der Mensch als biologische Größe, auf einen Planeten im weiten Raum des Kosmos beschränkt, ist unbedeutend. Das kleine Bündel an Geist und Materie entstand vermutlich vor wenigen Millionen Jahren, hauptsächlich als Resultat physikalisch-chemischer Gesetzmäßigkeiten, die sich mal harmonisch, mal zufällig-willkürlich verhielten. Reduzierte man das Phänomen Leben auf molekulare Verbindungen, hätte keine Berechnung die schier unendliche Kette von Faktoren vorhersagen können, die diese Verbindung schufen.

Der Mensch ist viel mehr als eine biologische Größe. In jedem von uns leuchtet die Magie der Gedanken und Gefühle, die Herrlichkeit von Kunst und Musik, das Prickelnde der Liebe und das Erhabene der Ideale. Auch sind wir von der durchdringenden Kraft des Gehirns bestimmt, welches den Wesenskern der komplexen Welt zu begreifen sucht, bis ans Ende des Universums reisen und den Mikrokosmos mathematisch aufschlüsseln will.

Diese Fähigkeit zu Bewusstsein und Erfahrung, zu logischer Analyse und freudiger Interaktion ist der unantastbare Moment in der flüchtigen Existenz des Homo sapiens. Das ist die Essenz dessen, was wir den menschlichen Geist nennen. Genauso wie eine Blume mehr ist als Wurzel, Stängel und Blüte, ist der Geist mehr als nur ein Nervennetzwerk, als der Herzschlag und der (Lebens-)Atem, obwohl ihn diese haben entstehen lassen und erhalten.

Wenn es wahre Großartigkeit in der Welt der Wahrnehmung und der Strukturmuster im Funktionieren der Welt gibt, und wenn all dies zu der großartigen Erfahrung von Leben und Denken führt, dann muss es, noch vor der Erschaffung des Menschen, ein *purusha* eines eindeutig übergeordneten Ranges gegeben haben, ein Erlebender (experiencer), der die kosmische Weite von Raum und Zeit umspannte. Dies ist das zugrundeliegende kosmische Prinzip, der Brahman der hinduistischen Vorstellung. So wie die weite Fläche des Wassers in den Ozeanen über Land auf Tümpel, Seen, Flüsse und Flaschen verteilt ist, manifestiert sich der allumfassende Brahman in unzähligen Lebensformen. Wir sind Miniaturlichter, eins und alle. Wir sind aus der ersten Emanation hervorgegangen, wie Photonen aus einem fantastischen galaktischen Kern, bestimmt für die Erderfahrung für eine kurze Zeitspanne auf der ewigen Zeitleiste, um wieder dorthin zurückzukehren und mit dem zu verschmelzen, von dem wir kommen.

Ist dies alles nur poetische Metaphorik oder doch wissenschaftliche Thesen oder vielleicht die ultimative Wahrheit? Ich weiß es nicht; aber wenn es Poesie ist, sollten wir uns vergegenwärtigen, dass Poesie und Gebet für den menschlichen Geist das sind, was Teleskop und Mikroskop für das menschliche Auge sind. Die Linsen befähigen uns, Dinge jenseits unserer normalen Wahrnehmung zu sehen; tiefgründige Poesie ist die Reaktion des Geistes auf das, was sich nicht über Logik und Vernunft erschließen lässt. Die Poesie bringt uns die Erfahrungswelt nahe – ja zwingt uns, mit ihr zu rechnen, nicht im Sinne von Daten, Tabellen und Beweisen, sondern auf subtile und ganzheitliche Weise. Sie legt Bedeutung und Größe des Lebens in dieser Welt offen, die jenseits rigider rationaler Rahmen liegen. Poesie ist verbalisierte mystische Erfahrung.

Die hinduistische Spiritualität begreift das Bewusstsein eines Individuums wie eine kosmische Leinwand. Sie anerkennt unser aller Vergänglichkeit als Individuen, aber nimmt uns auch hinein in die uns umgebende Unendlichkeit. Sie schließt nicht aus, dass sich Brahman auch in vielfach anderer Weise manifestiert, irgendwo inmitten der Milliarden von Sternen. Hinduistische Spiritualität ist sich der Rolle der Materie und der Begrenzungen des Gehirns durchaus bewusst, sieht aber den Geist als latente Größe im Kern allen Seins. Sie spricht weder anthropozentrisch in Kategorien von Belohnung und Bestrafung noch von einem männlichen Gott, der in den jeweiligen lokalen Sprachen der Welt kommuniziert. Sie betrachtet die religiösen Ausdrucksweisen der Menschheit als Echo des universellen Geistes, selbst wenn Vulkanausbrüche o. Ä. unterschwellige Kräfte viel größeren Ausmaßes offenbaren mögen.

Hindu sein in der Wissenschaft

Der Skeptiker Bertrand Russell schrieb einmal ein Buch, das erklären sollte, warum er kein Christ sei. Aus den unterschiedlichsten Gründen hat sich schon manch anderer von seinen religiösen Bindungen gelöst. Genauso gibt es aber auch Wissenschaftler, Christen, Juden, Muslime, die tief religiös sind. Religiös zu sein und wissenschaftlich zu arbeiten schließt einander nicht aus. Dennoch denken viele, dass sich hinter dieser Synthese eine gewisse Dissonanz verbergen muss.

Ein atheistischer Freund fragte mich einmal, wie ich als Physiker Hindu sein könne – eine durchaus berechtigte Frage, denn es gibt Aspekte in der hinduistischen Schrifttradition, die vom wissenschaftlichen Weltbild radikal divergieren. Mit bestimmten Aspekten des Hinduismus – wie dem Kastenwesen und der Unantastbarkeit, der Endogamie und der Astrologie –, sympathisiere ich wenig. Ferner bin ich nicht davon überzeugt, den Sagen und Mythen meiner Tradition historische Validität zuzuschreiben, so wie dies viele, sogar gebildete Akademiker, tun.

Die Epen und Legenden sind jedoch reich an wunderbarer Poesie, die einen tiefgründigen Symbolismus, aber auch Idealvorstellungen und moralische Orientierung einschließt: Integrität, Familienengagement, Übernahme gesellschaftlicher Verantwortung, Respekt vor Älteren, Demut angesichts unbegreifbarer Mysterien u. Ä. Die Kultur ist reich an Kunst und Musik und einer Ästhetik der traditionellen Riten und Rituale, die mein Leben enorm bereichern.

Ich kann meine Religion nicht einfach aufgeben, denn sie ist Teil dessen, was und wer ich bin. Die Wurzeln meiner Identität liegen in der Tradition des Hinduismus. Von klein auf wurde ich in ihre Klänge und Symbole eingeführt, von meinen Eltern und Geschwistern und Lehrern. Die Ursprünge vieler Dinge, die ich aufgesogen habe, liegen weit zurück, verhüllt im Geheimnis des Altertums. Die hinduistischen Mantras erklingen in mir; ich habe das Gefühl, dass ihr Geist meinen innersten Kern erfüllt – etwas Hinduistisches fließt durch all meine Adern.

Obwohl es ehrenwerte Religionsführer gibt, die ihren Jüngern von wahrem und falschem Glauben erzählen und religiöse Fundamentalisten, die ein Diktat dessen aufstellen, was ein Hindu zu glauben hat, verfügt der Hinduismus über keine institutionalisierte Autorität, die mir ihre Direktive auferlegen könnte; noch kann man jemanden exkommunizieren oder verbannen oder mir vorwerfen, ich sei wegen meiner Ansichten und meines Glaubens zum Frevler geworden. Diese religiöse Freiheit und Toleranz und auch der Respekt vor anderen Glaubensrichtungen ist es, der mich in meiner religiösen Tradition auch weiterhin verankert.

Literatur

Danielou, Alain, *The Gods of India: Hindu Polytheism*, Rochester 1985.

Eck, Diana L., *Darsan: Seeing the Divine Image of India*, Chambersburg 1985.

Klostermaier, Klaus K., *A Survey of Hinduism*, Albany 1989.

Radhakrishnan, Sarvepali, *The Hindu View of Life*, London 1971.

Raman, Varadaraja V., *Glimpses of Indian Heritage*, Mumbai 1989.

–, „Science and the Spiritual Vision: A Hindu Perspective" in Matthews, Clifford N. et al. (Hg.), *When Worlds Converge: What Science and Religion Tells us About The Universe and Our Place in It*, La Salle, IL 2001.

Kosmologie, Evolution und Biotechnologie

George L. Murphy

Religion hat dem Menschen immer geholfen, die Welt zu verstehen und seinen Platz in ihr zu finden. Christentum, Taoismus, Islam, Hinduismus und Konfuzianismus sowie andere Glaubensrichtungen bieten Menschen einen Weg, ihr Leben zum Grund der Wirklichkeit in Beziehung zu setzen.

In den letzten 400 Jahren hat die Einführung der modernen Wissenschaft – mit ihren Ansätzen zur Erklärung, Vorhersage und Kontrolle der Naturwelt (besonders mit Hilfe der in der Wissenschaft entwickelten Technologien) – traditionelle religiöse und kulturelle Glaubenssätze weltweit vor große Herausforderungen gestellt. Von einem bitteren Konflikt zwischen Wissenschaft und Glaube zu sprechen, wäre allerdings falsch. Trotzdem halten viele Leute an der Betonung des fortwährenden Streits zwischen den beiden fest. Dieser Irrglaube wird oft von der Annahme begleitet, dass die Religion in diesem Konflikt den Kürzeren ziehe.

Allgemeine Beobachtungen, egal ob sie richtig oder falsch sind, sollten ernst genommen werden. Es ist wichtig zu ergründen, warum so viele Menschen denken, dass der wissenschaftliche und technische Fortschritt die Religion und ihre Art, die Welt zu erklären, obsolet gemacht haben soll. So stellt sich zunächst die Frage, inwiefern Wissenschaft und Technologie den traditionellen Glauben in Frage stellen. Die vielleicht einzige gewaltige Herausforderung durch die Verbreitung der modernen Wissenschaft mag in der Limitierung menschlichen Verstehens auf die exklusiv erdbezogene Wirklichkeit und damit dem Ausschluss einer letzten Realität bestehen.

Diese Limitierung zeigt sich in Form unterschiedlicher Herausforderungen. In diesem Kapitel möchte ich mich den drei drängendsten Thesen widmen: 1. Das moderne Wissenschaftsverständnis von der Natur scheint religiöse Deutungen für überflüssig zu halten. 2. Die lange Entwicklungsgeschichte der Lebewesen scheint Leiden und Artensterben in so großem Maße zu involvieren, dass sie die Vorstellung eines liebenden Schöpfergottes in Frage stellt. 3. Die zunehmende Möglichkeit, die Natur des Menschen verändern zu können, erfordert eine religiöse Wiederbesinnung auf die Bedeutung des Mensch-Seins und die Entwicklung einer stichhaltigen und praktikablen Ethik als Reaktion auf den biotechnologischen Fortschritt.

Von den vielen möglichen religiösen Antworten auf diese Herausforderung möchte ich besonders die Kreuzestheologie hervorheben. Das Kreuz Jesu bietet uns eine christliche Perspektive der Betrachtung. Durch sie sehen wir den Lauf der Natur anders und erkennen Gottes Anwesenheit im Leid und sein Versprechen einer neuen Schöpfung.

Die religiöse Erklärung von Naturgesetzen

Die erste Herausforderung entstand, als die Wissenschaft Naturphänomene erfolgreich zu erklären begann, die vormals als Handeln Gottes gedeutet oder anderen religiösen Ursachen zugeschrieben wurden. Die Bewegungen der Himmelkörper, das Wetter, die Entwicklung verschiedener Lebewesen, Krankheiten und Heilverfahren sind dabei nur wenige der Phänomene, die im Zusammenhang anderer natürlicher Prozesse erklärt werden können. Die Physik kann die Struktur eines Atoms und die Planetenbewegung genau beschreiben. Antibiotika scheinen Infektionen besser bekämpfen zu können als Gebete. Die Regelmäßigkeit von Naturprozessen und so auch unsere Fähigkeit zu Vorhersage und Kontrolle erschwert den Glauben an eine in die weltbestimmenden Prozesse eingreifende Gottheit.

Da die Wissenschaft so befriedigende Erklärungen liefert, ist es völlig normal, zu fragen, warum wir überhaupt von *Gott* als in der Welt Handelnden reden müssen. (Ich verwende den Begriff „Gott“ hier aus Gründen der Vereinfachung, obwohl manche Religionen eher von einer Mannigfaltigkeit göttlicher Wesen sprechen würden oder sich anderer Konzepte und einer anderen Sprache bedienen, um über das zu reden, was wir als äußerste Realität betrachten.) Um zu verstehen, wie Getreide wächst oder wie Kinder auf die Welt kommen oder andere Ereignisse, die vormals einem handelnden Gott zugeschrieben wurden, benötigen wir keine religiösen Erklärungen. Selbstverständlich kann nicht alles wissenschaftlich erklärt werden, und unsere wissenschaftliche Kenntnis wird vielleicht nie vollständig sein. Gott allerdings als Lückenbüßer für alle Dinge einzusetzen, die einer wissenschaftlichen Erklärung entbehren, ist höchst unbefriedigend, nicht nur für die Wissenschaft, sondern auch für die Religion.

Die erste Herausforderung, die die Wissenschaft für die Religion darstellt, lässt sich als Frage folgendermaßen formulieren: Ist es angesichts der Wissenschaftserfolge und ihrer hinreichenden Erklärungen noch nötig, an ein Handeln Gottes in der Welt zu glauben? Interessanterweise scheint diese Frage auch in den Arbeiten Isaac Newtons anzuklingen. Für diesen standen Wissenschaft und Glaube nicht im Widerspruch, sondern waren eng miteinander verbunden.

Ein mechanisches Universum

Erste Hinweise darauf, dass die Welt regelmäßigen Gesetzen folgt, entnahm die Menschheit den Bewegungen der Himmelskörper. Nikolaus Kopernikus entwickelte ein Modell zur Bewegung von Mond und Planeten (das Johannes Kepler später noch verfeinerte). Auf elliptischen Umlaufbahnen bewegen sich die Planeten in unterschiedlicher Geschwindigkeit um die Sonne, wie die Satelliten um die Planeten. Warum aber bewegen sie sich auf diese Weise? Die Erklärung führt uns in unsere eigene Dimension von Raum und Zeit; und die Erkenntnisse, die wir hier machen können, werden schrittweise auf größere Dimensionen übertragen.

Wie viele andere in den 1660er Jahren dachte Newton über diese Frage nach. Wie er zu seiner Einsicht gelangte, ist ungewiss, aber er erkannte, dass die Schwerkraft, die Objekte zum Boden fallen lässt, die gleiche ist, die den Mond in seiner Umlaufbahn hält. Berechnungen zeigten, dass in diesem Fall die Kraft, die die Erde auf jedwedes Objekt ausübt, im umgekehrten Verhältnis zur zweiten Potenz der Strecke vom Zentrum der Erde stehen muss. Newtons Gesetz der Schwerkraft besagt, dass jeder Körper im Universum jeden anderen Körper mit einer Kraft anzieht, die in umgekehrter Relation zu der potenzierten Distanz zwischen den jeweiligen Körpern steht und proportional zu der jeweiligen Körpermasse bzw. Materie ist.

Auf der Arbeit von Galileo Galilei und anderen aufbauend, formulierte Newton mathematische Gesetze, die darlegten wie sich ein Körper beliebiger Masse bewegt, wenn Kräfte auf ihn einwirken. So war es möglich, viele Gegebenheiten der Erde und des Sonnensystems zu beschreiben und vorherzusagen. Diese Gesetze waren das Ergebnis langen Beobachtens und langen Nachdenkens über einfache Phänomene; sie hatten jedoch bedeutende Implikationen.

Aus dem ersten Gesetz der Bewegung, dem Prinzip der (Massen-) Trägheit nach Galilei, ergibt sich Folgendes: Ein Körper im Ruhezustand bleibt im Ruhezustand, und ein sich in gleichmäßiger Geschwindigkeit bewegender bleibt ebenso in Bewegung, es sei denn, eine Kraft übt Einfluss auf ihn aus. Dies widerspricht dem aristotelischen Verständnis, dass es einer bestimmten Kraft bedarf, um einen Körper in Bewegung zu *halten*, da er sonst zum Stillstand käme. Diese Idee steht auch hinter dem von Thomas von Aquin vorgebrachten Argument des „unbewegten Bewegers" in seinem Gottesbeweis. Aufgrund des Trägheitsprinzips stellte sich so die Frage, ob ein Gott für das Funktionieren der Welt notwendig ist (wie wir eingangs diskutierten).

Newton formulierte seine Gesetze hinsichtlich der Position und Triebkraft (Masse × Geschwindigkeit) eines jeden Körpers in einem System. Kennen wir diese Größen zu einem beliebigen Zeitpunkt und die Kräfte, die auf sie einwirken, ermöglichen es uns diese Gesetze zu berechnen, wie sich der Status des Systems in der Zukunft entwickeln wird. Damit schien es, als ob die gesamte zukünftige Entwicklung des Universums von seinem aktuellen Status bestimmt würde.

Dies führte dazu, das Universum als riesige Maschine zu begreifen, die für unbestimmte Zeit auf vorhersagbare Weise funktionieren könnte. Man mag an einen Gott glauben, der diese Maschine hergestellt und in Gang gesetzt hat, und so den Lauf der Dinge bestimmt hat. Natürlich fragte man sich, welchen Sinn es haben sollte, für Regen zu beten, wenn sich die Erdatmosphäre schlicht, von ihrem ursprünglichen Stadium aus, übereinstimmend mit den Gesetzen der Bewegung, weiterentwickelt und unser heutiges Wetter im Grunde seit langer Zeit vorherbestimmt ist.

Heute wissen wir, dass ein solches Weltbild die Dinge zu vereinfacht darstellt, da wir die Ausgangspositionen und -bewegungen der Körper in einem System nie mit vollständiger Genauigkeit kennen können. In manchen Fällen machen kleine Fehler keinen großen Unterschied: Eine 1%ige Ungenauigkeit bezüglich der Ausgangsbedingungen bedeutete, dass das zukünftige Stadium mit bis zu 99%iger Genauigkeit vorhersagbar wäre. Viele Systeme sind aber gerade Ausgangsbedingungen gegenüber sensibel, d. h. eine geringe Ungenauigkeit entwickelt sich zu einer großen Ungenauigkeit in einem zukünftigen Stadium des Systems.

Der Untersuchung von Systemen des letzteren Typus widmet sich die Chaostheorie. Das Wetter war eines der ersten Phänomene, bei denen man eine Sensibilität gegenüber den Ausgangsbedingungen feststellte. Man dachte, dass Meteorologen, wenn sie die Bedingungen der Atmosphäre und auf der Oberfläche zu einem beliebigen Zeitpunkt genau kennten, mit Hilfe von leistungsstarken Computern, Wettervorhersagen für lange Zeiträume der Zukunft machen könnten. Während Wettervorhersagen generell möglich sind, würden sie nie den Präzisionsgrad erreichen, mit dem wir etwa Eklipsen vorhersagen können, da wir nie ausreichend über die Ausgangswetterbedingungen wissen werden.

Die Ergebnisse der Chaostheorie sind nicht einfach negativ. Dank moderner Computertechnologie haben Studien eingehende Kenntnisse über das Verhalten komplexer Systeme erworben. Diese verdeutlichen aber auch, dass wir nur begrenztes Wissen über diese Systeme erlangen können.

Quantentheorie und Unbestimmtheit

Die Chaostheorie basiert auf der klassischen Mechanik und liefert so, all ihrer Unberechenbarkeit zum Trotz, ein deterministisches Weltbild; eine Sichtweise, für die die Annahme göttlichen Handelns wiederum unhaltbar ist. Die Vorstellung, dass alle zukünftigen Stadien auf dem Weg der Analyse aktueller Bedingungen vorhersagbar seien, ist bis zur Formulierung der Quantentheorie im 20. Jahrhundert nicht in Frage gestellt worden. Die Quantentheorie forderte ein Umdenken, da ihre Radikalität die der Speziellen Relativitätstheorie, aus der sie hervorgegangen war, noch überbot. Damit wurde einmal wieder die grundlegendste aller Fragen nach dem, was es bedeute, die Welt zu verstehen, angestoßen.

Um 1900 verfügte man bereits über genaue Kenntnis atomarer Teilchen. Das Verständnis, nach dem Materie aus Atomen besteht, war in der Chemie allgemein akzeptiert; eine adäquate Beschreibung der Atome erforderte jedoch einen neuen Typus von Mechanik. Diese Theorie der Quantenmechanik setzte bei Max Plancks Untersuchungen der von erhitzten Objekten ausgehenden Strahlung an. Dass ein Körper gemäß dem Temperaturanstieg zuerst rot glüht, dann orange-rot und schließlich weiß, ist bekannt. Die Versuche, dieses Verhalten jedoch zu verstehen, ergab das scheinbar alberne Resultat, dass die Energie, die jede Sekunde von dem erhitzten Objekt ausgeht, unendlich sein sollte!

Planck distanzierte sich von dieser Absurdität, indem er die These verwarf, dass die Atome des strahlenden Körpers fortwährend Energie ausstrahlen könnten. Stattdessen nahm er an, dass Energie nur in diskreten Mengen (*Quanten*) ausgestrahlt oder absorbiert werden könne, jeweils proportional zur Wellenfrequenz (Anzahl der Wellen pro Sekunde). Zur Erklärung anderer Phänomene brachte Albert Einstein ein, dass Licht im Grunde aus partikelähnlichen Quanten (*Photonen*) zusammengesetzt sei. Die Beobachtung, dass Interaktionen zwischen Röntgenstrahlen und subatomaren Teilchen den Kollisionen zweier Billardkugeln ähneln, bestätigt diese Aussage.

Die Entdeckung, dass sich Licht in manchen Situationen wie ein Teilchenstrom verhält, nivelliert nicht das Faktum, dass es in anderen Situationen wellenartige Eigenschaften zeigt. Licht hat zwei Gesichter. Louis de Broglie erweiterte diese Wellenpartikeldualität, indem er darlegte, dass Dinge, die als Teilchen gelten (z. B. Elektronen) auch wellenartige Eigenschaften haben.

Sowohl Newton als auch James Maxwell waren davon ausgegangen, dass sich Phänomene kontinuierlich ereignen. Die Einführung von Quanten stellte diese Annahme in Frage. Niels Bohr verwies auf diskontinuierliche Veränderungen und erklärte damit die Interaktion von Strahlung und Atomen. Der Begriff *Quantensprung* entstand und nahm Einzug in den allgemeinen Wortschatz. Da diese Sprünge sehr klein sind, ist die *Ruckartigkeit* von Quantenprozessen auf der Ebene alltäglicher Phänomene nicht wahrnehmbar.

In den 20er Jahren wurde die Quantenmechanik als in sich geschlossene Theorie in zwei verschiedenen Formen entwickelt, die sich als alternative mathematische Versionen eines einzelnen zugrunde liegenden Formalismus entpuppten. Beide ermöglichen die Berechnung von Strahlungsfrequenzen, wie sich Teilchen gegenseitig in einer Kollision abstoßen. Beide treffen sich in der Newton'schen Mechanik als Annäherung in alltäglichen Situationen. Auf den Spuren Broglies stellte Erwin Schrödinger eine Gleichung zum Verhalten der Wellen auf, die mit unterschiedlichen physikalischen Systemen zusammenhingen. Andererseits entdeckte Werner Heisenberg eine Reihe von Regeln, die zuerst wie Newtons Gesetze aussahen, in denen Quantitäten wie Energie aber nicht durch einen linearen Zahlenstrahl dargestellt werden können, sondern nur durch Quadratzahlen, die nicht den allgemein bekannten Regeln der Algebra gehorchten. In beiden Versionen der Theorie existierten Atome nur in bestimmten Energiezusammenhängen, sodass sich Quantensprünge ereigneten.

Heisenbergs Analyse der Beobachtung der subatomaren Teilchen bewies, dass es grundlegende Begrenzungen unseres Wissens gibt. Die Bestimmung der Position eines Elektrons kann grundsätzlich unter dem Mikroskop erfolgen. Dafür muss die Strahlung mit dem Teilchen interagieren. Um sich ein genaues Bild zu machen und das Elektron richtig zu lokalisieren, muss die Wellenlänge der Strahlung sehr kurz und hoch energetisch sein, sodass die Interaktion der Photonen mit dem Elektron die Geschwindigkeit desselben verändert. Wenn wir dies aber zu verhindern versuchen, indem wir sich langsam bewegende Photonen nehmen, sind die Wellen so lang, dass das Bild des Elektrons verschwimmt und seine Position unsicher sein wird. Im Ergebnis heißt das, dass sich die Unsicherheiten von Geschwindigkeit und Position nicht ganz aufheben und sich Unbestimmtheiten schneller einstellen. Eine ähnliche Restriktion gilt für Energie und die Zeit, die es braucht, Energie zu messen.

Heisenbergs Unschärferelation besagt, dass sich der Zustand eines Systems im Sinne der klassischen Mechanik nicht präzise feststellen lasse. Hier werden die Wurzeln der klassischen Newton'schen Mechanik in Frage gestellt. Wir können den zukünftigen Zustand eines Systems nicht präzise vorhersagen, da wir seinen aktuellen Zustand nicht mit vollständiger Akkuratheit kennen. Dass es also eine fundamentale Unbestimmtheit in der Welt gibt, haben manche Autoren besonders in der Diskussion um die Freiheit des Willens und das Handeln Gottes betont.

Wenn wir nichts Exaktes über den Standort der Dinge und die Art, wie sie sich bewegen, aussagen können, was können wir wissen? Eine Antwort gibt uns Schrödingers Version der Theorie. Die Wellen, die von den Lösungen seiner Gleichung beschrieben werden, geben Standorte und Bewegungen mit Wahrscheinlichkeiten an. An Stellen großer Wellenintensität ist die Wahrscheinlichkeit, ein Teilchen zu finden, hoch; an Stellen ohne Intensität lässt sich nichts beobachten.

Das Heranziehen der Begrifflichkeit der Wahrscheinlichkeit war selber nichts Neues in der Physik. Die statistische Mechanik z.B. ist daran gewöhnt, das Verhalten von Systemen zu beschreiben, die so viele Teilchen beinhalten, dass es unmöglich ist, die Bewegung aller genau zu berechnen. Aber Wahrscheinlichkeiten in der Quantenmechanik beziehen sich nicht auf eine große Anzahl von Partikeln, sondern stets nur auf einzelne. Ein bedeutenderer Unterschied ist, dass Quantenwahrscheinlichkeiten davon abzuhängen scheinen, was wir zu beobachten auswählen. Nach der Unschärferelation lässt sich die Position eines Teilchens 100%ig genau bestimmen. In diesem Fall ist jeder denkbare Bewegung gleich wahrscheinlich; bzw. wir können die Geschwindigkeit sicher wissen, jedoch nichts über die Position des Teilchens aussagen (in Abhängigkeit der gewählten Messweise).

Evolution, Leiden und die Güte Gottes

Die Evolution des Lebens hat schon zu manch kontroversen Diskussionen unter Gläubigen geführt. Das Problem ist nicht unbedingt die Vorstellung der Evolution selber; religiöse Texte und Glaubensaussagen, die sich mit Gottes Schöpfung auseinandersetzen, können mehr oder weniger metaphorisch interpretiert werden und so auch der Idee, dass sich das Leben im Universum entwickelt hat, entsprechen. Evolution kann als die Art und Weise gedacht werden, wie Gott Leben schafft. Es sind die Einzelheiten anderer Art, die vielen Gläubigen Probleme bereiten. Das Problem ist das ungeheuerliche Leiden und das Artensterben, das die Evolution des Lebens mit sich bringt.

Seit Charles Darwin und Alfred Russell Wallace wissen wir, dass *natürliche Selektion* eine zentrale Rolle in der Evolution spielt. Angesichts der begrenzten Ressourcen in einem beliebigen Ökosystem überleben nur bestimmte Organismen, um Merkmale an die Nachkommenschaft zu vererben; andere sterben ohne Nachkommen zu hinterlassen. Die Konkurrenz um Ressourcen und Fortpflanzungsmöglichkeiten hat eine Art Filterfunktion. Sie selektiert die Nachkommenschaft der Organismen, die am besten geeignet sind, in einer bestimmten Umgebung zu überleben. Das bedeutet, dass Not, Verlust, Leiden, Tod und Aussterben entscheidende Faktoren für die Entwicklung neuer Arten sind.

Eine weitere Herausforderung, vor der die Wissenschaft die Religion stellt, ist folgende: Wenn Gott uns erschaffen hat, aber Millionen von Generationen von Gottes Geschöpfen dafür leiden und sterben mussten, sind wir gezwungen zu fragen, über was für eine *Art* Gott wir hier reden. Ein zentrales Anliegen der jüdisch-christlichen Tradition ist die Rede vom guten und liebenden Gott und davon, dass die Schöpfung, die Gott hervorbringt, diese Güte widerspiegele. Was für einen Charakter hätte ein Gott, der über den Prozess der natürlichen Auslese Leben schaffte? Solch ein Gott wäre vielleicht intelligent und mächtig, aber auch gut und barmherzig? Einen derartigen Gott fürchtete man, aber stünde ihm das Attribut der *Liebe* tatsächlich zu, wenn er auf so eindeutig unbarmherzige Art handelte? Genau diese Frage hat viele Menschen – sehr wahrscheinlich Darwin selbst – dazu bewegt, die Existenz Gottes in Frage zu stellen – oder zumindest den Glauben an ihn.

Die biologische Evolution

Schon zu Lebzeiten Carl von Linnés (gest. 1778) erkannte man, dass viele Arten, die vormals auf der Erde gelebt hatten, ausgestorben waren. Die meisten Überbleibsel von Pflanzen und Tieren zerstreuen sich kurz nach ihrem Tod oder verwesen. Manchmal hinterlassen sie jedoch Schimmel in dem Felsen, der sich um sie herum formiert, oder Teile ihrer Körper werden von Mineralien ersetzt. Diese sog. Fossilien sind eine Art historisches Dokument des jeweiligen Organismus. Manche Arten hinterlassen keine Spuren und manche Fossilien werden zerstört oder nie gefunden. Das Fossil ist wie eine Kapitelauswahl aus einem Roman, eine Entwicklungsgeschichte. Es ist Aufgabe der Paläontologen und anderer Wissenschaftler, diesen Roman zu rekonstruieren, zu übersetzen und die Geschichte zu interpretieren.

Schichten, die älter als 600 Mio. Jahre sind, beinhalten nur die Überbleibsel von einzelligen Lebensformen und einiger anderer einfacher Organismen. Im Kambrium (vor etwa 600 bis 500 Mio. Jahren) gab es schon viele wirbellose Tiere, die mit den heutigen Insekten verwandt sind. Vor ca. 420 Mio. Jahren entstand das Leben auf der Erde. Unsere heutigen Kohlebestände stammen aus den Wäldern von vor 300 Mio. Jahren. Dinosaurier lebten vor ca. 220 Mio. Jahren und beherrschten das Land ca. 150 Mio. Jahre lang. Die Säugetiere vermehrten und diversifizierten sich nach dem Aussterben der Dinosaurier. Vermutlich werden die ersten Artgenossen der Spezies Mensch vor 3 Mio. Jahren entstanden sein.

Dies legt nahe, dass ein radikaler Veränderungsprozess stattfand: Evolution. Das gleiche ist auch auf kleineren Zeitskalen in Situationen zu beobachten, in denen eine reichhaltige und unberührte Sequenz an Fossilien zu finden ist.

Auch andere Belege stützen die Evolutionstheorie. So ist z. B. die geographische Verteilung von lebenden Pflanzen und Tieren bedeutsam. In der vergleichenden Anatomie entdeckte man früh Ähnlichkeiten im Aufbau der Organismen. Ein menschlicher Arm, eine Walflosse und der Flügel eines Vogels haben denselben Grund-Knochenbau, der sich entsprechend unterschiedlicher Nutzung und Funktion ausdifferenzierte. Noch eindrucksvollere Beziehungen lassen sich auf der molekularen Ebene beobachten. Eine menschliche Hämoglobinkette mit 144 Aminosäuren unterscheidet sich von dem entsprechenden Protein bei Gorillas um nur eine Säure. Größere Unterschiede ergeben sich, wenn man das menschliche Blut mit dem von Pferden oder Schweinen vergleicht. Derartige Beziehungen lassen sich auch zwischen den DNAs unterschiedlicher Spezies finden. Fast alle Organismen haben denselben genetischen Code, der die DNA mit den Aminosäuren verbindet, was nahe legt, dass sie auf ein gemeinsames Erbe zurückgehen.

Manchmal wird gefragt, ob wir Evolution auch heute beobachten können oder sie ankurbeln können. Natürlich können wir aus Fischen keine Säugetiere machen, aber Veränderungen lassen sich auf einer kleineren Skala beobachten. Die Entwicklung von Bakterienstämmen, die gegenüber bestimmten Antibiotika resistent sind, ist ein wichtiges gesundheitliches Problem. In besonderen Fällen ist es möglich, Arten künstlich zu züchten: Der „Radisalat“, eine Kreuzung von Radieschen und Salat, ist unfruchtbar, wenn er mit Repräsentanten der Elterngeneration gekreuzt wird und gilt somit als eine neue Art (im technischen Sinne).

Schon vor Darwin und Wallace wurden Evolutionsideen diskutiert, aber dadurch, dass die beiden Forscher ihre Theorien zur Evolution durch natürliche Auslese unabhängig voneinander publizierten, war ihr Einfluss enorm. Der vollständige Titel des von Darwin 1859 verfassten Buches antipiziert die enorme Bedeutung seiner Theorie: *On the Origin of Species by Natural Selection, or the Preservation of Favoured Races in the Struggle for Life.* Obwohl die Theorie seit Darwins und Wallaces Veröffentlichungen einschneidend weiterentwickelt worden ist, bleibt die Grundidee der natürlichen Selektion bestehen.

Ein natürliches Umfeld kann nicht alle entstandenen Organismen ernähren. (Darwin und auch Wallace griffen auf Thomas Malthus' Argument zurück, dass die jeweilige Population schneller wachsen muss als die Nahrungszufuhr.) Aufgrund der zufälligen genetischen Ausstattung gibt es unter den Repräsentanten einer Art Variationen, physikalische Veränderungen der DNA und anderer Faktoren; manche Repräsentanten überleben in einem bestimmten Umfeld besser als andere. Ihnen wird es leichter fallen, Nahrung zu finden, sich zu paaren, dem predatorischem Druck, Krankheitserregern oder einer Kombination von Faktoren zu entkommen. Mit größerer Wahrscheinlichkeit werden sie überlebensfähige Nachkommen zeugen, die die Merkmale zum Überleben erben. Veränderungen über die Zeitspanne vieler Generationen hinweg könnten dann eine neue Spezies hervorbringen. Sonderbare Arten sterben eher aus.

Evolution ist ein statistisch fassbarer Prozess, der Populationen stärker betrifft als Individuen. Ein einzelner, wohl überlebensfähiger Organismus könnte in einem Unwetter umkommen und keine Nachkommen hinterlassen. Katastrophen größeren Ausmaßes können ganze Populationen ausmerzen, wie z.B. der Aufprall eines Asteroiden vor ca. 65 Mio. Jahren, der zum Aussterben der Dinosaurier führte. Natürliche Auslese bedeutet nicht absolute Angepasstheit an die Umwelt oder automatische Überlegenheit der Überlebenden. Natürliche Auslese bevorzugt jene, die an eine bestimmte Umwelt so gut angepasst sind, dass sie überleben und sich fortpflanzen können; bei einer Veränderung der Umwelt verändern sich die Bedingungen und es mag sein, dass sie nicht mehr so gut angepasst sind.

Auch die Evolutionstheorie entwickelt sich weiter. Manche Biologen behaupten heutzutage, dass Evolution nicht allein über das Phänomen der natürlichen Auslese erklärbar sei. Andere legen nahe, dass sich innerhalb der Evolution kurze Schübe (anstatt allmähliche Prozesse) mit langen Phasen relativer Konstanz der Spezies abwechseln. Es wird nicht überraschen, dass sich manche Herausforderungen der traditionellen Evolutionsideen erhärten, denn das Leben ist so komplex, dass es nicht die eine Formel gibt, die adäquat die ganze Evolution der Biosphäre und die Geschichte des Lebens erklären kann. In irgendeiner Form wird die Evolution jedoch fortbestehen, sodass sich die Religion damit auseinanderzusetzen hat, dass die Idee eines liebenden Schöpfers in Frage gestellt wird.

Genetik, Biotechnologie, Ökologie und Ethik

Die dritte Herausforderung, vor die die Religion gestellt ist, betrifft die Ethik. Der technologische Fortschritt, v.a. in der Biotechnologie, befähigt uns erstmalig, die Natur, sogar die menschliche, zu kontrollieren und zu verändern. Aufgrund der Entwicklungen in der Bio- und Medizintechnologie können wir auf unsere eigene evolutionäre Zukunft einwirken. Diese Potentialität zeigt sich auf verschiedenen Ebenen: Möglichkeiten in der Reproduktionsmedizin, die von der heute üblichen Praxis der In-Vitro-Fertilisation bis zu ungewöhnlichen und problematischen Methoden menschlichen Klonens reichen; Therapien am Erbgut, die potentielle Heilung schwächender Krankheiten versprechen, während sie gleichzeitig die Tür zur Eugenik aufschlagen. „Sterbe- und Alterungsmodi" schließlich sind wählbar und reichen von dem Abstellen lebensunterstützender Maßnahmen bei Patienten im Endstadium bis zur Stammzellentherapie, die das Leiden bei altersbedingten Krankheiten zu lindern vermag. Inwiefern, wenn überhaupt, sollten ethische Grundsätze den Einsatz derartiger Technologien einschränken?

Neue Entwicklungen in Wissenschaft und Technologie werfen neue ethische Fragen auf. Das stellt die Religionen vor die schwierige Aufgabe, diese Fragen aus Quellen heraus zu beantworten, die lange vor dem Unternehmen existierten, das menschliche Genom zu sequenzieren. Natürlich geben uns Quellen wie die Reden des Konfuzius oder die Zehn Gebote der jüdisch-christlichen Tradition eine Orientierung, da sie einen ethischen Rahmen zur Beantwortung dieser neuen Fragen liefern. Es wäre jedoch unsinnig zu erwarten, dass uns die antike Moral fertige Anweisungen zum angemessenen Umgang mit Transplantaten oder der Genmanipulation lieferte.

Molekularbiologie und Genetik

Kohlenstoff und andere Elemente, Wasserstoff, Sauerstoff, Stickstoff und Phosphor, stellen einen Großteil der organischen Verbindungen für Kohlenhydrate, Fette und Proteine dar. Letztere sind wichtige Strukturelemente sowie Katalysatoren für viele chemische Prozesse des Lebens.

Proteine bestehen aus miteinander verbundenen, in Reihen angeordneten *Aminosäuren*, derer es ungefähr zwanzig verschiedene gibt. Es können sich unendlich viele Reihen bilden. Die verschiedenen Proteine haben die unterschiedlichsten Funktionen für die biologischen Prozesse. Sie können andere Atomgruppen einschließen, die sie zur Ausübung einer speziellen Funktion befähigen, wie z.B. die Eisengruppe im Hämoglobin, mit dessen Hilfe Sauerstoff im Blut transportiert wird. Proteine können in einer dreidimensionalen Form vorkommen, einer entscheidenden Struktur, um weitere Moleküle anzuschließen und chemische Reaktionen zu beschleunigen. Damit Zellen Energie in den chemischen Verbindungen organischer Zusammensetzungen speichern und sie für die Prozesse des Organismus einsetzen können, müssen Prozesse des Metabolismus in Gang gesetzt werden, die die Energie aus anderen Molekülen zieht. Die Nahrung, die wir zu uns nehmen, durchläuft chemische Reaktionen, die Energie freisetzen. Dabei haben die Proteine die Funktion, die einzelnen Prozesse der Reaktionen zu beschleunigen. In einer komplizierten Verkettung von Reaktionen und mit Hilfe von Sauerstoff verwandeln die Zellen die Energie in Glucose (Photosynthese bei Pflanzen). Nebenprodukte dieses Zyklus sind Wasser und Kohlendioxid, jene chemischen Verbindungen, die die Pflanzen wiederum bei der Photosynthese benötigen, um Glucose und Sauerstoff herzustellen und im Zyklus weiter zu kommen.

Die Energie muss für Prozesse wie Muskelkontraktion und Zellteilung bereitstehen. Zellulare Prozesse ähneln dabei einer Fabrik, in der ankommende Materialien auf einer Art Fließband weiterbefördert werden. An jeder Station erfüllt ein Enzym eine Aufgabe und leitet das Ergebnis zur nächsten Station weiter. Dies geschieht jedoch nicht rein linear, denn die Energie wird u. a. gebraucht, um Aminosäuren zu Proteinen zu verknüpfen, damit der Metabolismus selbst am Laufen gehalten wird. Die Fabrik muss ihre eigenen Maschinen immer wieder neu bauen. Es gibt keine unaufhörliche Bewegung, denn Energie wird frei und Abfälle werden ausgeschieden und essentielle Stoffe, einige der Aminosäuren, die der Körper nicht selber herstellen kann, müssen von außen kommen.

Es ist ganz einfach, blaue oder braune Augen eines Kindes zu denen der Eltern zurückzuverfolgen. Mischungen dieser Farben kommen selten vor. Wenn ein Elternteil allerdings dunkelhäutig ist und das andere hell, hat das Kind üblicherweise eine Mischfarbe. Begabungen korrelieren meist weniger mit denen der Eltern. Erbmuster scheinen nicht so leicht gestrickt zu sein.

Der Mönch Gregor Mendel machte im 19. Jahrhundert eine entscheidende Entdeckung. Er untersuchte die Eigenschaften von Erbsen und Bohnen, wie z. B. Farbe und Form der Samen, und entwickelte ein einfaches Modell, mittels dessen er die Vererbung dieser Eigenschaften erklären konnte. Für jedes Merkmal gibt es ein Gen. Jeder Organismus hat zwei Gene, von denen er eins an die nächste Generation weitergibt. Wenn ein Gen dominant ist, wird sich das Merkmal, das es hervorbringt, ausbilden, selbst wenn ein entsprechendes anderes Gen präsent ist. So ist die Augenfarbe braun dominant, blau ist rezessiv. Ein blauäugiges Elternpaar wird ein blauäugiges Kind haben, aber bei braunäugigen Eltern kann es sein, dass das Kind blaue Augen hat, da Vater und Mutter jeweils auch das rezessive Gen haben können.

Bei der Zellteilung lassen sich kleine Körper, die sog. Chromosomen, in den Zellkernen beobachten. Jede Art ist mit einer charakteristischen Anzahl an Chromosomen ausgestattet. Menschen haben 46 Chromosomen, die in 23 Paaren angeordnet sind. Während der Zellteilung spalten sich die Chromosomen der Länge nach auf, sodass jede der Tochterzellen einen vollständigen Chromosomensatz erhält. Samen- und Eizelle erhalten bei ihrer Entstehung allerdings nur jeweils einen Teilsatz eines jeden Chromosomenpaars. Der Satz vervollständigt sich wieder durch die sexuelle Vereinigung, bei der jedes Elternteil einen Teilsatz beisteuert. Weitere Untersuchungen ermöglichen die spezifische Verortung genetischer Merkmale auf den Chromosomen.

Die Chromosomen enthalten Desoxyribonukleinsäuren (DNA), die die Erbinformation tragen. U.a. auf der Grundlage von Röntgenuntersuchungen entwickelten James Dewey Watson and Francis Harry Crompton Crick das berühmte Doppelhelix-Modell dieses Moleküls. Jeder Strang der Doppelhelix besteht aus vielen Molekülen der vier Basen Adenin, Guanin, Cytosin und Thymin, die auf spezifische Weise miteinander verbunden sind: Adenin nur mit Thymin und Cytosin nur mit Guanin. So bestimmt die Struktur des einen Stranges gleichzeitig die des anderen. Wenn sich die Stränge teilen, verbindet sich jeder wieder mit einer der ursprünglichen identischen Partnerbase. Auf diese Weise bleibt die auf der DNA codierte Information auch während der Zellteilung erhalten.

Die Basensequenz trägt die Information zum Aufbau von Proteinen. Eine Gruppe von je drei Basen bestimmt je eine bestimmte Aminosäure. Es gibt $4 \times 4 \times 4 = 64$ Dreierkombinationen von Basen. Das ist mehr als genug, um zwanzig Aminosäuren mit einigen Doppelungen und speziellen Instruktionen wie „Start" und „Stopp" zu codieren. Es muss in der Zelle auch einen Mechanismus geben, der die Anweisungen liest und sie umsetzt. Diese Tätigkeiten werden von einer einstrangigen Nukleinsäure, der RNA (Ribonukleinsäure), ausgeführt.

Gene können Eigenschaften wie Intelligenz nicht direkt codieren, sie teilen den Zellen aber mit, welche Proteine sie herstellen sollen. In manchen Fällen ist es leicht, Merkmale und Proteine zu ihrem Ursprung zurückzuverfolgen. Die Augenfarbe hängt beispielsweise an einem Pigment, dessen Herstellung die DNA codiert. Sichelzellenanämie hängt mit einer Mutation auf der DNA zusammen, die die Codierung einer der Aminosäuren im Hämoglobin verändert und das Molekül eine andere Form annehmen lässt. Andere Fälle sind jedoch nicht so einfach.

Der Transfer von Erbinformation von der DNA geht nur in eine Richtung, von der DNA zum Protein, vom Gen zum Körper, nicht anders herum. Das ist für den Evolutionsmechanismus insofern relevant, als es bedeutet, dass es die Modifizierung des genetischen Materials erfordert und nicht lediglich die Veränderung des Elternkörpers, um Information zu verändern, die an die Nachkommen eines Organismus vererbt werden sollen.

Die Kenntnis des genetischen Codes sowie des Mechanismus der Proteinsynthese eröffnen uns neue Möglichkeiten der Genmanipulation. Die Fähigkeit, Gene, die mit bestimmten Krankheiten zusammenhängen, zu lokalisieren und zu verändern könnte die Medizin transformieren und enormes Leid lindern. Aus diesem Grund wird die Genforschung von vielen Theologen und anderen religiösen Akademikern unterstützt. Das großartige Potential birgt jedoch die Gefahr des Missbrauchs. Die selben Techniken, die zur Heilung von Krankheiten wie der Mukoviszidose, dem Huntington Syndrom und Brustkrebs eingesetzt werden, könnten uns eines Tages befähigen, uns selbst intelligenter zu machen, athletischer und vielleicht – wenn sich herausstellen sollte, dass Verhalten eng mit dem genetischen Erbe zusammenhängt – freundlicher und großzügiger. Was für eine Gesellschaft hätten wir, wenn es uns möglich wäre, genetisch „überlegene" Bürger zu erzeugen? Wäre das wünschenswert? Die neuen Optionen zwingen die Religion, die Bedeutung von Mensch-Sein und den Wert menschlichen Lebens neu zu bedenken.

Der Blick vom Kreuz aus

Wie wir eingangs gesehen haben, hat die Entwicklung des wissenschaftlichen Weltbildes manche Leute dazu bewegt, den Wert aller Religion in Frage zu stellen. Derartig beeinflusste Menschen mögen in der Konsequenz eine atheistische oder agnostische Position einnehmen. Unter Berücksichtigung der religiösen Fundamente ihrer Gemeinschaft und ihrer eigenen Erfahrungen bewerten andere den Zusammenhang von Wissenschaft und Glaube positiver. Einstein z. B. vereinte seinen pantheistischen Glauben mit der Annahme, dass Universum und Gott eins seien. In manchen archaischen Religionen ist eine Vielfalt an Göttern und Göttinnen verantwortlich für die Prozesse der Natur. Manche entdecken in den Vorstellungen der modernen Physik, die der Intuition widersprechen, wie z. B. die Quantentheorie, Rudimente der mystischen Traditionen.

Im Monotheismus gilt das Universum als in letzter Instanz von einem einzigen Gott abhängig. Der christliche Glaube ist eine monotheistische Religion, die sich auf Jesus von Nazareth konzentriert, der in Jerusalem vor ca. 2000 Jahren von dem römischen Prokurator Pontius Pilatus gekreuzigt wurde. Im Zentrum der christlichen Botschaft steht die Behauptung, dass dieser Mann, der am Kreuz starb, von den Toten auferstanden und der angekündigte Messias (Christus) und Sohn Gottes sei. In Tod und Auferstehung sehen wir die äußerste Offenbarung Gottes, seines Charakters und seines Handelns, mit dem Gott die Welt versöhnt und wieder ins rechte Verhältnis zu seinem Schöpfer rückt.

Ich möchte kurz skizzieren, wie diese religiösen Sichtweisen auf Anliegen von Wissenschaft und Technologie reagieren können. Diese Punkte sind auf dem Hintergrund der von Martin Luther im 16. Jahrhundert formulierten *Kreuzestheologie* zu sehen. Luther glaubte, dass wir, um wahrhaftige Kenntnis von Gott zu erlangen, zuerst auf Christus am Kreuz schauen müssen. Zunächst scheint diese Idee paradox. Gott wurde doch traditionell, und besonders bei den Philosophen des antiken Griechenlands, als zeitloser und unveränderlicher Gott gedacht, der weder leiden noch sterben könne. Gott galt als herrlich und mächtig, als vom Bösen unzugänglich. Was für einen Sinn hat es dann zu sagen, dass ein Mann Gott offenbare, der eines schmerzhaften und demütigen Todes starb, von seinen Jüngern verraten und verlassen?

Wie ist es möglich, dass er der „wahre Gott" sein soll, wie die Christen entschieden behaupten und glauben? Wenn dies irgendeinen Sinn haben soll, müssen wir hier ansetzen und nicht bei der konventionellen Meinung über die Bedeutung der Rede von Gott.

Interessante Parallelen lassen sich zu einigen wissenschaftlichen Entwicklungen ziehen, die wir im letzten Abschnitt diskutiert haben. Der wissenschaftliche Fortschritt lehrt uns, dass wir uns auf die Ideen über die Welt, die mit unserer alltäglichen Erfahrung harmonieren, nicht verlassen können. Der wissenschaftliche Fortschritt ist häufig über zunächst absurd scheinende Konzepte gemacht worden. Diese stellten sich aber oft als adäquater heraus als manch allgemeine Konzepte und Vorstellungen.

Im 16. Jahrhundert wurde Kopernikus' These, dass die Erde um die Sonne und nicht die Sonne um die Erde kreisen solle, von vielen Menschen belächelt. Das müssten wir doch merken, wenn sich die Erde so schnell bewegte, so die Entgegnung. Die Vögel blieben zurück! Aber Kopernikus hatte Recht. Auch das allgemeine Verständnis von Raum und Zeit ließ Einsteins Vermutung, dass die Lichtgeschwindigkeit für alle Betrachter dieselbe sei, unmöglich erscheinen. Es stellte sich aber heraus, dass Einstein Recht hatte und sich die Vorstellungen von Raum und Zeit verändern mussten.

Wissenschaftliche Theorien sollten nicht dahingehend beurteilt werden, ob sie mit allgemeinen Glaubensvorstellungen übereinstimmen oder nicht. Sie sollten vielmehr danach bewertet werden, wie gut sie die Dinge dieser Welt erklären können. Eine Theorie, die die Phänomene erklärt und richtig voraussagt, wie z.B. die Evolution durch natürliche Auslese oder die Quantenmechanik, wird erfordern, dass wir die Welt anders betrachten. Wir werden versuchen müssen, eine neue Form des common sense zu entwickeln.

Hinsichtlich der christlichen Behauptung, Gott habe sich in Kreuz und Auferstehung Jesu offenbart, stellt sich dann nicht die Frage, ob sie sich mit dem konventionellen Glauben an Gott deckt, sondern ob sie uns hilft, unser Leben und unsere Erfahrung in der Welt mit Sinn zu füllen. Natürlich ist besonders interessant, wie diese Aussage uns helfen kann, wissenschaftliche und technologische Realitäten zu erschließen.

Die Herausforderungen durch Wissenschaft und Technik, die wir im ersten Abschnitt diskutierten, stellten eher konventionelle Sichtweisen von Religion und Moral in Frage. Die Kreuzestheologie eröffnet uns einen entschieden anderen Weg, mit dieser Thematik umzugehen. Man sollte nicht annehmen, dass die Kreuzestheologie einfache Antworten auf diese Herausforderungen bereitstellt, oder alle Fragen beantworten kann, die sich durch Naturwissenschaft und Technik stellen. Sie beseitigt jedoch manch offensichtliche Schwierigkeit. Wir wollen die oben skizzierten Herausforderungen auf dem Hintergrund des Kreuzes noch einmal betrachten.

Die Theologie vom Kreuz besagt, dass Gott auf paradoxe Weise verborgen ist, selbst, wenn er sich offenbart. Denn ein Mann, der tot am Kreuz hängt, ist ein eindeutiger Verlierer; so einer hat noch nicht mal den Anschein von dem, was wir uns unter Gott vorstellen. Es ist völlig normal, dass wir einen Gott wollen, der immer alles unter Kontrolle hat, der nicht besiegt werden kann und der seine Göttlichkeit unmissverständlich unter Beweis stellt. Die Schriften des Christentums beschreiben Jesus Christus aber ganz anders: als einen, der auf überwältigende, glorreiche Darstellungen seiner Macht verzichtet und seine Liebe zeigt, indem er sich erniedrigt und Menschen dient.

Wenn Gott selbst in seiner größten Offenbarung verborgen ist, sollten wir dann nicht vielleicht annehmen, dass er sich auch in den alltäglichen Geschehnissen der Welt verbirgt? Wie viele andere Religiöse, haben die Christen Gott stets als den in der Welt Aktiven gedacht; als einen Gott, der das Universum in seiner Entwicklung erhält und für die lebensnotwendigen Dinge Sorge trägt. Es könnte doch sein, dass Gott die Dinge der Welt als seine Werkzeuge oder Mittel benutzt. Diese letztendlich elementaren Partikel und Interaktionen, die den Gesetzen der Relativität und der Quantentheorie gehorchen, sind empfindlich und subtil. Unter der Voraussetzung, dass Gott diese Mittel stets in Übereinstimmung mit rationalen Gesetzen einsetzt, lassen sich auf dem Hintergrund der Gegebenheiten dieser Welt und der Gesetze, denen sie gehorchen, die Vorkommnisse dieser Welt gut beschreiben. Und wie wir sehen, lichtet die Wissenschaft die Welt ziemlich gut ab.

Demzufolge sind die Dinge, die wir in der Welt beobachten, sowohl Gottes zum Einsatz kommende Instrumente als auch seine *Masken* (so Luther), die Gott von unserer direkten Wahrnehmung fernhalten. Der Glaube an einen in der Welt aktiven Gott ist Ausdruck des Glaubens an einen Gott, der sich am Kreuz offenbart, keine wissenschaftliche Schlussfolgerung.

Dieses Argument hängt eng mit der Vorstellung zusammen, dass Gott sein Eingreifen in der Welt auf das begrenzt, was sich mit rationalen Naturgesetzen beschreiben lässt. Eine derartige Selbstbegrenzung ist genau das, was wir am Kreuz sehen, wo Gott seine göttliche Kraft nicht benutzt, um sich von Leid und Tod zu befreien. Ferner ist Gottes Handlungsbegrenzung in der Welt ein Geschenk an die Intelligenz und die Menschen, die uns die Welt erklären.

Die Befähigung, die Welt zu verstehen, mag uns nachzuvollziehen helfen, warum Gott auf diese Weise agiert: Gott gesteht der Welt ihren eigenen Status, ihren eigenen Charakter zu. Nichtsdestotrotz beunruhigt die Art und Weise, wie Gott handelt, um Leben zu schaffen. Wie ist die Evolution vom Kreuze her zu sehen?

Sobald wir diese Frage stellen, verstehen wir, dass uns unser Ansatz einen neuen Weg eröffnet, auf die Probleme der natürlichen Auslese zu reagieren. Gott wird hier nicht als Gottheit verstanden, die Millionen von Generationen Leid und Aussterben erfahren lässt, ohne selbst davon betroffen zu sein, sondern als Gott, der an den Prozessen Teil hat und Leiden und Tod der Welt mit trägt. Den Preis für die Entwicklung von Leben zahlen nicht allein die Geschöpfe Gottes, sondern auch er selbst.

Die Präsenz von Leid und Tod in der Natur ist beunruhigend. Das Kreuz mindert seine Problematik nicht und rechtfertigt auch nicht, dass Gott sie in der Evolution einsetzt. Was die Kreuzestheologie jedoch leistet, ist Folgendes: Sie bekräftigt, dass Gott in Leid und Tod zu der Welt steht und dadurch Hoffnung zum Leben schenkt. Auch entkräftet sie das „Überleben des Stärksten“ als universales Prinzip, demzufolge die Starken die Schwachen stets besiegen. Die Auferstehung des gekreuzigten Christus ist letztendlich eine Rechtfertigung dessen, der getötet wurde. Sie mag uns neue Wege aufzeigen, über ethische Dilemmata, die die moderne biomedizinische Technologie aufwerfen, nachzudenken. Die Kreuzestheologie liefert uns keinen Moralcodex, der uns genau vorschrieb, wann wir welche medizinischen Techniken anwenden sollten und wann nicht. Sie sagt uns jedoch, dass Gott Böses in Gutes verkehren und Leben aus Tod schaffen kann, sodass keine Situation hoffnungslos ist. Andererseits ist die uns gegebene Hoffnung keine, aufgrund derer wir in jeder möglichen Sekunde am Leben festhalten müssen. Sie ist vielmehr eine Hoffnung, die durch den Tod und ihm zum Trotz entsteht.

Natürlich gibt es noch viele weitere religiöse Felder, die moderne Wissenschaft und Technik aktivieren, und sobald neue Erkenntnisse gewonnen werden, müssen wir mit neuen Herausforderungen rechnen. Die Weltreligionen werden versuchen, mit diesen Herausforderungen auf dem Hintergrund ihrer eigenen Glaubenstradition umzugehen. Überlegungen zu verschiedenen Weisen des Umgangs mögen den Gläubigen verschiedenster Herkunft helfen, einander besser zu verstehen. Ich hoffe, in dieser kurzen Beschreibung gezeigt zu haben, dass ein Verständnis des christlichen Glaubens, dessen Zentrum das Kreuz Christi ist, für den Umgang mit drängenden Fragen im Dialog zwischen Naturwissenschaft und Glaube hilfreich ist.

Literatur

Asimov, Isaac, *Life and Energy*, New York 1965.

Bonhoeffer, Dietrich, *Widerstand und Ergebung: Briefe und Aufzeichnungen aus der Haft* (hg. v. Eberhard Bethge), München 1951.

Darwin, Charles, *On the Origin of Species by Natural Selection, or the Preservation of Favoured Races in the Struggle for Life*, London 1972 (dt. Die Entstehung der Arten durch natürliche Zuchtwahl oder Die Erhaltung der bevorzugten Rassen im Kampf ums Dasein, Halle a.d.S. 1892).

Einstein, Albert/Infeld, Leopold, *Die Evolution der Physik*, Wien u.a. 1950.

Forde, Gerhard, *On Being a Theologian of the Cross*, Grand Rapids 1997.

Glashow, Sheldon/Bova, Ben, *Interactions*, New York 1988.

Gleick, James, *Chaos: Making a New Science*, New York 1987.

Jüngel, Eberhard, *Gott als Geheimnis der Welt. Zur Begründung der Theologie des Gekreuzigten im Streit zwischen Theismus und Atheismus*, Tübingen 1977.

Moltmann, Jürgen, *Der gekreuzigte Gott. Das Kreuz als Grund und Kritik christlicher Theologie*, München 1972.

Polkinghorne, John, *The Quantum World*, Princeton 1984.

Watson, James, *Die Doppelhelix. Ein persönlicher Bericht über die Entdeckung der DNS-Struktur*, Reinbek 1969.

Weinberg, Steven, *The First Three Minutes*, New York 1988.

Naturwissenschaft und Ethik im Judentum – Wahrnehmung und Diskurs

Laurie Zoloth

Die wissenschaftliche Forschung schreitet in den letzten 200 Jahren immer schneller voran, und ihre Vormachtstellung bzw. die Behauptung, sie sei im Besitz der Wahrheit, hat unsere Kultur entscheidend geprägt. Die religiösen Traditionen mit ihren Schriften und Gemeinden werden unausweichlich vor schwierige Fragen der Naturwissenschaft gestellt. Diese postulieren, sowohl theoretisch als auch praktisch, Folgendes: Die natürliche Welt folgt einer Ordnung, Gesetzen und Kausalitäten; der Mensch kann diese Ordnung der Natur verstehen und erklären; die benennbaren, quantifizierbaren und unterscheidbaren Elemente dieser natürlichen fassbaren Welt sind in der Organisation menschlichen Lebens, mit Blick auf Gesellschaft und Kultur, manipulierbar. Im Denken und in der Tradition des Judentums sind sowohl das Streben danach, die Ordnung der natürlichen Welt zu erschließen, als auch deren Neuordnung nicht nur möglich, sondern auch von Gott gefordert; sie sind Teil des größeren Imperativs, die Welt zu heilen und sie zu reparieren. Für jüdische Philosophen entwickeln sich ethische Normen durch den aus freiem Willen eingegangenen Bund, der diese Aufgaben einem erwählten Volk anträgt.[1]

Normen der Moral lassen sich jedoch nicht ohne Bezug auf ein komplexes Rechtssystem entwickeln, das sich auf Jahrhunderte des Fallrechts und der Textinterpretation beruft. In der Diskussion um die Schwierigkeiten von Wissenschaft und Moderne wird dieses System schon seit über zwei Jahrhunderten angewandt. Die Wissenschaft, im Besonderen die Naturwissenschaft, gilt eindeutig als Disziplin, die den umfassendsten Zugang zu den Vorkommnissen und Gründen in der Welt, in der die jeweilige Gemeindschaft ihre Religion lebt, liefert. Im Gegensatz zu Glaubenstraditionen, die die natürliche Welt als essentiell heilig begreifen, rechnet jüdisches Denken mit unserer Fähigkeit, die natürliche Welt zu verändern und sieht darin die Möglichkeit, zu heilen und Gerechtigkeit zu schaffen, als Akte des Glaubens und der Verpflichtung. Je nach geschichtlicher Epoche verhalten sich das jüdische Denken und das jeweilige Wissenschaftsverständnis un-

[1] Vgl. Hartman 1985.

terschiedlich zueinander. So richtete sich die intellektuelle Aufmerksamkeit der jüdischen Tradition lange, bis in die Aufklärung hinein, vorwiegend auf moralische und soziale Aufgaben und vernachlässigte zuweilen den Blick auf die Naturwissenschaften.[2]

Die jüdische Ethik und die halachah

Wenden wir uns zunächst der Struktur des halachischen Systems zu. Ethische Normen werden über ein Gesetzessystem entwickelt (sog. *halachah*[3]). Jeder Jude ist ab dem 13. Lebensjahr[4] dafür verantwortlich, die *mitzvot*, die göttlichen Vorschriften der Tätigkeit einzuhalten und in den Austausch mit Gott und der Gemeinschaft zu treten. (Es gibt, der traditionellen Zählung zufolge, insgesamt 613 Gesetze dieser Art, eine metaphorische Zahl, die für die Vollkommenheit der Verpflichtung steht.)[5] In vielen geht es um Einzelheiten täglicher Rituale und des Familienlebens, viele andere befassen sich mit dem Zivilcodex, andere sind Orientierungshilfen zu Fragen des Klonens, der Kernspaltung und der Raumfahrt. Die Frage ist nicht nur, ob die beabsichtigte Handlung als verboten, erlaubt oder vorbildlich gilt, sondern wie sie auszuführen ist, und welche Kriterien für die Evaluation bestimmter Dinge heranzuziehen sind. Die jüdische Ethik ist ein komplexes System, das sowohl prozedurale als auch substantielle Aspekte einschließt.

Das erste prozedurale Problem, das das jüdische Ethiksystem angeht, ist die Frage wie gute Ziele in einem nicht-teleologischen System erreicht werden können. Das Judentum antwortet in einer Weise, die für die angewandten Methoden typisch ist. Es gründet im Gesetz und nimmt auf vielfältige Quellen Bezug, sowohl um Gesetzesfälle zu generieren, als auch um sich von den legalen Voraussetzungen zu distanzieren und sie zu befragen. Das fundamentale Prozedere für die Bewertung ethischer Normen[6] schließt die Modi Argumentation, Kommentar und Diskussion ein.

---

[2] Vgl. Levine 1972: 856. Obwohl die Juden in den urbanen Strukturen lebten, in denen die Wissenschaft entstand, sei ihr Beitrag zu Beginn der modernen wissenschaftlichen Forschung marginal gewesen, so Levine. Samuelson (2001) vermutet, dass v.a. die Isolation in den Ghettos und die Einführung von Rabbinaten die Aufmerksamkeit der Intellektuellen in der Frühmoderne nutzten.

[3] Etymologisch ist *halachah* mit „laufen, gehen“ verwandt. Die gleiche Wurzel findet sich im islamischen Recht, der *Sharia*.

[4] Frauen schon ab dem 12. Lebensjahr.

[5] Eigentlich sind es sogar mehr als 613. Diese Zahl hat jedoch Symbolcharakter, da sie der Anzahl an Körpergliedern (in rabbinischer Zählung 248) plus der Anzahl der Tage innerhalb eines Jahres entspricht.

[6] Dies gilt auch für andere Normen.

Im Kern kasuistisch, macht sich das halachische System die Begegnung mit dem Text der Torah zunutze und dem, wie andere der Torah begegnen, um fortwährend miteinander im Gespräch zu sein. Ausgesuchte Fälle illustrieren bestimmte Gesetzespunkte und ihre jeweilige Auslegung inklusive der Ausnahmen. Der Text hat auch narrative Elemente (sog. *aggadah*), die verschiedene literarische Formen (Metapher, Allegorie, geschichtlicher Rückbezug, intertextuelle Spiegelung) annehmen. Während die Details der aggadah keine bindenden Gesetze formulieren, bediente man sich ihrer Form für die Diskussion um feinere Spezifika der halachah. Die kasuistische Betrachtung versucht, die spezifischen menschlichen Arten zu dechiffrieren, auf die das Prinzip, auch theoretisch, angewendet werden könnte.[7] Das Judentum hat ein sowohl deontologisches als auch kasuistisches System, das in Regeln, Pflichten und normativem Verhalten wurzelt und sich mit Motiven und Prozessen beschäftigt. Es lässt sich jedoch nicht mit einem rein deontologischen System vergleichen, da die reale Welt, der Zusammenhang und das Ergebnis eines jeden Falls in ihre Bewertung mit einfließen.

Das Judentum ist eine modifizierte kasuistische Deontologie. Konsequenzen, die einmal aufgetreten sind, werden noch einmal untersucht und debattiert. Die reale Welt zählt: Es geht um Kenntnis der Präzedenzfälle, der Historizität, der Praxis sowie der Theorie. Der menschliche Verstand sucht das System zu erfassen und die natürliche Welt der Sinne zu interpretieren. Die talmudische Methodologie steht aus einem Argument, das durch Text, Geschichte und Gemeinschaft eine Struktur erhält. Diese drei Argumente und der Einsatz der Vernunft, um sie zu verstehen, modifizieren die deontologische Methode der jüdischen Ethik. Sie ist deontologisch, weil sie von einem motivierenden, anbefohlenen und verbindlichen Torahgesetz ausgeht; und *kasuistisch*, weil sie auch induktiv und je nach Fall (und Kontext) modifiziert wird.[8]

Die zentrale Aussage der jüdischen Ethik lautet, dass die Wahrheit im Studienhaus des Diskurses zu finden sei – im *bet midrash*.[9] Ein öffentlicher Diskurs bedeutet, dass wir miteinander über Bedeutung

[7] Man sollte sich vergegenwärtigen, dass jüdisches Fallrecht oftmals auf komplizierte Konstrukte zurückgreift, die sich nicht auf Fälle beziehen, die sich tatsächlich ereignet haben oder ereignen könnten. Dies gilt beispielsweise auch für die Rechtsbestimmungen zur Rolle des Gerichts bei der Verurteilung eines Mörders. So muss das Gesetz übrigens auch in Bezug auf die Bewertung historischer Umstände gesehen werden. Dies ist eine der Hauptverwirrungsquellen manch traditioneller christlicher Deutungen der jüdischen Tradition, besonders hinsichtlich des christlichen Verständnisses des *Prozesses Jesu*.

[8] Die Begriffe der griechischen Analyse lassen sich nicht 1:1 in das jüdische System übertragen.

[9] Vgl. Basser (Netzwerk postmoderner jüdischer Philosophie).

und Relevanz der Erzählungen, der Symbole und Bezugspunkte diskutieren. Hier werden auch Aspekte des Kontextes, der Verursachung, des Handelns, der Norm und Bewertung berücksichtigt. Jeder dieser Punkte ist von dem zu behandeln, der eine gerade wirksame ethische Methodik beschreibt, einschließlich der Voraussetzungen dieser ethischen Methodik, also nicht nur eine allgemeine Theorie zu Moral, Autorität und Wert, sondern auch *mittlere Axiome* (eine Art Mittelweg zwischen den allgemeinen Prinzipien und den speziellen Einzelheiten der jeweiligen Verfahrensweise).[10] Die Methodik bei jeder Art von geschlossenen ethischen Systemen muss sowohl das *Warum* als auch das *Wie* einer „rechten Handlung" beantworten, wenn sie dem Anspruch der Kohärenz gerecht werden und in den Händen der Menschen und dem Herz der Welt von Nutzen sein will. Die jüdische Ethik ist keine Ausnahme. Die jüdische Ethik setzt eine öffentliche Entscheidung voraus; sie setzt Gemeinschaft, menschliche Geselligkeit und physische Alltäglichkeit voraus, eine gewisse Gewichtung menschlichen Handelns, die Thema eines ernsthaften Diskurses sein soll.

Eine von der halachah *unabhängige Ethik?*

Im Judentum gilt, dass Regeln und Gesetze die Grundlage unseres ethischen Systems bilden (Deontologie). Wie wir diese jedoch anwenden, ist von den Nuancen und kreativen Argumentationen abhängig (Kasuistik). Regeln sind Regeln, aber in der Debatte unterscheiden sich die Interpretationen und konkurrieren miteinander.[11] Die Variabilität der Form selber drängt einem die Frage nach der Solidität des Textes

[10] Childress und Macquarrie (1967) finden die Begrifflichkeit der mittleren Axiome irreführend. Vielleicht wäre es adäquater, von *mittleren Prozessen* zu reden.

[11] In den letzten 150 Jahren haben sich vier Richtungen des Judentums herauskristallisiert. Obwohl Einigkeit über die Rolle der *halachah* besteht, wird diese bei der Entwicklung normativer Standards für die jeweilige Tradition unterschiedlich bewertet. In jüdisch-orthodoxen Kreisen ist es dem Rabbi vorbehalten, die halachah zu deuten. Bei besonders schwierigen Fällen wird wissenschaftlicher Rat eingeholt. Die dann gefällte Entscheidung ist halachisch bindend. Bei den konservativen Juden spielt die halachah v.a. in der Festlegung des *din* durch die rabbinische Gemeinde eine große Rolle. Die konservative *minhang* (Sitte) wird von der Gemeinde bestimmt. Das jüdische Gesetz wird dann mit entsprechender sozialwissenschaftlicher und westlich-philosophischer Kenntnis zum Zweck der Entscheidungsfindung integriert. In progressiven jüdischen Kreisen ist jeder für seine eigenen Entscheidungen verantwortlich, unter Rückbindung an die Tradition und der darin begründete Betonung der Ethik. Im Folgenden (s.o.) möchte ich die traditionelle bzw. halachische Position beschreiben, um die Hintergründe dieses Beitrags besser nachvollziehen zu können. Der Leser möge sich jedoch vergegenwärtigen, dass es innerhalb des Judentums bedeutende Variationen gibt. Trotzdem kann ich mich des Eindrucks nicht erwehren, dass die halachah

auf: Es gilt als Verletzung der talmudischen Methode, zu postulieren, die eigene Interpretation sei die allein gültige. Für viele der Beweistexte liegen aussagekräftige Alternativtexte und mit ihnen vermeintlich alternative unumstößliche Wahrheiten vor, oder auch Rabbiner, die sich für wieder abweichende Positionen entscheiden. In *Modern Jewish Ethics*, einem der wichtigsten englischen Werke der Moderne zu diesem Thema, schreibt Marvin Fox, dass sich das halachische System einer Vielfalt an Quellen verpflichtet. Er fand heraus, dass die Grundmethode Wissenschaft, Philosophie und die Realität der Natur in die traditionellen Texte mit einbindet. Die Rabbiner nutzten Exegese und Auslegung als wichtigste Mittel, um den grundlegenden und heiligen Text mit der Wirklichkeit des Exils, der Veränderung und der Wissenschaft zu versöhnen.

Fox entdeckte ferner, dass die Eingliederung von externen bis hin zu sinaitischen Quellen stets Teil des Diskurses war. Sein Argument lautete, dass Maimonides Mathematik und Astronomie voraussetzte, dass die arabische Welt „spekulative Realitäten" besser kannte als die rabbinischen Weisen und dass die Juden bei jedweder Quelle annahmen, dass sie wahr sei. Fox verwies auf Juda HaNasis Bekenntnis, dass die heidnischen Weisen in manchen Konflikten „die Weisen Israels bezwangen". Dies wurde in der Tradition als Fall dafür zitiert, dass sich stets die beste Beweisführung und das beste Argument, egal von welcher Quelle, durchsetzen müssen.

Fox zufolge lässt sich dieser Punkt noch eindrücklicher bei Saadya Gaon finden, der beteuert, dass die Vernunft sowohl vor als auch nach dem Sinai existierte. Fox bemerkt weiter, dass Auslegungen stets voneinander abwichen, sogar im Kern der Grundtexte (wie bei der Mose- oder Ruth-Geschichte, dem Nazarener-Schwur und der Schöpfungserzählung selber). Außerdem verwies er auf die Flexibilität der *aggadah* als Kennzeichen der Freiheit, die den Kern der jüdischen Methode selber ausmache. Er erinnerte daran, dass der Tradition heute und wohl in unendlicher Generationenfolge stets das Bild vom Juden am Sinai präsent sei, und die rabbinische *midrash* hervorhebe, dass ein Jude die Offenbarung durch seinen eigenen Körper und durch die Erfahrung höre.

> Selbst auf der Sinai-Halbinsel ging die göttliche Stimme aus zu dem ganzen Volke Israel und wurde von jedem gemäß seiner Fähigkeiten aufgenommen – die Älteren auf ihre Weise, wie die Jugend auf ihre, die Kinder, die Säuglinge, die Frauen, und so auch Mose auf seine eigene Weise … Deshalb steht geschrieben, „die Stimme Gottes ergeht entsprechend der Stärke" und nicht

einen starken methodischen Einfluss ausübt, selbst auf Juden, die sich dadurch nicht einschränken lassen.

„entsprechend *Seiner* Stärke" uns zu lehren, dass ein jeder von uns Seine Nachricht entsprechend seiner eigenen Kraft und Fähigkeit aufnimmt.[12]

Der führende zeitgenössische Halachist, Rabbi Joseph Soleveitchik, beschreibt ausführlich das Verhältnis zwischen der methodisch-ethischen Wahrnehmung und der wissenschaftlichen Methode selber und entdeckt dabei in der Physik eine neue Herangehensweise an die Struktur menschlichen Verstehens.[13] Er argumentiert, dass uns Physik und Relativitätstheorie vermitteln können, dass die Wahrheit von verschiedenen Perspektiven aus betrachtet werden kann; dass das Universum keine Newton'sche Maschine war, sondern ein Komplex aufeinander bezogener Vorkommnisse. Die eigene Perspektive bestimme dabei die *wahre* Sicht des Gegenstands.[14] Soleveitchik versteht die menschliche Wahrnehmung ferner als Funktion der Wahrheit, die jeder erkennen könne, da jede Person individuell das *Reale* jeweils aus der Perspektive einer besonderen und gewählten Ordnung sehe. Was als wirklich wahrgenommen wird, ist ein gewähltes Faktenmuster, das auf einem Werte- und Glaubenssystem beruht. Er vertritt die These, dass religiös oder wissenschaftlich sein mit potentiell radikal verschiedenen Weltbildern, bedeute nicht nur, die Welt unterschiedlich zu bewerten, sondern auch die Welt anders zu erleben und ihre Phänomene anders zu betrachten. Dieser Gedanke deckt sich mit dem Konzept der Wahrheit als der „pluralen Wahrheit" und erklärt ferner, wie gewisse Situationen als Wunder oder Elemente der kausalen natürlichen Welt gelten können.[15]

Wissenschaft: die epistemischen Fragen

Eine wissenschaftliche Fragestellung entsteht aus der Anwendung menschlicher Beobachtung und logischen Denkens auf Situationen der beobachtbaren Welt. Dergestalt mag sie zunächst eine Bedrohung für den traditionellen Glauben darstellen, der auf unsichtbare, nicht beweisbare Wahrheitsaussagen gründet. In der jüdischen Tradition fließen medizinisches Wissen und allgemein wissenschaftliche Erkenntnisse

---

[12] Vgl. Rabbah, Bd. 9; auch Mekhilta und Bahodesh in Fox 1975: 18.

[13] Laut Daniel Boyarin, der diesen Abschnitt in seiner ersten Fassung kommentierte, begreift Soleveitchik diese Position als kantianisch.

[14] Hier lässt sich eine bestimmte Richtung und ihre Schönheit erkennen, auch ihre physischen Eigenschaften oder ihren rituellen Nutzen. Alles sind „reale" Sichtweisen desselben Phänomens. Soleveitchik erklärt, dass dem religiösen Menschen v.a. der rituelle Nutzen wichtig wäre.

[15] Vgl. Soleveitchik 1986 (besonders das letzte Kapitel) zur Unterstützung meines Arguments.

jedoch seit langem in die ethischen Normen ein. Neue Erkenntnisse generieren Fälle, vergleichbar mit historischen Präzedenzfällen, über die wiederum wissenschaftliche Erkenntnisse gewonnen werden können. Post-darwinistische Schriften legen eine Neuinterpretation der „sechs Schöpfungstage" vor. Sie teilen die Schöpfung in sechs Phasen bzw. sechs göttliche „Tage" ein. So kam es, dass plötzlich auch die Elektrizität als Form des „Feuermachens" der rechtlichen Bindung des Sabbats unterlag. Die „Wissenschaft" oder allgemein säkulares Wissen galt meist als „Beförderungsmittel eines bestimmten Musters an liberalen, demokratischen Werten", die im Wertekanon des Westens, besonders in Amerika, eine zentrale Stellung einnahmen – eine Metapher für den Einsatz von Objektivität, Unvoreingenommenheit und ziviler Ordnung.[16] Die Methoden der Wissenschaft, der Einsatz klinischer Versuche und Kontrollen und der Gebrauch von Tiermodellen fielen bei den Juden auf fruchtbaren Grund. Im Allgemeinen gehen Juden davon aus, dass der menschliche Verstand die Ordnung der Natur ergründen und diese, obwohl sie einige mögliche Verhaltensmodelle liefert, nicht als Quelle moralischer Autorität gelten kann.

Während die sozialen Bedingungen der frühen Moderne – Verwehrung einer akademischen Laufbahn, Arbeitsbeschränkungen und Isolation in europäischen Ghettos – jüdische Intellektuelle aus der Wissenschaft ausschloss, war das 19. und 20. Jahrhundert von begeistertem Engagement und der Beherrschung vieler wissenschaftlicher Forschungsfelder gekennzeichnet.

Wissenschaft: die wesentlichen Fragen

Astronomie und Kosmologie bestimmten die frühen jüdischen Überlegungen, da die Berechnung der kalendarischen Feiertage so wichtig war und da sich, laut Hillel Levine, nach der Zerstörung des Zweiten Tempels die Aufmerksamkeit der Rabbiner eher auf die Zeit als auf den Raum richtete.[17] Neben ihren kalendarischen Berechnungen widmeten sich die Juden, so Levine, in ihrer Rolle als Händler in den verschiedenen jüdischen Kommunitäten der Auslegung der Erkenntnisse der islamischen und christlichen Zivilisationen (v.a. im Zeitalter der Renaissance). Die Medizin, deren Ausüben zum Pflichtkanon der jüdischen Kommunitäten gehört, war oft Feld wissenschaftlicher Forschung. Des öfteren konsultierte man jüdische Mediziner, um sich der relativ riskanten Aufgabe der Armenversorgung, in Theorie und

---

[16] Vgl. Holliger 1995: x.

[17] Vgl. Levine 1987: 856.

Praxis, zu widmen. Die Wissenschaft an sich war den großen jüdischen Gemeinden erst später zugänglich. Die jüdische Perspektive zur *neuen Wissenschaft* der Aufklärung war vom 16. bis ins 18. Jahrhundert von einem dezidierten Interesse an den kabbalistischen Glaubensaussagen und Ritualen, der Betonung auf einer erneuerten Spiritualität und fesselnden Disputen darüber, wie der Verfolgung zu widerstehen sei, wie man die Moderne politisch und auf kommunaler Ebene einflechten könne, bestimmt. Den traditionellen Gemeinden war die Wissenschaft suspekt, bis dorthinaus, dass sie dem Glauben entgegengesetzt wurde. Laut Levine betrachteten die Juden in dieser Epoche die Wissenschaft nicht als „universal gültig, sondern schlichtweg als Ursprung einer neuen Variante religiöser Verfolgung."[18]

Die Suche nach dem Wahrhaften ist stets das Entscheidungskriterium moralischer Überlegungen. Im 19. Jahrhundert hatte sich der Wahrheitsanspruch der Wissenschaften konsolidiert. Die jüdischen Intellektuellen sogen systematische Übersichten zu den Arten, Elemente der deskriptiven Wissenschaft, die Keimtheorie und Instruktionen zum Gebrauch von Beobachtungsinstrumenten förmlich auf. Im 20. Jahrhundert wandten sich jüdische Kommentatoren den Problemen der Intervention, der Prävention und der Heilung zu, sowie der Suche nach deren Ursprüngen. Da sich wenig finden ließ, was die Grundlagenforschung hätte verbieten können, und da man von Prinzipien aus argumentierte, die das Verwalteramt des Menschen betonte (die natürliche Welt zu hegen und zu pflegen), war es den Juden ein Leichtes, neue wissenschaftliche Erkenntnisse mit ihrer Vorstellung zu vereinen, dass die natürliche Welt nicht nur erschließbar, sondern auch zu erschließen sei. Es mag in diesem Zusammenhang interessant sein zu bemerken, dass proportional weitaus mehr Juden Nobelpreise in den Naturwissenschaften und der Medizin gewonnen haben als ihre proportionale Größe zur Weltbevölkerung.

Auch die halachah nimmt Bezug auf die neue Wissenschaft. Die Wissenschaft bricht mit traditionellen Kategorien vom Sein. Eine wesentliche methodische Vorannahme lautet, dass Vorkommnisse am besten über das Zerlegen ihrer bekannten Teile zu verstehen sind – in immer kleinere und noch essentiellere Elemente. Über das halachische System sind dadurch die Grenzen der Toleranz hinsichtlich jeder Komponente, jedes Gegenstandes und jeder Situation stets neu verhandelbar. Moderne halachische Autoritäten wie der orthodoxe Rabbi Faitel Levin kämpfen offen mit der Herausforderung, die die neue Wissenschaft für eine vom Gesetz gelenkte Schrifttradition darstellt:

[18] Ibid.: 860.

> Die Wirklichkeit war einmal relativ konstant und veränderte sich nicht ... die objektive Welt, auf die sich die *halachah* bezieht. Aber die Dinge haben sich geändert. In der heutigen Welt ist die Wirklichkeit selbst ständigen fundamentalen Veränderungen unterworfen. Es entstehen ständig Objekte, die mit traditionellen Gegenständen überhaupt nichts zu tun haben ... in Folge dessen entgeht unsere heutige Welt der Kontrolle traditioneller Ordnungen und Konzepte. Die Torah jedoch besteht ewig![19]

Die Debatten zwischen den Religionsgemeinschaften und Forschern aus der Wissenschaft werden jüngst speziell von Kontroversen um Reproduktionsmedizin und Genetik bestimmt. In diesen Debatten zeigt sich, wie das Anliegen zu heilen, die Verpflichtung, die Welt in Stand zu setzen und die Sicht, dass sich die Seele eines Menschenleben im Laufe von Entwicklungsphasen voll ausprägt, in dieser Form aber in dem Moment der Empfängnis nicht vorhanden ist, eine allgemeine Akzeptanz der Grundlagenforschung in den Biowissenschaften hervorgebracht hat.

Handeln im traditionellen Judentum speist sich aus zwei Aspekten, dem Studium der Texte und dem Imperativ, sich für den Aufbau einer gerechten Gesellschaft aktiv zu engagieren. Die jüdischen Texte vergegenwärtigen dem Leser, dass sich die Erde noch in einem unerlösten Zustand befindet, auch die natürliche Welt. So wie die Beschneidung ein Zeichen des Bundes ist, ein Zeichen der menschlichen Antwort auf die Geburt und eine Verfeinerung der natürlichen Welt, so auch die Vorstellung, dass fortgeschrittenes wissenschaftliches Forschen Teil des *tikkun olam* ist, der Forderung, ein aktiver Partner bei der Reparatur und Perfektionierung der Welt zu sein. In einer Welt voll Leid und Ungerechtigkeit kann jedwede Forschung als potentielle Waffe gegen eben diese angesehen werden.

Der Forderung, im Sinne der Gerechtigkeit zu handeln, versucht die Wissenschaft über medizinischen Fortschritt und Forschungsfreiheit (und andere Weisen, die Zustände in der Welt zu optimieren) nachzukommen. Während einige Texte vor der Gefahr des Hochmuts warnen, und viele Texte sprechen von der Gefahr, die Suche nach Erkenntnis mit der Versuchung zur Kontrolle zu verwechseln, stellt der Versuch, ein adäquates Verständnis der Bundesbeziehung Gottes zu den Menschen zu entwickeln, eine Erweiterung der Heilungspflicht dar. Deshalb wendet sich jüdisches Denken seit langem der Wissenschaft zu, da sie ihm eine kritische Plattform bietet, zu Studium, Wiederherstellung und Erhalt der Welt.

---

[19] Levin 1987. Levin ist ein traditioneller rabbinischer *poskim*, ein Rabbi, der regelmäßig zu besonders schwierigen juristischen Fragen (speziell zur neuen Technologie) konsultiert wird.

Literatur

Childress, James F./Macquarrie, John (Hg.), *The Westminster Dictionary of Christian Ethics*, Philadelphia 1967.

Fox, Marvin (Hg.), *Modern Jewish Ethics: Theory and Practice*, Columbus, OH 1975.

Hartman, David, *A Living Covenant: The Innovative Spirit in Traditional Judaism*, New York/London 1985.

Holliger, David, *Science, Jews and Secular Culture: Studies in Mid-Twentieth Century American Intellectual History*, Princeton 1995.

Levine, Hillel, *Contemporary Jewish Religious Thought: Original Essays on Critical Concepts, Movements, and Beliefs* (hg. v. Arthur A. Cohen/Paul Mendes-Flohr), London 1972.

Levine, R. Faitel, *Halacha, Medical Science and Technology*, New York 1987.

Samuelson, Norbert M., „Rethinking Ethics in the Light of Jewish Thought and the Life Sciences", *The Journal of Religious Ethics* 29/2 (Sommer 2001): 209–234.

Soleveitchik, Joseph, *The Halachic Mind*, New York 1986.

Register

Herausgeber- und Autorenverzeichnis

Gaymon Bennett, Öffentlichkeitsbeauftragter des Pacific Lutheran Theological Seminary und Doktorand am Graduate Theological Union in Berkeley, Kalifornien, USA.

Philip Clayton, Professor für Systematische Theologie und Philosophie an der Claremont Graduate University, Claremont, Kalifornien, USA.

Eduardo Cruz, Professor für Religionswissenschaften an der Päpstlichen Hochschule von São Paolo, Brasilien.

Dirk Evers, Dr. theol., ist Privatdozent für Systematische Theologie, Studienleiter am Karl-Heim-Haus und Forschungs- und Studieninspektor am Forum Scientiarum der Universität Tübingen.

Peter M. J. Hess, Dr. phil., assoziierter Leiter des Science and Religion Course Program am CTNS und der Universität von San Francisco.

Martinez J. Hewlett, Professorin der Biologie am Department of Molecular and Cellular Biology der Universität Arizona, Tucson, USA.

Muzaffar Iqbal, Dr. phil., Gründer und Präsident des Center for Islam and Science in Islamabad, Pakistan.

George L. Murphy, Dr. theol., Pastoralassistent an der St. Paul's Episcopal Church in Akron, Ohio und dem dazugehörigen Trinity Lutheran Seminary in Columbus, Ohio, USA.

Nancey Murphy, Professorin für Christliche Philosophie am Fuller Theological Seminary in Pasadena, Kalifornien.

Richard K. Payne, Dekan und assoziierter Professor für Japanischen Buddhismus am Institute of Buddhist Studies am Graduate Theological Union in Berkeley, Kalifornien.

Ted Peters, Professor für Systematische Theologie am Pacific Lutheran Theological Seminary und am Graduate Theological Union, und Direktor des Science and Religion Course Program am CTNS in Berkeley, Kalifornien.

Varadaraja V. Raman, Professor der Physik am Rochester Institute of Technology, Rochester, New York.

Robert John Russell, Professor für Theologie und Naturwissenschaft am Graduate Theological Union und Gründer und Direktor des CTNS in Berkeley, Kalifornien.

Kang Phee Seng, Professor für Religion und Philosophie und Direktor des Center for Sino-Christian Studies an der Hong Kong Baptist University.

Kirk Wegter-McNelly, Dr. theol., Privatdozent für Theologie am Graduate Theological Union und Redakteur am CTNS in Berkeley, Kalifornien.

Laurie Zoloth, Professorin für Sozialethik und Jüdische Philosophie sowie Direktorin des Programms Jüdische Studien an der San Francisco State University in San Francisco.